THE PENGUIN History of the World

新纪元

我们世界的历史 Ⅳ

〔英〕J.M. 罗伯茨 O.A. 维斯塔德 — 著
陈恒 黎海波 等 — 译

東方出版中心

上海市版权局著作权合同登记：图字 09-2018-314 号

图书在版编目（CIP）数据

我们世界的历史. 4，新纪元 /（英）J. M. 罗伯茨，（英）O. A. 维斯塔德著；陈恒等译. 一 上海：东方出版中心，2018.7（2019.1 重印）
ISBN 978-7-5473-1278-0

Ⅰ. ①我… Ⅱ. ①J… ②O… ③陈… Ⅲ. ①世界史－通俗读物 Ⅳ. ①K109

中国版本图书馆 CIP 数据核字（2018）第 086265 号

我们世界的历史 4：新纪元

出版发行：东方出版中心
地　　址：上海市仙霞路 345 号
邮政编码：200336
电　　话：021-62417400
印　　刷：杭州日报报业集团盛元印务有限公司
开　　本：890 mm × 1240 mm　1/32
印　　张：11.875
字　　数：296 千
版　　次：2018 年 7 月第 1 版　2019 年 1 月第 2 次印刷
ISBN 978-7-5473-1278-0
定　　价：49.50 元

目 录

第五版序言 / 1
作者介绍 / 1

卷七 欧洲时代的终结 / 1

导 论 / 3
第 1 章 体系内的压力 / 5
第 2 章 第一次世界大战时期 / 28
第 3 章 新亚洲的形成 / 64
第 4 章 奥斯曼帝国的遗产和西方的伊斯兰地区 / 82

第 5 章　第二次世界大战　/ 97
第 6 章　一个新世界的形成　/ 123

卷八
新纪元
/ 149

导　论　/ 151
第 1 章　概观　/ 155
第 2 章　世界新秩序　/ 203
第 3 章　破碎的必然　/ 259
第 4 章　一个时代的终结　/ 297
第 5 章　开始与终结　/ 321

译后记　/ 364

第五版序言

本书第一版发行于 1976 年，到现在已经是第五版了。目前已经有一些译本，它们的内容有时候会根据出版商的要求对英文原稿做一些微小改动。我认为现在不太可能有时间让我为读者提供另一个版本，因为经过全面审查，我发现这会是一项工程浩大的改动。但在一篇新序言里说明我尝试着重新作一些解释，以及为什么这是一个明智之举，可能对大家是有帮助的。至少，我觉得我应该表明，在过去二十五年间发生的事件，是否促使我改变了当初在 20 世纪 60 年代末着手写作这本书时所持的观点和目的。

我最近经常听到人说，2001 年 9 月 11 日让世界史上的一切都发生了改变，或者诸如此类的话。但我认为，根据我下面将简要说明的原因，以及某些从一开始就指引我的观念，这种观点非常有误导性，仅在某种很有限的意义上才是真实的。然而，为何一个新版本看起来是必需的呢？其首要原因就是，超过十年以来，世界历史已通过并且仍在通过最新的例子重演：一个充斥着暴力事件和千变万化的时代。这个混乱而又令人激动的时期的开始，已经成为本书上一版以及第三版的主题，但是假如需要采纳新观点的话，发生在

20 世纪 90 年代后期的事件本身就有值得更进一步思考的必要，这种思考也包含最新的事实。

我担心这会使这本书的内容大大增加，但事实上没有。细节和风格的改变是需要的，但是重新调整和改造的只有本书的最后章节。论述侧重点的改变当然也是需要的。在最新版本中会增加一些内容：关于最近妇女地位的改变、环境问题、新的体系和设想、对旧体系的质疑，以及国际秩序常规和非常规基础的改变（这些主题在近代史中是最醒目的，而我对于这些主题的看法大多已经在我于 1999 年出版的《企鹅 20 世纪世界史》中表明了）。但是这些都不表明我一贯的立场和观点发生了根本改变，这些仍可用我之前和最初常用的观点来加以总结。

或许从一开始，我的主要目标群体就是非专业读者，想呈现并唤起他/她去思考历史的厚重感，和历史惯性在这个世界中的重要性。甚至在今天，我们也常常被鼓舞着去思考我们是否能够掌控历史。然而，塑造了诸如现代美国人、俄罗斯人、中国人、印度人和阿拉伯人的思考及行为方式的历史驱动力，在资本主义和共产主义出现之前就已经作用了数个世纪。遥远的历史仍然在打乱我们的生活，甚至可能一些发生在史前时代的事情也仍在产生影响。然而，在这种驱动力和人类所具有的引发变迁的独特力量之间，始终存在着张力。只是最近（这至多也就是几个世纪），构成这本书大部分主题的长达六千年的漫长文明，才逐渐帮助我们认识到，人类具有制造变化的力量。而且，对技术进步的热情现在看来是普遍的。即使最近确实有一些条件试图缓和这种热情，但现在普遍存在的看法是，大部分问题能够并将会通过人力来解决。

因为惯性和革新两种现象都将继续操纵着所有人类的发展，所以我仍然认为（就如本书第一版中提到的），我们将会不断发现，发生的事情或多或少都会出乎我们的意料。对当代或最近发生的重要事件做判断时，我们应牢记这个观点。我也仍倾向于相信，这样的判断将一直较多地受到性情的影响，我们天生的乐观或者悲观情绪都将会影响到任何一种预测。即使我们已经掌握了大量历史事实，但根据历史提供的那些事实也只能得出关于未来的很概化的叙述。从这本书的最近一版开始，我已经意识到自己情感上的细微转变。我现在预感到，我的孩子们将来不大可能会生活在我曾经熟悉的、令人愉快的世界里，因为无论在何处，人类生活的重大调整都必然超过我曾经设想的情况。但我不会宣称我先知。历史从来不会被预言。

之前我以大篇幅阐述的内容现在就不需要进一步详细说明了。然而，对于这本书的新读者来说，我再次说明体现本书内容和布局的一般方法还是有用的。我争取从读者能领悟的地方开篇直言。一般的影响因素有着最广泛、最深刻的影响，不仅仅是再次收集传统意义上的重要主题。我希望避免罗列细节，取而代之的是从影响大多数人类的主要历史进程（它们给后世留下了大量遗产）入手，同时展示它们之间的对比和相互关系。我没有试图去写各个主要国家的连续历史或者人类活动的所有领域，我相信，若要事无巨细地记录过去的史实，那应该去编百科全书。

我试图强调这些主要影响的重要性，同时这就意味着在篇幅分配上，年代和地域是不平衡的。虽然我们仍旧需要一定的时间和精力去关注和研究尤卡坦迷人的土地，思考津巴布韦遗址或者遐想复活节岛上的神秘雕像，虽然产生出这些事物的各个社会的知识均具有内在的价值，但它们对于世界历史来说仍旧是边缘问题。即使是拥有如此广大区域的非洲，或哥伦布发现之前的美洲的早期历史，在本书的描绘中都是轻轻带过的，因为在这些地方，从远古时期直至欧洲人到来，在这之间所发生的一切，对世界的影响不大，远不及产生了佛陀、希伯来先知和基督教、柏拉图和孔子等的那些文化传统具有的世界影响力。这些传统存活了许多个世纪，并且给数以百万计的人们造成了巨大的影响，而这种影响力还会继续下去。

我也试着不去多写那些材料特别丰富的主题。在任何情况下，我们都不可能掌握关于世界历史的所有相关文献材料。我力图强调那些看起来重要的事情，而不是我们大家熟知的事情。因此，不论路易十四是法国和欧洲历史上多么杰出的人物，他都可以比中国的辛亥革命更简略地跳过。在我们这个时代，努力识别有用的东西显得更加重要，而不要因为一些事件出现在当天的新闻里就认为它们才重要。

我们总能获得对事件意义的新解释。例如，许多人最近常听到文明之间的冲突，认定它们将要进行或者正在进程中。显然，最近几十年人们重新认识到伊斯兰世界的独特性，而它制造出的新兴奋点也大大影响了这种断言。我已按我的逻辑提出了拒绝这种观点（至少是它们大多数不合格的表述）的理由，它们的论据不够充分恰当，而且显得过分悲观。但显然没人能够否认，在被我们泛泛称作“西方”的国家和很多伊斯兰国家之间的关系十分紧张。在最近的几个世纪，出于自觉或者不自觉的意图，有时候甚至是意外的，来自西方干扰影响的长远作用已经妨碍和困扰了许多传统，伊斯兰只不过是这些传统中的一个（全球化的概念并不是近年来仅仅在措辞上被强调的）。当然，这个进程开始于欧洲人的活动，这就是为什么我会给予欧洲的演变，以及直到 1945 年它在世界上的中心地位以足够的论述空间。

毫无疑问，这样的强调体现了我自己的历史传承和文化背景产生的最根本冲动。我不应但却势必以一个年长的英国中产阶级白人男性身份来书写。如果那被看成一个需要克服的严重缺点的话，就应该寻找其他途径。但读者在做出评价之前也应该用相同的尺度来衡量自己。我仍然希望我的努力能把一些也许我太容易想当然的东西传达出来，帮助人们理解博学的历史学家阿克顿勋爵提出的历史是“不同于所有国家的组合历史”的观点，同时表明决定它结构的伟大文化传统的丰富和多样性。

在前几版前言里，我已经对很多曾在早期工作阶段给予我多方面帮助的朋友和同事们提出感谢。我将永远感激他们，但因为他们的名字已经被记录下来，所以我不想在此再重复他们的名字。但我必须再增加上巴里·坎利夫教授（Barry Cunliffe）的名字，在这版中他给予了我巨大的帮助，我向他致以最诚挚的感谢。我也要感谢这些年持续给我来信的读者们，他们给我提供了具体的意见、建议、责问和鼓励。由于人数众多，我无法在这里一一留下他们的名字。但这些朋友和评论家都不需要对听从其建议而做出的修改承担任何责任，任何人都不应该为任何我所书写的事情受指责，因为这完全是我自己的责任。

最后，虽然这个问题有些私人，但我觉得必须予以指出。我修订工作的最后阶段是从去年 9 月份开始实行的，但当时突如其来的健康问题迫使我必须频繁出入医院，计划和安排被打破。相当明显的是，这对其他人造成的巨大压力远大于对我本人。很明显，这其中最受累的是我在企鹅出版社的编辑西蒙·温德（Simon Winder)。在一个非常困难的时期，他继续表现出极大的耐心，并且一如既往地给予我鼓励。在此我难以用言语来感激他给予的信任和帮助，我向他表示特别的感谢。

但是，在这几个月里，我最应该感谢的是我的家人，他们给我照顾、关爱和支持，我的孩子有时会越洋飞来看望我。在我的家人中，我必须首先提到我的妻子，她一直致力于本书的早期编辑工作。此时我比在任何时候都更需要她。除了她给我的鼓励和意见，以及对我的决定和品位的影响，我现在还必须认识到将近四十年来她对我的事业和我们的孩子的奉献。现在她又为自己增加了一项全职护士的工作。我欠她的最多，我希望她能在本书中找到我已充分认识到这一点的证据。

2002 年 3 月于提姆伍德（Timwood）

自约翰·罗伯茨去世后，我在得到企鹅出版社作者之家的认同之后，尝试着根据 2001 年以来的事件更新这本书。我通过修订和扩展出本书的第八卷来实现这个目的，因此它既包含了长期趋势，又包含了从新千年开始对于历史学家们来说变得显而易见的特殊进程。本书第五版的其他部分仍然是约翰·罗伯茨生前完成的。

维斯塔德教授（O. A. Westad），2007 年 7 月

作者介绍

罗伯茨（J. M. Roberts）生于英国巴斯市（Bath），并先后在陶顿中学（Taunton School）和牛津大学基布尔学院（Keble College）学习。服完兵役之后，他于 1950 年回到牛津大学，并在 1951 年成为莫德林学院（Magdalen）的一员。1953 年，罗伯茨以联邦基金研究员的身份前往美国，这是他担任这一职务期间第一次访问美国，此后他还将多次造访这个国家。在美期间，他先后担任过普林斯顿高级研究所的研究员（1960），以及南卡罗莱纳大学和纽约哥伦比亚大学的客座教授等多个职务。罗伯茨从 1953 至 1979 年是牛津大学默顿学院的研究员和导师。从 1979 至 1985 年，他担任英国南安普顿大学副校长。后来，在 1985 年，他回到默顿学院担任院长，直到 1994 年退休。1996 年，他因“在教育与历史领域的贡献”而荣膺大英帝国司令勋章。

罗伯茨编撰了畅销丛书《珀内尔二十世纪历史》。从 1967 至 1976 年，他一直是《英国历史评论》的合作编辑。他也是《1880—1945 年的欧洲史》《秘密社会中的神话》《右派巴黎公社》《革命时代和改良》《法国大革命》等书的作者，“新牛津英国史”“简明牛津现代史”丛书的主编。1985 年，BBC 二台播放了罗伯茨创作与朗诵的 13 个历史系列节目《西方的胜利》；几年后，出版了同名著作。罗伯茨也是最近BBC制作非常成功的电视节目《人民的世纪》的历史顾问。

罗伯茨也是《企鹅欧洲史》和《企鹅20世纪世界史》的作者，他于2003年5月去世。

欧德·阿尼尔·维斯塔德（Odd Arne Westad）是伦敦经济学院国际关系史教授。他最新出版的一本书是《全球冷战史》。该书获得班克罗夫特奖。

卷七

欧洲时代的终结

导　　论

在 1900 年，当欧洲人回顾欧洲近两三百年惊人的增长时，大多 861
数人都会说，这种增长是为了追求更好的发展，即一种进步。从中世纪开始，他们的历史看起来就像是一个不断前进的历程，其目标明显是值得奋斗且很少受到质疑的。无论评判的标准是从知识的、科学的角度，或是从物质的、经济的角度（甚至是从道德和美学角度，有人说，进步的就是有说服力的），对过去的回顾使欧洲人相信，他们开启的是进步的历程，这也意味着整个世界都在进步，因为欧洲的文明已经传遍全世界。还有，他们相信未来的进步空间无限大。1900 年的欧洲人在面对他们不断取得成功的文化时所表现出来的那种自信，和中国的士大夫在一个世纪以前对中国文化表现出来的自信是一样的。对于过去，欧洲人是肯定的，过去的辉煌也证明他们是正确的。

尽管如此，也有一部分人对此并不自信。这些人认为这些现象同样也包含着悲观的结局。虽然悲观者的人数远远少于乐观者，但其观点和思想的影响更大。他们中的有些人认为，现在人类所处的文明已经开始展示出自我毁灭的潜能，而且自我毁灭的时代离现在并不遥远。一些人则看到，现在的文明越来越脱离宗教和道德绝对准则的约束，伴随着物质主义和野蛮，可能走向大的灾难。

结果表明，乐观主义者和悲观主义者都不完全正确，也许是因为他们的眼光都紧紧地盯在他们所认为的欧洲文明的特点上。他们看到了欧洲文明指引未来的内在动力、发展趋势和缺点，但很多人没注意到欧洲正在改变世界：在这个世界中，欧洲文明已建立了优势地位，

862 因此将再次改变几大文明中心之间的平衡。除了那些心理不平衡的狂人对“黄祸”论小题大做外，很少有人关注欧洲以外的世界，尽管拿破仑也在一个多世纪前就警告说，中国是一个沉睡的东方巨人①。

通过对过去的回顾来说明悲观主义者的观点是最好的，这种做法是有诱惑力的。但是事后觉悟有时也是历史学家的一个弱点，这样会让他们看不到乐观主义者当时如何对自己观点如此的肯定。所以我们必须努力做到这样：首先，认识到乐观主义者当中有一些人是具有远见和洞察力的；另外，乐观主义长期以来对解决 20 世纪的某些问题都是一种障碍，以至于它完全有资格被理解为一种历史的力量。但悲观主义者很多说法也是错误的。尽管对 20 世纪的灾难充满恐惧，但他们所处的这个社会比先前脆弱的社会更具弹性，因而悲观主义者们也不再像一个世纪以前那么恐惧了。1900 年，乐观主义者们和悲观主义者们都一样，必须和资料打交道，资料可以以多种方式解读。他们发现准确地对未来作出判断是如此的困难，这不是在抱怨，只是觉得有点悲痛而已。而尽管有了更多的信息资源，但我们仍然不能成功地对不久的将来作出预测，因此我们也没有立场去谴责他们。

---

① 原文如此，拿破仑原话是将中国形容为睡狮。——编辑注

第 1 章　体系内的压力

20 世纪发端时，一个明显的历史趋势是欧洲世界的人口不断增长。1900 年，欧洲本身大约有 4 亿居民，三分之一是俄罗斯人，美国人口大约有 7 600 万，其中英国侨民有 150 万左右。这使占主导地位的欧洲文明在世界人口中保持高比例。另一方面，在 20 世纪的前 10 年，一些国家的发展速度也开始降下来。这种现象在那些处于西欧中心的发达国家中表现得尤其明显，这些国家经济的增长越来越依赖死亡率的下降。在这些国家里面，出现了这样一种现象：维持小的家庭规模现在已经成为一种向社会底层蔓延的习俗。传统的节育知识早就在社会推广，但 19 世纪已经引进一种更好、更有效的技术。社会越广泛地采用这种技术（很快就有迹象表明确实如此），对欧洲人口结构的影响就越大。 863

另外，在东欧和地中海地区，节育技术对人口结构产生的影响很小。在那里，快速的人口增长只不过刚开始制造严重的压力。19 世纪时越来越多的出路出现，移民使克服人口问题成为可能，但一旦这些出路不畅，麻烦就又来了。在考虑到致力于降低死亡率的相关机构开始从欧洲扩展到远方的亚洲和非洲将产生的后果，很多悲观的反应将被激发出来。在 19 世纪所创造出来的世界文明中，这是无法避免的。这样的话，欧洲的成功扩张最终却会导致它新近在人口控制方面的优势将丧失，而这种优势本来可强化其在技术上的主导地位。更糟的是，马尔萨斯人口危机论曾经所担心的恐慌（没有出现是因为 19 世纪的经济奇迹转移了人们对人口过剩的恐慌）可能最后会变成现实。

把马尔萨斯的警告搁在一旁是完全可能的，因为 19 世纪产生了
864 世界上前所未有的最大的财富创造浪潮。在 1900 年，各种资源集中在处于工业化进程中的欧洲，潜藏于经济快速增长背后的技术更是取之不竭的。一个世纪以前，这里就已经出现一个广阔的但相对规模较小的商品快速流通的市场，但所有类型的商品都已经出现了。石油和电已经连同煤、木材、风能和水能成为一种能源。化学工业的产生在 1800 年是不可想象的。人类不断提高的能力和财富被用于开发看似取之不竭的自然资源，不只在农业和矿业领域——也不只欧洲这样。对原材料的需求改变了其他大陆的经济。对新的电力产业的需求给巴西带来了短暂的橡胶业的繁荣，甚至改变了马来西亚和印度支那的历史。

成千上万人的日常生活也改变了，铁路、有轨电车、蒸汽轮船、汽车和自行车使每一个人能够支配他们所处的自然环境，他们能快速地到处旅游，这也是人类自几千年以前开始用动物拉车后首次对陆地交通工具的速度实现的大变革。这些改变产生的结果是，在很多国家人口增长轻易地带动了更快的财富增长。比如，从 1870 年到 1900 年，德国的生铁产量增长了六倍，但它的人口大约只增长了三分之一。从消费的角度，或是从人们所能得到的服务，或是从健康状况等角度看，发达国家的民众在 1900 年的生活是远远好于 100 年前他们的前辈的。但俄国人或安达卢西亚农民并没赶上这样的好日子（尽管评估他们生活条件的标准很难制订）。然而，对他们来说前面的道路看来依然是光明的，因为如何走向繁荣的答案已经被找到了，并且可以在所有国家实现。

即使面对这令人欢欣的场景，疑惑还是可能产生。即使忽略未来可能出现的情况，对新财富的成本的预算和对社会正义分布的疑惑都

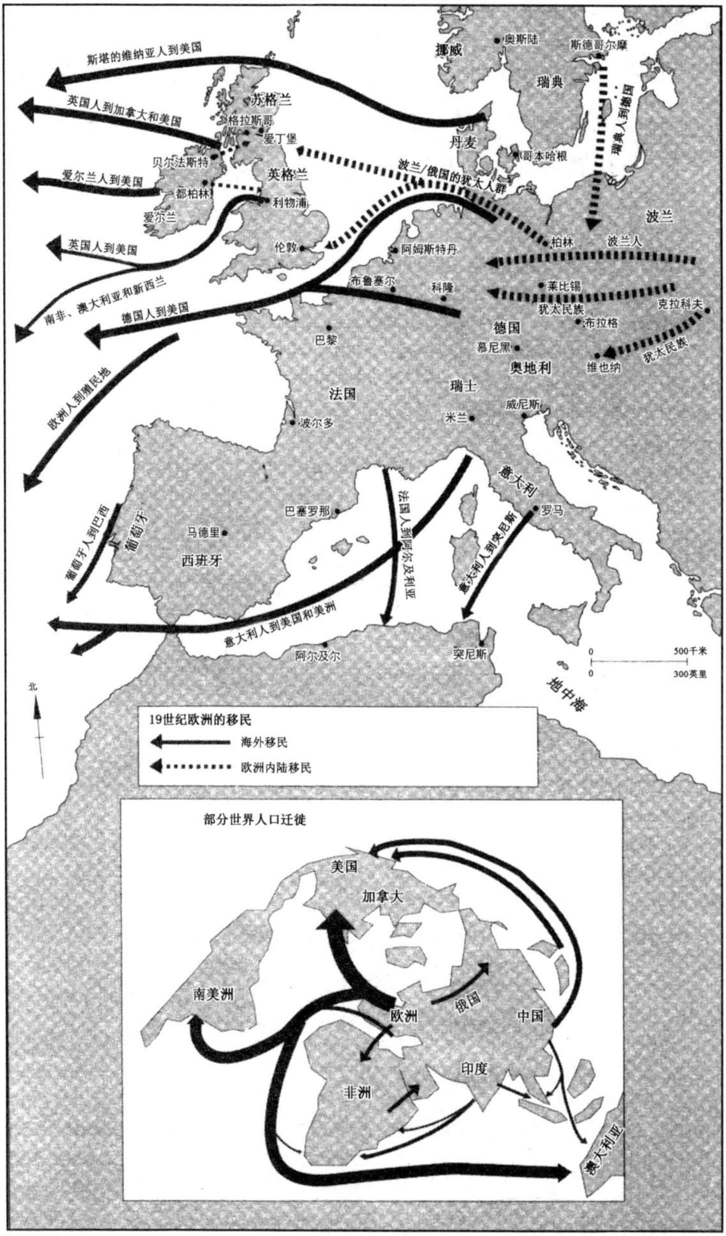
斯堪的维纳亚人到美国
英国人到加拿大和美国
爱尔兰人到美国
英国人到美国
南非、澳大利亚和新西兰
德国人到美国
欧洲人到殖民地
葡萄牙人到巴西
意大利人到美国和美洲
法国人到阿尔及利亚
意大利人到突尼斯
波兰/俄国的犹太人群
瑞典人到德国
波兰人
犹太民族
挪威
奥斯陆
斯德哥尔摩
瑞典
丹麦
哥本哈根
苏格兰
格拉斯哥
爱丁堡
贝尔法斯特
英格兰
都柏林
爱尔兰
利物浦
伦敦
阿姆斯特丹
布鲁塞尔
科隆
柏林
波兰
莱比锡
克拉科夫
布拉格
德国
慕尼黑
奥地利
维也纳
巴黎
法国
瑞士
威尼斯
米兰
波尔多
意大利
罗马
巴塞罗那
葡萄牙
马德里
西班牙
阿尔及尔
突尼斯
地中海
0　500千米
0　300英里
北
19世纪欧洲的移民
海外移民
欧洲内陆移民
部分世界人口迁徙
美国
加拿大
南美洲
欧洲
俄国
中国
非洲
印度
澳大利亚

19 世纪的移民路线

能带来麻烦。大部分人还是相当贫困，无论他们是否居住在富裕的国家里，现在，这些国家这种贫富差距的不协调状况比早些时期更加严重。当社会表现出更明显的创造新财富的力量时，贫困就更加地折磨人。一种变化开始了，输入革命出现在了人们的期望中。另一种变化是人们思考自身处境的方式变了，其焦点是如何看待人们获取谋生手段的能力。人会无所事事不是什么新鲜事。新的情况是，经济景气的
866 无规律起伏波动导致数以百万计没有工作的人聚集在大城镇。这就是“失业”，这种新的现象使我们需要这个新的单词。一些经济学家认为失业是资本主义的伴随物，是不可避免的。此外，有些邪恶的事物使工业化社会最初的观察者们大为吃惊，同样，城市至今也没能摆脱所有这些邪恶的东西。到了 1900 年，大部分的西欧人是城镇居民。到 1914 年，有 140 多个城市的居民超过 10 万。其中数以百万计的人缺少自由活动的空间和居所，缺少学校和清新的空气，除了街头娱乐外没有什么消遣，而这些在社会催生的富人中是司空见惯的。“贫民窟”是 19 世纪发明的另一个新词。细想这些现象，我们可以得出两个密不可分的结论。第一个结论是恐惧，很多头脑清醒的政治家在 19 世纪末仍然对城市充满戒备，认为其是发生革命危险、犯罪和邪恶的中心。另一种结论是充满希望，城市的状况使有些人坚信：反对不公正社会和经济秩序的革命是不可避免的。这两种反应都忽视了不断积累的经验证据：西欧爆发革命的可能性事实上是越来越小了。

社会骚乱加深了人们对革命的恐惧，尽管革命的本性被错误地传递并被夸大。俄国和世界上其他国家比较，它很明显是欧洲的一部分，但它没有沿着经济和社会进步的主线向前快速地发展，改革还没有走多远就激起了一波又一波的革命运动。革命在恐怖主义中爆发——沙皇是其中的一个牺牲者，各地土地运动连续地同时爆发助长了革命的火焰。农民对地主和管家的袭击在 20 世纪初期达到了顶点。

当俄国人确定他们已经在战争中败给日本人，刹那间动摇了对国家体制的信心，结果就是 1905 年革命爆发。俄国无疑是一个特殊的例子，但是意大利也是，有一些迹象让一位观察家认为在 1898 年和 1914 年包含着革命因素，而西班牙的一个伟大城市——巴塞罗那在 1909 年爆发了血腥的巷战。罢工和示威游行在没有革命传统的工业化国家里也能变成暴力活动，1890 年的美国充分表现了这一点。甚至在英国，很多时候也因此而出现了伤亡。有这样一种数据，当把它们和偶发的无政府主义者的活动结合在一起的时候，能让警察和正派的市民保持警觉。无政府主义者们尤其擅长让自己成为公众的关注点。他们在 1890 年的恐怖主义行为和暗杀行动获得广泛的公众注意，这些行为 867
的重要性已经超越了成功或失败本身，因为媒体的发展已经意味着一个手榴弹或是一把刺人的匕首都能提取出巨大的公众关注价值。在采用这些方法的时候，并不是所有的无政府组织者都会有共同的目标。但他们是那个时代的产物，他们抗议的不止是一个国家里的政府，也反对整个社会里面他们认为不公正的一切。无政府主义者们有利于让人们保持对革命一贯的恐惧感，哪怕他们的煽动性也许没有他们的对手——马克思主义者强。

到了 1900 年，几乎各地的社会主义都意味着是马克思主义。只有在英格兰，才存在着可选择的信仰，那里很多工会运动早就取得发展，通过建立政党进行斗争是可能实现的，这使得他们青睐一种非革命性的激进主义。在欧洲大陆社会主义学派中，马克思主义的地位是至高无上的，然而，马克思主义得到正式表述是在 1896 年。那时，第二国际，一个在七年前为了协调各个国家的社会主义活动而建立起来的国际工人阶级运动组织，驱逐了在此之前属于它的无政府主义者。四年后，第二国际在布鲁塞尔设了一个固定办公室。在这些社会主义活动里，德国社会民主党凭借人数上的优势、经费和理论的贡献占据了优势地位。尽管存在政治迫害现象，但由于德国快速的工业化进程，这个政党还是快速成长起来。到 1900 年，这个党的存在已经成为德国政治生活里的既成事实，它是德国第一个真正的群众政党。仅仅是人数和经费本身就让德国社会民主党的官方信条——马克思主义有可能成为国际社会主义运动的信条，但是马克思主义也有自身理论和情感上的吸引力。这种吸引力尤其存在于世界正朝着社会主义者所期望的方向发展的形势中，以及参加阶级斗争所带来的情感满足中，而马克思主义者坚信阶级斗争必将在暴力革命中终结。

尽管马克思主义使人们强烈地对现存秩序感到担忧，一些马克思主义学者已经意识到，1880 年以后的社会状况已不能完全支撑这个理论了。明显地，大批人已经能够在资本主义制度下获得高质量的生活水平。马克思曾经预测的两个阶级的尖锐斗争不能囊括资本主义体制所展示出来的复杂性。另外，资本主义政治制度也已经能够服务于工人阶级，这一点是非常重要的。在德国，同样也在英格兰，社会主义者抓住议会制这一机遇已经取得重要的优势。选票就如武器一样容易获得，就算在等待革命，人们也没有忘记拉选票。这些情况的出现使得一些社会主义者试图去重新表述正统的马克思主义，以便能够符合这些趋势，这些人被称为“修正主义者”，他们宣扬的是通过和平
868 的方式促使社会转变为社会主义社会。如果人们喜欢称这种转型为革命，那就只涉及革命这个词的用法争议了。在这个主张及其激发的冲突内部，有一个现实问题在 19 世纪末开始凸显出来了：在资本主义社会的政府里社会主义者该不该成为内阁成员。

由这个问题引起的争论恐怕需要好几年的时间才能解决。后来就出现了对第二国际的修正主义毫不隐讳的批判，而各国的工人党，特别是德国社会民主党继续执行修正主义路线，按照适合他们的方式处理与现存体制的关系。但是一些正统的马克思主义者仍然坚持革命道

路。很多社会主义者甚至想通过抵制参加战争，如果政府强迫征募的士兵作战的话，就让革命变成现实。其中一个社会主义派别，主要是俄国的，继续猛烈地指责修正主义并且宣扬暴力革命，这反映了俄国独特的社会状况，那就是在俄国借助议会制政治进行革命是没有可能的，另外俄国也具有深厚的革命和武装斗争传统。这个派别被称为布尔什维克，在俄语中的意思是多数派。

社会主义者宣称他们为广大群众说话。他们是否真的这么做了呢？到了 1900 年，很多保守人士开始担心，19 世纪由自由主义和民主取得的进步会证明只有暴力革命是不可阻挡的潮流。他们中的一部分人仍然生活在 19 世纪前的精神世界里，而不是 20 世纪前的精神世界里。在东欧，很多准家长制关系和传统的地主所有制仍然没有被触动。这样的社会将继续制造贵族阶层的保守者，这些人不仅反对侵犯他们的物质特权，而且反对一切“市场社会”的价值观和设想。但这条线也越来越模糊了，因为大部分保守主义的思想倾向于保护资本，这种观点早在半个世纪前在很多地方就因为个人主义者的提倡而被看作是极端的自由。资本家的、工业化的和保守的欧洲越来越反对国家对个人财富的干涉，而这种干涉随着国家在社会生活中扮演的越来越大的管理者角色而稳步增强。1911 年，这个问题在英国引发了一场危机，结果导致了对 1688 年宪章的革命性改变，英国上议院约束民选的下议院的权力遭到削弱。有大量事项与此相关联，其中包括让富人为社会服务缴纳较高的税额。即使在法国，到了 1914 年，人们也接受了个人所得税的原则。

这些变化显示了发达国家政治民主化的逻辑。到 1914 年，法国 869
普通的成年男子都有选举权，在德国、一些较小的欧洲国家、英国和意大利也有数量足够多的选民去接近民主的标准。这也产生了另一个令人困扰的问题：如果男人在国家政治中有了选举权，那么妇女不应该也有这样的权利吗？这个问题已经在英国的政治中引起了骚乱。但在欧洲，只有芬兰和挪威到 1914 年让妇女成为议会选举的选民，尽管如此，新西兰、澳大利亚的两个州、美国的一些州也随后给妇女以选举权。在随后 30 年里很多国家都开放了妇女的选举权。

在一个歧视妇女的社会里，政治权利是妇女权利这个大问题的一个重要组成部分，以前的文明都倾向维护男子利益和价值观。欧洲讨论妇女在社会中的作用始于 18 世纪，不久，欧洲社会长期存在的一系列假设的缺陷便显露出来。妇女的受教育权利、就业权、对自己财产的支配权、道德独立，甚至去穿更舒服服装的要求在 19 世纪引起热烈的讨论。易卜生的剧作《玩偶之家》就被理解为对妇女解放的高声呼吁，而不仅仅是作者为了个别女性的请求。这些情况的发展背后蕴藏着一种真正的革命。在欧洲和北美，妇女要求各种合法权利的主张威胁着几百甚至近千年的制度化的假设和态度。这些主张激起了复杂的情感，因为它们和根深蒂固的家庭观念和性别观念相联系。她们的觉醒困扰了一些人，因此产生的影响比社会革命和政治民主对这些人的威胁更深刻。人们这样看待这个问题，那就对了。在早期，欧洲女权运动就像是一粒种子一样，当它作为西方价值观的一部分冲击其他文明的时候，就发展为更具有爆炸性的内容了。

妇女参与政治，抨击让妇女备受压迫的法律和制度结构，也许这并不能给妇女带来什么。但以下三个方面的缓慢发展最终将对削弱传统的观念产生重大的影响。第一种是发达资本主义经济的发展。到 1914 年时，在一些国家，妇女已经可以从事很多新领域的工作，比如打字员、文秘、电话通讯员、工人、销售员和教师。而这些在一个世纪前是不存在的。这种变化给妇女带来了实际的经济权：如果她们能靠自己的劳动谋生，则这意味着她们已经开始走在一条最终改变家
870 庭结构的道路上。很快地，在工业社会里对社会福利的需求会加速这

种进步，因为对劳动力的需求为她们打开了更广阔的就业范围。同时，到1900年时，越来越多的女孩能在工业行业和商业行业中工作，这意味着她们有机会能逃离父母的控制和不幸的婚姻。直到1914年，仍有大部分妇女没有得到这种好处，但是这个进程在加速发展，因为这些进步也会激发她们的其他需求，比如教育培训和职业培训。

第二种大变革的动力到1914年更加展现了它改变妇女生活的巨大潜力，那就是避孕技术。避孕技术已经对人口产生决定性的影响。接下来妇女将在权力和社会地位方面进行革命，因为她们接受了这样一个观念，她们能控制生育和养育，生育和养育贯穿人类历史，且直到现在仍然是女性生活的最主要内容。除此还将有另外一个更深刻的改变，在1914年也开始明晰起来，那就是女性意识到她们没有必要履行终身的婚姻义务，她们可以追求性满足。

第三种把女性悄悄但不可抗拒地从旧生活中解放出来的动力，也许很难用一个单一的名称表述，但如果这种动力有支配性原理，那就是科技。科技是由不计其数的创新组成的，其中一些发明创造在1900年的前几十年就已经开始积累起来，所有这些都开始打断原先女性固定的从事家庭琐事的时间表，尽管这些刚开始看来并不重要。自来水、可用于取暖和照明的煤气的出现都是当时的例子；电能具有清洁和灵活的特点，所以后来对人民的日常生活产生了更明显的影响。大商店是零售领域大变革的前线，大商店不只告诉了人们什么是奢华，而且更便利了家庭的物品需求得到满足。随着食品加工技术和保存技术的发展，引进的食品也慢慢改变了人民的饮食习惯，人们不再需要像印度人和非洲人一样，一天去一两趟市场。1900年时世界上还没出现洗涤剂和容易清洗的人工纤维，但和一个世纪前相比，已经可以很容易就买到肥皂和洗涤碱，价格也很便宜。而第一批家用电器——煤气炉、真空吸尘器、洗衣机也在20世纪早期开始出现在富人的家里。

那些在以前很快认识到采用马镫和车床对促进当时社会进步重要性的历史学家们，却没有发现这些普通的商品和器具对社会进步也具
871 有和马镫和车床一样的重要性。因为它们意味着这个社会的另一半——女性世界的革命。这就不难理解在 20 世纪初期，为何傻里傻气的“妇女参政权论者”（suffragettes）——英格兰人对争取选举权的妇女的称呼，对这些普通的东西比一般人更关注。自由和政治制度的民主化很快加速了女权运动。这就是女权运动兴起的背景。理论上，跨越性别界线一起追求民主是有理由的，因为这意味着全体选民的人数会翻倍。

但是正式合法的政治结构并不足以完全表达民众想要的具有“大众”性质的政治倾向。大众必须得组织起来。到 1900 年，现代政党的出现满足了这个要求。政党简化了它的一些议题，向人们展示它是明智的选择，它是为了传播政治意识和培养特殊兴趣的。政党从欧洲、美国传遍全世界。思想守旧的政治家们强烈反对这种新团体模式，因为这是大众社会到来的另一个标志，意味着腐败现象可以被大众讨论，传统的政治精英必须根据大众的要求调整其政治观点。

在 19 世纪早期的英格兰，公众意见的重要性已经被政府意识到。在民众对《谷物法》展开的斗争中，可以看出民意对政府决策具有决定性意义。到 1870 年，法国的皇帝也意识到他无法抵抗民众对他所害怕并且将会输掉的那场战争的呼声。俾斯麦，一个典型的保守政治家，很快意识到他必须向民意妥协，拓展德国的殖民利益。对民意的掌控，很快也将成为可能（至少很多报纸老板和政治家都这样认为）。扩大文化教育具有两面性。一方面认为，为了让群众正确行使他们的投票权，得让民众文明开化，因而对民众教育进行投资是必需的。民众文化程度提高的结果是廉价的报纸有了市场，报

872

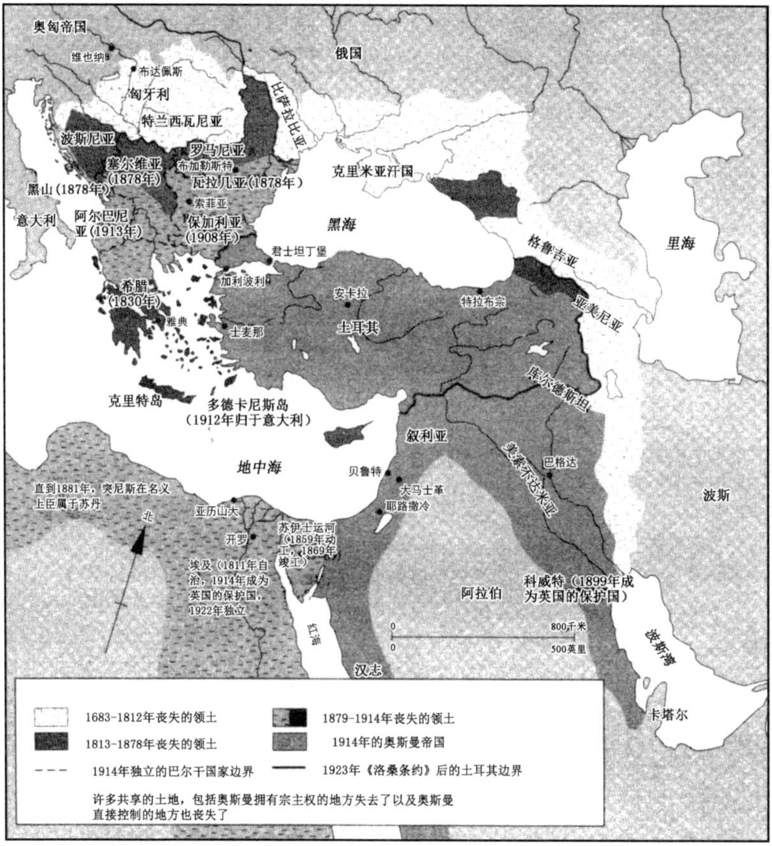

1683—1923 年奥斯曼的衰落和现代土耳其的出现

纸经常迎合读者的情绪和感觉，卖报者和广告设计者也有了市场，这也是 19 世纪的另一项发明。

民族主义仍然是一个不容置疑并最具大众吸引力的政治原则。而且，它总能保持革命的潜力。这种现象在一些地方很明显，在奥斯曼帝国的欧洲部分，从克里米亚战争开始，民族主义者成功打败奥斯曼帝国的统治并建立新国家的浪潮没有停息。塞尔维亚、希腊和罗马尼亚民族国家也在 1870 年牢固地建立起来。到 19 世纪末保加利亚和黑山也成立了。

1913 年，在欧洲冲突完全掩盖土耳其问题之前，爆发了巴尔干同盟对抗土耳其的最后一次战争，阿尔巴尼亚在这时成立了，接着出现了一个由希腊人管理的自治的克里特岛。这些民族主义活动很多次把一个国家拉进动乱的泥潭，它们是和平的潜在威胁。但在俄罗斯帝国境内的民族主义者，他们却不完全是这样的，尽管在那里，波兰人、犹太人、乌克兰人、立陶宛人都觉得他们深受俄罗斯人的压迫。在奥匈帝国，战争看似是关系紧张的必然结果，在匈牙利一半以上的国土范围内都出现了真正的革命苗头。匈牙利的大部分斯拉夫人跨越国界到塞尔维亚去帮忙反抗匈牙利人的压迫。在奥匈帝国的其他地方，比如在波希米亚和斯洛文尼亚，民族情绪没有这么高涨，但民族主义仍然是主要问题。英国的民族问题没有像这些国家那么严重，但
873 它在爱尔兰也有民族问题。实际上，它面临两个民族问题。信奉天主教的爱尔兰人在 19 世纪的大部分时间里都是英国一个明显的民族问题。英国政府作出让步并答应进行改革，但爱尔兰人还是没能实行英国自由党所承诺的地方自治。然而到 1900 年，农业改革和经济状况的好转大大降低了爱尔兰问题对英国的危害性，尽管很快又被新出现的另一个爱尔兰民族主义问题困扰，即占北爱尔兰省人口绝大部分的新教徒威胁说，如果英国政府给信奉罗马天主教的民族主义者们以地方自治的权利，他们就要起来革命，这是个令英国政府非常头疼的问题。在 1914 年，当英国的民主体制最终通过地方自治的法令时，一些国外的观察家误以为英国的这一政策肯定会被因为干预欧洲事务而引发的国内革命阻止。

所有支持民族主义言论的人都认为自己这么做多少是有正当理由的，是为了被压迫的人们。但力量强大的民族主义同时也是一股分裂的力量。阿尔萨斯和洛林在 1871 年被割让给德国后，法国和德国心

理上的裂痕更深了。法国的政治家迎合法国人民的心理，积极培养人民的复仇情绪。法国的民族主义给其带来不少苦果，引起诸多政治争吵，因为他们把问题上升到对国家制度的忠诚层面。就连最冷静严肃的英国人也会不时被民族主义情绪鼓动，他们对帝国主义和保持英国海军至高无上的地位都很狂热。德国充满旺盛活力的经济越来越威胁到英国世界商业中心的地位。尽管这两个国家是彼此最好的伙伴，但更重要的是在很多方面它们的利益开始发生冲突了。在德国第三位皇帝威廉二世的统治下，德国的民族主义具有了另一种新特色，威廉注意到了民族主义所蕴藏的巨大力量，他想真正地让这种民族主义得到发泄，而不是象征性的。首先他想建立一支强大的海军，这一点尤其让英国恼火，英国人无法接受这一点，认为建海军是针对英国的。人们开始发现在欧洲事务上德国人越来越盛气凌人，不管是有理还是没理。民族的模式化观念很难用一个词表达，但是因为它们能对公众的反应进行可怕的简化，因此成为 20 世纪初作为破坏性力量的民族主义情绪的一部分。

对当时的历史感到乐观的人指出，在 19 世纪，国际暴力减少了， 874
自从 1876 年（俄国和土耳其打起来）后欧洲几个强国之间就没有战争，但不幸的是，欧洲的士兵和政治家们并没有看到美国将爆发南北战争的征兆，在这场战争中，由于铁路和电报机的出现，一个指挥官第一次能控制超过 100 万的人，也第一次向人类展示了大量生产的现代武器能够带来巨大的伤亡。然而这些危害性的事实都被忽略了，1899 年和 1907 年召集了代表大会以阻止欧洲出现的军备竞赛，尽管失败了，但这种努力是积极的。越来越多的国家接受国际仲裁惯例和对野蛮战争的一些限制。当德国皇帝派遣军队参加八国联军镇压中国义和团运动时，他说了一句意味深长的话。被中国人反抗欧洲人暴动的报道所激怒，威廉告诉他的士兵们要像匈奴人一样凶残。这句话深刻地印在人们的记忆中。很多人都觉得他这样说太过分，尽管在那时他认为这种指示是有必要的。根本没人会对 17 世纪的军队说要像匈奴人一样凶残，因为不用说他们自然就会这么做。到 1900 年，没有人再期望德国军队这样做了，因为他们已经知道该怎么做。人性化的战争已经产生了。“文明的战争”是一个 19 世纪的概念，不仅仅只是一个矛盾的术语。1899 年，各国都同意禁止使用毒气、达姆弹，甚至禁止从空中向下扔手榴弹，即使这种禁止只是在有限的一段时间内有效。

除了抵制革命的共识外，伴随着基督教世界观念的崩溃，欧洲统治者因意识到彼此息息相关而受到的约束很久前就瓦解了。19 世纪的宗教在国际关系中是一种缓和矛盾的次要的非直接的动力，也有利于加强人道主义与和平主义。基督教已经证明了其在控制暴力上的力量是微弱的，正如社会主义者的希望——全世界的工人为了社会主义目标不要互相斗争一样是不可能的。这是否是缺乏一种有组织的教会力量的结果，这一点还不太清楚。到 1900 年时，宗教对人们行为的控制力在不断下降，这使人更加担忧。这并不是因为一种新的宗教形式挑战了基督教教义，而是因为出现了一种趋势，这种趋势从 18 世
875 纪开始就可观察到，自法国大革命后就越趋明显了。几乎所有的基督教教派都越来越受到社会进步和人文精神冲击，它们也没有能力开发出新的东西来改变这种状况，比如在 19 世纪晚期大量发行的报纸也许可以帮助它们。当然，它们中的一些教派，尤其是罗马天主教，极其怀疑这些进步。

尽管所有的教派都感觉到了时代产生的这种对它们不利的潮流，但罗马天主教是最明显的牺牲者，教皇在位期间的权力和威望就已经被严重削弱。罗马天主教也公开声明它对进步、理性和自由的敌视，这些声明也成为宗教教条、教义的一部分。从政治上来说，在 1790

年时，当法国大革命的军队把革命的精神带到意大利，改变了意大利的领土，入侵教皇的领地时，罗马天主教的世俗权力就开始被削减。随后，对教皇权利的侵犯从时代的主导理念——民主、自由、民族主义来看也被证明是有理的。最终，在1870年，梵蒂冈外的老教皇国的最后一块领土也被意大利的新国王收回来，教皇就几乎完全成为纯粹的教会精神领袖。可追溯至梅罗文加王朝时期的教皇享有世俗权力的时代结束了，有一些人认为这是一件可耻的事，因为这种宗教习俗一直都是欧洲文明和历史的中心。

事实上，这被历史证明是一种福祉。然而，在那时，对教会权力的强夺强化了教皇对该世纪几种力量的敌意，也强化了进步思想家所持有的嘲笑态度。1870年教皇谈到信仰和道德方面的最高权威，认为自己是这方面的绝对权威，这成为教会教条的一部分。这时双方的对立达到新的高度。在接下来的20年里，在德国、法国、意大利和西班牙的政治生活里，反教权主义和攻击神父变得比以前更重要。在很多信奉罗马天主教的国家里（除了波兰），民族情绪被调动起来反对教会。政府在反教皇运动中占据优势地位，这有利于政府对教会行使其合法权力，政府把权力扩展到教会原先最重视的教育领域，首先是基础教育和中学教育。

迫害催生了政治上的不妥协。矛盾的是，出现了这样的情况，无论人们对罗马天主教教义的地位持怎样的观点，天主教在忠实的信徒中依然能获得大量的支持。还有，由于天主教在海外的传播，很多人皈依了天主教，信徒的人数很快大量增长了。尽管在欧洲新出现的众多城市居民中，这些有组织的宗教并没有取得多大的发展，基督教不合时代的教条没有打动他们，这些人原先生活的世俗文化环境也让他 876
们成为不信教的人，但作为一股政治和社会力量，天主教还有很大的发展空间，更别说它会消亡了。事实上，把教皇从世俗角色中解放出来，使罗马天主教徒更觉得应该对他绝对忠诚。

罗马天主教是对教徒要求最多的基督教教派之一，处于那个时代教权和政权斗争的最前线，但上帝的启示录和教士、牧师的权威在到处受到质疑。这是19世纪最明显的特征之一，很多欧洲人和美国人仍然相信他们教派教义中简单的和原义的信条，还记得《圣经》中所说的故事。当这些信条被威胁到时，他们感到极为不安，但这些信条在越来越多的国家里受到了挑战。传统的宗教信条最初只是在知识分子中受到质疑批判，知识分子从启蒙运动中吸取很多新思想："伏尔泰的"是19世纪一个最受欢迎的形容词，用来表明反宗教和怀疑精神的观点。随着19世纪的推进，这些思想被另外两股知识潮流加强了，这两股潮流刚开始都是知识分子关注的，但随着大众教育和廉价报纸的推广而产生了广泛的社会影响。

一个挑战来自研究圣经的学者们，他们中最重要的人物是德国人，他们从1840年开始不仅仅推翻了很多把《圣经》当作历史证据的假设，起更根本作用的是，使人们对圣经的态度从心理上改变了。其实这使以后简单地把《圣经》当作客观的历史材料的行为都会受到人们的批判。法国学者欧内斯特·勒南在1863年出版的一部非常成功的且引发丑闻的书《耶稣传》，把这种看法带给了更多的人。《圣经》自从中世纪出现以来一直是欧洲文明的核心文献，但此后再也未能恢复到这种地位。

第二种来源是自然科学破坏了人们对基督教的信仰，对长久以来基督假设中固定的道德观、政治观、经济观思想的信仰。攻击宗教学说中不合逻辑的种种说法，对民众进行启发已经变得很急迫了，这时科学开始提供经验性的证据来证明《圣经》所说的大部分都不符合观察到的现实。起点就是地质学，自18世纪末期开始，有关地质学的知识自苏格兰科学家查尔斯·赖尔的《地质学原理》一书在1830年

出版后就得到广泛关注。这本书从自然力的角度解释地壳变化的原 877
因，认为地壳运动和地表变化不是由于超自然力量或巨大灾变，而是由于风、雨等自然力的作用。赖尔还指出，如果这个理论是正确的，那么在不同的地质层存在的不同生命体的化石意味着在每一个地质时代，总是不断出现新物种。如果这个理论也是正确的，那《圣经》所说的神造万物的说法就陷入困境了。在英国石洞发现的石器和一些已经灭亡的动物骨头化石越来越表明，《圣经》中关于人的年表很明显是错误的。人其实出现得比《圣经》所阐述的早得多这个观点可能在1859年就得到正式的承认，那时英国学会听取并出版报纸证实“在远于人类迄今为止能证明的远古时期”，人类在旧石器时代早已生活在索姆河谷（Somme）。

在同一年，从另一种渠道让解决这些问题变得非常急迫的是生物学。英国科学家查尔斯·达尔文在1859年出版了一本对现代文明影响深远的书，简称《物种起源》，这本书也许过于简单，但大体上没歪曲事实。他的书很快就出版并在全国范围内几乎引起骚乱，公众从某种程度上来说，也做好了准备，对宗教主导一切（比如教育）的合理性的质疑传开了。公众对“进化”这个词很快变得熟悉起来，但达尔文一直试图避免用这个词，直到《物种起源》出到第十五版，也就是第一版出版的10年后。然而，这本书对进化假设的论述是独一无二的，也就是，生物是从简单的物种经过长期的演变才变成它们现在的样子的。当然，这一点也包括人，他在另一本书——1871年的《人类的由来》中有详细的解释。这种进化是怎样发生的，在这个问题上有不同的看法。达尔文受到了马尔萨斯的人类为了食物存在残忍竞争的观点的影响，认为生物界体现了这些原则，在残酷的环境下，生物之间优胜劣汰，这是“自然选择”的结果。这个观点在“适者生存”这句话被用作口号时就变得通俗化了（还被严重曲解）。但是，

尽管这部著作的很多观点激发了新思想的产生，但更重要的是达尔文
沉重打击了广为流传的《圣经》中的神造论（也打击了人类是独一无
878 二的说法）。达尔文的书把对《圣经》的评判和地质学结合起来，使
任何严谨和有思想的人都难以再认为《圣经》是完全正确的，但是在
1800 年的时候这是可能的。

科学影响人们已经形成的信仰最有效的唯一方法是削弱《圣经》的权威。另一点也很重要，就是一种新的含糊的但是不断壮大的威望形成，科学已经在社会上得到前所未有的广泛认可。这是因为科学获得了控制自然的最强大工具的新地位，自然被认为日益无力抵抗科学的强大力量。这就是科学开始创造神话的开始。事实上，它的本质在于 17 世纪科学的伟大进步并没有经常导致普通百姓生活的改变，而 19 世纪的科学进步越来越表现出这一点。尽管不明白开创外科手术使用防腐剂（或者防腐技术）的约瑟夫·李斯特所写的理论，或者超出任何其他人使得电流发电成为可能的迈克尔·法拉第所写的理论，人们依然知道 1900 年的医学不同于他们祖父那个时候，并且经常在工作中和家里看到电力使用。到 1914 年，无线电信息的发送可以跨越大西洋，不依赖由低于空气密度的袋装气体支撑的飞机也变得普通了，阿司匹林也很容易买到，美国的制造厂开始出售第一批大规模生产的廉价汽车。这些并不能充分展现出科学的无穷力量和不断拓展的领域，但是这些类型的物质进步使普通老百姓印象深刻，也让人们开始崇拜科学这个新的圣地。

科学体现于技术，因为在很长一段时间内，科学对大多数人的生活产生积极影响就是通过技术的发明革新体现出来的。大机器和各种产品带给人们的生活改变越来越多，人们对此感到很满意，即使现在科学已经通过多种方式去改变人类社会了，但通过工业生产还是它最明显的一种方式。社会进步和世界主要文明深深地缠绕交织在一起，

科学的发展不仅仅意味着人类实力的增强。在1914年后的时间里，科学的发展已经为20世纪下半叶的明显特征打好了基础，科学成为世界主导文化发展的主要原因。科学进步是如此的快以至于人类生活的每一部分都受到它的影响，同时人们仍然试图去抓住科学最基本的哲学含意。

对这种改变最不费力的观察（最容易当作起点的）是把科学本身当作一种社会和物质现象。在17世纪，当物理学实现第一个伟大的 879
进步时，科学已经成为一种社会现实。一些研究机构很快被建立起来，在那里，研究人员集中起来用一种后来被认为是科学的方法去研究自然界，甚至有时统治者还雇请科学家，利用他们的专长解决相关的特殊问题。很明显，一些有用的技能——它们经常被称作技能而不是科学——比如航海和农业，由那些本身不是从事这个职业的技术人员作出的种种尝试，也能作出有用的贡献。有一个专门的名词来帮助人们正确地把这个时代和19世纪及此后的时代划分开来，在这个时候科学家被称为“自然哲学家”。“科学家”这个词直到19世纪走过三分之一的时候才被发明，当时人们觉得有必要把对自然界的研究区分为建立在严密的实验和观察上的研究和通过未经检验的理由对自然界进行猜测的研究。然而那时，在大部分人的头脑里，人们认为进行臆测研究的人和进行应用研究的科学家或技术专家没多大区别，技术专家在那个大机器、煤矿和制造业都获得前所未有的大发展的时代更能明显地代表科学。

19世纪也是第一个这样的世纪，在这个世纪里，科学被理所当然地视为由受过高等教育的人所从事的专业研究，这些研究者都有专业的身份。科学在教育中获得更高的地位，在已有的大学里面开设新的系。在一些国家，特别是法国和德国，成立了一些特殊的科学和技术的研究机构，科学在社会上的地位更加突出了。专业研究也包含了更大的科学成分。科学在教育领域的发展加快了对社会和经济生活的影响，效果越来越明显。科学产生的总的效果使早已形成的社会发展趋势取得更进一步发展。大约从 1700 年开始，全世界的科学家人数经历着稳定的指数式的增长：科学家的数量大概每 15 年就增加一倍（这说明了一个惊人的事实，从那以后，在任何时候，活着的科学家都比去世的多）。在 19 世纪，其他科学的测量方法也被采用了（比如，天文台的建立），还提供了指数曲线。

科学的进步是人类能够不断增强对生存环境的控制力和改善生活
880 的真正原因，外行人也能抓住这一发展机遇改善生活。就是这些原因让 19 世纪成为第一个让科学真正变成信仰的对象——也许是崇拜对象的世纪。到 1914 年，受过良好教育的欧洲人和美国人都把麻醉剂、汽车、蒸汽涡轮机、坚硬的特制钢材、飞机、电话、无线电还有其他很多在一个世纪前还不存在的奇迹看作理所当然，但这些东西对社会产生的影响已经非常巨大了。或许最广泛和显而易见的影响是由于使用廉价电能所带来的影响，郊区的居民能乘坐火车和有轨电车，工厂里劳动的工人使用电动机，电灯出现在人们的日常生活里，电能的使用塑造着新的城市生活。就连动物的数量也深受影响，1900 年的时候，在英国有 3.6 万匹马在拉车，到 1914 年，只有 900 匹马在拉车了。当然，科学的实际应用已经不是新鲜事了。自 17 世纪之后每一个时期都受到科学活动附带的技术产品的影响，尽管起初的科学活动很大程度上只被局限在弹道学、航海术和地图制造、农业和一些基本的工业加工这些领域。但只有在 19 世纪，科学才在维持生命和改变社会上扮演真正重要的角色，而不是仅仅通过一些令人惊叹的和新奇的技能。比如，化学染色工艺就是在 19 世纪的科学研究推动下产生的包罗万象的新领域，这种技术被很多行业采用，比如制药业、制炸药、抗菌剂的行业等。这些都对人、社会和经济产生很大作用。新兴的迅速发展的染色工艺影响了成千上万的人们，印度靛蓝原料种植者们悲伤地发现他们破产了，西方的工人阶级发现他们可以购买色彩稍微丰富一些的衣服，就这样，随着衣服大规模的工业生产和人造纤维的迅速发展，不同阶级的人的衣服原先明显的差别开始慢慢消失了。

这些变化已经让我们跨越维持生命的界线开始去改变生活。基础学科将继续改变我们的社会，尽管在 1914 年以前，一些学科就已经开始改变社会了，比如物理学，这最好留到晚点再讨论。另一个影响比较容易测量的学科是医学。到 1914 年，医学领域已经取得巨大的进步。在一个世纪的时间里，它由一种技能发展成了一个学科。理论发展和控制感染成为医学的桥头堡，抗菌剂在数十年后被认为是理所当然的，但在 19 世纪 60 年代仅被赖斯特介绍过；赖斯特和他的朋友巴斯德・路易斯（法国最伟大、最著名的化学家）一起打下了细菌学的基础。维多利亚女王是宣传新医学方法的先锋，在生王子和公主的时候采用抗菌剂，这对促进人们早日接受这种在 1840 年刚刚起步的技术是非常重要的。1909 年发明的洒尔佛散标志着选择性处理感染 881
的发展，验明疟疾携带者的技术发明，或者 X 射线的发明，让少数人已经认识到医学上取得这些成就的重要性。然而尽管这些进步是很重要的，在接下来的 50 年里都被其他的发明给远远超越了，顺便提一下，医疗的费用也大大提高了。

科学对世界产生了巨大的影响，科学创造神话这个结论在 1914 年之前被证明是合理的。在这句话的语境里，“神话”含有不是虚构或想象出来的意思。这样方便把大家的注意力集中到科学的真实性上，大部分科学结论都被实验证实，所以它是正确的，同样它也改变了人们看待外部世界的方式，就像宗教在以前影响着人们看世界一样。也就是说，这已经比它为人类提供开发和控制自然的方法更加重要了。在处理超自然的问题上，科学给人类提供指导，科学也告诉人们该去追求什么样的目标，该用什么样的标准约束人类的行为。尤其在塑造公众态度上它的影响是无处不在的。当然，所有这些和追求成为科学家是没有内在和必然的联系的。但从最长远观点来看，结果就是一个文明里的精英人物没有显著的宗教信仰或卓越的理想。这个文明的核心，无论是否被清楚地表达出来，就存在于这样一个信念里，这个信念就是期望人类控制自然后能再做些什么。理论上，人们认为有如此丰富的智力资源和财富，没有什么问题是不可以解决的，但人们也给还没弄清楚的领域留下继续发现的空间，而不认为那是神秘的。很多科学家在这个结论上已经开始退缩了。自然界包含的很多现象还难以被理解。但是现在的主要世界观就是基于这个假设上的，它的基本要素在 1914 年以前就已经形成。

对科学的极端信心已经被称为“科学至上主义”，但也许很少人完全明确并无限制地支持“科学至上”，即使在它最为流行的 19 世纪晚期。科学方法的威望的另一个合适的证明，是知识分子希望把科学方法拓展到自然科学以外的领域。寻找“社会科学”的心愿最早的一个例子，我们可以从英国的改革家和知识分子杰里米·边沁的功利主义的追随者那里找到。边沁希望把社会管理建立在人对痛苦和快乐的反应原理的适当应用的基础上，而快乐应该最大化，痛苦应该最小
882 化，人的各种感受和感受的激烈程度都应该被考虑进来。19 世纪，法国哲学家奥古斯特·孔德给关于社会的学科取名为——社会学；马克思在自己的葬礼上被描述为社会学领域的“达尔文”。这些人（还有其他很多人）力图效仿自然科学寻找普遍的类似机械的规律；在那时自然科学沉迷于探寻这些规律并不能说明什么，这种探求本身仍然证明了科学模式的声望。

反常的是，到了 1914 年，科学给欧洲文明造成了一种莫名的紧张。这种紧张在关于传统宗教的问题上表现得尤其明显，在其他问题

上有时比较微妙，比如宿命论里很多思想是吸收了达尔文的学说，或者吸取了人类学的相对论，或者从对人的思想的研究中得到启发的，科学本身就已经逐步削弱了人们对客观性和合理性的信心。从 18 世纪开始，科学的客观性和合理性就是非常重要的，到了 1914 年，有征兆表明，自由、理性、开明的欧洲会像传统、宗教化、保守的欧洲一样气氛紧张。

对欧洲未来的质疑不应放大。最明显的事实是，在 20 世纪早期的欧洲，尽管一些欧洲人对欧洲的未来感到怀疑和担忧，但毫不影响欧洲继续是世界事务中心的地位，是全球政治权力最集中的地方，是世界命运的真正主宰者。从外交上和政治上来说，欧洲的政治家经常忽略世界其他地方，西半球的美国除外，这是一个有欧洲血统的国家，这个国家对欧洲来说是很重要的，而在远东地区，日本变得越来越重要，而美国在此的利益，需要其他国家的尊重。这就是在 1900 年让欧洲政治家极感兴趣的国家间关系；对大部分欧洲的政治家而言，这时没有什么其他重要的事情能让他们费心。

第 2 章　第一次世界大战时期

883　自 1870 年起，欧洲就成功避免发生大的战争。与这一明确的事实相反，国际上的一些现象表明，在 1900 年之前欧洲依然存在越来越明显的不稳定因素。一些大国国内存在严重的问题，举例来说，这些问题可能暗指外部势力的影响。这些国家之间也存在明显的不同，比如，德意志帝国和意大利王国是新兴国家，40 年前它们还不存在，这使得它们的统治者对内部的分裂势力尤其敏感，结果是宁愿讨好国民的沙文主义情绪。一些意大利领袖参加残酷的殖民地冒险，但仍然怀疑奥匈帝国（是意大利正式的盟友，但意大利人认为奥匈帝国的统治者是未被救赎的）而且对它不友好，这最终在 1911 年时把意大利推入与土耳其的战争中。德国有工业优势和成功的经济来支持，在谨慎的俾斯麦退休后，正如一些德国人所总结的，执行他的外交政策的人越来越着眼于赢得尊敬和声望的战利品——“阳光下的地盘”。德国也要面对工业化的影响。德国新产生的众多经济势力、社会势力逐渐和德国制度的保守特征难以协调，这个保守的制度给帝国的政府太多的权力，帝国是一个半封建的国家。

不仅新国家存在国内关系紧张的情况。俄国和奥匈帝国这两个庞大的帝国都面临严重的国内问题；它们比其他任何国家更适合神圣同盟时代的设想，政府本质上是国民的对手。尽管它们的政体有明显的连续性，但这两个国家都经历了巨大的改变。哈布斯堡皇室君主政体以新的、两国共主的形式出现，这是马扎尔人①自己的民族主义的成

① Magyars，匈牙利主体民族。——译者注

功产物。在20世纪的早些年，有迹象表明，想要在不激怒国内其他民族的情况下永久使二元君主制发挥作用越来越难。工业化的进行 884
（在波希米亚和奥地利）给旧社会制度带来新的紧张因素。俄国，正像被指出的那样，在1905年爆发政治革命，现在俄国社会的变化更加深刻。独裁政治和恐怖主义破坏了亚历山大里亚二世进行自由主义改革的希望，但是直到那个世纪末并没有阻止快速发展的工业化的进行。这是经济革命的开始，在此之前，伟大的农奴解放运动是最基本的准备工作。政府设计政策从农民那里获取粮食，为出口提供商品，从而还清对外借款。在20世纪，俄国开始表现出惊人的经济发展速度。它的生产规模仍然较小——1910年，俄国的生铁产量不足英国的三分之一，全国产量只有德国的四分之一。但是这些数量的生产是以非常快的速度实现的。更重要的是，有迹象显示，到1914年，俄国的农业生产已经转危为安，而且有能力实现农作物的生产速度比人口增长的速度更快。一位大臣做了一个决定性的努力，就是去除对个人主义的最后限制和废除农奴制，为俄国提供了一个经济实力强的独立的农民阶级，农民的收益与提高生产力联系在一起。但是仍有很多落后的因素要去克服。在1914年，俄国不足10%的人口居住在城镇，而且超过1.5亿的总人口中只有大约300万的人从事工业生产。债权国仍然对俄国的进步感到不太乐观。它可能是一个具有潜力的巨人，但也是一个严重的残疾人。专制体制下的俄国管理糟糕，不情愿进行改革，而且反对所有的改变（虽然被迫在1905年对立宪作出让步）。文化总体水平落后，且没有前途；工业化需要配套进行大量教育，而且那会引起新的紧张。自由主义的传统很弱，而恐怖分子势力和独裁的传统却很强。俄国仍然依赖外国给它提供所需的资金。

资金大部分来自它的盟友法国。和英国、意大利一起，第三共和国在欧洲强国中代表了自由主义和合乎宪法的原则。尽管法国思想有活力、不安分且有自知之明，但它的社会是保守的。一方面，法国表面的不安定是政客之间激烈讨价还价的结果；另一方面，是因为有人想努力保存革命的传统。然而工人阶级的活动基础薄弱，法国只有慢慢走向工业化，事实上，第三共和国这时也像欧洲的其他政权一样稳定了，但是工业发展的缓慢表明了法国人非常清楚的另一个缺陷，就
885 是他们的军事劣势。1870 年的德法战争已经表明，法国人无法凭他们自己的军队打败德国军队。从那之后，这两个国家地位的悬殊越来越大。在人力资源方面，法国远远落后于德国，在经济上的情况也一样；和它的邻居相比，法国显得相形见绌了。仅仅在 1914 年之前，法国仅能生产大约相当于德国六分之一的煤，不到德国三分之一的生铁和四分之一的钢铁。如果要回到 1870 年的竞争态势，法国人知道他们需要盟友。

在 1900 年，没有人会考虑跨越海峡。这主要是因为殖民地问题。法国（正如俄国）在全球许多地方和英国在当地的利益发生冲突。在很长的一段时间内，英国发现它能摆脱与欧洲大陆的纠缠；这是一个优势，但是它在国内也有麻烦。作为第一个工业化国家，英国是工人阶级暴动问题最严重的国家之一，而且也是相对力量优势最不稳定的国家之一。到 1900 年，一些英国商人很清楚德国是他们的主要对手；在技术和方法上，德国工业明显优于英国。以前很有把握的事现在也开始退却了；自由贸易被质疑。在北爱尔兰人和妇女参政论者的暴力活动中，在与上议院决定保卫财富利益的社会立法进行的残酷斗争中，甚至有迹象显示，议会制可能受到威胁。在维多利亚王朝中期的政治中，不再有维持共识的意识。然而英国的制度和政治习惯令人很放心。议会制君主立宪制已经证明了在自 1832 年以来英国发生的巨大变化中，它能控制自如，而且大部分人都相信它能继续这样下去。

那时的英国发现，只有一种前景难以认清。这揭示了在前半个世

纪里，英国在国际中的地位已经发生了根本变化。这点可以从日本或
者美国这两个欧洲以外的大国看到。日本的预兆在这两者中更容易辨
别，也许，因为它在和俄国的战争中取得了军事胜利。然而会有迹象
提供给人们解释，为什么美国不久后会成为令欧洲相形见绌的强国，
并且是世界上最强大的国家。美国 19 世纪的扩张已经达到高潮，它
在西半球凭借自己无可置疑的实力建立了至高无上的地位。建设巴拿
马运河以及与西班牙作战已经圆满结束了。19 世纪中期的大危机被
美国克服了，美国的国内环境、社会环境和经济环境决定了美国的政
治制度能很快处理它面临的这些问题。在这些问题当中，最严重的一 886
些是由工业化造成的。只要经济实力强大到足以把其他国家打得无还
手之力，一切就会很好，这种说法在 19 世纪末第一次遭到质疑。但
是在大规模的工业机器成熟之后，这成了现实。成熟的大规模的工业
机器成为未来美国力量的坚实基础。到 1914 年，美国生产的生铁和
钢是英国和德国两国总产量的两倍多；美国挖掘的煤的数量也超过它
们，而且制造的汽车比世界的其他国家制造的总和都多。同时，美国
公民的生活质量对移民来说仍然充满了吸引力；丰富的自然资源和源
源不断的廉价的被高度激励的劳动力是美国经济实力的两个来源。另
外的原因就是对外的投资。它是最大的债权国。

到 1914 年，除了英国或者俄国外，虽然美国的政治制度比任何主要欧洲国家都古老，但是新移民的到来赋予了美国一个新国家的心理和特征。整合新国民的需要时常引发强烈的民族主义的宣泄。但是因为地理位置的原因和排斥欧洲的传统，以及美国政府和商业被盎格鲁—撒克逊传统的精英持续主导，使美国不会参与西半球外的暴力活动。美国在 1914 年仍然是有待展翼的年轻的巨头，当欧洲需要美国介入它们之间的争吵时，美国的重要性就会完全体现出来。

在那年有一场战争是由于那些争吵开始的。虽然它不是最血腥的

也不是历史上最长的战争，也不是严格意义的“第一次”世界战争，但它是到那时为止最激烈、波及地理范围最广的战争。来自每个大陆的国家都参加了。它也比任何较早的战争花费都多，而且对资源的要求是前所未有的。整个社会都被动员起来打仗，一方面是因为它是第一次由机器发挥最重要功能的战争；战争第一次被科学改变。最适合形容这场战争的名字还是那些参战者取的那个简单的名字：大战。这充分表现了它对人类造成的前所未有的心理影响。

它也是两场以控制德国强权为中心的战争的第一场。这两场战争的结果，就是结束了欧洲政治、经济和军事上的至高权威。每一次冲
887 突都是根源于欧洲问题，而且战争总是有明显的欧洲特征。正如被德国引爆的下一场战争，它把其他矛盾也吸引进来，把很多矛盾掺杂在一起。但欧洲是这些事情的中心，最终的大战对欧洲本身造成的巨大破坏使它丢失了世界霸权。欧洲的霸权直到 1918 年才丧失，当大战结束时（无法弥补的损害在那时已经造成），遭到严重打击的欧洲直到 1945 年第二次世界大战结束的时候还没有完全恢复。这也使 1914 年前欧洲所形成的秩序消失了。因而一些历史学家说从 1914 至 1945 年的这个时期，是欧洲人的内战期——这是一个不错的比喻。欧洲从没有远离战争太久，欧洲大陆内部的混乱首先源于将其作为一个国家的基本假设，但欧洲从没统一过，因此没有所谓的国内战争。但它是欧洲共同文明的发源地。欧洲人认为所有欧洲人都是一样的，而与黑头发、褐皮肤或黄皮肤的人不同。此外，欧洲的实力是整个体系的实力——在 1914 年它是经济统一体而且维持了最长时间的和平。这些现象在 1945 年之前都消失了，这使内战的比喻更加生动和合理，它表现了欧洲文明自我毁灭的疯狂。

欧洲平衡地保持大国间和平超过了 40 年。但到了 1914 年，这种和平被严重扰乱了。很多人开始觉得战争带来的机会可能比继续维持

和平更多，尤其是在德国、奥匈帝国和俄国的统治范围内。当他们开始注意到这点时，国与国之间的关系开始变得复杂，国家之间的义务和利益使矛盾一旦产生就不可能只限制在两个或少数国家的范围内。另外一个造成欧洲不稳定的因素是小国的存在，它们喜欢和大国发展特别关系，其中一些能够从那些必须参加大战的国家手中获得影响决策的权力。

1914 年以前当权的政治家从心理上把这原本就微妙的情况变得更危险了。这是一个大众情绪容易被激起的年代，尤其是在民族主义和爱国主义的煽动下。他们都忽略了战争的危险性，因为没有人（除极少的少数人外）能预见这场战争和 1870 年的战争是很不相同的，他们记得那年的法国战争，却忘记了早几年在弗吉尼亚和田纳西州，现代化战争如何展现它长期杀戮和劳民伤财的面目（在内战中牺牲的美国人比其他所有美国参加过的战争所牺牲的人数都多，甚至到今天也没被突破）。大家都知道战争是具有毁灭性和暴力性的，确实，但 888
是也相信在 20 世纪内它们会很快地结束。巨大的军火开支使文明国家觉得维持同拿破仑时期和法国作战那样的长期战争是不可想象的。复杂的世界经济和纳税人都将无法幸存。这也许减少了对危险的担忧。甚至有迹象显示，许多雄辩的欧洲人厌倦了 1914 年的生活，把战争看作清除他们堕落感和枯燥感的一种情感的发泄。由于考虑到国际冲突可能带来的机遇，所以革命者对国际出现紧张局势是欢迎的。最后，值得我们记得的经验是，外交官在没有战争重大危机的谈判中如果长期取得胜利，这是很危险的。协调欧洲国家间关系的机制运作了许多次了，以致当它遇到一些倔强不合作的事情时，比如在 1914 年 7 月发生的事，它的重要作用就约束不了这些当事国了。在冲突的前夕，很多政治家还不明白，为什么召开另一个大使会议或甚至召开欧洲大会都不能让他们从这些问题中解脱。

在 1914 年一个即将爆发的冲突的根源可以追溯到很久以前。在东南欧，奥匈帝国和俄国进行着长期的争斗。它们敌对的根源深植在 18 世纪中，自克里米亚战争后奥斯曼帝国的加速崩溃主导着争斗的最后阶段。根据这个理由，第一次世界大战从另一个角度上看是奥斯曼战争的延续。1878 年柏林会议后，欧洲已经渡过危险的时刻，哈布斯堡王朝和罗曼诺夫王朝的政策使得到 1890 年时，它们之间的关系平静下来，还达成了一定的互相理解。这种关系一直持续，直到日本阻止了俄国在远东地区的野心后，俄国把目光移到多瑙河流域，俄国在这里的势力开始复兴。在那个时候，哈布斯堡和土耳其帝国之外的事件也正在挑衅奥匈帝国的政策。

这种情况的根源是革命的民族主义。一场看似要把奥斯曼帝国重新统一的改革运动激起了巴尔干国家想要打破由欧洲强国建立起来的边界现状，奥地利人也想在这动荡的国际形势中寻找他们的利益。在 1909 年，通过对奥斯曼的波斯尼亚省的不当合并，他们冒犯了俄国人。俄国人也没有得到相应的回报。合并波斯尼亚的另一个结果就是二元君主制获得了斯拉夫臣民。在君主制下的臣民已有一些对国家不
889 满了，特别是生活在匈牙利人统治下的斯拉夫人。在越来越强烈的匈牙利人利益的压力之下，维也纳政府十分敌视塞尔维亚共和国，该国的斯拉夫人积极寻求支持。他们中的一些人视塞尔维亚共和国为支持建立包含所有南部斯拉夫人的国家的核心，塞尔维亚的统治者似乎无力（和也许不愿意）制止南部斯拉夫人的革命者以贝尔格莱德作为在波斯尼亚进行恐怖和颠覆活动的基地。历史的教训通常是不幸的，维也纳政府仅仅愿意得出这样的结论：塞尔维亚共和国可能在多瑙河谷发挥与撒丁王国在意大利统一中相同的作用。帝国中的许多工作人员感到，除非阴谋被阻止，哈布斯堡领土将会丢掉另一块领土。曾经被普鲁士排除在德意志之外的历史和被撒丁王国排除在意大利之外的历

史，使一些哈布斯堡的顾问将一个潜在的新生的南部斯拉夫人的国家（一个更大的塞尔维亚或其他国家），看成将帝国排除在多瑙河谷低地区域之外的威胁。这将意味着奥匈帝国不再是一个大国，马扎尔人在匈牙利不再拥有至高无上的地位，因为南部斯拉夫人坚持认为，留在匈牙利境内的斯拉夫人应得到更公正的对待。于是土耳其帝国的持续衰弱只有利于俄国。俄国支持塞尔维亚共和国，这决定了 1909 年时的情况不会再发生。

其他国家在利益、选择、情绪和正式同盟的推动下卷入这种复杂的局势。在这些当中，最后一个卷入的国家也许没有此前预期的那么重要了。俾斯麦在 19 世纪七八十年代的努力确保了法国的被孤立和德国的至高地位，产生了在和平时期一个独特的同盟体系。通常的特点是盟约规定了盟国诉诸战争支援彼此的情况，而且这似乎阻碍外交发挥作用。但是最后它们没有依照计划操作。这不意味着它们没有成为战争来临的因素，但是只有当人们想要它们成为有效的正式的安排，它们才可能是有效的，而且其他因素决定了 1914 年的形势。

同盟的根源是 1871 年德国从法国手中获得阿尔萨斯和洛林，和随之发生的法国为报仇而产生的躁动。为了防止法国复仇，俾斯麦基于抵制王朝面临的革命和被颠覆危险的共同基础，首次将俄国、德国和奥匈帝国纠集在一起。法国是大国中唯一的共和制国家，被认为是这种威胁的典型；出生于 1789 年前并在 1871 年仍活着的人和许多其他的人会记得大革命期间人们的言论，而巴黎公社的动荡又重新引起所有从前的对国际范围内社会秩序颠覆的恐惧感。1880 年保守同盟 890
的势力依然在消退，从根本上说是因为俾斯麦觉得如果俄国和德国之间的矛盾是不可避免的，他最后必须求助于奥匈帝国。很快意大利就加入德国和奥匈帝国的行列，于是，1882 年，三国同盟成立。但俾斯麦仍然维持着和俄国的单独的“再保险”条约，尽管他已经对俄国和奥匈帝国之间用这种方式保持和平的前景感到不安。

然而他们之间的矛盾直到1909年以后才爆发出来。不久后，俾斯麦的继任者却没发挥好他和俄国的再保险政策，俄国在1892年成为法国的盟友。从那一天起，德国就越来越偏离俾斯麦的欧洲大陆政策。俾斯麦的欧洲政策以德国为中心，保持德国和其他所有国家之间的平衡，而现在欧洲划分成两个阵营。德国的政策使分裂的情况更严重。在一系列的危机中，德国想通过表现出不快来吓唬其他国家，从而使大家感觉到它的尊严。特别是在1905年和1911年，德国的愤怒直接指向法国，它把商业问题和殖民问题作为军事演习的借口，以表达它对法国忽略德国的意愿而去和俄国结盟的强烈不满。到1900年，德国的军事计划就已经接受进行两线作战的需求，如果有必要的话，并且当俄国的各种资源还在被缓慢动员起来时，通过迅速推翻法国为两线作战做准备。

进入20世纪，如果奥匈帝国和俄国之间爆发战争，那么德国和法国极有可能会加入。另外，在短短几年里，由于德国开始庇护土耳其，使得这种趋势更加明显。德国的这些行为比先前的行为更加引起俄国的警惕，因为从俄国的黑海港口出口的粮食快速增长，这些都必须经过土耳其的海峡。俄国人也开始提高他们的战斗力。提高战斗力一个最根本的措施就是建成一个可以快速动员和运送俄国庞大的军队到东欧战场的铁路交通网络。

这些国家之间的行为，对英国来说，没必要引起它的担忧，因为德国的政策并不是非要与它为敌不可。在19世纪末期，和英国有矛盾的国家主要是法国和俄国。当这些帝国的野心互相冲突时，斗争就产生了，这些国家在非洲、中亚和东南亚地区都激烈地争夺利益。英德关系比较容易解决，偶尔比较棘手。进入新世纪的英国仍然专注于

维护它庞大的殖民帝国，而不是欧洲。自从 18 世纪以来，在和平时
期它的第一个盟友就是日本，为了维护它在远东的利益它和日本结
盟。1904 年，它和法国之间的一个长期纠纷也得到解决。这其实是
一个关于非洲的协议，在非洲，英国同意法国在摩洛哥放手大干，作
为回报，法国同意英国得到埃及——这是另一种解决奥斯曼帝国继承 891
权的方法，但也把世界其他地方的殖民争吵聚拢过来了，一些国家越
来越背离乌得勒支和约。几年后，英国和俄国签订了一个相似的协议
(尽管没那么成功)，这个协议和它们各自在波斯的利益范围有关。但
是英法和解就不只是清除了产生纠纷的原因，它变成了一种协约国关
系（entente)，或者说一种特殊的关系。

而德国的反应是这样的。德国被英法协议激怒了，德国政府决定让法国人知道在摩洛哥问题上它还是有发言权的。德国采取行动了，这迫使法国加强协约国关系，这时，英国在 10 年里第一次意识到自己必须关心大陆均势政策了。如果不这么做，德国很快就会成为主宰者。若任凭德国这样走下去，英国最终将不得不接受它作为欧洲大陆军事强国的地位，那么英国从路易十四和马尔伯勒（Marlborough)时期就一直采取的对外战略就得改变，已经到了英国必须把自己主要的精力放在扩展它对欧洲大陆的影响的时候了。英国和法国进行秘密军事对话以寻找阻止德军经过比利时入侵法国的方法。英法的计划还没开展多久，德国就抛弃取得英国公众舆论支持的机会，加紧推进建立一支强大海军的计划。德国的这一举措是直接对付除了英国以外的其他任何强国的，这一说法令人难以置信。接下来的结果就是英德之间的海军竞赛，大部分英国人下决心要赢（如果不能结束这场竞赛），因此公众的情绪更加激动了。1911 年是两国舰队实力最为接近的时期，在英国国内，大部分人觉得德国的外交政策激起了另一场摩洛哥危机。这一次，一个英国官员公开说的一些话听起来像是在宣布英国

会为了保护法国而参加战争。

战争真的到来了，但爆发在南斯拉夫的土地上。塞尔维亚在1912至1913年的“巴尔干战争”中取得胜利，在这场战争中，新的巴尔干国家首先掠夺奥斯曼帝国遗留在欧洲的领土，接着又为瓜分战利品而陷入争吵。但塞尔维亚得到的战利品是比较多的，而奥地利对此没有抗议。在塞尔维亚的身后，有俄国给它撑腰，俄国发起了一项重建和扩充军队的计划，但还需要三至四年才能取得成效。如果南斯拉夫能看到奥匈帝国对塞尔维亚的羞辱，那么他们就不会希望得到塞尔维亚的支持了，越快让南斯拉夫明白越好。考虑到德国是奥匈帝国的支持者，那么，德国就没可能会在它还觉得有时间取胜的条件下去寻求避免战争的解决方法。

892 1914年6月，奥地利王储在萨拉热窝被一个波斯尼亚恐怖分子刺杀，危机就爆发了。奥地利人认为塞尔维亚是幕后指使者。他们认为是时候教训塞尔维亚了，顺便扼杀它的泛斯拉夫主义煽动活动。德国人支持奥地利这么做。6月28日，奥地利向塞尔维亚宣战。一周之后，所有的大国都卷入战争（很有讽刺性的是，此时奥匈帝国和俄国之间还保持和平，到8月6日，奥匈帝国才向它的老对手俄国宣战）。德国的已经制订好军事行动的时间表。早在几年前，德国就决定先对付法国，再对付俄国。德国的军事计划想突袭法国，这就得经过比利时。比利时是个中立国，它的中立身份已经得到英国和其他国家的保证。后来事情的结果都自动有条不紊地产生。当俄国为了保护塞尔维亚而向奥匈帝国施加压力时，德国向俄国宣战。做完这些后，德国必须找个借口袭击法国，正式向法国宣战。当时，法国和俄国的联盟事实上还没真正开始。当德国违反比利时中立原则时，英国政府对德国将袭击法国感到不安，但又找不到明确的正当借口来干涉并阻止德国的行为，但它却找到了号召国内团结的理由，并在8月4日加入战争反对德国。

战争持续的时间和强烈程度超出人们的想象，它蔓延的地理范围也出人意料的广阔。爆发后不久，日本和奥斯曼帝国也加入战争。日本是在协约国（包括法国、英国和俄国）这一边，而土耳其加入同盟国（德国和奥匈帝国）这一边。意大利在 1915 年的时候加入协约国，协约国承诺胜利后给它奥地利的领土作为回报，或者承诺胜利后可以获得金钱，以此来吸引新的支持者加入阵营。保加利亚在 1915 年 9 月加入同盟国，而罗马尼亚在 1916 年加入协约国。希腊在 1917 年也加入协约国的行列。葡萄牙政府在 1914 年就想加入战争，但由于国内的麻烦而没办法参战，最终，在 1916 年时德国也向葡萄牙宣战。这样，到 1916 年年底，原先欧洲大陆上的法德问题和俄奥问题围绕已经完全被其他斗争打乱了。巴尔干国家此时也正在进行第三次巴尔干战争（围绕继承奥斯曼在欧洲的领土展开），英国发动反对德国海军和商业权力的战争，意大利进行最后的文化复兴战争。在欧洲以外，英国、俄国和阿拉伯国家正在开始一场分割奥斯曼领土的战争，而日本走了一步成本低、回报高的棋，宣布了它在远东的霸权地位。

在 1915 年和 1916 年，参战国都在寻求同盟者，原因在于战争陷 893
入无人曾预料到的僵局中。战争的残酷状况已经让每一个人都感到震惊。这场战争随着德军在法国北部的大规模扫荡开始了。德国对法国的袭击没有达到它闪电式胜利的目标，但是它占有了比利时的一小片领土和法国的一些领土。在东线，俄国的进攻被德国和奥地利阻止了。在那之后，尽管西线战场比东线更引人注目，但战争很快进入前所未有的阵地战时期。这有两方面的原因。第一个是现代武器的巨大杀伤力。带弹匣的步枪、机关枪和带刺铁丝网可以阻止任何步兵的袭击，如果他们没有事先进行粉碎性轰炸的话。以下这些数据都证明了现代武器的大杀伤力。到 1915 年底，法国军队就有 30 万士兵牺牲，这已经够糟了，但在 1916 年，在凡尔登战役之前一场持续七个月的战争又让 31.5 万法国士兵牺牲了。也是在这一场战争中，28 万德国士兵牺牲。差不多也是在这个时候，在法国北部的另一场战争索姆河战役中，英国有 42 万的人员伤亡，德军伤亡人数也差不多。索姆河战役的第一天——7 月 1 日，是英军历史上最黑暗的日子，那一天它有 6 万人伤亡，其中超过三分之一的人最后死了。

当人们自以为可以先预测战争的成本然后把战争尽量缩短时，这些数字让他们的预测变得毫无意义。这就反映了第二个让人惊讶的地方：工业社会有很大的制造战争的能耐。到 1916 年年末，战争已经让很多人都疲惫不堪了，但这时参战国却展现出超乎人们想象的组织能力，前所未有地动员人民为战争进行史无前例的大规模物质生产，并招募新兵补充军力。整个社会都被动员起来反对他们的敌人，工人阶级的国际团结这时没人想起，因为所有的抵制都指向他们的敌国。

战场上交战双方的势均力敌促进了战争战略和技术的发展。这就是为什么外交官寻求新的盟友和不断开辟新战场的原因。1915 年，协约国在达达尼尔对土耳其发动袭击，本想不让土耳其发现就把它踢出战争并且通过黑海和俄国联系。不久，为打破法国战场的僵局，又在萨洛尼卡（Salonika）开辟了一个新巴尔干战场。这个新战场取代了在塞尔维亚被占领后崩溃的那一战场。殖民地的存在，从一开始就
894 注定全球范围内的殖民地都会发生战争，哪怕只是小规模战争。德国的殖民地大都轻易就被夺走，这有赖于英国对海洋的控制权，尽管非洲的一些殖民地仍出现了长期的斗争。最重要和相当多的欧洲之外的行动发生在土耳其帝国的东部和南部。一支英国和印度军队进入美索不达米亚，另一支军队从苏伊士运河出发向巴勒斯坦前进。在阿拉伯沙漠，阿拉伯人起义反对土耳其的统治，这为缓解粗鲁卑劣的工业国

家之间的战争提供了一段浪漫的小插曲。

在战争造成的工业影响和行为标准的倒退中，它所带来的技术扩展是最显著的。半个世纪以前的美国南北战争就已经预示了这一点，也揭示了民主时期大规模战争的经济需求。欧洲的工厂、煤矿、熔炉现在都以前所未有的活力运转着。美国和日本国内的工业部门也是这样不断地日夜工作着。得益于英国的制海权，物资从这些国家不断运往协约国，而不是同盟国。庞大的部队不仅需要武器和军火，同样需要大量食物、衣服、药品和机器。尽管这场战争需要数以万计的动物，但它也是第一场使用内燃发动机的战争，货车、牵引机像马、骡子吃饲料那样贪婪地吞咽汽油。很多数据都表明了这场战争的规模，但有一个数据就足够证明这一点：1914 年，整个大英帝国的医院只有 1.8 万个床位，四年后，有 63 万个床位。

由战争引起的需求大增席卷了整个社会，导致各国政府采用不同的手段去控制经济，征募劳动者入伍，各国改革女性的雇佣制，引进健康和福利服务。战争的影响也波及欧洲以外。美国不再是一个债务国，协约国清算了它们的投资来购买它们需要的物资，现在反过来成为债务国了。印度的工业获得了长久以来就急需的推动力。经济繁荣影响到了阿根廷的农民和工人以及英国的白人自治领。后者需要承担军事任务，运送士兵到欧洲及其殖民地上和德国人战斗。

技术扩展也让战争变得更加恐怖。这不只因为机关枪和爆炸性武器的出现使杀戮变得很血腥恐怖，也不仅因为毒气、火焰喷射器、坦克等新武器的出现有利于打破战场的僵局，扭转局势。它还因为整个社会的人都被卷入战争，从而使所有人都成为交战中敌方的攻击目 895
标。对工人和选民的士气、健康以及生产能力进行破坏成为一种可取的策略。当这些行为受到谴责时，这些谴责本身就能被另一个阵营利用，变成一种宣传。大众的文化程度和近来兴起的电影产业相互补充，超越了在过去的宣传战中神职人员和学校发挥的作用。英国控告德国用飞艇在伦敦开展原始的炸弹袭击，并称它是“婴儿杀手”，德国反驳说帮助英国维持封锁的那些船员也是婴儿杀手，德国婴儿死亡率的攀升就是证据。

英国的海上封锁政策虽然见效慢，但成功却是势不可挡的。另外，英国也不愿意让它的舰队冒险，因为这些舰队的威力对敌国有很好的威慑作用，对于本国又可以鼓舞人心。德国最高统帅部设计出一种新武器，它的威力在 1914 年时被大家低估了。这就是潜水艇。它对协约国的船、中立国供给协约国的船发动袭击，通常在没有发出任何警告的情况下就发动攻击，还进攻没有武装的船只。潜水艇的攻击早在 1915 年的时候就有了，尽管不久后就有少数的潜水艇，但是它们没造成多大的损害。1915 年，一艘英国客轮遭到鱼雷攻击，1 200 人遇难，其中大部分是美国人，国际上公开谴责德国的潜水艇，接着德国取消不受限制地击沉船只这一政策。1917 年，这一政策又恢复了。那时候，很明显如果德国不能先掐断英国的补给，那么它就会由于英国的封锁而窒息。那一年冬天，巴尔干国家发生饥荒，维也纳郊区的人民都在挨饿。法国那个时候有 335 万伤亡数，而英国的伤亡人数也超过 100 万，德国丧失近 250 万人口，而且仍然在两线作战。农作物价格疯长，工人罢工也越来越频繁。婴儿的死亡率比 1915 年上升了 50%。我们看不出东西两线作战的德军会有可能击败英国和法国，也看不出有什么有利于它打防御战的。在这样的情况下，德国总参谋部选择恢复无限制潜水艇战争，这导致了战争在 1917 年迎来第一个大转折——美国参战。德国人知道会有这样的结果，但想赌一把，在美国的势力发挥决定性作用之前让英国屈服，接着让法国屈服。

1914 年，美国的看法绝不偏向任何一方，并且从 1914 年起一直

坚持这样。协约国的宣传和购买美国战争物资对推动美国参战有帮 896
助，还有德国第一个潜水艇战役也起了重要的推动作用。当协约国政府开始讨论战争目标时，它们谈及在维护各民族国家利益的基础上重建欧洲，这主要源自盎格鲁—撒克逊传统的美国人来说很有吸引力。无限制潜水艇战争策略的恢复对此有决定性作用，这个策略直接威胁到美国的利益和它的国民的安全。当美国政府知道德国希望和墨西哥、日本谈判结盟反对美国时，由潜水艇引起的美国人的愤恨敌意又被挑起来。不久，一艘美国的轮船在没有收到警告的情况下就被击沉了，该事件之后美国很快就对德宣战。

除了全面参战，其他方式是不可能打破欧洲僵局的，于是美国卷入旧大陆的混战中，这几乎违背了美国的本意。协约国非常高兴，因为胜利现在有保证了。尽管不久它们就将面临对它们来说黑暗的一年。1917 年对英国和法国来说甚至比 1916 年更加令人失望。协约国不仅需要数月时间来控制潜艇带来的问题，而且在法国境内进行的一系列恐怖的战争（通常被称为帕斯尚尔战役，Passchendaele）给英国的民族意识带来不能消除的伤疤：为了几英里的土地，40 万英国士兵牺牲了。1916 年，士兵的英勇斗志已经耗尽，法国军队接连发生叛乱。对协约国来说最糟的是，俄国沙皇帝国瓦解了，俄国停战了，同一年年底，俄国又展现它成为未来强国的潜力。

俄国是被战争摧毁的。俄罗斯帝国的崩溃也是中欧和东欧发生革命性大变化的开始。引起俄国于 1917 年 2 月发生翻天覆地巨变的是德国的军队。由于交通运输系统被德军破坏，城市被围困陷入饥荒，再加上俄国政府的无能腐败，统治阶级像畏惧战败一样畏惧自由主义和立宪，最终长期坚持抗争的俄国士兵的斗志也被德军击垮了。从 1917 年开始，保卫安全的部队已经不能依靠了。兵变不久紧接着就是粮食骚乱，专制政权似乎一下子就变得虚弱无力。自由主义者和社会主义者组成临时政府，沙皇退位。但是新政府很快就解体了，主要原因就是它想继续参加战争，但是布尔什维克的领导人，比如列宁，想要的是和平和温饱。他决定从温和的临时政府夺取领导权是临时政府很快失败的第二个原因。临时政府在一个混乱的国家里主持大局，组建政府和军队，城市还面临尚未解决的贫困问题。在又一次的政变
897 中（被称为“十月革命”），临时政府被推翻了。十月革命连同美国参战被视为欧洲两个时代的分界点。以前欧洲独立处理事务，然而现在看来，美国注定要主导欧洲的未来。美国是遵循着其创始人要破坏整个旧欧洲的秩序成为一个真正的自觉的世界政治进步中心的信念而建立的。

现在的俄罗斯以前被称为苏联，革命后工农兵委员会是基本政治权力机关。苏维埃社会主义共和国建立的直接和显而易见的结果是形成了新的战略态势。布尔什维克通过废除旧的全民选举产生的代表机构（因为布尔什维克从未控制它）、通过承诺和平与土地以确保农民的拥护巩固了统治，这是生存所必需的，布尔什维克政党的领导者竭力宣称他们是俄国一些城市的工人阶级的代表。只有和平才能提供安全稳定的基础。起初德国人的条约要求苛刻，以至于俄国人终止了谈判，随后他们遭受到更为严重的惩罚，这就是 1918 年 3 月签署的《布列斯特和约》。苏俄损失了领土，但却换来了稳定、和平，争取了时间来处理国内出现的危机。

协约国很不高兴，他们把布尔什维克党的行为看作是奸诈的背叛，针对苏俄向其民众宣传的不可调和的革命形势，他们对这个新政权的态度更加强硬。苏俄领导人期待发达资本主义国家的工人阶级进行革命，这给想介入俄国事务的协约国发动一系列的军事干预制造了借口，他们最初的目的是战略性的，希望阻止德国利用结束东线战线带来的优势。但是他们的行为很快被认为是反共产主义的运动，遭到

了国内人民和所有布尔什维克的反对。更为糟糕的是，他们陷入了看似要摧毁新生的苏维埃政权的内战中。即使没有马克思主义理论作为列宁及其同志们世界观的指导，这些事件在相当长的一段时间内也会恶化苏俄和其他资本主义国家的关系。一旦转化为马克思主义术语，这些事件看起来就是资本主义对共产主义根本的、无法改变的敌视的证明。这段历史的记忆影响了此后 50 年的苏联领导人。 898

俄国共产党相信革命必定在中西欧发生，在某种意义上这是正确的，但在现实中却事与愿违。战争的最后一年，潜在的革命因素变得微乎其微，战争以民族之间而非阶级之间斗争的形式出现。协约国改变了它们的作战策略。1917 年战争形势不容乐观，没有俄国的牵制，在 1918 年春，协约国将面临德国从法国发起的进攻，而大批的美国军队到达法国战场支援它们需要很长时间。但它们采用了革命的策略。它们呼吁奥匈帝国统治下的各个国家不必遵守与沙皇俄国的条约。没有沙皇制度的束缚，以美国的立场看来强调意识形态的一致性对于协约国的事业有额外的好处。与此同时，1918 年，颠覆性的宣传指向奥匈帝国军队，处于驱逐之中的捷克人、南斯拉夫人大受鼓动。德国投降之前，奥匈帝国双元君主立宪制在被再次唤醒的民族情感和最终开始不断胜利的巴尔干运动共同作用下，已经走向解体。这是古老欧洲遭受的第二次打击。以乌拉尔、波罗的海到多瑙河为界的整个地区中，旧有的政治体制受到几个世纪以来前所未有的质疑。波兰军队再次建立，波兰曾经是德国反对俄国的武器。当美国总统宣布波兰是协约国缔造和平的核心时，过去世纪的所有一切似乎都烟消云散。

为了镇压日益增长的革命形势，关键战役持续进行。夏末，协约国已经成功击败德国的最后进攻，胜利在望，但还没有取得完全的胜利。协约国军队继续发动进攻时，德国领导人也看到了战争的最后结

900

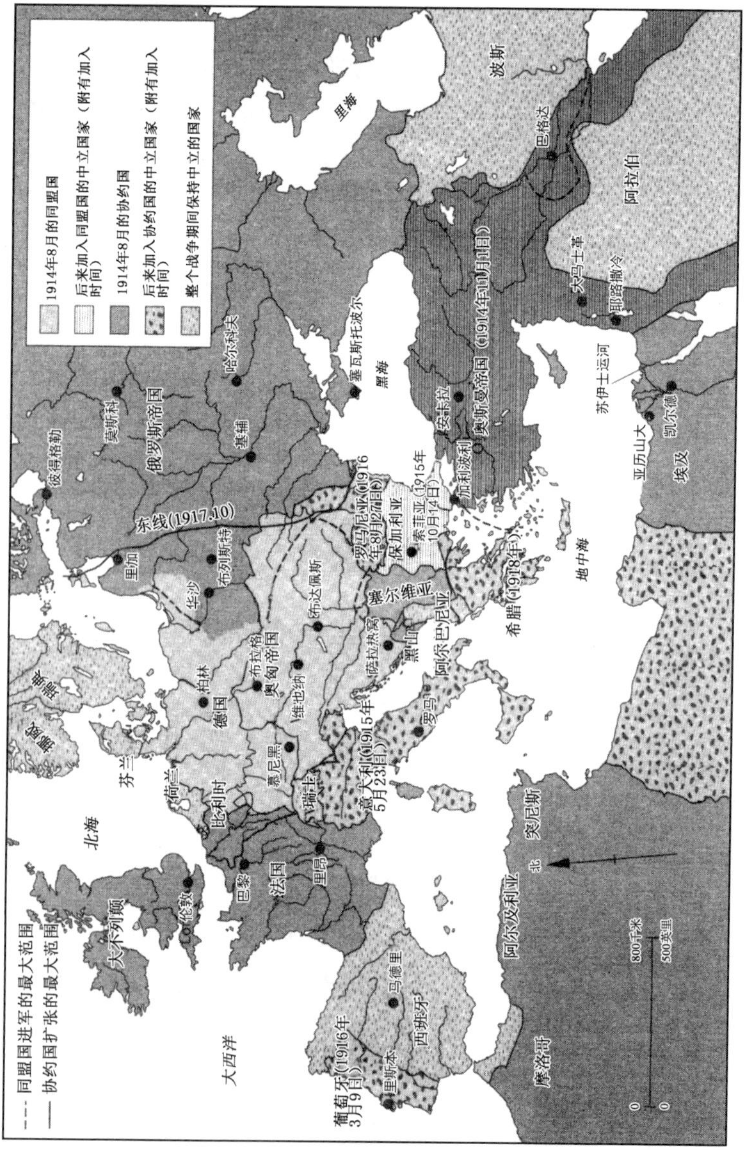

1914年8月的同盟国
后来加入同盟国的中立国家（附有加入时间）
1914年8月的协约国
后来加入协约国的中立国家（附有加入时间）
整个战争期间保持中立的国家
同盟国进军的最大范围
协约国扩张的最大范围
大西洋
北海
里海
黑海
地中海
大不列颠
伦敦
法国
巴黎
里昂
比利时
荷兰
德国
柏林
慕尼黑
瑞士
奥匈帝国
布拉格
维也纳
布达佩斯
华沙
布列斯特
里加
东线(1917.10)
彼得格勒
莫斯科
俄罗斯帝国
基辅
哈尔科夫
塞瓦斯托波尔
罗马尼亚(1916年8月27日)
保加利亚
索菲亚(1915年10月14日)
塞尔维亚
萨拉热窝
黑山
阿尔巴尼亚
希腊(1918年)
意大利(1915年5月23日)
罗马
加利波利
安卡拉
奥斯曼帝国(1914年11月1日)
巴格达
波斯
阿拉伯
大马士革
耶路撒冷
苏伊士运河
亚历山大
凯尔德
埃及
葡萄牙(1916年3月9日)
里斯本
马德里
西班牙
摩洛哥
阿尔及利亚
突尼斯
芬兰
北
0
800千米
500英里

第一次世界大战

局，国内革命迹象明显。当德皇宣告战败时，第三帝国瓦解了，汉堡沦陷，霍亨索伦王朝放弃了最后的抵抗。新的德国政府请求停战，战争结束了。

战争损失无法计算，下列数字充分显示了战争规模：大约 1 000 万人死于战争，在巴尔干一次战争中的伤寒就夺取了 100 万人的生命。这些可怕的数字还不能表明无数人致残、致盲或许多家庭失去了 899
丈夫和父亲这些有形的损失，以及对理想、自信、愿望产生的精神上的巨大破坏。欧洲人望着巨大的墓地，一想到他们做过的事情就不寒而栗。经济损失也是巨大的，大批欧洲人死于饥饿。战后一年工业产量低于 1914 年的四分之一，苏俄仅为战前的 20%，一些国家的交通处于瘫痪状态，此外，所有精密轻巧的国际通信设施遭到破坏，其中一些是不能取代的。曾经是欧洲经济发动机的德国满目疮痍、筋疲力尽。年轻的英国经济学家凯恩斯（J. M. Keynes）在一次和平会议上说：我们处于死亡之际，超越物质的精神关怀消失了，我们长久被折腾，现在需要休养生息，人类关怀世界的情怀从未像现在一样燃烧殆尽。

1918 年底，参加和会的代表汇聚巴黎。人们曾经一度抱怨强调他们的过错，然而现在由于对他们所担负任务重要性的客观判断和认识，人们又对他们正在做的事给予了一定的敬意。这是 1815 年以来最重要的协议，它必须使无法改变的事实与巨大的期待相一致。作出关键决定的国家受到高度关注：英国首相、法国总理和美国总统威尔逊主导了这次谈判，这是胜利者之间的谈判，战败的德国只有接受条约的份。法国和英美在欧洲安全的中心问题上存在利益分歧：法国存在再次遭到德国入侵的危险，而英美不存在这种危险。但是欧洲安全的中心问题被外围的其他问题淹没了。这是一份世界和平协议。它不仅是一次重新划分欧洲外领土的协议，正如以前重要的协议那样，而且在协议制定过程中，许多欧洲以外的国家发表了意见。与会 27 个国家代表签署了主要条款，17 个国家是欧洲以外的国家，占大多数，美国是其中最大的国家。它同日本、英国、法国、意大利组成了这次会议的战胜国大国集团。对于一个世界协议来说，领土横跨欧亚的俄国却没有参加，这是不祥的。

技术上，凡尔赛和约包含一系列不同的条约，涉及德国、保加利
901 亚、土耳其以及由奥匈帝国分裂而成的国家。在这些国家当中，一个被恢复的波兰，一个被扩大的塞尔维亚共和国（也被称作“塞尔维亚人、克罗地亚人和斯洛文尼亚人的王国”，后也被称为“南斯拉夫”）和一个全新的捷克作为盟友出席会议，而一个力量被大幅削减的匈牙利和作为日耳曼民族中心区的奥地利被当作击败的敌人。所有这些造成了复杂的问题。但巴黎和会的主要关切是与德国的条约，这个问题在 1919 年 6 月签署的《凡尔赛条约》中具体表现出来。

这是一个惩罚性的条约，而且明确地规定了德国人需要为战争的爆发负责。但是大部分最严厉的条约不是从道德负罪感得来的，而是来自法国的希望：如果有任何可能，尽量束缚德国使任何第三次德国入侵法国的战争变得不可想象。这是经济赔款的目的，同时也是整个条约最令人不满意的部分。它们激怒了德国人，让接受失败变得更难了。而且在经济上它们也是无意义的。同时这一条约没有处罚德国的安排以防止德国有一天凭借军事力量推翻《凡尔赛条约》，这激怒了法国人。德国的土地损失，显而易见，包括阿尔萨斯和洛林，但是在东部损失最大，大都划给了波兰。在西部，法国人仅得到莱茵河德国一侧应该被“解除武装”的保证。

和平的第二个主要特性是它尽可能地遵循自决和民族原则。在许多地方，这只意味着承认现有的事实：波兰和捷克在和平会议之前已经存在，而且南斯拉夫以原塞尔维亚共和国为核心已经建立起来。因

此，到1918年年底，这些原则已经在原奥匈帝国的许多区域推行（而且在前俄属波罗的海地区也很快如此）。在古老的神圣罗马帝国之后，哈布斯堡王朝终于消失了，在它曾经统治的地方出现了新的国家，虽然出现了反复，但在这个世纪的余下时间内一些国家都幸存下来。自决原则也得到遵循，特定边界地域的命运由本地区公民投票决定。

不幸的是，民族原则没有一直被遵守。地理、历史、文化以及经济的现实性影响着它。当民族原则凌驾于这些因素之上时，会产生负面的结果，它会破坏多瑙河经济体；当民族原则不被遵循时，也会产生坏的结果，有些民族会感到愤愤不平。中东欧地区有许多少数民族对所在民族国家没有忠诚感。三分之一波兰人口不说波兰语；超过三 902
分之一的捷克人口由波兰人、俄国人、德国人、匈牙利人和鲁塞尼亚人（Ruthenes）等少数民族组成；一个被扩大的罗马尼亚现在包含超过百万的匈牙利人。在一些地方，民族原则造成的侵权明显不公正。德国人对“波兰走廊”的存在愤愤不平，它跨过德国土地，使波兰与波罗的海相连；协约国在需要意大利帮助时提出的亚得里亚海战利品未兑现，意大利人对此十分失望，而且最终爱尔兰人仍然没有得到地方自治。

最明显的非欧洲问题与对德国殖民地的处置有关。在这里有一种重要的创新。美国不能接受对殖民地毫不掩饰的贪欲，取而代之的是从前处于德国或土耳其统治之下的非欧洲民族，对它们的保护由托管机构提供。当这些地方准备好了自治的时候，战胜国被国际联盟授权（虽然美国婉拒了这些权力）来管理这些领土。尽管是掩饰欧洲帝国主义最后一次重大的殖民扩张的遮羞布，它仍是《凡尔赛和约》中最具有想象力的主张。

国际联盟的成立主要归功于美国总统伍德罗·威尔逊的热情，他十分骄傲的是保证了国联盟约作为凡尔赛和约的第一部分。这是一个超越了民族主义条约的例证（大英帝国成员作为一个个单独的主体出现，印度是其中一个重要主体），它同样也超越了欧洲观念，它是新时代的又一个信号：联盟的 42 个创始会员国中有 26 个是欧洲以外的国家。不幸的是，因为威尔逊没有考虑到国内政治因素，最终美国没有参加国联。这是让国联不可能实现它最初设想的最致命的弱点。考虑到世界政治力量的现实状况，也许这些期待大都不可能实现。尽管如此，国联还是成功地处理了一些问题，没有国联的干预，这些问题会变得危险。假如人们怀有极大希望，愿它能做得更多，这也并不意味着它不是一个可行的、伟大的和具有想象力的想法。

苏俄没加入国际联盟，正如它缺席巴黎和会一样。或许后者影响更深远。塑造欧洲历史下一个阶段的政治安排在没有与苏俄商议下就进行了，尽管在欧洲东部，这一政治安排意味着任何俄国政府必定都
903 十分感兴趣的边界划分。事实是，布尔什维克领袖会尽可能地提出理由排斥这种划分。他们通过革命的宣传损坏了与主要国家的关系，因为他们相信资本主义国家下定决心推翻他们。同他们大部分的同僚和选民在处理俄国问题方面相比，英国首相劳合·乔治（Lloyd George）和威尔逊事实上更灵活——甚至有同情心。另一方面他们的法国同僚克莱蒙梭（Clemenceau）强烈反对布尔什维克，而且获得了多数退伍军人和投资者的支持；《凡尔赛和约》是由掌权者制定的第一个伟大的欧洲和平条约，他们对失望选民的危险有清醒认识。但是无论责任如何划分，结果是俄国这个曾经在欧洲大陆说话最有分量的国家，被排除在塑造新欧洲的过程之外。虽然一段时间里确实没有采取行动，俄国最终必定会加入到希望修订或者推翻该条约的国家行列中。这只让它的统治者更加厌恶了它原本要保护的社会制度。

人们对和约抱有极大希望。这些希望时常是不切实际的，然而尽

管和约有明显缺陷，它仍然受到了过分的谴责，因为它也有许多好的方面。它的失败是由于失败原因的大部分超出了其缔造者的控制。首先，在狭义的政治意义上，欧洲世界霸权的日子已经结束了。1919年的和平条约对保证未来欧洲的安全没有太大作用。旧帝国警察现在一些太弱了而无法在欧洲发挥他们的作用，更不用说在外面了；另一些则完全消失。最后，需要美国确保德国的战败国地位，但是现在美国陷入了一个人为的孤立时期。苏俄也不希望卷入维持大陆稳定的事务中。美国的孤立主义和另一个国家意识形态的过滤使欧洲变得不完全了。当欧洲没有革命爆发时，俄国人转向他们自己；当威尔逊给了美国人一个机会涉入欧洲的和平维护时，他们拒绝了它。两者的决定是可理解的，但是他们共同的效果将保留一个欧洲自治的幻影——不再是真实而且不再是处理它的问题的适当架构。最后，体系最严重也最近在眼前的弱点存在于作为先决条件的新结构的经济脆弱性上。条约的条款更容易陷入争论：自决在经济学上经常毫无意义。但是自决在什么基础上可能被搁置很难看清楚。1922年自由独立的爱尔兰国家出现后的80年里，爱尔兰问题仍然存在。

因为在欧洲有许多幻想依然存在，并且还有新的幻想产生，所以 904
形势可能更加不稳定。协约国的胜利和创造和平的说辞使许多人认为这是自由主义和民主政治的伟大胜利。四个独裁的反对民族主义的狭隘帝国也已倒塌，毕竟，到这天为止和平条约保持了历史上唯一一个全部由民主政治国家制定的条约的鲜明特点。自由主义的乐观主义也从战争期间威尔逊浮华的立场中汲取力量。他尽可能使美国的参战和其他盟友在本质上不同：美国受到高尚的理想和信念支配。他反复地说：如果其他国家会放弃他们的坏的旧方法，民主可能给世界带来安全。一些人认为他已经被证明是对的，新成立的国家，最重要的是新德国，采用了自由、议会制的组织制度，并且也采用了共和制政体。

最后，国联的幻想，一个新的国际权威，而不是一个帝国，似乎成了现实。

然而这些完全根植于谬见和错误的前提中。因为和平缔造者除了推崇自由主义的原则外，还有更多的事要做——他们也要支付债务，保护既有利益，考虑难对付的事实，在实践中那些原则变得模糊了。最重要的是，他们遗留了许多对德国不满的民族主义而且在德国滋生了新的、凶猛的民族主义者的怨恨。也许这些是无益的，但是它成为除了自由主义之外的其他思潮成长的土壤。此外，新生国家的民主制度——老牌民主国家，就这件事而言也是如此——是建立在经济结构严重毁坏的世界中的。满目的贫穷、艰难和失业加剧了政治上的斗争，在许多地方，由于尊重民族国家的主权而产生的特殊的混乱使局势更加恶化。在战争中旧的经济变换模式的崩溃也让处理像农民贫穷和失业这样的问题变得更加困难；俄国曾经是西欧许多国家的谷仓，现在经济上也很困难。这是革命者会利用的背景。共产主义者积极地准备着革命，因为他们相信历史赋予了他们这一角色。

共产主义以两种方式威胁着新欧洲。每个国家内部很快都成立了一个革命的共产党。它们的积极影响不大，但是引起了很大的警觉。它们也尽量避免强大的进步政党的出现，这是因为它们的出生环境所
905 致。1919 年 3 月，俄国人创建“共产国际”（Comintern）或“第三国际”来指导国际社会主义运动，否则，他们担心国际社会主义运动会回到那些旧的领导者手中，后者缺乏革命热忱，未能利用战争的机会。对列宁来说，检验社会主义运动的标准就是忠于共产国际，他认为一个真正的革命政党必须符合这些要求，严格、守纪、坚定。几乎在每一个国家，这些原则都把社会主义者分成两派。一派忠诚于共产国际称呼自己为共产主义者，另一派尽管仍声称是马克思主义者，但

906

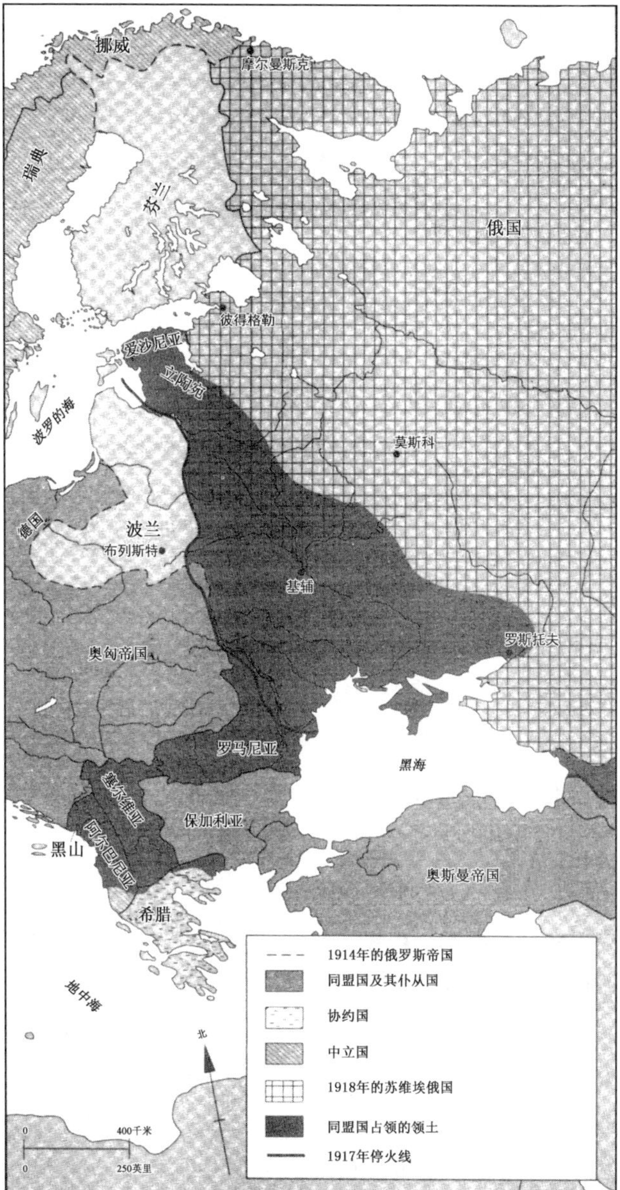

1918 年的俄国

主要是民族政党和民族运动的遗留成员。这两派极力争取工人阶级的支持并且相互斗争。

左派的新的革命威胁经常使很多欧洲人提心吊胆，因为这里有太多可供共产主义者利用的革命可能。最明显的是在匈牙利成立了布尔什维克政府，但更令人震惊的是，德国的共产主义者在德国的共产主义运动，竟也一下子就取得成功。现在德国的情形特别具有讽刺意味，因为一战战败后成立的新共和国政府现在被共产主义者控制着，为了防止革命，新共和国政府被迫依靠保守势力——特别是旧军队的职业军人。甚至在共产国际成立之前，这些事情就发生了，这给德国左派的不同派别带来了严重的苦难。但是各地的共产主义政策都让团结抵抗保守主义变得困难，革命的花言巧语和阴谋把中间人士都吓跑了。

在东欧，社会主义威胁通常也被看作是苏俄的威胁。共产国际作为苏俄外交政策的工具被布尔什维克的领导人控制着，他们为此给出的正当理由是，俄国是第一个社会主义国家，是世界工人阶级的堡垒，世界革命的未来取决于能否把俄国保卫好。在发生国内战争的前几年，俄国的布尔什维克势力在慢慢得到巩固后，这个信念导致很多国家都煽起对本国政府的不满情绪，以便夺取资本主义的政权。但在东欧和中欧，人民的不满表现得更激烈，因为在《凡尔赛条约》之后很长时间里，那个地方的领土纠纷问题仍没得到解决。直到 1921 年 3 月，苏俄和波兰共和国签订了和平协议，确定了持续到 1939 年的边境线后，第一次世界大战在那里才结束。波兰历来最具反俄国的传统，那里的宗教最反布尔什维克，波兰也是最大最有野心的新生国
907 家。这些地区的国家都感受到俄国复兴的威胁，特别是现在它和社会主义革命联系紧密。这些联系使很多国家在 1939 年之前都转向支持独裁和有武装力量的政府，这样至少可以提供一条强大的反共产主义

防线。

在东欧和中欧，对社会主义革命的恐惧在战后的前几年里最明显，因为当时社会经济崩溃，对于俄国和波兰战争（曾一度威胁到华沙）的结果感到不确定。1921 年，和平最终来了，苏俄和英国象征性地建立了官方关系，两国的关系明显缓和。两国关系的改善和当时苏俄政府在国内战争中感觉到的严重威胁有关。在外交礼仪方面它没有关注太多，但革命宣传和对资本主义国家的公开谴责却没有停止，但是现在布尔什维克政府可以把精力放在重建国家上面了。1921 年，俄国的生铁产量大约是 1913 年的五分之一，煤的产量大概是 1913 年的 3%，而在铁路上运行的火车数量还不到一战刚开始时的一半。牲口下降的数量超过四分之一，谷物产量还不到 1916 年的五分之二。1921 年，在这个贫穷的国家，俄国南部发生了干旱，超过 200 万人死于饥荒，据说甚至还发生了吃人肉这样的事。

经济自由化扭转了这种局面。到 1927 年，农业和工业产量都差不多恢复到战前水平。新政权在这几年里的统治经历了很多变数，这在 1924 年列宁去世前就已经表现得很明显了，但一个在布尔什维克内具有强大威望并能维持各方势力平衡的领导者的逝去，使布尔什维克在领导权问题上开始分化，发生争议。争论的问题不是关于 1917 年革命中开始表现出来的政权的集权性质，因为没有一个领导人认为政治自由是可行的，没一个领导人认为在一个存在敌对的资本主义国家的世界里，可以不实行秘密警察和一党专政。但他们在经济政策和策略上看法不同，个人的竞争有时给这些带来额外的优势。

广泛地说，当时有两种观点。第一种观点强调革命取决于俄国群众，特别是农民的好感；虽然农民最先分到土地，但由于农民的劳动成果要不计一切先供养城市，这使农民和城市敌对起来，接下来又有了经济自由化再次对他们进行安抚，就是我们所说的“新经济政策”，

这是列宁以前提出的权宜之计。实行新经济政策后，农民就可以有自
908 己的收益了，他们开始种植越来越多的粮食作物然后卖到城市里。另一种观点从更长远的角度陈述了同样的事实。让农民满意会降低俄国工业化的速度，而俄国需要实现工业化以便能在这个充满敌意的世界里存活。持这个观点的人认为，俄国正确的发展历程应该是依靠城市的革命激进分子，为了这些人的利益去剥削那些还没布尔什维克化的农民，同时加快工业化速度并促进国外的布尔什维克革命。共产主义革命的领导者托洛茨基（Trotsky）就持这种观点。

当时发生的事情大致是托洛茨基被排挤了，但他的观点占了上风。从党内错综复杂的政治斗争中最终获胜的是约瑟夫·斯大林，一个魅力和才智都远不及列宁的人。但他的出现却有着重要的历史意义。斯大林逐渐用权力把自己武装起来。布尔什维克夺得权力为斯大林开展真正的俄国革命铺好了道路，也为新俄国打好了根基，提供了新的中坚分子。对于斯大林来说，工业化是最重要的。工业化的出路在于让农民为国家的工业化买单，也就是得让农民供应那部分收益低得他们宁愿自己吃掉的农产品。苏联从 1928 年开始实行两个“五年计划”，以农业集体化为基础，开始工业化的计划。这是共产党第一次战胜农村。在这场新的国内战争中，成千上万的农民死亡或者被流放，谷物征税导致了再度饥荒。但是城镇的温饱都得到满足，尽管警察机关已经把消费水平控制到最低。工资水平也下降了。但到了 1937 年，80％的苏联工业产量都来自 1928 年就建立的工厂。昔日的俄国再次成为一个强国，这个影响本身就能保证斯大林在历史上的地位。

但是工业化的代价也很大。

其他国家对自由资本主义社会的批判经常以苏联为例，批判者们把苏联想得很美好，认为它在实现社会进步、复兴文化和道德生活的

方法方面是个典范。但对于那些对西方文明感到失望的人来说，这种 909
模式不是唯一的。1920 年，意大利出现了一个叫法西斯的运动。法西斯把它的名字借给在其他国家的一些组织松散的和它有关联的激进组织，这些组织都共同反对自由主义和强烈反对马克思主义。世界大战让合乎宪法的意大利变得岌岌可危。尽管意大利在 1914 年被称为强国，但它比其他强国穷些，可是在战争中它却承担了和它的国力不相称的重担，而且经常失败，很多场战争还都发生在意大利的领土内。战争还在进行的时候，不平等就使社会分裂成为突出问题。和平来得比通货膨胀还快，无论是农业还是工业资本家，还是那些因为劳力短缺而可以要高一些报酬的工人，他们在对待意大利的宪法问题上比中产阶级和那些依靠投资和固定收入生活的人群更坚决。这些人总体上都是 1870 年意大利统一的忠实支持者。当保守的罗马天主教徒和革命的社会主义者长期以来都在反对这个合乎宪法的自由的国家时，他们却一直都支持着。他们把意大利在 1915 年参加战争看作是意大利复兴运动的延伸。复兴运动是 19 世纪意大利为了统一而掀起的运动，这场运动把奥地利从它统治的最后一块居住的是意大利血统或说意大利语的人的土地上赶出去。像民族主义一样，这是个乱七八糟且不科学的想法，但它力量很强。

战后和平带给意大利人幻想的破灭和失望；很多民族主义者的梦想都无法实现了。另外，随着战后经济危机的迅速加剧，国会里面的社会主义势力迅速壮大，由于俄国的社会主义革命政权的存在，威胁似乎更大。失望、恐惧和对社会主义者的反民族主义的厌倦，导致很多意大利人开始抛弃自由主义的代议制民主，重新寻找一条不让意大利失望的发展道路。很多意大利人都同情在海外进行不妥协的民族主义斗争（比如，民族主义分子冒险夺取巴黎和会没有给意大利的亚得里亚海的阜姆港口）和国内暴力反马克思主义运动。后者注定对那些信奉罗马天主教的国家是很有吸引力的，但新的反对马克思主义的领导阶层不仅仅来自传统的保守教派。

墨索里尼是一个记者，也是一个退役的军人，在一战前他就已经是一个极端社会主义者。1919 年，他成立了一个名为“fascio di combattimento”的组织，大概能把它译为“战斗的法西斯”。这个组织利用一切手段去获取权力，他们中有一群年轻的暴徒经常使用暴力，他们的目标是首先对付社会主义者和工人阶级的组织，其次是选举出来的政府官员。这个运动发展迅速，意大利合乎宪法的政治
910 家既不能控制它也不能用合作来驯服它。很快地，法西斯分子（他们开始被这样称呼）能够常常得到官方和半官方机构的支持，也受到地方政府和警察部门的保护。暴徒的犯罪行为已经半制度化了。到 1922 年，他们不但在选举上获得重要的成功，而且还在一些地方通过恐吓他们的政治敌人，特别是共产主义者而实现对政府的有序管理。在那个时期，其他的政客都已经无法应对法西斯的挑战，国王召见墨索里尼让他组成一个新政府。以结成同盟为基础，墨索里尼组建了新政府，暴力活动也停止了。这在接下来的法西斯神话中被称为“向罗马进军”，但这还不是意大利宪政制度的终结。墨索里尼慢慢地走向独裁。1926 年，独裁政府逐渐开始形成，选举被废止。那时已经不存在多少反对的声音了。

这个新政权是以很多恐怖主义活动为基础的，而且它明确公开指责自由主义思想，然而墨索里尼的统治还远没达到极权主义的程度。无疑，他是有志要在意大利进行彻底革命的，而且他的许多追随者进行革命的愿望更强烈，但是革命在实践中表现为大规模地宣传主张。墨索里尼喜怒无常地想要改造这个让他觉得受排斥的社会，当然也由于在这个运动中激进主义带来的压力。意大利的法西斯主义在实践上和理论上都很少达到一致，相反，它反映出新国家里出现的越来越多

的势力。意大利在国内事务上实行的第一个措施就是和教皇达成外交上的协议，相应地，教皇不再坚持教会在意大利人生活中的权威地位（那天之前它一直是），并首次正式承认了意大利国家政权。所有法西斯的革命言论都宣称，1929 年的《拉特兰条约》(the Lateran treaties) 包含这一协议，该条约是对意大利最大保守势力的一个妥协。“我们已经把上帝还给意大利，也把意大利还给上帝了”，教皇说。正如法西斯对自由企业进行批判，个人利益从属于国家的观念引发了国家剥夺工会保护它的成员利益的权力。因为很少对雇佣者的自由进行抑制，所以法西斯的经济计划没多少价值，只有农业生产明显改善了。

在其他地方发生的被称为法西斯的运动中，法西斯的风格和抱负以及它的成就之间存在明显的差异。尽管这些运动确实反映了新式和后自由主义的事物，但除了把它当作大众社会的表述外，在现实中这些事物是不可想象的，且这些运动在实际中经常对保守势力作出妥协。这让我们难以准确地讨论这种“法西斯”现象。在很多国家出现 911
的政权都是专制的，甚至希望能够达到极权，这些政权都带有强烈的民族主义色彩和反马克思主义倾向。但法西斯并不是这些思想的唯一来源。比如，出现在葡萄牙和西班牙的政府，它们利用传统和保守势力，而不是利用从大众政治这种新现象中产生的力量。在这些人中，真正的法西斯激进分子经常对为维护现在的社会秩序而作出的妥协感到不满。只有在德国，一个也被称为“法西斯”的运动最终在革命中取得成功，这个法西斯势力控制住了过去的保守主义势力。由于这些原因，法西斯的称号有时和它所澄清的主张一样令人困惑不解。

也许只有它能最好地区分 1918 年后二十年里两个独立的现象。第一个现象是思想家和活动家的出现（甚至在像英国和法国这样稳定的民主国家也曾出现）。他们谈论新的、激进的政治，强调理想主义、意志力和牺牲，盼望能从新的起点上重建社会和国家，不管既得利益者的利益，也不用向物质主义妥协。这种现象尽管广泛，但只在两个国家取得胜利，这就是意大利和德国。经济崩溃、民族主义情绪激烈和反马克思主义，这些都是该现象在这两个国家成功的原因。尽管德国法西斯到 1933 年才取得成功，如果想用一个词来表达这种现象，那肯定是法西斯。在其他国家，经常是在那些经济落后的国家，特别是东欧，它们的政权可能说专制比说法西斯更恰当。在这些国家里面，庞大的农业人口引发了不少问题，这些问题由于边界问题的和平解决反而加剧了。有时候外国少数民族似乎威胁到这些国家。这些新国家中有很多只是移植了自由主义制度的表皮，传统保守社会势力和宗教势力仍然很强大。就如在拉丁美洲国家，它们的经济基础和这些国家很相似，它们的立宪制度很明显迟早也会让路给政治强人和军人的统治。在 1939 年之前，波罗的海的新国家中，波兰和所有从奥匈帝国中分解出来的国家就是例证，捷克斯洛伐克是中欧地区或巴尔干地区真正实行民主政治的例外。这些国家对这种独裁政权的依赖，表明 1918 年时对它们政治成熟的不现实的希望以及新增的对马克思主义的恐惧，与俄国毗邻的国家的这种恐惧特别强烈。在西班牙和葡萄牙，也存在着这样的压力，尽管没有像这些国家这么严重。但这两个国家传统保守势力甚至更强大，天主教思想比法西斯更加强大。

两战间隔期中民主制度的失败并没有平稳地持续下去。20 世纪 20 年代开始时，世界的经济形势都不好，随后除了俄国外，欧洲大
912 部分国家的经济逐渐复苏。从 1925 年到 1929 年，欧洲国家的经济总体向好。这就使这些国家对未来的新民主政治感到乐观。20 年代头五年里欧洲国家出现了骇人的通货膨胀，之后货币又再次稳定。很多国家重新使用金本位制，这是一个乐观的标志，表明 1914 年前那种好的经济形势回来了。1925 年，欧洲的食品生产和原材料生产第一

次超过 1913 年的数量，制造业也在恢复。在美国投资和逐步恢复的世界贸易的帮助下，到 1929 年时，作为资本输出地的欧洲的贸易水平达到的高度直到 1954 年才被打破。

然而接下来经济又崩溃了。之前经济恢复的基础并不稳定，所以一旦面临突发的危机，这些繁华的现象就又一下子瓦解了。现在不仅欧洲发生经济危机，而是整个世界都发生经济危机，这是在一战和二战之间发生的最重要的事情。

1914 年的那种复杂而效果明显的经济系统事实上已经被毁坏得无法挽救了，战后新成立的国家为了保护它们脆弱的经济，纷纷采取关税壁垒和控制汇率的措施，老牌的强国也纷纷努力修复衰微的经济，这些限制措施严重阻碍了国际贸易的发展。《凡尔赛条约》使国际情况变得更糟，因为它要求德国这个欧洲最重要的工业国，以实物和现金的方式偿还对战胜国的赔款，这给德国造成一个无限期的负担。这不仅使德国的经济不能正常运转，而且至少让它的复苏推后好几年，还让它的经济丧失发展的动力。欧洲东部是德国最大的潜在市场，而俄国这时已经用一条任何贸易也渗透不进去的经济防线，把自己与外部隔离开来。多瑙河流域和巴尔干地区原本是德国企业的另一块领地，现在也被隔开了，而且现在这里变得贫穷了。这些困难暂时可以在得到美国的资金后逐步克服，而美国也乐意提供这些资金（尽管它不会买欧洲的商品，而在欧洲的关税壁垒下很多美国人下岗了）。这会让欧洲对美国持续繁荣的经济产生严重的依赖。

1920 年，美国生产了全世界 40％的煤，以及占世界一半的商品。战争对物资的需求使美国的财富急剧增长，美国人的生活也改变了，美国人是世界上最先拥有私家车的国民。不幸的是，美国国内经济的繁荣支撑着整个世界。由于很多国家的经济都依赖它，这让美国很自信，这种自信使美国对外大量输出资金。也由于这一点，商业循环中美国经济的一个摇晃就会给世界经济带来灾难。1928年，在美国开始很难得到短期资金。一些迹象表明，随着商品价格开始下跌，长期
913 的繁荣快接近尾声了。这两个因素导致欧洲呼吁向美国贷款，很快欧洲一些借钱的国家就陷入困境。同时，美国国内的需求也降低了，因为美国人开始认为一次严重的经济萧条又快来了。这一次，联邦储备银行通过提高利率并持续这一政策来对付这场经济危机。令人意想不到的是，1929年10月股票市场突然一下子就崩溃了。在这之后尽管经济有短暂的恢复而且各大银行都买入股票来重建信心，但这对经济复苏都没多大效果。这是美国海外投资和商业自信的终结。在1930年美国经济最后一次短暂复苏后，美国用于海外投资的资金都枯竭了。世界经济又开始萧条。

投资的突然失败使经济增长走向末路，但另一个因素的作用很快就加速灾难的扩大。负债国开始整顿它们的账目，削减进口量。这些举措导致了世界商品价格的下跌，以致那些主要商品生产国都买不起国外的东西。同时，更重要的是，美国和欧洲也陷入金融危机，各国都尽一切努力，但还是无法成功稳定它们国家的货币和黄金的关系（即一种国际承认的兑换方法——金本位制），它们试图采取通货紧缩的政策去平衡账目，所以它们再次削减需求。政府的介入使经济萧条变为一场灾难。到1933年，所有主要的货币（除了法郎）都和黄金脱节。这就是这场悲剧的标志性表现，自由经济的旧偶像被抛弃了。这场悲剧的现实就是，在工业化的世界里，失业人数可能达到3 000万。1932年（对工业国来说形势最严峻的一年），美国和德国的工业生产指数分别都只有本国1929年时的一半。

经济危机的影响以可怕且难以抵抗的威力席卷着其他领域。1920年所增加的社会财富，当时使很多人的生活水平都提高了，但现在全没了。所有国家都对失业束手无策，尽管美国和德国的情况是最糟

的，但失业以隐秘的方式波及全世界的农村和主要的农业生产者。在1929年和1932年间，美国的国内生产降了38%，这是制造业商品价格下跌的准确数据，同时，原材料价格下降56%，食品价格下降48%。同时，世界各地的穷国和成熟经济体的穷部门并未受到相应的冲击。也许它们受到的影响并不会像欧美国家那么严重，因为它们的经济没怎么下滑。一个东欧人或者一个阿根廷农民的生活情况也许并 914
没变差多少，因为他们的生活本来就已经够差了，而一个失业的德国文员或者工人的生活肯定就很明显变差了，他们对经济危机的体会也很深刻。

在另一场世界大战到来之前，世界经济不会恢复。各国都在用关税壁垒（1930年美国进口税平均提高59%）把自己保护起来，各国政府纷纷通过加强对经济生活的控制来实现经济的自足。有一些国家做得很成功，有一些却失败了。这场经济大灾难像是为共产主义和法西斯之间的斗争设置好的舞台，它们都期望或宣称资本文明的垮台，而且现在开始期望能继续拍打自由主义的衰弱的躯体。金本位制和不干预经济的信念的结束标志着世界经济秩序的崩溃，极权主义和民族主义的兴起对政治的破坏已达到顶端。自由文明已经失去它控制所有事情的力量。很多欧洲人仍然很难接受这一点，他们继续梦想着能够恢复到他们的文明不会被质疑并且至高无上的时代。他们忘记他们的文明是取决于政治和经济的霸权，很明显在很长一段时间里情况是这样的，但是现在，他们的文明已经在全世界范围里开始衰退。

第 3 章　新亚洲的形成

915 欧洲的困难不可能只局限在欧洲大陆上。欧洲的强国很快必定会凭自身的实力去主导世界其他地方的事务，这种现象最早出现在亚洲。从世界历史的角度看，欧洲在亚洲的殖民力量，只在短时期内是不可挑战的，也未受到挑战。但到 1914 年，欧洲的强国英国为维护其在远东地区的利益和日本结盟，而不再只依靠自己了。另外，在日俄战争中被日本打败后，俄国不得不停止对黄海 20 年的觊觎，把眼光转回欧洲。义和团的反抗给侵略者们狠狠一击后，西方列强对中国长达一个世纪的欺凌也走到了尽头。从那以后，中国不再割让土地给欧洲的帝国主义者。不像印度和非洲，中国以自己的方式坚持着民族独立的斗争，直到欧洲殖民势力在亚洲消退。随着欧洲局势的紧张，压制日本的侵略野心也越来越困难，欧洲的政治家开始意识到争夺新港口和分割“东亚病夫”的时代结束了。事实上，美国的“门户开放”政策能让所有国家都寻求到自己的商业优势。这种优势，听起来没有 1890 年时想象中的那样激动人心，但它是各国在远东地区维持相安无事状态的另一个原因。

到 1914 年，欧洲进攻亚洲的高潮过去了，殖民主义给亚洲带来彻底变革，东西方文化的相互作用和经济实力已经使亚洲产生了值得列强严肃对待的防御的本能反应。早在 1881 年，夏威夷的一个国王就向明治天皇提议成立亚洲国家和元首的联盟及协会；这只是一个苗头而已，但这种反应现在在日本已经表现得很明显。他们的直接行动就是促进现代化建设，为远东和亚洲的军事力量提供帮助，以便在下

一个时期——下一个百年的东西方战争中领先。在 20 世纪的前 40 年
里，日本的活力主导了亚洲的历史，中国的革命则没有这么大的影 916
响，直到 1945 年后，中国才连同国外的新的变革力量，再一次超越日本成为亚洲事务的塑造者。它将结束亚洲的西方时代。

日本的劲头表现在经济的增长和领土的扩张上。在很长的时间里，经济增长更明显。这些都是日本整个“西化”过程中的一部分，“西化”使日本在 20 世纪 20 年代保持着自由主义的希望，这一点也掩饰了日本的帝国主义性质。1925 年普遍选举权被引进日本，尽管欧洲的很多事实都证明普选权和自由主义或自我节制没有必然的联系，但它似乎又一次证实这是 19 世纪就开始的法治的进步。

由于日本工业的快速发展，外国人和日本人都对日本充满信心，特别是一战唤醒了日本人不断膨胀的乐观情绪，他们认为战争给日本带来了很多机遇：市场（特别是在亚洲的市场）。在亚洲市场，日本原来面临来自西方的激烈竞争，但当这些前任开发商发现他们无法满足国内在战争期间对物资的需求时，他们放弃了亚洲的市场。协约国政府向日本工厂订购了大量的军需品；世界船运短缺使日本建起很多新的船坞来满足它。在战争期间日本的国民生产总值上升了 40%。尽管日本的扩张活动在 1920 年时中断了，但不到十年，扩张活动又重新开始，1929 年日本的工业（尽管从事工业生产的人口不到日本总人口的五分之一）在 20 年里发展迅速，钢铁的产量就增长 10 倍，纺织品生产增长 3 倍，煤产量增长 2 倍。日本的制造部门也开始影响到亚洲其他国家：它从中国和马来亚进口铁矿石，从中国进口煤。尽管和欧洲列强相比，日本的制造工业还是规模不大，尽管它的工业体系里长期存在小规模的工匠部门，但在 1920 年时日本的新工业力量已经开始影响国内的政治和外交关系，特别是影响了日本和亚洲大陆的关系。

和日本开始受尊崇、充满活力的形象相比，中国就黯然失色了，尽管它可能是亚洲和世界潜在的强国。1911 年的辛亥革命对中国很重要，但无法阻止中国的没落。理论上，辛亥革命从根本上比法国大革命和俄国革命更能标志着一个新时代的到来：它结束了中国两千多
917 年的由儒家促成的大一统，结束了儒家思想对中国社会和中国文化两千多年的统治。儒家学说曾和法律秩序不可分离地交织在一起，被统治者结合起来利用。1911 年的辛亥革命正式宣布中国传统统治终结。另外，辛亥革命也有局限性，表现在两方面。第一方面，它是破坏性的而不是建设性的。君主制度在此之前把一个辽阔的国家统一起来，事实上几乎统一了一块大陆，涵括了广阔的不同区域。君主制的崩溃意味着中国历史上常出现的地方割据现象将再次猖獗。很多革命者因为对北京中央政府的不信任和忌恨，而更受激励去从事革命事业。各种秘密社团暗中成立，上层人士和军队的指挥官都时刻准备着采取行动以控制他们辖区内的一切事务。这些割据倾向在袁世凯当政时期还不太明显，但不久就爆发了。革命者分裂为两派，一派是以孙中山为首的中国国民党，而另一派则支持通过议会制建立北京中央政府。孙中山的支持者主要是广东的商人和一些南方的士兵。在当时那个时代背景下，军阀非常猖獗。这些军阀的首领以前都是军队里的士兵，趁中央政府衰落，夺取军队实权，成为割据一方的军阀。1912 至 1928 年之间，中国有 1 300 多个大小军阀，他们控制了中国的主要地区。他们中有一些在控制区内实行改革；有一些纯粹就是土匪；有一些实力相当强也有很高的威望，所以觊觎中央政府的权力。这个时候的中国有点像罗马帝国晚期，尽管这种军阀割据的状况不久后就结束了，没有拖延得像罗马帝国那么久。当没人取代士大夫们管理国家时，军人会迅速填补这个空缺。袁世凯本人就是这方面的典型代表。

这也反映了 1911 年辛亥革命的第二个局限性：革命派没有为革

命后的进一步发展达成协议。孙中山曾经说过解决民族问题比解决社会问题更重要，但他们也没有就民族未来该怎样塑造达成一致意见。在推翻王朝统治这个共同的敌人后，革命派内部的矛盾开始凸显出来。尽管中国的知识分子还是富有创造力的，但他们在这时的困惑表明，在辛亥革命后不到十年里，革命者们已经严重分裂了，这也预示着承担改变中国这个艰巨任务的是未来的革新者。

从 1916 年开始，一群文化革新者开始聚集到北京大学。1915 年，这些新文化倡导者中的一员——陈独秀，创办了一本叫《新青年》的杂志，这本杂志成为新旧文化辩论的阵地。陈独秀向中国的青年传播新思想，他认为中国革命的命运掌握在年轻人手里，必须完全
否定旧中国的传统文化。像其他的知识分子一样，陈独秀也谈到了赫 918
胥黎、杜威，他把易卜生的著作介绍给他困惑的同胞，这时的陈独秀仍然认为解救中国命运的钥匙还是在西方，在达尔文主义的斗争意识中，在个人主义和实用主义中，西方似乎依然指明了前进的道路。虽然这些新文化运动的领导者是很重要的，他们的支持者也都富有激情，但是强调对中国进行西方文化再教育已经显得先天不足了。不仅很多受过教育并爱国的中国人的思想都受中国传统文化的影响，而且西方思想仅在中国社会最不典型的阶层中受到欢迎，即居住在沿海城市的商人和他们大都留学海外的后代。广大的中国群众并不理解西方的这些思想，也不受西方文化吸引，这就是为什么必须进行白话文改革的原因之一。

被强烈的民族情绪所感染，中国人开始反对西方文明，反对在西方发源的资本主义，因为资本主义对他们中大部分人来说就意味着增加了一种剥削方式，资本主义是西方文明最明显的组成部分，一些要实现中国现代化的改革者敦促人民接受这种制度。但中国大部分农民在 1911 年后对革命更没热情了，他们对国内的大事都很冷漠，也不

会被已经西化的年轻人激昂的鼓动所触动。要概括中国农民的经济状况不是一件容易的事：中国太大、太复杂了。而且中国社会一个很明显的现象是随着人口的稳步增长，关乎农民生存的土地问题却一点也没得到改善；负债和无地的人越来越多了，他们悲惨的生活由于频繁的战争变得更加令人无法忍受，无论是战争的直接破坏，还是伴随战争的饥荒和疾病，都让人民生活痛苦不堪。中国的革命能否真正胜利取决于革命能否触动这些人。革新者不愿意考虑中国革命必需的实际政治步骤，但他们对文化的强调时常掩盖了这一点。

中国的孱弱对日本来说就是机遇。一场世界战争是助长日本 19 世纪的野心的一个偶然因素。日本利用了欧洲各国互相打斗给它带来的有利时机。日本的盟友不会反对它去占领德国在中国的港口，就算日本真的这么做了，他们也不能怎么样，因为这时他们需要日本的船只和工业制品。日本的欧洲盟友还在希望日本能派遣部队到欧洲去参加战争，尽管这看起来是不可能的。日本巧妙地利用了协约国担心日本单独与德国媾和的心理，并且加紧对中国的侵略步伐。

1915 年刚开始的时候，日本政府就向中国政府递交了包括二十一条要求的文件，并发出最后通牒。事实上，这意味着建议让日本成
919 为中国的保护国。英国和美国尽一切外交努力去减少日本对中国的野心，但是最终，日本还是得到了它想要的利益，还进一步确定了它在中国东北的特殊商业权和租借权。中国的爱国者们被日本的侵略行为激怒了，但此时他们却做不了什么，因为这时中国国内的政治一片混乱。他们很困惑，确实，这时孙中山自己也在向日本寻求支持。1916 年，日本再次干预中国的政治，当时日本对英国施加压力，不让英国同意袁世凯通过称帝来恢复国内稳定的企图。接下来的几年里，中国又和日本签了另一个条约，承认日本的特殊利益拓展到内蒙古地区。

1917 年 8 月，中国政府和德国开战了，中国参战的原因部分是

为了赢得协约国的好感和支持，以便在战后和平时期能保证中国的独立地位。但是仅仅几个月以后美国就正式承认日本在中国的特殊利益，日本则以赞同美国的“门户开放”政策和同意维持中国的完整和独立作为回报。中国从协约国集团得到的只有结束德国和奥地利的治外法权，和推迟还清庚子赔款的期限。另外，日本紧握着在1917年和1918年从与中国签订的密约中取得的特权和利益不放。

然而，当和平到来的时候，它让中国人和日本人都感到很失望。日本现在毋庸置疑是世界强国之一，在1918年时它的海军实力已经在世界排名第三。确实，在和平时日本所能获得的利益是牢固的：它继承了德国在山东的势力范围（1917年英国和法国承诺给的），并被授权接管德国在太平洋的岛屿，成为国际联盟中的常任理事国之一。日本得到的这些承认和荣誉使日本脸上有光，但从亚洲人的角度看，日本脸上的光彩被抵消了，因为它提议把种族平等写进国联的盟约却遭到拒绝。在种族平等这一点上（巴黎和会上唯一让中国和日本一致的地方），伍德罗·威尔逊不承认绝大多数人的投票，坚持必须全体意见一致才生效，再加上英国、澳大利亚和新西兰也反对，这个提议很快就被大家抛诸脑后。巴黎和会上中国人感到很委屈，因为尽管各国（特别是美国）都普遍同情日本强加给中国的“二十一条”，但他们还是不能扭转关于山东的决定。由于对美国未能给予外交支持感到失望，以及中国代表团里面代表北京政府的成员和代表广东国民党的成员之间的分歧，中国代表团拒绝在巴黎和约上签字。

巴黎和会上的失败导致的直接后果就是整个中国陷入大动乱，一 920
些评论家认为这场动乱和1911年辛亥革命一样重要，一样伟大。这就是1919年的五四运动。五四运动起源于北京学生反对巴黎和会的示威游行，原本这场游行定在5月7日举行，为了纪念中国在1915年接受日本“二十一条”的这一国耻，但中国代表在巴黎和会上的失败让示威游行提前了。尽管刚开始只引发小骚乱和大学校长辞职，五四运动此后不断升级。这场运动不久就发展为全国性的学生运动（这是1911年之后在中国广泛建立的新大专、大学发起的第一次政治反思运动）。这场运动也扩展到学生以外的其他领域，工人罢工、商人罢市，人民开始抵制日货。一场原本由知识分子和学生开始的运动扩展到其他城市的居民、工人和从一战中发家的新资本家这些人群中。这也表明了亚洲对欧洲不断上升的抗拒情绪。

这是一个工业化的中国第一次登上历史的舞台。像日本一样，中国在战争时期经济迅速发展。尽管中国进口欧洲的商品减少了，大部分转由美国进口和日本进口，但在港口的中国企业家还是发现在国内市场投资商品生产有利可图。中国东北以外第一个重要的工业区开始出现了。这些工业属于进步的中国民族资本家，他们支持革命的思想，特别是当战后西方商品强有力的竞争力重新复兴，而他们又发现在外国人的指导下中国无法实现解放时。工人对外国产品的涌入也感到愤恨：他们的工作岗位受到威胁。很多工人都是第一代的城镇居民，提供工作的保证使他们从农村涌进了新兴的工业区。把中国的农民从土地上分离出来甚至比改革古老的欧洲制度更重要。在中国，家族和农村的联系更牢固。迁徙到城镇去，就脱离了家长制的控制以及独立生产单位的相互义务，脱离了传统的大家庭：这更大程度上削弱了中国古老的统治根基，这种传统经过革命的洗礼仍然幸存下来，仍然把中国和过去连接起来。新的物质基础的形成促进了新意识形态的传播。

五四运动第一次向人们显示中国的革命可以联合各阶级，形成广泛的社会基础。进步的西方自由主义已经不足以拯救中国，文化革新
921 者对五四运动取得的不明显成果感到失望。中国政府在日本强权面前的无助，已经揭穿了西方资本主义民主的本质。现在，中国政府在处

理国内事务时面临另一个尴尬：对日货的抵制和示威游行迫使政府释放被捕的学生和辞退亲日官员。但这一点不是五四运动唯一的重要成果。对于新文化倡导者来说，他们自身的力量对政治的影响力是有限的，但有了学生的参与，他们第一次把革新活动变成一场全社会的行动。这给人民以很大的鼓舞，也前所未有地唤醒了人民的政治意识。这是一个恰当的例子，可以说明中国当代史开始于 1919 年而不是 1911 年。

然而最终，由于日本的侵略野心，战争还是爆发了。日本这股外来势力对中国来说并不陌生，早在 1919 年以前它就开始肆虐在传统文化迅速消融的中国大地上。科举制的废除，流亡海外的知识分子的回归，新旧文化文学在战争时期的大辩论，这些都推动了中国不断前进，中国已经不再是那个封闭落后的国家了。军阀未能树立和正统观念一样的新权威。现在虽然儒家思想被摒弃了，但是西方的自由主义也受到攻击，因为它和外国剥削者有很大的关联。西方自由主义对中国广大的人民群众并没有吸引力；现在它对中国知识分子的吸引力也遭到另一种来自西方的意识形态的威胁，马克思主义登上了中国的历史舞台。俄国的布尔什维克革命给了马克思主义一个家园，所有来自世界各地的拥护者能在这个家园里得到鼓舞、指导、领导甚至物质支持，这个新的因素就这样被引进那个即将消逝的历史时代，它必将加速旧时代的灭亡。

1917 年俄国二月革命和布尔什维克革命的胜利，使《新青年》的创立者之一李大钊感到欢欣鼓舞。他于 1918 年开始任北大图书馆馆长。李大钊很快就领悟到了马克思主义世界革命理论的原动力和发动中国农民起来革命的方法。从那个时候开始，李大钊就不再对西方模式抱有幻想，俄国模式在中国学生中很受欢迎。似乎沙皇的后继者们已经驱除了心中热爱扩张的魔鬼，苏联政府成立后最先做事情之一，就是正式声明放弃沙皇俄国以前所得到的治外法权和司法权。在民族主义者的眼中，苏联因此是清白的。此外，俄国的革命，一场爆发在农民人口占大多数的社会里的革命，宣称它的胜利是建立在马克思理论的指导上，这一学说看起来对在一战中开始工业化的中国也有很大的适用性。1918 年，北京大学出现了一个研究马克思主义的社团，它的一些成员都是五四运动中的佼佼者。其中一个是北大图书馆
922 的管理员——毛泽东。到 1920 年，马克思主义原著的译文开始出现在学生杂志中，也是在这一年，第一版《共产主义宣言》的完整中译本出版了。接下来，对马克思主义、列宁主义的第一个运用就是尝试组织工人罢工以支持五四运动。

然而，由于对马克思主义认识的不同，这些新文化运动领导者产生了分歧。陈独秀把马克思主义当作 20 世纪 20 年代解决中国问题的办法。他投入大量的精力去帮忙组织信奉马克思主义的中国左翼力量。自由主义者开始被抛在后面。共产国际注意到中国国内的革命新动向，在 1919 年派了第一个代表到中国来帮助陈独秀和李大钊。但结果并不是完全令人满意的，他们之间存在争议。然而，在前途仍然不明朗的情况下，1921 年，中国共产党在上海（我们也不清楚确切的地点和日期）成立了，与会代表们来自全国各地（其中包括毛泽东）。

中国革命的最后阶段就这样开始了，它最终不可思议地扭转了一直贯穿于欧洲和亚洲之间关系的辩证逻辑。马克思主义，一种来自西
923 方的外来学说，其诞生和形成于与传统的东方完全不同的社会里，它的思想来源扎根于犹太—基督教文化，但被亚洲人民采纳并根据他们的实际去应用了。为在中国实现现代化、提高社会效率和尊重人的尊严、实现人人平等，马克思主义不仅被运用来反对中国根深蒂固的保守传统，也被用来反对它的发源地——欧洲。

共产主义在中国取得成功，很大程度上归因于资本主义在这里经常被认为与外国剥削和侵略联系在一起。1920 年，中国的分裂使它在国际事务中得不到什么好处，尽管九个在亚洲有利益的国家都保证中国的领土完整，日本也同意交回它在一战中夺得的德国在中国的领土。这只是华盛顿会议上达成的复杂的协议里面的一部分，华盛顿会议的核心问题是对各国海军力量进行限制（由于对军费的担忧）；这些最后都让日本相对变得更强了。四个主要的强国之间互相承认在战争中取得的权益，这体面地葬送了英日同盟。英日同盟的结束是美国一直都希望的。但对于中国的保证，每个人都知道，不值得美国为了支持它而去打仗，条约已经迫使英国不能在香港建立海军基地。同
时，外国人继续支配着一个“独立自主”的中国的海关和税收，这些 924
收入是北洋政府赖以生存的经济来源，在很多时候外国机构和外国商人直接和军阀打交道就可以了。虽然美国的政策进一步削弱了欧洲在亚洲的地位，但这在中国却表现得不明显。

列强对中国明显而持续的控制是马克思主义对知识分子的吸引力远远超出在它指导下的正式组织——中国共产党的一个原因。孙中山强调他的学说和马克思主义不一致，但他采用了马克思主义中有利于国民党脱离传统自由主义学说的理论，并朝着马克思主义的方向努力。在他看来，俄国、德国和亚洲作为被剥削者在反对压迫者和敌人——四个帝国主义国家（德国在 1921 年保证在完全平等的基础上和中国建立关系后得到好评）的问题上有共同的利益。他创造了一个新词“次殖民地”（hypo-colony）用来描述这样一种状况：中国从未成为任何国家的附属国，也就是在和其他国家没有正式的从属关系的条件下被其他国家剥削。他的结论是集体主义：我们绝不给予个人更多的自由，他写道，让我们保卫国家而不是自由。这是对否定个人自由的新的公开赞同，这种赞同经常出现在中国古典观念和传统中。家

庭、宗族和国家的诉求是最重要的，所以孙中山设想在一段时期内实行一党专政，以便进行大众灌输使人民重新认可对家庭、宗族和国家的态度，而这种态度已处于被西方思想腐蚀的危险之中。

中国共产党和国民党的合作没有多大障碍。西方列强和军阀是他们共同的敌人，苏联政府也大力推动国共合作。中国和这个与它有着最长边境线的反帝国主义强国进行合作是有先见之明的，这对中国是有利的。对于共产国际来说，支持与国民党的合作可以维护苏联在蒙古的利益，也是拖延日本的一个措施。苏联已经被排除在华盛顿会议之外，尽管华盛顿会议上的国家没有一个在亚洲比它有更大的领土利益。对于苏联来说，和中国最有可能获胜的一方合作是必须做的一个环节，就算他们的政策和马克思主义不完全相符。在苏联的帮助下，从 1924 年开始中国共产党就和国民党进行合作，尽管一些中国的共产主义者们对此感到怀疑。共产党员可以个人身份加入国民党。孙中山把他身边年轻能干的蒋介石送去苏联学习，然后在中国建立军事学校，为革命战士提供军事教学和思想教育。

925 1925 年孙中山逝世后，他的追随者继续和共产党合作，统一战线仍然存在。孙中山的遗嘱中写道：革命尚未成功（中国孩子都会背诵），而共产党在一些省份开展的革命运动取得重大进展，赢得了农民的支持，有理想的年轻军官带领的革命新军也在和军阀的北伐战争中取得重大成果。到 1927 年在国民党的领导下，中国已经恢复了表面上的团结。反帝国主义情绪使人们成功地抵制英货，这让英国政府开始警惕苏联对中国的强大影响力，英国宣布放弃在汉口和九江取得的特权。在此之前英国已经承诺把威海卫交还给中国，而美国也宣布放弃庚子赔款中美国的部分。这些成就都表明中国终于行动了。

这场革命有一个方面长期未被注意到。马克思主义理论强调无产阶级是必不可少的革命角色。中国共产党使城市工人的政治觉悟大大提高并参与政治活动，这一点已取得较大进步，这也是中国共产党引以为豪的，但是中国的群众大部分都是农民。中国的情况也走不出马尔萨斯人口论的困局：人口激增和土地短缺，以及中国一个世纪以来所遭受的苦难，在军阀统治和中央权威瓦解的情况下加剧了。一些中国的共产主义者已经看到了农民身上蕴藏的巨大革命潜能，他们认为尽管这一点不符合当代马克思主义的正统（莫斯科的理论家所转述的马克思主义），但它依然体现了中国社会的实际情况。毛泽东就是其中之一。他和那些早在 1920 年就赞成他的观点——把革命的重心从城市转移到农村——的共产主义者，已经在农村动员了广大群众参加革命，并取得了前所未有的进展。矛盾的是，毛泽东和国民党合作的时间似乎比其他的共产党人都长，因为国民党比他的党更重视组织农民。

接下来农民运动取得了重大的进步，特别是在湖南，总共有大约 1 000万左右的农民连同他们的家庭在 1927 年前就被共产党组织起来。毛泽东写道，在短短几个月内，农民已经完成孙中山先生全身投入民族革命 40 年想要完成但没完成的事业。有组织的农民现在可以把困扰他们多年的难题解决了。地主没有被撵走，但是地租大大减少了。高利贷的利率也降低到合理的水平。农村革命避免了以前的中国革命活动所犯的错误——毛泽东认为没有发动农民起来革命是辛亥革命最重要的缺陷；这次共产党能成功达到他们的目标就在于他们发现并激 926
发了农民身上巨大的革命潜能。这对未来的革命来说有重大的意义，因为它预示着整个亚洲的历史发展进程将有重大突破。毛泽东深深地领会了这一点。他写道，如果给中国的革命打十分，那么城市居民和部队的成绩只占三分，而剩下的七分都属于农村农民的革命。在《湖南农民运动考察报告》里面，毛泽东两次把农民比作强大的动力，认为其攻击的形势，简直是疾风骤雨，顺之者存，逆之者亡。这个比喻意义重大，中国社会的历史传统确实根深蒂固，长期存在反对地主和土豪劣绅的斗争。如果共产党试图通过破除迷信和摧毁家长制来抛开传统做法，他们仍然也能借鉴这一点。

农村革命根据地是共产党在孙中山逝世后国共关系恶化情况下仍能生存的关键因素。孙中山的离去使国民党内部开始分裂为“右翼”和“左翼”。年轻的蒋介石，曾经被视为进步分子的他，现在以右翼军队代表的身份登场。他们主要代表了大资本家，也间接代表了大地主的利益。蒋介石控制军队后，在城市里全力摧毁左派人士和共产党的组织，至此国民党内部在战略问题上的分歧才得到解决。1927 年在上海和南京，当着被派到中国维护其在华权益的美国士兵和欧洲代表团的面，这场反革命政变血腥收场。共产党正式宣布国共合作结束，但事实上国共合作还没真正结束，在全国的一些地方，国共合作还继续了几个月，因为苏联还不想在这个时候和蒋介石关系破裂。这使得城市里的共产党员更加容易受到蒋介石的迫害；共产国际在中国，像在其他地方一样，短视地追求它所认为的对苏联有利的利益，这也反映了马克思主义的教条化。维护斯大林的利益是首要的，在外部事务上，斯大林希望中国能有人站起来反抗英国这个最强大的帝国主义国家，而国民党是最合适的人选。这些选择符合马克思主义的理论，根据正统马克思主义理论，资产阶级革命先于无产阶级革命。在国民党铲除异己即将胜利的时候，苏联调回了派往中共的苏联顾问，中国共产党最后只能放弃公开的政治活动，转为地下组织，进行地下活动。

927　事实上，没有苏联的帮助，中国的民族革命也开展得很好。然而，国民党面临着一大堆问题。那时战争的主动权还掌握在国民党手中，如果革命想要继续下去，它就必须满足广大群众的要求。在北伐进程中，国共的分裂造成倒退，这使得彻底消灭军阀变得不可能，更严重的是，它削弱了反抗外国侵略的统一战线。在日本交还胶州湾后，中日之间的关系得到短暂的缓和，但在20世纪20年代，中国又面临来自日本的压力。日本的国内情况已经发生重大的变化。1920年，日本在一战时期快速发展的经济势头开始停下来，随之而来的是经济困难和越来越紧张的社会矛盾，甚至在世界经济危机还没开始之前，日本国内的情况就已经不乐观了。到1931年，日本一半的工厂已经停工；欧洲殖民地市场的消失，关税壁垒筑起的鸿沟，都给日本的商品出口造成毁灭性的打击，日本的商品出口下降了三分之二。亚洲市场对于日本的出口至关重要，任何威胁到日本的市场的行为都会激起它的强烈恼怒。在日本国内，农民的状况日益恶化，成千上万的人破产了，为了生存他们把自己的女儿卖去当妓女。重大的政治后果也很快显现出来，日本爆发了强烈的极端民族主义情绪，这比当时的阶级矛盾更加激烈。促使这种极端民族主义产生的动力就来自长期以来日本热衷于反对“不平等条约”的斗争。日本需要为国内市场寻找新的出路，在经济大萧条时期西方工业资本主义采取了残酷的措施，这为他们的反西方情绪提供了新动力。

当时的环境都对日本进一步侵略亚洲是有利的。西方殖民势力现在如果不是全面撤退，很明显也是处于守势。1920年，荷兰面临爪哇人民和苏门答腊岛人民的反抗，1930年，越南人开始反抗法国人。在这两个地方，都有共产主义者帮助当地的民族主义造反者。在印度，英国没遇到这么大的挑战。英国人当时还不赞同印度自治，这是他们宣布的政策。在中国，1920年时英国就已经表明他们只想和难以估计的民族主义运动平静和解，只要不让英国太没面子就好。在经济崩溃后，英国的远东政策看起来更虚弱无力了，它把美国到手的肥肉敲出来给了美国的对手——日本。最后，苏联一直试图影响中国的国内事务，现在似乎影响力开始消退了。相反，中国的民族主义获得明显的成功，不但没有一点退却的迹象，而且已经开始威胁到日本在中国东北的存在。这些因素都显示在日本政治家根据经济恶化作出的预测结果中。

928 中国东北是个非常重要的地域。日本人从1905年就开始经营那里，并进行大量的投资。刚开始中国人被迫同意，但到了1920年在苏俄的支持下中国政府开始过问这个问题，苏俄已经预见到日本把影响力推进到内蒙古会带给它的威胁。事实上，1929年，当时中国和苏联在经过中国东北直达符拉迪沃斯托克的铁路控制权问题上已经出现矛盾，这些使日本人对中国的新力量印象深刻，而国民党再次申明中国的领土和清朝的国土一样大。在1928年的时候日本和国民党就发生过军事冲突，当时日本试图阻止国民党军队对付它扶植的北方军阀。最后，日本政府明确地控制了中国东北。在中国东北，实际的控制权掌握在驻扎在那里的日本军队指挥官手里，1931年，驻中国东北的日本人在奉天附近制造了一起事件，他们想以此作为夺取整个地区的借口，但一些在东京的日本官员并不希望他们这么做。

接下来日本在中国东北建立了傀儡政权伪满洲国（由清朝末代皇帝溥仪统治），国际联盟公开反对日本的侵略行为，军国主义分子在东京制造了多起暗杀事件，深受军国主义影响的政府上台了，日本和中国的矛盾进一步激化。1932年，针对中国人抵制日货，日本派军队登陆上海作为回应。接下来几年里，日本的侵略势力南下进入到长城以内的中国地区，在那里进行实际控制，并多次密谋把中国北方从中国分离出去，但都没取得成功。直到1937年，日本在那里一直不断地制造是非。

国民党政府在反抗帝国主义侵略上表现得差强人意。然而，从它的新首都南京，国民政府实行着有效的统治并控制了一些边境地区。国民政府逐步摆脱条约中的劣势地位，西方国家也开始重新调整他们和国民政府的关系，因为他们想依靠国民党的力量来对抗共产主义在亚洲的扩展。尽管国民党的执政在外交上还是取得了一定的成绩，但这不能掩盖它存在的缺陷，这些缺陷使它不能成功处理国内的问题。中国国内当时的关键问题就是政治革命仍在继续，但社会改革却已经停止了，知识分子不再支持不容纳改革的政体，因为在当时社会实行土地改革是很迫切的。农民不会拥护国民党，因为他们已经拥护共产党了。不幸的是，在政府管理方面，蒋介石在管理部下这个关键问题 929
上越来越退步，在这个传统已经衰落的时代他却表现得越来越保守。国民党政府已经变质，在国家财政问题上存在的贪污腐败达到历史最高峰。依靠国民党建立强大新中国的希望看起来是渺茫的。它将面临强大的竞争对手。

中国共产党党中央的一些人仍对城市起义抱有希望。但在一些省份，个别的共产党领导人仍在沿着毛泽东在湖南提出的革命路线奋斗着。这些共产党人没收逃跑地主的土地，组织地方苏维埃，他们都非常精明，看到并重视传统农民斗争的价值。到了 1930 年，共产党在这方面做得更好更娴熟了，他们在江西组织了一支军队，中华苏维埃共和国在那里统治着 500 多万人口。1932 年，中共的领导放弃上海来到江西和毛泽东会师。此时国民党的精力转向了剿灭共产党军队，但经常以失败告终。这意味着在日本对中国造成最大压力的时候，中国国内还在另一条战线上进行争斗。国民党的最后一次围剿，迫使共产党从根据地转移，在 1934 年的时候开始长征前往陕西。长征是中国革命史上的一大壮举，也前所未有地鼓舞了中国人民。在陕西，7 000多名幸存者得到当地共产党的支持，但他们仍不安全，不过，人民抗日的呼声使国民党减少了对他们的围剿。

由于对外部威胁的担忧，1930 年下半年，中国国内出现了试探国共再次合作抗日的文章。这也得归功于共产国际政策的改变；现在是“人民阵线”的时代，这使得共产党和其他党派都联合起来。在这条反西方阵线面前，国民党也只能沉默，这也使国民党得到英国，特别是美国的同情和支持。当日本在 1937 年向中国发动进攻的时候，无论是和共产党的合作还是西方自由主义者的同情，都有助于民族主义力量兴起以抵御入侵。

日本人所谓的“中国战役”花了中国人八年的时间去战斗，给中国社会和物质上带来巨大的伤害。抗日战争也被认为拉开了第二次世界大战的序幕。1937 年年底，为了安全着想，南京政府迁至西部的重庆，当时日本已经占领北方和沿海的重要地区。对日本的联合谴责和苏联派出的飞机示威都不能阻止日本的猛烈进攻。在战争黑暗的第一年里，唯一可喜的事就是中国的爱国统一战线得到前所未有的发展，共产党、国民党和民主党派同样看到中国的民族革命危在旦夕。
930 日本人也觉得中国的革命快到尽头了。值得注意的是，在日本的占领区内，日本人鼓励重建儒家思想的统治地位。西方国家对此感到无奈，但又没法介入。西方国家的抗议，即便是在他们的国民受到威胁和虐待时发出的抗议，日本人也不放在眼里。到 1939 年，日本就明确宣布，如果它关于建立亚洲新秩序的主张不被承认，日本将开始封锁外国侨民的居住区。英国和法国的软弱很容易解释清楚：它们到处都有麻烦。美国人在这时的无所作为是有深层原因的：这时美国又恢复到以前长期实行的孤立主义状态，尽管美国仍会讨论亚洲大陆的问题，但不会为了它去打仗。甚至，当日本炸沉美国停在南京的炮舰时，美国国会气得咬牙切齿，但最终还是咽下这口气，接受了日本所谓的解释。现在美国人的态度已经和四十年前在哈瓦那发生“缅因号”事件那时不同了，尽管他们仍给蒋介石提供物资支援。

到了 1941 年，在盟国救援前夕，中国的抗日战争和外面的世界是分隔开的，直到这一年年底它才和世界的反法西斯战争联合到一起，中国战场成为世界反法西斯战场的组成部分。然而这时中国已损失惨重。在日本和它在亚洲潜在对手的长期斗争中，日本这时看起来是赢家。一方面，日本必须考虑到它的军队在侵华战争中的经济开支和日益增大的难度；另一方面，它的国际地位空前提高。这通过羞辱在中国的西方人，如 1940 年迫使英国关闭运送援助物资到中国的缅甸公路，迫使法国同意日军入侵印度支那等嚣张行为体现出来。日本强大的野心诱使它进一步冒险，从 1930 年年中开始，日本军国主义的威望和在政府中的影响力达到顶峰，这使日本的侵略野心丝毫不减。

但这对日本也有副作用。侵略战争使日本必须加紧掠夺东南亚和
印度尼西亚的资源。另外，美国人也慢慢做好了用武力维护自身利益
的心理准备。很明显到 1941 年时，美国必须尽快决定它是否想最终
成为亚洲的一支力量，如果想那意味着什么。当时的背景下，这一点
是很重要的。对于侵略中国的行为，日本打着粉饰的“亚洲人的亚
洲”的旗号进一步向西方在亚洲不断衰退的势力发起进攻。就像
1905 年打败俄国一样，这标志着亚洲和欧洲的关系从心理上进入一
个新时代，也标志着日本在 1938 至 1941 年这段时期的独立和能力进 931
入新阶段。接下来对欧洲的殖民统治的推翻就标志着非殖民化时代的
开始，这个时代是由一个在那时已经成功西化的亚洲国家开启的。

第 4 章　奥斯曼帝国的遗产和西方的伊斯兰地区

932 19 世纪期间，奥斯曼帝国几乎在欧洲和非洲消失，造成这一结果的基本原因是相同的：民族主义带来的分裂影响和欧洲国家的掠夺活动。1804 年的塞尔维亚起义和穆罕默德·阿里在 1805 年亲自担任埃及总督，共同标志着土耳其进入了衰落的最后时期，尽管这个时间大大延长了。欧洲下一个里程碑意义的事件是希腊起义。从那时起，奥斯曼帝国的故事便告终结，在欧洲开始了新的民族国家传奇，到 1914 年，欧洲的土耳其就仅仅指东色雷斯了。在伊斯兰非洲，奥斯曼帝国力量的衰落更加迅速和剧烈，到 19 世纪，非洲北部的大部分国家事实上已经摆脱了苏丹的统治。

一个原因是，在伊斯兰非洲出现民族主义的时候，它更多针对的是欧洲而不是奥斯曼帝国。它也与文化革新有关。这个故事还得从穆罕默德·阿里讲起。尽管他从来没有去过出生地鲁梅利亚的卡瓦拉以西更远的地方，但他羡慕欧洲文明并且相信埃及能够从中学到东西。他引进技术顾问，雇用外国人员指导健康和卫生方面的措施，翻译、印刷欧洲技术领域的书籍和文章，同时派幼童去法国和英国留学。然而事与愿违，尽管他打开了欧洲，尤其是法国对埃及影响的大门，但实际取得的成绩让他失望。欧洲的影响通过教育和技术机构渗透进来，并且反映了法国在奥斯曼帝国贸易和事务方面的传统利益。法语很快就成为受教育的埃及人的第二语言，同时在亚历山大里亚出现一大批法国人居住地。这座城市是地中海地区的大都市之一。

非欧洲世界里具有现代意识的政治家，很难将学习西方局限于技术知识领域。不久，年轻的埃及人也开始学习西方的政治理念，而这在法国有大量现成的可学对象。一个混合物开始慢慢地形成，它在最 933
后将帮助改变欧洲跟埃及的关系。埃及人就像印度人、日本人、中国人一样吸取了同样的教训：患上欧洲病是为了生出必要的抗体以抵抗它。所以现代化和民族主义无法摆脱地纠缠在一起。这也是中东地区民族主义的长期弱点的来源。先进精英阶层的理念长期以来使他们与社会脱离，社会中的大众仍生活在未受到西方思想腐蚀的伊斯兰文明中。矛盾的是，民族主义者通常是埃及、叙利亚和黎巴嫩社会中最欧化的成员，直到 20 世纪仍然是这样。然而他们的观点获得了更多的共鸣。在叙利亚信仰基督教的阿拉伯人中，最早出现了泛阿拉伯主义和阿拉伯民族主义（相对于埃及民族主义、叙利亚民族主义或者其他），其主张所有的阿拉伯人，无论他们在哪里都应该组建成一个国家。泛阿拉伯主义是区别于穆斯林兄弟会的一种概念，后者不仅包含了很多非阿拉伯人，也同时排除了很多不信仰伊斯兰教的阿拉伯人。这种实际上想在实践中尝试建立一个阿拉伯国家的想法，就像其他泛阿拉伯主义思想一样存在弱点，其潜在问题直到 20 世纪才暴露出来。

奥斯曼帝国领土上另外一个具有历史性意义的事件是 1869 年苏伊士运河的修建。在很长一段时期里，尽管是间接性的，但它与任何其他单独的事件相比，给埃及带来了更多的国外干涉的厄运。然而运河修建的直接原因并不是 19 世纪欧洲人开始干涉埃及政府。其发生的原因是由于伊斯梅尔的作为，伊斯梅尔是从苏丹那里得到埃及总督头衔的第一位统治者。伊斯梅尔接受了法国教育，他喜欢法国人和现代化的想法，同时多次游历欧洲。他非常奢侈。当他在 1863 年成为执政者时，埃及的主要出口项目棉花的价格非常高，这一方面是因为美国爆发独立战争，另一方面出于伊斯梅尔的经济保护措施，因此形势看起来非常好。不幸的是，他的财政管理措施少了些规范性，结果导致埃及的国债增加：在伊斯梅尔就职时国债是 700 万美元，13 年后几乎达到了一亿美元。埃及一年的利息费用总计 500 万，在那个年代这些数额会带来麻烦。1876 年埃及政府破产，同时停止支付债务，所以外国管理者开始被派遣进来。两个管理者一个是英国人，一个是法国人，他们被授权以确保伊斯梅尔的儿子能管理埃及，并保障收入并且优先考虑清付债务。很快他们就受到了民族主义者的批评，因为
934 巨大的税收负担导致埃及陷入贫困，而这些税收收益是用于支付债务利息。民族主义者同时也对经济状况提出了批评，例如削减政府工资。在民族主义者的眼里，那些以埃及总督名义而工作的欧洲官员，仅仅只是国外帝国主义的代理人。许多在埃及的外国人具有合法的特权地位并且有自己特殊的法庭，对此越来越多的人感到不满。

这些怨恨导致民族主义者密谋策划并且最终进行了革命。西化过程中的排外和其他因素促进了伊斯兰的改革，即穆斯林世界的统一和适应现代化生活的泛伊斯兰主义运动。有些人仅仅是因为埃及总督的随从中土耳其人在数量上占优势而反感。但是这种区别在 1882 年英国人对一场革命进行了令人沮丧的干预之后变得无关紧要了。这并不是因为财政原因而进行的干涉，而是因为英国的政策。英国时任首相是一个自由主义者，他对奥斯曼帝国其他部分的民族主义很感兴趣，但他不能接受这种危险：一个不友好的开罗政府会对英国到印度的运河通道安全产生危害。这在当时是难以想象的，受这种战略信条所累，英国军队一直到 1956 年才最后离开埃及。

因此，1882 年以后，英国人成了埃及民族主义者首要的攻击对象。英国人说一旦建立起一个稳定的政府，他们就马上撤离，但是他们不可能这样做，因为没有一个埃及人被他们所接受，相反，英国行政官员接管了埃及政府越来越多的权力。英国人带来的也不全都是悲

惨的事，他们减少了债务，并且建好了灌溉系统，灌溉系统使得供养增长的人口成为可能。在 1880 至 1914 年间，人口增长了两倍，达到 1 200 万。英国人引起了埃及人的反感，所以埃及人尽量让他们远离具有经济利益的政府服务系统，同时对外国人课以重税。1900 年以后，发生了更多的动乱和暴力行为，英国人和他们的埃及傀儡政权，开始坚决地打击煽动活动，同时试图通过改革找寻出路。首先是行政方面的改革，这导致 1913 年出现了一部新的宪法，提供了更多的代表选举，形成了一个更强有力的立法机构。不幸的是，立法议会只维持了几个月，就因战争的爆发而被迫中止。埃及政府被拉进了与土耳其的战争中，一个埃及总督因为被怀疑密谋反对英国而被撤换。在这一年末，英国宣告埃及为受保护国，英国总督从此取代了苏丹。

那时，奥斯曼政府已经将的黎波里塔尼亚（Tripolitania）割给了于 1911 年入侵进来的意大利，部分原因是另一场主张改革的民族主义运动，这次运动发生在土耳其本土。1907 年，“青年土耳其运动”领导了一次成功的叛乱。这个组织的历史很复杂，但是目的却简单。 935
像一个土耳其青年说的那样，我们沿着欧洲描绘的道路走下去……以我们拒绝接受外国干涉的方式。这句话的前半部分意味着他们希望结束阿卜杜勒·哈米德的专制统治，并且废除 1876 年以后的宪法，重建 1876 年颁布的自由宪法。但是他们期望的目的比宪法本身更多，因为他们认为宪法可以改革、复兴整个帝国，做到尽可能的现代化，同时还可以阻止王朝衰落。无论是这个计划或是土耳其青年运动理论都要归功于欧洲。比如说，他们利用共济会地方分会作为蓝本，组织秘密社团，而这些在神圣同盟时期的欧洲自由主义者中间已经十分兴盛了。但是，他们怨恨欧洲人不断增加的对奥斯曼内部事务的干涉，这明显表现在对财政的管理上，例如，在埃及，为国内发展而进行的货币借贷利息的担保是以国家独立性的损失为代价的。他们认为欧洲人对他们的欺侮已经导致奥斯曼政府长期的、屈辱的从多瑙河流域和巴尔干半岛后退。

在一系列哗变和反叛之后，1908 年苏丹向宪法作出了让步。海外的自由主义者赞许法制化的土耳其；看起来，暴政走向了末路。但是一个尝试性的反革命活动导致了土耳其青年运动的政变，他们废黜了阿卜杜勒·哈米德，同时建立了一个实质上的专制政府。从 1909 至 1914 年随着革命者的统治越来越独裁，意味着专制主义从君主立宪制外表背后显现出来。不祥的是，他们中的一个宣称：从此不再有保加利亚人、希腊人、罗马人、犹太人和穆斯林，我们自豪地成为土耳其人，这种论调非常的新颖。这是古代多民族政权终结的宣告。

事后看来，青年土耳其运动的理论看起来比他们当时的行为更容易理解。他们面对的问题就像许多非欧洲国家在现代化过程中遇到的问题一样，同时他们受现实或想象中需要的刺激而采用了暴力方法。他们醉心于对政府各部门的改革（引进了很多欧洲顾问）。例如说，寻求提高女孩的教育在一个伊斯兰国家是一个重大的姿态。但他们是在一个尽显落后的帝国中掌权，而且在一连串外交耻辱的损害下，他们的吸引力受到削弱，并且开始依赖武力。这些外交耻辱是：在哈布斯堡王室兼并了波斯尼亚后，保加利亚的执政者赢得了对其独立地位的认可；克里特岛人宣称他们与希腊人组成联盟；在意大利攻击的黎波里短暂的间歇之后，是巴尔干战争和进一步的军事失败。

936 在这样的压力下，自由主义者所期待的改革后各民族的和睦相处很明显不过是一个妄想。宗教、语言、社会习俗和民族性仍然还很牢固，这些都是帝国的遗物，青年土耳其越来越倒退到单一的土耳其民族主义，当然，这也导致了其他民族怨恨。结果就是君士坦丁堡古老的统治手段——屠杀、暴政和暗杀再次出现。从 1913 年开始直到一战爆发，青年土耳其党的三人执政都使用这些统治手段实行集体专制。

尽管他们让很多崇拜者失望，但他们这一派还是有前途的。他们代表的思想是有朝一日可以再造奥斯曼帝国的遗产：民族主义和现代化。为了向这个目标迈进，他们甚至不顾一切地放弃奥斯曼帝国在欧洲留下的微不足道的遗产，不过这也使他们从重负中解脱出来。但是在 1914 年，他们的遗产仍然带来许多困扰。在他们面前，没有比民族主义更适合作为改革手段的选择。泛伊斯兰主义的影响很小，1914 年以后奥斯曼保留下来的最大一块领土（亚洲最大的穆斯林地区）内发生的事情将此体现出来。

在 1914 年，存在着一个巨大并且在战略上非常重要的区域，即沿着波斯的边界从高加索延伸到巴士拉附近的海湾——底格里斯河河口。在海湾的南岸，奥斯曼帝国的统治范围延至科威特（有一个独立的阿拉伯酋长，置于英国保护下），然后回转到海岸向南延伸到卡塔尔。从阿拉伯半岛的海岸到红海的入海口地区以这样或那样的方式受到英国的影响，但是整个内陆地区和红海海岸都是属于奥斯曼帝国的。在英国的压力下，西奈地区已经于几年前屈服于埃及，但是巴勒斯坦、叙利亚、美索不达米亚平原这些古老土地仍然属于土耳其，这些都是历史上伊斯兰的核心区域，同时苏丹仍然是他们的精神领袖——哈里发（caliph）。

这份遗产在战争战略和政治的作用下日趋衰落。即使在伊斯兰的历史核心区内，于 1914 年前已有迹象表明，新的政治力量在活动。他们部分源于受到早已建立的欧洲文化的影响，这种影响在叙利亚和黎巴嫩表现得比埃及更加强烈。当美国的传教士不断的努力和建立学校、接收阿拉伯世界的穆斯林和基督徒男孩进入大学时，法国的影响已经进入这些国家了。黎凡特地区的文化先进，人们有文化。在一战前夕，数百份阿拉伯报纸都是在奥斯曼帝国外的埃及出版的。937

伴随着青年土耳其的胜利和他们土耳其化的趋势，产生了一个重要的结果，不同政见者的秘密社团和公开组织在流亡的阿拉伯人中形成了，特别是在巴黎和开罗。在这种背景中有另外一个不确定的因素：阿拉伯半岛的执政者对苏丹的忠诚已经动摇了。他们中最重要的人是麦加的侯赛因，到 1914 年的土耳其政府对他失去信心。一年之前在波斯召开的探讨伊拉克独立问题的阿拉伯大会上就已经有了不祥的征兆。与之相反，土耳其人只是希望在阿拉伯人中代表不同利益的分歧可以维持现状。

最后，尽管没有马上表现出危险，最后转向地域民族主义文化的是犹太人。在 1897 年，犹太人历史发生了新的转折，这一年他们召开了一个犹太人复国运动大会，目标是获得一个民族家园。因此，在犹太人漫长的历史中，民族同化（法国大革命解放时代后，许多欧洲国家依然未能实现）在当时被民族主义理想所取代。设想中建立家园的地点一时间还定不下来；人们在不同的时间曾建议选择阿根廷和乌拉圭，但是，在这个世纪末，犹太复国主义者最终确定在巴勒斯坦建立家园。犹太人开始向那里移民，尽管规模不是很大。战争的开始将改变这种移民的意义。

1914 年，奥斯曼帝国和哈布斯堡王朝出现了惊人的相似之处。双方都在寻求战争，将战争看作解决他们自身的手段。然而，两个王朝都必定在战争中受损，因为国内外太多的民族都将战争看作获得优势的机会。结果，两个帝国都被战争摧毁。甚至自土耳其加入战争伊始，土耳其历史上的敌人——俄国就看到有利可图。俄国已最终放弃抵抗英法，转而谋求在君士坦丁堡建立沙皇权力的传统。就法国来说，法国在中东地区有自己的事要做，英法协约的签订以及法国在摩洛哥的不受拘束，稍微平息了法国对英国在埃及的存在所引发的愤怒，但法国一直以来在黎凡特具有特殊的地位。一些狂热者鼓吹唤醒圣路易斯和十字军，不过这并没有被认真考虑。但不可否认的是，法国政府 100 年来一直宣称对奥斯曼帝国的天主教徒发挥着特殊的保护作用（尤其是对叙利亚的），拿破仑三世曾经在 19 世纪 60 年代向这里派出一支法国军队。法国在这里也有文化优势，在黎凡特受教育人 938
中法语的广泛普及就表明了这一点，同时法国的大部分资金也投资于此，这些力量都不能被忽略。

然而在 1914 年，土耳其在欧洲外最主要的军事对手可能有高加索地区的俄国和在苏伊士的英国。对运河的保护是英国在这一地区战略思考的基础，但是不久形势清楚表明运河安全没有遭遇大的威胁。接着发生的事情揭示了使近东和中东最终陷入混乱的新因素。1914 年末，一支英印混合军队在巴士拉登陆，以保护波斯的石油供给不受影响。这是该区域历史命运中石油与政治相互作用的开端，尽管在奥斯曼帝国退出历史舞台前并没有完全地表现出来。另一方面，埃及的英国总督于 1914 年 10 月用一种方法使侯赛因快速地获得胜利，这是他第一次尝试运用阿拉伯民族主义这一武器。

当欧洲的战斗血腥和犹豫地进行时，对德国同盟国发动一次打击的吸引力变得更大了。1915 年，它们曾经尝试海军和陆军联合行动出兵达达尼尔海峡以占领君士坦丁堡，结果这次行动陷入困境。那时欧洲国家间的混战已经开始培养出有朝一日将反对它们的力量。但这为阿拉伯盟友提供的东西非常有限。直到 1916 年初，它们才与侯赛因达成一致。他要求北纬 37 度以南的阿拉伯世界必须获得独立，就是从阿勒波到摩苏尔以北大概 80 千米，事实上包括土耳其和库尔德斯坦以外的所有的奥斯曼帝国地区。这大大超过了英国的范围，因为法国在叙利亚具有特殊的利益，所以也征询了法国的意见。当英法之间对于分割奥斯曼帝国的势力范围达成协议时仍然为未来留下了很多问题，其中包括伊拉克的地位，但是一个阿拉伯民族主义者的政治计划看起来好像正在变成现实。

这种事业的未来很快就遭到质疑。阿拉伯的反抗开始于1916年6月，他们对驻守在麦地那的土耳其安全部队发动进攻，叛乱没有让英法从战争的主要威胁中分散精力，但是起义逐渐壮大，最后成了一个传奇。不久英国人感到他们必须更加认真地对待阿拉伯人；侯赛因被认为是汉志的国王。英军于1917年大举推进到巴勒斯坦，占领了耶路撒冷。在1918年，他们与阿拉伯人共同进入大马士革。不过在这之前另外两件事已经让情况进一步变得更加复杂，一件是美国参加
939 战争：在一份战争目标的陈述中，威尔逊总统说，他赞成为奥斯曼帝国内的非土耳其人提供一个完全不受干预的发展机会。另一件事是布尔什维克发布了他们先前的秘密外交文件，这份文件揭示出了英法对划分中东势力范围的提议。这项协议中的一部分规定了巴勒斯坦应该被国际共管。除此之外，另外一个刺激因素是英国宣称其政策赞成犹太人在巴勒斯坦建立一个民族家园。“贝尔福宣言”可以算得上是那个时代犹太复国运动最大的成功。这绝对与他们曾经跟阿拉伯人说的不一致。威尔逊总统也加入其中，他宣称自己保护犹太人，但是根本无法想象这可以不受挑战地得到执行，尤其是英法随后在1918年进一步对阿拉伯人的强烈愿望表达美好意愿。在土耳其人失败的前夜，未来的前景完全是模糊不清的。

大英帝国在那时认为侯赛因是阿拉伯人的国王，但是这一想法对侯赛因没有任何作用。不是阿拉伯的民族主义而是英国和法国在国联的帮助下，设计出现代阿拉伯世界的地图。在这混乱的20年里，英国和法国与阿拉伯人卷在一起，他们变戏法般地使阿拉伯人登上了世界政治的舞台，而阿拉伯的领导人之间还存在分歧。伊斯兰联合的幻景再一次破灭，但是幸运的是，一同消失的还有俄国的威胁（即便只是简单地说），中东地区只留下了两个大国。它们互不信任，但是可

以达成大致共识，基本上来说，如果英国在伊拉克自主行事，法国也可以在叙利亚自行其是。国际联盟合法地将阿拉伯的土地奖励给了英法进行托管，巴勒斯坦、外约旦和伊拉克归英国，叙利亚交给了法国，法国从一开始就实行高压统治，在国民议会要求独立或者英美托管后，法国依靠武力建立了自己的统治。他们驱逐了阿拉伯人选出的国王——侯赛因的儿子，随后又不得不面对大规模的起义。在20世纪30年代，法国仍然继续依靠武力维护他们所占有的，尽管那时已经有迹象表明：他们不得不向民族主义者让渡一些权力。不幸的是，叙利亚的情况很快显现出了民族主义造成的内部分裂力量：叙利亚北部的库尔德人起义谋求从一个阿拉伯人的国家里分裂出来，这产生了另一个西方外交官至今都需要面对的中东问题。

同时，阿拉伯半岛被侯赛因与另外一个国王之间的争斗弄得疲惫
不堪，这个国王与英国已经达成了协议（他的追随者是一个特别极端 940
的伊斯兰教派，这让事情变得更加复杂，增加了王朝与部落之间的宗教纷争）。侯赛因被取代了，1932年沙特阿拉伯这个新的国王出现在汉志。紧随其后又出现了其他问题，因为侯赛因的儿子这时已经成为伊拉克和外约旦的国王。激烈的斗争显示出前景的困难，此后英国人以最快的速度结束了伊拉克的委托统治，寻求仅仅通过保留一定陆军和空军力量以保护英国的战略利益。于是在1932年，伊拉克作为一个独立的、拥有完整主权的国家进入国联。在之前的1928年，英国已经承认外约旦为独立国家，并也在该国保留了英国的军事和经济力量。

巴勒斯坦地区的情况更加复杂。1921年爆发了阿拉伯人反对犹太人的暴动，阿拉伯人对犹太人移民和犹太人获取阿拉伯土地产生担心，从此那个不幸的地区就再也没有长久的和平。不仅仅是宗教或民族情感，还有更多的因素造成了危机。犹太人的移民意味着新的西化

和现代化力量的入侵，这种新力量的活动将改变经济关系并且会让一个传统社会产生新的需求。英国的托管机构左右为难，一面是如果它不限制犹太人的移民，就会遭到阿拉伯人的公开反对，另一面是如果它这样做，就会遭到犹太人的反对。当时阿拉伯人的政府也认为，他们占据的土地在经济和战略上都对英国安全有重大作用。世界其他地方也参与进来。1933 年上台的德国法西斯迫害犹太人，并且剥夺他们自法国大革命以来得到的法律和社会权益，使问题变得更加棘手。到 1937 年，犹太人和阿拉伯人在巴勒斯坦地区进行了群殴。不久，一支英国军队设法压制了一场阿拉伯人暴动。

在过去，阿拉伯土地上最高权力的崩溃常会立刻带来一个混乱时期。这次是否像以前一样，混乱之后随即建立一个帝国的霸权，局势仍不清楚。英国不想做这个角色，在短暂地陶醉于帝国胜利的果实后，他们只渴望保证他们在这一地区的基本利益：对苏伊士运河的保护以及保证来自伊拉克和伊朗的日益扩大的石油运输。英国在 1918 和 1934 年间建立了一条巨大的石油管道，从伊拉克北部穿过外约旦和巴勒斯坦到达海法，它给这些地区的未来带来了另一个新的转折！欧洲的石油消费需求还没大到会对它产生依赖，在 20 世纪 50 年代没
941 有什么大发现可以再次改变它的政治地位。但是人们感受到新的因素正在产生，英国皇家海军已经开始认真考虑用船运输石油。

英国人认为保护苏伊士运河最好的办法就是把军队驻扎在埃及，但这也引发了越来越多的麻烦。战争已经加剧了埃及人的不满和愤恨。侵略军从来到哪里都不会受欢迎。当战争导致物价上涨时，外国人更是备受指责。1919 年，埃及的民族主义领导者就尝试把他们的要求提交到巴黎和会上，但被阻止了，接下来国内兴起反对英国的浪潮，很快也被平息了。但英国也开始从埃及撤退。1922 年，为了在民族主义者情绪爆发之前抽身，英国结束了作为埃及保护国的身份。

然而埃及这个新王国的选举制度选出了主体民族中民族主义者的多数派，这就使得埃及政府难以达成任何一届英国政府能接受的保护英国利益的协议。结果，埃及陷入长时间的立宪危机和断断续续的社会混乱之中，直到1936年英国同意接受在运河区有年限的驻扎权为止。外国人的审判特权也被宣布取消了。

这是大英帝国撤退的一部分，1918年后在别处也可以发现这种现象。这反映了英国权力和资源的过度延伸，因为英国的外交政策已经开始受到挑战。中东地区之外的世界关系的变化有利于影响后奥斯曼土耳其时代伊斯兰地区的发展。另一个重要的要素是马克思主义。在两次世界大战之间，苏联对阿拉伯国家的无线广播支持着第一批阿拉伯共产主义者。但虽然引起了关注，共产主义却没表现出可以取代那个地区最强烈的革命思潮的迹象，也无法取代阿拉伯民族主义的影响。到1938年，阿拉伯民族主义的焦点转向了巴勒斯坦。在那一年叙利亚召开了一个代表大会以支持巴勒斯坦阿拉伯人的事业。阿拉伯世界对法国在叙利亚的野蛮行径的愤恨已经越来越明显，还有英国公开反对埃及民族主义者对英国的抗议行为也引起阿拉伯国家的不满和愤怒。在泛阿拉伯的民族情绪里存在着一种力量，有人认为这种力量最终可能会压倒王国的分裂。

战争期间的结盟协议也让奥斯曼的家乡土耳其（很快就被改名）
的历史越来越复杂，英国、法国、希腊和意大利都满意自己所分得的
战利品；战争简化了一些关系，比如俄国对君士坦丁堡和两大海峡地
区的要求被否决了。面对法国、希腊和意大利的入侵，苏丹被迫签署
条约以换来可耻的和平。希腊获得了重大的让步，亚美尼亚将成为独 942
立的国家，而土耳其剩余的领土被划分为英国、法国和意大利的势力
范围。这是最露骨的帝国主义，所签的协议也比在凡尔赛宫上强加给
德国的不平等条约苛刻得多。简而言之，欧洲的财政控制权又得到重

建了。

接下来是第一次成功修订和平协议。这主要都是一个人的功劳。此人以前是青年土耳其党党员，也是土耳其唯一的常胜将军，他就是穆斯塔法·凯末尔（Mustafa Kemal）。他在吓跑意大利人后，接着赶跑了法国人和希腊人。在布尔什维克的帮助下，他制服了亚美尼亚人。英国决定谈判，所以在 1923 年英国和土耳其签订了第二个条约。这是民族主义的胜利，超越了巴黎和会的决定，也是这一系列和平协议里面唯一一个在双方平等的基础上签订的，而不是强加给战败方的协议。它还是唯一一个有俄国的谈判代表参加，并且比其他的和平条约持续更久的协议。一系列不平等条款和外国的财政控制都消失了。土耳其放弃它对阿拉伯的土地要求，以及对爱琴海、塞浦路斯、罗德岛和多德卡尼斯群岛的要求。接下来希腊和土耳其间实现大规模的人口流动（38 万穆斯林离开希腊来到土耳其，130 万多东正教徒离开土耳其去到希腊），因此，这些人彼此之间的仇恨进一步加强了。然而，鉴于随后发生的事，这个结果可以被认为是在这个区域的种族清洗措施中较有成效的之一。现在的状况已经没它刚形成时那么危险了。就这样，奥斯曼帝国六个世纪的统治终于结束了。1923 年，一个新共和国以一个民族国家的身份诞生了。在 1924 年，哈里发也跟随着奥斯曼帝国退出历史舞台。这是奥斯曼时代的终结，而土耳其的历史则刚刚开始。安纳托利亚的土耳其人如今在这五六个世纪里第一次成为他们的国家人口中人数最多的民族。具有象征性意义的是，土耳其的首都也从伊斯坦布尔移到安卡拉。

凯末尔——他喜欢这样称自己（名字的意思是“完美”）——有点像彼得大帝（但在成功修订强制性的条约后凯末尔不喜欢领土扩张），又有点像一个更开明的专制君主。他也是土耳其 20 世纪最有影响力的现代化改革家之一。土耳其的法律实现了世俗化（以拿破仑法典为楷模)，伊斯兰律法被废除。1928 年，宪法开始修订，把关于土耳其是一个伊斯兰国家的表述去掉。到今天，它仍然是中东唯一一个有穆斯林人口但采用世俗化原则的国家。多妻制也结束了。1935 年每周一次的休息日，从以前的星期五（伊斯兰的神圣日）变成星期日；一个新的词汇进入土耳其的语言：vikend（从星期六下午 1 点开始到星期日的半夜这段时间)；学校停止宗教教学；土耳其毡帽被禁 943
止，尽管这种帽子来自欧洲。凯末尔意识到他想要达到的现代化必须是彻底的，所以这些象征性的东西对他来说也是重要的。它们是标志，但事物的标志很重要，因为这些表明欧式社会代替了传统的伊斯兰社会。一个伊斯兰的思想家敦促跟随他的土耳其人要“首先属于国家土耳其，其次属于伊斯兰教，最后才属于欧洲文明”，而且要做到这些似乎也不难。字母表被拉丁化，这对教育是很重要的，从那以后，小学就是义务教育。在学生的教科书里，这个国家的过去也被重写了，教科书里说亚当也曾是土耳其人。

在土耳其的国民大会上，凯末尔被授予“阿塔图尔克”(Atatürk）的称号，意思是“土耳其之父”，这是一件有重大意义的事情。也许他就是穆罕默德·阿里想要成为的那种人——伊斯兰国家第一个现代化的改革家。直到 1938 年他去世，他一直都是一个很有趣的人，他似乎下决心不让他的改革停滞，结果他造就了一个新国家，而且让土耳其在某种程度上成为世界最先进国家中的一员。在土耳其，另一项对过去的突破就是给予妇女新的社会角色，这比欧洲的妇女相关政策更加伟大，并且在 1934 年，土耳其妇女获得选举权。女性也被鼓励从事专业工作。

在 1914 年前，既没有被欧洲宗主国直接统治，也没有被奥斯曼帝国统治过的最重要的伊斯兰国家就是波斯。1907 年，在英国和俄国同意划分势力范围后，这两个国家就开始干预波斯的内政，但随着俄国国内发生布尔什维克革命，它的势力很快就消退了。英国势力继续在波斯的国土内经营，直到一战末期才结束。当波斯代表团向巴黎和会陈述他们的要求却不被允许时，波斯人对英国的愤恨迅速蔓延。有一段时间英国很困惑，当时它在努力寻找在军队撤出波斯以后能持续抵抗布尔什维克的方法。继续在波斯驻扎军队是不可能的，这对于英国的国力来说负担过重。很偶然地，一个英国将军发现有一个人打算以一种难以预见的方式去行事。

这个人就是礼萨汗（Reza Khan）。他是一个军官，他在 1921 年时发动政变，并且迅速利用布尔什维克对英国的害怕这一弱点和俄国签订了条约，这个条约使俄国出让其在波斯的权益和资产，并且从波斯撤军。礼萨汗接下来继续打败英国支持下的分裂分子。1925 年，国民大会授予他独裁的权力，几个月以后，他被称为“伊朗的王中之王”。他统治波斯直到 1941 年（那时苏联人和英国人联合把他从王位上撵下来），他就像是伊朗的凯末尔。对面纱和宗教学校的废除，表
944 明他对国家进行世俗化的决心，尽管他的改革没有取得像土耳其那么彻底的成效。1928 年，波斯签订的一系列不平等条款都被废除，这是一个重要的标志性举措。同时，波斯的工业化和交通快速发展。波斯和土耳其的密切关系也逐步培养起来。最后，这位波斯的政治强人在 1933 年的时候第一次在一门新技艺——石油外交中取得引人注目的成功，当时英波石油公司所拥有的特权被礼萨汗取消。当英国政府把这个事情反映到国际联盟时，礼萨汗得到了另一个对他有利的更大让步。这是礼萨汗最伟大的胜利，也是波斯独立自主最好的证据。波斯进入一个新的时代，标志性事件是 1935 年官方更改了国家的名字：波斯改为伊朗。两年后，礼萨汗的妻子第一次没戴面纱出现在公众场合。

第 5 章　第二次世界大战

第二次世界大战表明了欧洲时代的终结。像第一次世界大战一 945
样，开始于 1939 年的二战从欧洲国家间的争斗演变为世界大战。在程度上它远远超过以往的任何战争，产生了前所未有的要求：没有什么未被触及，没有什么未被动员，没有什么未被打乱。二战可以真正称为“全面”战争。

到 1939 年，已有许多明显的迹象表明一个历史时代正在结束。尽管 1919 年的战后安排导致殖民国家控制领地的进一步扩张，但是最大的殖民国家——大英帝国的行为表明，帝国主义如果不是已经处于撤退中，就是处于防御中。日本的活力意味着欧洲不再是国际权力体系的唯一焦点；早在 1921 年，当中国再次运用其影响力的可能性还不十分明显时，一位南非的政治家就预言，国际政治舞台已从欧洲转向了远东和太平洋地区。现在来看这个预言愈发正确。在此预言之后的十年，比起所依赖的政治基础，西方优势地位所依赖的经济基础愈发明显不牢固了；美国作为最大的工业国家，尚有 1 000 万人失业。尽管当时没有一个欧洲工业国家陷入这样的困境，但对本国经济体系根基稳固所怀有的那种理所当然的自信已永远地消失了。很大程度上归因于重整军备的刺激，一些国家的工业得到了恢复，但是，1933 年世界经济会议的失败，表明通过国际合作寻求经济复苏的国际努力失败了。此后，各国各行其是；甚至英国最终也放弃了自由贸易原则。即使人们还在谈论自由放任主义，但它已走向末路。到 1939 年，西方各国政府都在有计划地干预经济，采取了自重商主义极盛以来政府都未采取的措施。

如果 19 世纪的政治和经济假设已经失灵，那么其他很多东西也
946 如此。阐明智力和精神的趋势比把握政治和经济的趋势要难得多，但是，尽管很多人仍固守旧的信条，对引领思想和舆论的精英人物而言旧根基已不再牢固。很多人仍参加宗教服务活动——尽管只占少数，甚至是在罗马天主教国家情况也如此——但是工业城市的群众已生活在一个后基督教世界里，宗教机构和有形标志的清除并不会给他们的日常生活带来多大的不同。知识分子也如此，他们可能会面临一个比丧失宗教信仰更大的问题，因为许多帮助基督教徒从 18 世纪解脱出来的自由思想，现在也开始被取代了。在 20 世纪二三十年代，个体人身自由的普遍认可、客观的道德标准、合理性、父母的权威以及一个可解释的机械的世界，所有这些似乎都和自由贸易的信条相伴随着。

改变最明显的是艺术。自人文主义时代以来的三四百年里，欧洲人认为，艺术以易于理解的方式向普通人表达愿望、感悟和乐趣，即使它们在创作时可能会被提升到一个特别精致的程度，或者以集中的形式表现出来，以至于并非所有人都喜欢。无论如何，对那整个时代而言，这种想法是可能的：给予时间和研究，有教养的人能判别所处那个时代的艺术的感受，因为它们用共同的标准表达共同的文化。这一想法在 19 世纪有所削弱，当时人们仿效浪漫主义运动，将艺术家理想化为天才——贝多芬是最初的例子之一——并且系统阐述先锋派的观点。

不过，到了 20 世纪的头十年，即使是训练有素的眼睛和耳朵也难以辨别很多当代艺术家在作品中表达的东西。这方面最生动的例子是绘画上的形象错位。在这方面，表现派的飞跃仍然与传统保持着微妙的关系，正如立体派后期表现的那样。但随后它已不再清晰地展示

给普通的、有教养的人——如果他还存在的话。艺术家龟缩到一种越来越难以理解的个人视角的混乱状态中，其焦点已放在达达主义和超现实主义的世界里。在 1918 年之后的几年，最有趣的是艺术的解体达到顶点：在超现实主义里甚至连客体的概念也消失了，只留下单独的描绘。正如一位超现实主义者所言，这种趋势意味着“对思想的支配摆脱了理性施加的控制，超越所有美学的或道德的成见”。超现实主义者透过偶然性、象征手法、冲击、联想以及疯狂行为，寻求远离意识本身。通过这样做，他们只是在探索许多作家和音乐家当时竭力 947
在做的事情。

这种现象为自由文化的衰退提供了众多不同形式的证据，它是欧洲时代高度文明的最终结果。重要的是，认为传统文化太局限于排斥存在于潜意识中的情感和经验资源的感觉，推动了这种解体运动。或许赞同这一点的艺术家实际上也很少能读懂那个人的作品，这个人超过其他任何人，给予 20 世纪一种语言和用于探索这一领域隐喻库以及生命奥秘所在的信心。

这个人就是弗洛伊德——精神分析学的创始人。他认为自己在文化史上足以与哥白尼或达尔文齐肩，因为他改变了受过教育的人思考自我的方式。弗洛伊德进行了意识的对比，将无意识的思想描述成继日心说和进化论之后对人类自我陶醉的第三次“侮辱”。他用平实的语言介绍了若干新观点：我们现在所说的“情结”（complex）和“强迫观念”（obsession）的特殊含义，以及熟悉的术语“弗洛伊德式失语”（Freudian slip）和“里比多”（libido）的出现，成为其学说力量的永久典范。他的影响力迅速蔓延到文学、人际关系、教育、政治。与许多预言家的话一样，他提供的信息常常被曲解。人们认为他所说的话比他在具体临床研究方面的科学贡献更重要。与牛顿和达尔文相比，弗洛伊德的重要性几乎不与自然科学沾边——他在这方面的影响要比他们小得多——但他提供一个新的神话。他的理论将被证明具有很强的破坏性。

人们从弗洛伊德得到的信息表明：潜意识是大部分重要行为的真实源泉；道德观念和态度是塑造潜意识的影响因素的投影，因而责任心的理念充其量不过是个神话，而且可能是危险的神话；或许理性本身是一个幻觉。假如这是真实的，弗洛伊德的主张有没有意义已没有多大的关系。这就是过去许多人相信由他所证明的东西——现在仍有很多人相信。这些观点质疑自由文明本身的根基、理性的观念、责任心以及自觉的有动机的个体，这是其主要的重要性之所在。

弗洛伊德的学说并不是导致确定性和人们没有坚实立足点这一感
948 觉丧失的唯一知识力量。但它在两战间歇期间的知识生活中最为明显。面对弗洛伊德的学说，或面对艺术领域的混乱，或面对科学世界的晦涩难懂（似乎牛顿和拉普拉斯突然间被遗弃了），人们忧心忡忡地投身探索新的神话和准则，以便为自己指明方向。政治上，这导致诸如法西斯主义、极端民族主义的出现，过去认为必然之事中更加不理性的地方也显露出来。人们不会因宽容、民主和天赋的个人自由而备受鼓舞或者兴奋不已。

这种影响使处理逐渐加深的不确定性以及消除笼罩在 20 世纪 30 年代国际关系的阴霾难上加难。这个中心在欧洲，在于德国问题，它预示着比日本更大范围的扩张。德国在 1918 年没有被摧毁，因而，有朝一日它将再次企图获得它应有的权力，这是一个符合逻辑的结果。地理、人口和工业能力都意味着，以一种或另一种方式统一后的德国必定在欧洲中部占主导地位，而且令法国黯然失色。根本的问题是能否做到无须面对战争。只有少数人认为或许再次肢解 1871 年统一的德国能够解决问题。

德国很快开始要求修订《凡尔赛条约》。尽管在 20 世纪 20 年代它是以一种充满希望的心态来处理的，这一要求最终变得难以应付。德国实际负担的赔款逐渐削减，《洛迦诺公约》被视为重大的里程碑，因为通过它，德国同意《凡尔赛条约》对西部领土的处理。但它遗留下了修改东部版图的问题，而且在此背后还隐藏着一个更大的问题：考虑到德国特殊的历史和文化经历，一个潜在实力像德国这样强大的国家，怎样才能以一种平衡与和平的方式与它的邻居维持关系。

大部分人希望一个民主的德意志共和国的产生可以解决这一问题，它的制度将温和而友善地重建德国的社会和文明。魏玛共和国的宪法（因宪法大会召开的地点而得名）是相当自由的，但太多德国人自一开始并不认同它。当经济大危机粉碎德国共和国狭小的栖息地，释放毁灭性的民族主义以及由它伪装的社会力量时，魏玛已解决了德国的问题显然是一个幻觉。

当这发生时，遏制德国再次成为一个国际问题。但是由于诸多原
因，20 世纪 30 年代是一个无望轻易实施遏制的十年。一开始，在中 949
东欧几个经济实力相对弱小、农业经济主导的新独立的国家里，人们能感受到世界经济危机带来的影响最严重。法国一直在中东欧寻找遏制德国复兴的盟友，但是现在这些盟友被经济危机严重削弱了。由于这些盟友的特殊位置，在遏制德国时必然牵扯到又一个无可争议（有些神秘）的大国——苏联，这使问题变得加倍的困难。意识形态上的差异已经足以阻挡苏联与英国、法国的合作，更不要说苏联与英法在战略上的巨大差异。如果不穿越一个或几个东欧国家，苏联军队不可能抵达中欧，而新成立的东欧国家中弥漫着对俄罗斯和共产主义的恐惧。毕竟，罗马尼亚、波兰和波罗的海国家与苏联存在许多纠葛，其中有一些国家就建立在前沙俄帝国的领土上。

美国人也不会提供任何帮助。自从威尔逊未能使美国加入国联以来，美国政策的总体趋势已退回到只关心自己的孤立状态之中，这符

合美国的传统政策理念。曾赴欧洲参战的美国人不愿意再重复这样的经历。美国经济在20年代的繁荣证实了孤立政策的合理性，而30年代经济的衰退从反面促使美国人坚信孤立政策。美国人毫不犹豫地指责欧洲人制造的麻烦——战争债务问题，它带来了巨大心理影响，因为它被认为与国际金融困难密切相关（确实有一定关系，但没有美国人想的那样密切）。美国人对此时进一步卷入欧洲事务感到不放心。无论如何，经济大萧条使美国人有足够的理由只关心本国事务。随着民主党在总统大选中的胜利，美国开启了一个发生重大变革的时代。这种变革将最终消除孤立主义的氛围，但在当时没人能预见到这一点。

紧接着这一阶段的美国历史由民主党人领导，他们连续把持了5个总统任期，前四个任期是由同一个人——富兰克林·罗斯福竞选赢得的。连续四次赢得总统选举胜利，这几乎是不可超越且令人吃惊的。（只有社会主义者尤金·德布斯连续四次参加总统选举，但都失败了）罗斯福每一次都赢得了绝大多数选民的支持，看起来像一场革命。早期的民主党总统候选人从美国内战以来没人赢得过这样的胜利，而后来的民主党总统候选人在1964年前也没人如此。并且，罗斯福是一位富有的、贵族化的人物。因此，更让人吃惊的是，他会成为20世纪前期世界上最伟大的领袖之一。在每一次基本上是希望与失望对决的总统选举中，罗斯福都赢得了大多数选民的支持。他给人们带来了采取行动摆脱经济萧条不良影响的自信和希望。伴随着选举的胜利，罗斯福进行政治改革，构建了民主党在国内政治中的支配
950 权，它是以南方人、穷人、农场主、黑人、进步自由知识分子这些不可忽视的支持者组成的联合体为基础的。改革进一步赢得了更多的支持，仿佛它已经取得了成果。

美国人对改革存在一定程度的错觉。罗斯福政府进行的“新政”到1939年仍未圆满地解决经济问题。尽管如此，“新政”改变了美国

资本主义的工作重点及其与政府的关系。一项庞大的失业救济保险计划开始启动，数百万人投入到公共工程，新的金融制度被采用，一项重大的公有产权实验在田纳西河流域的水电项目中开展。资本主义被赋予了新的生机和新的政府机构。新政导致了和平时期美国联邦政府对美国社会和各州最重要且不可逆转的权力扩张。因此，美国的政治反映了它一样面临着走向集体主义的压力，集体主义在 20 世纪影响着其他一些国家。从这个意义上讲，罗斯福时代在历史上具有决定性意义。它改变了自内战以来未曾变动的美国宪法历史和政治历史的进程，并且顺便为世界提供了一种不同于法西斯主义和共产主义的“民主”选择，即一种政府大规模干预经济的自由资本主义。这个成就更加的令人印象深刻，因为它几乎完全依赖于忠于民主过程的政治家的有关选择，而不是依赖于经济学家的主张。有些经济学家已经在宣扬对资本主义国家经济进行更大规模的中央管理。这有力地证明了美国政治体系有能力实现人们觉得他们想要的东西。

当然，这个体系也能将大多数美国人的民意转化为外交政策。罗斯福比他的大多数同胞更加清醒地知道将美国孤立于欧洲事务之外的危险。但是他逐渐地展示自己的主张。如果德国复兴，只有西欧的大国继续对抗德国，而无法得到苏联和美国的帮助。英国和法国不幸地将自己置于欧洲警察的位置。历史上，即使当俄国与他们站在一边时，英法应对德国仍困难重重。何况自 1918 年后，英法之间矛盾重重。在军事上，两国也十分脆弱。为了应对德国重新武装的可能和自己在人力上的缺陷，法国沉迷于战略防御方案，修建了壮观的要塞，但是它极大销蚀了军队的进攻性。英国皇家海军的优势地位受到了挑战，也不能再像 1914 年那样，放心地将兵力集中在欧洲海域。在全 951
球安全承诺对其军队造成日益增长的压力之时，英国政府一直在谋求削减军备开支。经济危机加重了这种趋势；人们担心重整军备的开支将会导致通货膨胀，严重破坏经济的复苏。许多英国选民也相信德国的不满是合理的，他们倾向于在尊重德国民族主义和民族自决的名义下作出妥协，甚至主张归还德国的殖民地。英国和法国都被欧洲国家中的小丑——意大利所困扰。英法希望墨索里尼领导的意大利加入反德阵营的愿望到1938年破灭了。

这归因于意大利姗姗来迟的对非洲的争夺，1935年它的军队入侵了埃塞俄比亚。意大利的行为产生了一个问题，国联应该作何应对？国联的一个成员国侵犯另一个成员国，这是对国联盟约的公然挑衅。法国和英国的处境非常尴尬。作为大国、地中海国家和非洲殖民宗主国，他们理应在国联带头反对意大利。但是英法的反对如此的软弱无力和半心半意，因为它们不愿意疏远意大利，希望意大利和它们一起对抗德国。最坏的结果出现了。国联未能制止侵略并且意大利被疏远了。埃塞俄比亚丧失了独立地位，尽管只持续了6年。

事后看来，这是几个犯了致命错误的时刻之一。但是，事后追溯在什么阶段事情发展至如此不可收拾的情形，这是无用的。可以肯定的是，一个更加激进、穷凶极恶的机会主义体制在德国出现，是事态发展的重大转折点。但是大萧条的影响更大，并且使事情的发展成为可能。经济的崩溃也产生了另一个重大影响。它使用意识形态解释30年代的事情听起来很合理，由此进一步增加了人们的怨愤。由于经济危机带来的阶级冲突的加剧，相关政治家时常把国际关系解释为法西斯主义与共产主义、左翼与右翼或者民主与专制的斗争。墨索里尼被英法在意大利入侵埃塞俄比亚事件中的行为所激怒，逐渐与德国结盟，并且主张进行一场反对共产主义的圣战。此后，国际关系的意识形态化解释更加盛行了。30年代所有的对国际事务的意识形态式的解释都易于模糊德国问题的核心本质，由此也易于使德国问题的解决更加困难。

苏联的宣传也产生了重要的影响。30 年代苏联国内局势是不稳定的。工业化运动带来了国内局势的严重紧张和大量的牺牲。苏联集权的体制控制了这些情况，尽管其可能被夸大了。这个体制不仅表现在集体化过程中对农民的斗争，还表现为从 1934 年以来针对体制内 952
同志的恐怖措施。5 年内，数以百万计的苏联人被处死、投入监狱或者被放逐，最常施行的处罚是强制劳动。当看到一批批被告在苏联法庭上俯首帖耳地用滑稽可笑的供词承认自己的罪行时，整个世界为之震惊。在这些年中，一个新的精英集团代替了旧的集团；到 1939 年，曾出席过 1934 年党代会的超过一半的代表被捕了。局外人很难确定苏联国内正在发生什么，但可以肯定的是，苏联绝不是一个强大的潜在盟友。

由于与此相随的宣传，上述情况直接影响了国际局势。许多是由来自苏联内部被包围心态的蓄意刺激引起的。苏联通常用以苏联和美国对立的习惯性思维来看待世界，它来源于马克思主义的信念和 1918 至1922 年资本主义国家对俄国的干涉。在 30 年代，这种习惯性思维不仅没有被削弱，反而进一步强化。对外宣扬国际阶级斗争的共产国际也持有这种想法。这种观念在国际上的相互影响是意料之中的。世界各地保守主义者的担心加剧了。对左翼甚至温和进步力量的任何妥协都很容易被人们想象为布尔什维克的胜利。右翼力量这种态度的强化，恰好为共产主义者所宣扬的“阶级斗争和革命是不可避免”的论断提供了新的证据。

但是当时并未发生成功的左翼革命。革命的危险在一战结束后不久就被迅速地平息了。在 20 世纪 20 年代，工党曾一度平和地执掌英国政权，并未采取激进的措施。1931 年随着金融体系的崩溃，第二次执政的工党被保守党联盟取代。保守党联盟赢得了压倒性的选民支持，并且坚持传统的执政理念：进步的、逐步的社会和行政体系改革。这些改革表明英国进入了“福利国家”行列。这个方向被斯堪的纳维亚国家进一步推进了。这些国家经常作为榜样被提出，受到其他国家的钦佩，因为它们将资本主义政治民主和实用的社会主义结合起来，明显不同于共产主义。即使在法国存在着一个庞大而又活跃的共产党，也没有迹象表明在大萧条后法国共产党的目标得到了大多数选民的支持。在德国，1933 年前共产党还能获得较多的选票，但是从未能取代社会民主党控制劳工阶级的运动。在其他不太发达的国家，
953 共产主义革命成功的可能性更加渺茫。在西班牙，共产党面临着社会党和无政府主义派别的竞争。西班牙的保守派确实害怕共产党，并且可能有理由担心在共和国体制下（1931 年建立），西班牙存在滑向社会革命的危险，但实际上，共产主义对他们几乎没有威胁。

然而意识形态化的解释具有强大的吸引力，甚至对非共产主义者来说也是如此。随着阿道夫·希特勒成为德国新的统治者，这种情况进一步加剧。尽管他所追求的目标很难使人认为他是完全理智的，但希特勒的成功使人们很难否认他是一位政治天才。在 20 世纪 20 年代初，他只是一个落魄的鼓动者，曾企图推翻巴伐利亚政府但遭到失败。在那具有催眠功效的演讲中和那不成形的长篇半自传中（很少人读过该书），充斥着他所热衷的民族主义和反犹太主义。凭借他领导的德意志民族社会主义工人党（简称“纳粹”）在选举中的强劲表现，1933 年希特勒被任命为德国的共和国总理。从政治上来讲，这可能是 20 世纪最重大的一个决定，因为这意味着德国的根本性变革，它转向了对外发动侵略战争。这场战争以摧毁旧的欧洲和德国而结束，也意味着一个新世界的出现。

虽然希特勒演讲的要点很简单，但他的要求却很庞杂。他鼓吹德国的困境有明确的缘由：《凡尔赛条约》、国际资本家，还有马克思主义者和犹太人所谓的反国家活动。他还表示，纠正德国政治的错误必

须结合德国社会和文化的革新；这是一个通过切除非雅利安人组成部分以净化德国人生物种群的问题。

这种言论在 1922 年影响很小，却在 1930 年使希特勒领导的纳粹赢得了议会 107 个席位，超过了共产党人的 77 个席位。纳粹是已经崩溃的德国经济的受益者，同时它将使德国经济变得更糟。纳粹在政治上的成功有几个原因，但最重要的原因之一是德国共产党人花费了相当多的精力把社会民主党人当作对手进行斗争。在整个 20 世纪 20 年代，这严重阻碍了左翼力量在德国的发展。另一个原因是，民主共和国的反犹太主义情绪已有所增长。随着经济的崩溃，这种情绪进一步加剧。像民族主义一样，反犹太主义的影响力在于可以跨越阶级，用来作为德国困境的解释，而不像某些马克思主义者同样简单的阶级斗争（反对一个阶层，吸引另一个阶层）的解释。

到 1930 年，纳粹党成为德国的一支政治力量。纳粹获得了更多 954
的支持和不同的支持者：有些人将纳粹在街头的暴动视为反对共产党人的保障，而支持纳粹；力图重新武装德国和修改凡尔赛和平条约的民族主义者支持纳粹；保守的政治家将希特勒视为他们政治游戏中有价值的角色而支持纳粹。经过一系列的纵横捭阖，1932 年纳粹尽管还未取得国会多数席位，但已成为德国国会中最大的政党。1933 年 1 月，根据宪法程序，希特勒被德国总统召见。在接下来的选举中，尽管得到了政府垄断的电台的支持和使用了恐吓手段，纳粹仍未获得国会多数席位。尽管如此，在得到一些右翼议员的支持后，纳粹获得了国会多数席位，这些右翼议员投票支持给予政府特别有利的权力。最重要的权力是《紧急法案》赋予的管理权。这一事件宣告了这一届国会会期的结束，也宣告了国会最高权威的终结。凭借这些特别权力，纳粹开始彻底地破坏民主体制。到 1939 年，德国社会没有一个部门未被纳粹控制或恐吓过。保守派也弄不明白了。他们很快发现纳粹严重破坏了传统权力机构的独立性。

纳粹体制在很大程度上是建立在对敌人毫不留情地使用恐怖手段上。德国很快就爆发了针对犹太人的大屠杀，惊讶的欧洲人发现，自己正在亲眼目睹中世纪欧洲一个最进步国家的大屠杀或沙皇俄国对犹太人大屠杀的复活。这确实让人如此震惊以致德国以外的人们很难相信它正在发生。对纳粹本质的混淆使应对德国变得更加困难。有些人认为希特勒仅仅是一个民族主义领导人，像凯末尔一样，倾向于复兴自己国家和坚持其应有的索赔。其他人将其看作反对布尔什维克的十字军斗士。即使当人们只是认为希特勒也许可以充当抵制布尔什维克的“栅栏”时，这也导致了一种可能：在左翼人士看来，希特勒是资本主义国家反苏的工具。但是没有一个简单的方法可以描绘希特勒或他的目的，并且对此人们的认识还存在巨大分歧。一种可能合理的接近事实真相的一点是，人们只是认识到：希特勒以最消极和破坏性的形式表达了德国社会的怨恨和愤怒，并且以一种可怕的形式体现出来。经济灾难，政治犬儒主义和有利的国际力量格局，给他的个性施展提供了机会，这时他可能会释放这些负面特质。所有欧洲人，包括他自己的同胞，都要为此付出长期的代价。

955 1939年德国再次走向战争的方式是复杂的。有种观点认为，当时存在避免走向战争的可能性。显然墨索里尼（以前对德国在欧洲中部的野心保持警惕）成为希特勒的盟友是一个重要的时刻。由于对埃塞俄比亚的冒险，意大利与英法疏远了。此后，一批西班牙将军发动兵变反对左翼共和国，西班牙内战爆发。希特勒和墨索里尼都派出特遣队支持那里的反政府武装领导人佛朗哥将军。这超过其他任何一个事实，在欧洲产生了一条泾渭分明的意识形态分界线。希特勒、墨索里尼和佛朗哥都被确定为“法西斯主义者”。苏联开始调整外交政策，指示西方国家的共产党人放弃对本国其他左翼政党的攻击，并鼓励他们建立“统一战线”，并与西方国家统一协调支持西班牙。于是，西班牙被认为是最纯粹的右派和左派之间的冲突。这是一种歪曲，但它鼓励人们去思考这个事实——欧洲分为了两大阵营。

英国和法国政府深知在这个时候应对德国的困难。希特勒在1935 年已经宣布德国开始重整军备，这是被《凡尔赛条约》所禁止的。直到英法完成重整军备，他们仍然非常软弱。由此导致的第一个后果就是，德国军队违反《凡尔赛条约》的规定再次进入莱茵兰非军事区。英法未采取任何举动抵制德国的这次行动。西班牙内战使英国和法国国内舆论陷入进一步的混乱，于是希特勒趁机吞并了奥地利。《凡尔赛和约》条款禁止德国和奥地利的合并，这点似乎很难坚持；对法国和英国选民看来，对受到不公正对待的民族主义问题，这是理所当然的。奥地利共和国长期以来被内部问题困扰。1938 年 3 月，两国正式合并。到了秋天，德国把下一个侵略的目标指向了捷克斯洛伐克领土的一部分。这次的理由又是貌似有理的民族自决的要求。这次涉及的地域是如此的重要，它们的丧失会削弱捷克斯洛伐克未来自卫的前景，但这些地区居住着许多德意志人。第二年，基于同样理由，梅梅尔（Memel）被德国吞并。希特勒一步一步实现了在普鲁士击败奥地利后德意志人丢失的旧梦——一个统一的大德国，涵盖所有德意志人居住的土地。

捷克斯洛伐克的肢解是一个具有转折意义的事件。它是通过1938 年 9 月慕尼黑会议达成的一系列协议完成的。英国和德国在会
议上发挥了主要作用。这是英国试图满足希特勒外交政策的最后一个 956
重大倡议。这位英国首相对于是否扩充军备抵制德国仍然犹豫不决，还幻想着，随着最后一批被外国人统治的德意志人回归德国，希特勒进一步修改《凡尔赛条约》（无论从哪个角度来看，《凡尔赛条约》已千疮百孔了）的动机就会消失。

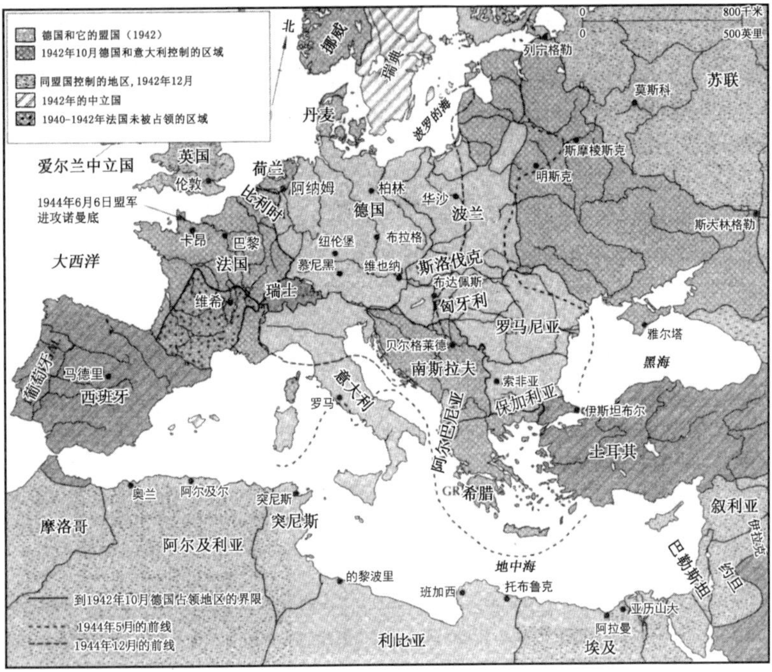

1939—1945 年战争期间的欧洲

英国首相错了，因为希特勒把扩张的计划扩大到入侵斯拉夫人的土地。他的第一步就是在 1939 年 3 月吞并了捷克斯洛伐克剩余的领土。这导致了对 1919 年波兰问题协议的质疑。希特勒憎恨“波兰走廊”，它将东普鲁士和德国本土隔开，它还包含但泽市，一个古老的德国城市，在 1919 年被规定为处于国际保护之下。在这一点上，虽然犹犹豫豫，但是英国政府改变了方针，并向波兰、罗马尼亚、希腊和土耳其提供了反对侵略战争的保证。它也开始与苏联进行谨慎的谈判。

苏联的政策依然难以琢磨。看起来，只要西班牙内战能吸引德国的注意力，斯大林仍然会支持共和国政府，但同时也在寻找其他拖延

时间的办法以防止苏联遭到来自西边的攻击，这是他一直担忧的。在
他看来，是存在这种可能的：英国和法国会怂恿德国进攻苏联，以减
轻来自这个敌对的工人阶级国家的威胁。毫无疑问，英法可能会这样 957
做。与英国或者法国合作反对德国的可能性几乎没有，即使他们愿意这样做，这也是不可能的。因为如果不穿过波兰，苏联军队不可能接近德国，而波兰人是不可能同意的。因此，当一位苏联外交官听说《慕尼黑协定》后对法国同行说，这没什么，因为捷克斯洛伐克只是波兰面积的四分之一。1939 年夏，苏联和德国进行谈判。他们相互进行了激烈而不愉快的抨击：布尔什维克—斯拉夫式的野蛮和法西斯资本主义的剥削，之后德国和苏联在 8 月就两国瓜分波兰签订协议。在这个条约的保证下，希特勒发动了对波兰的进攻。两天后，英国和法国履行其对波兰的保证，对德国宣战。

英法政府十分不情愿这样做，因为很明显它们不能给波兰提供什么帮助。这个不幸的国家再次灭亡，战争爆发后一个月它被德国和苏联瓜分了。但不干预就意味着默许德国对欧洲的统治，因为其他国家将认为拥有英国或法国的支持没有价值。所以，欧洲仅有的两个宪政大国发现自己面临着一个极权主义政权的威胁时，没有了 1914 年一战爆发时的兴奋，而是充满了不安。无论是他们的人民，还是政府都没有热情承担这个角色；并且自 1918 年以来自由和民主力量的衰落，使他们处在一个远逊色于 1914 年协约国所处的位置，但希特勒的一系列侵略、出尔反尔以及相伴随的烦恼使人们很难看到什么样的和平会让他们安心。1914 年战争爆发的基本原因是德意志的民族主义，但是那时德国走向战争是因为它感到了威胁，现在英国和法国正面临德国扩张所带来的危险。这次英国和法国也感到了威胁。

进攻波兰的战役很快就结束了，这六个月的战争几乎是平淡无奇的。这使许多观察家感到吃惊，也使另外一些观察家感到宽慰。机械

化部队和空中力量比一战时期发挥了更重要的作用，因此战争进行得很平淡。第一次世界大战索姆河和凡尔登战场的“大绞杀”给英法太深的记忆以致他们只计划进行经济的攻势，他们希望武器封锁将是有效的。希特勒是不愿意去打扰他们，因为他十分希望英法保持这种和
958 平。当英国谋求加强对斯堪的纳维亚海域封锁的时候，僵局打破了。值得注意的是，这正好与德国进攻挪威和丹麦以确保矿石供应同时发生。进攻发生在 1940 年 4 月 9 日，由此也开始了一个令人吃惊的战争阶段。仅仅一个月后，德国发动了一次绝妙的入侵，首先进攻低地国家，然后进攻法国。通过阿登地区，德国一次强大的装甲攻击打开了进攻英法联军和占领巴黎的通道。6 月 22 日法国与德国签署了停战协定。到了 6 月底，整个欧洲海岸，从比利牛斯山到北开普省都在德国人的控制中。在法国投降十天前，意大利加入了德国阵营。由于担心可能落入德国人的手里，英国查封或销毁了法国军舰，此后新的法国政府——维希政府（Vichy）断绝了与英国的关系。随着贝当元帅（第一次世界大战期间的英雄）就任维希政府的首脑，法国第三共和国实际上走到了尽头。随着大陆上没有留下任何的盟友，英国面临着一个远比反对拿破仑战争时期还要糟糕的战略态势。

但战争的性质发生了巨大变化，英国不再孤独。英国所有的自治领和来自敌占区的海外流亡政府与英国站在一起，加入了战争。他们指挥自己的部队和挪威人、丹麦人、荷兰人、比利时人、捷克人和波兰人一起英勇斗争，他们在未来的岁月往往具有决定性的作用。最重要的流亡团体是法国代表团，但在那个阶段，他们仅是法国的一个派系，而不是它的合法政府。戴高乐将军是这个团体的领导人，他在法国签订停战协定前已离开，并被缺席判处死刑。英国仅仅承认他是“自由法国”的领导人，但戴高乐把自己看作第三共和国合法的遗产继承人，法国利益和荣誉的保管人。他很快就开始显示出自主性，这

最终使他成为自克里蒙梭以来法国最伟大的“公仆”。最后，获得大西洋和斯堪的纳维亚的港口对德国人意味着：后来所称的“大西洋战役”（由潜艇、水面和空中攻击构成的战斗，目的是为了断绝或拖垮英国的海上交通）势必更加激烈。

随即，英伦三岛面临着直接攻击。危机时刻人们已经找到了支撑 959
国家应对如此挑战的那个人。在挪威战役失败的时候，温斯顿·丘吉尔经过一个漫长而多变的政治生涯，成为英国首相，因为没有其他人能在下议院赢得所有各方的支持。他立即组建了联合政府，并进行强有力的领导，这是英国此前深感缺乏的。更为重要的是，他通过广播发表讲话，呼吁他的人民重拾自身那些被遗忘了的品质。在遭到直接攻击后，人们很快明白，只有战胜敌人才能使英国脱离战争。

依靠英国雷达技术和皇家空军的英勇作战，英国赢得了 8 至 9 月在英格兰南部大空战的胜利。此后，人们更加坚信这一点了。这时，英国人才理解了马拉松战役胜利后希腊人的骄傲和轻松。丘吉尔在演讲中经常引用的一句话：“在人类战争历史中，从来没有过以如此之少的兵力取得这么大的胜利”，这是真实的。这一胜利使德国海上入侵英国的计划成为泡影（虽然总是不可能一次成功的）。它还使德国人认识到仅仅依靠空中轰炸击败大不列颠是不可能的。大不列颠的前景依然黯淡，但这场胜利改变了战争的方向，因为它是战争新时期的开始。在这个阶段，诸多因素影响使德国的注意力转向其他地方。1940 年 12 月德国开始计划入侵苏联。

那年冬天，苏联进一步向西扩张，显然是为了获得一个缓冲区以防备德国未来的攻击。对芬兰的战争使苏联获得了一块重要的战略区域。波罗的海的拉脱维亚、立陶宛和爱沙尼亚共和国在 1940 年被苏联吞并。罗马尼亚在 1918 年从俄国得到的比萨拉比亚（Bessarabia）连同布科维纳（Bukovina）北部地区现在被苏联收回。对于布科维纳北部地区，沙皇都未曾占领，而斯大林做到了。德国决定攻击苏联的部分原因是因为苏德在苏联扩张的未来发展方向上存在分歧：德国力图使苏联远离巴尔干地区和黑海海峡。它也是为了证明，通过迅速打败苏联，德国进一步入侵英国是毫无意义的。同时，在德国发动对苏战争的决策中，也有强烈的个人性格因素的影响。希特勒一直强烈和狂热地厌恶布尔什维主义，并且一直认为作为一个低劣种族的斯拉夫人应该在欧洲东部为德国人提供生存空间和原材料。历史上，日耳曼人一直都力图将西方文明强加给东方的斯拉夫民族。这种论调是对这种古老斗争的极端和变态的演化，且得到了很多德国人的响应，并以此证明比早期任何斗争更骇人听闻的暴行的合理性。

在短暂的春季战役中，德国占领南斯拉夫和希腊（自 1940 年 10 月以来，这是意大利军队第二次被迫参与战斗），这是即将到来的大
960 国间冲突的序曲。英国军队再次被赶出欧洲大陆。克里特岛在一次大规模的德国空降突击中被占领。现在，所有的准备都是为了大规模攻击苏联，即“巴巴罗萨计划”，这一计划以中世纪神圣罗马帝国皇帝腓特烈一世[①]的绰号命名。

1941 年 6 月 22 日，德国向苏联发动了进攻，并在早期取得了巨大胜利。大量的战俘被抓获，苏联军队后撤数百英里。德国先头部队进攻到离莫斯科几英里的地方。但这个距离是很难跨越的，在圣诞节前，苏联第一次成功的反击事实上宣布德国被牵制住了。德国已经失去了战略主动权。如果英国和苏联坚持抵抗，如果他们能保持同盟关系，即使没有威力巨大的新式武器的发明（它导致战争技术的彻底调整），美国的援助也将必定增加他们的实力。当然这不意味着他们将不可避免地击败德国，仅仅意味着他们可能迫使德国进行谈判。

---

① 曾率领第三次十字军东征，结果在途中溺水而死。——译者注

自 1940 年以来，美国总统认为，为了美国利益，英国应该获得超越美国公众允许和“中立法案”规定的限制。事实上，他有时巧妙地突破这两个方面的限制。到 1941 年的夏天，希特勒知道美国实际上是一个未公开的敌人。一个关键步骤是当年 3 月美国通过《租借法案》，根据该法案，英国在美国的资产被偿还美国债务后，美国将向盟国提供产品和服务，而不用支付现款。不久，美国政府将海上巡逻和护航进一步向东扩展到大西洋。德国入侵苏联后，丘吉尔和罗斯福进行了会晤，结果产生了一份包含共同原则的声明，即《大西洋宪章》。两国领导人共同讨论了，“在最终摧毁纳粹暴政”后，战后世界的需要。从孤立主义到《大西洋宪章》，美国经历了一个漫长的转变过程。这也是希特勒在 1941 年 12 月 11 日（也就是在日本进攻英国和进攻美国领土的四天后）对美国宣战的背景。对美国宣战是早些时候希特勒对日本的承诺，这是他在 1941 年所犯的第二个致命且愚蠢的决定。于是，这场战争演变为全球性的。英国和美国对日本的宣战，可能会导致反对欧洲法西斯和亚洲法西斯这两个战争的迅速蔓延，只有英国同时参与这两个战场的战事。希特勒的行动使他失去了 961
这样的机会：美国的力量远离欧洲，只在太平洋发挥作用。几个不多的单独行动明显地标志着一个时代的结束，因为它宣布了欧洲事务在国际舞台上重要性的丧失。现在欧洲的未来不是由它自己的努力能决定的，而是由处在它侧翼的两个大国，即美国和苏联来决定。

日本的决定也是草率的，尽管长期以来日本的政策逻辑是以与美国发生冲突为指向的。虽然日本与德国和意大利的关系对双方有一些宣传价值，但在实际中并没有多少作用。关于挑战必然卷入战争的美国是否危险的争论结果是影响日本政策时机选择的主要问题。问题的症结在于日本要想成功地结束在中国的战争和获取石油，需要美国默许其摧毁中国。这是美国政府不能答应的。相反，在 1941 年 10 月，美国政府加强了对日本的全面贸易禁运。

20 世纪 30 年代反动和好战势力在日本的崛起推动了对美国战争的进程。随后的是这个过程的最后阶段。此时，这已成为日本军方规划者纯粹的战略和技术问题；自从他们决定通过武力夺取东南亚他们所需的资源，所有一切安排都是围绕确定对美国战争的类型和时机。这样的决定根本就是不合理的，最终成功的机会非常渺小。国家荣誉的主张占据了上风，不过，关于最佳攻击点和时机的最终方案是经过认真考虑的。日本决定从一开始就尽可能猛烈打击美国的海军力量，以便获得在太平洋和中国南海的最大行动自由。结果，日本在 12 月 7 日发动偷袭，其核心是攻击珍珠港的美国舰队。它是战争史上构思最巧妙和执行最杰出的行动之一。然而它并没有取得圆满的成功，因为它并没有摧毁美国海军的空中力量，但它使日本在两个月里享受了梦寐以求的战略自由。在珍珠港胜利后，日本面临一场注定要失败的长期战争。日本人使美国人团结了起来。12 月 8 日后，孤立主义实际上被美国抛弃了。罗斯福获得了整个民族的支持，而威尔逊从未获得过这样的支持。

几个日本炸弹甚至降落到美洲大陆，很明显，与第一次世界大战相比，二战更是真正意义上的世界战争。当日本偷袭珍珠港时，德国军队战斗在巴尔干地区，当时欧洲大陆仅剩下四个中立国：西班牙、
962 葡萄牙、瑞典、瑞士。北非的战争肆虐在利比亚和埃及之间。随着一个德国代表团的到来，战争延伸到叙利亚。由德国空军支持的伊拉克国民政府被英国部队解散了。伊朗已由英国和苏联军队在 1941 年占领。在非洲，埃塞俄比亚获得解放，意大利的殖民帝国倒塌了。

随着远东战争的展开，日本也摧毁了该地区的殖民帝国。在几个月里，他们占领了印度尼西亚、印度支那、马来亚、菲律宾群岛。他们穿过缅甸推进到印度边界，并很快从新几内亚轰炸了澳大利亚北部

的达尔文港。与此同时，德国的潜艇部队、飞机和海上突击舰参加的海战遍布大西洋、北冰洋、地中海和印度洋。只有极少数国家未卷入这场战争。二战的需求是巨大的，对全社会的动员程度比一战又推进了一步。美国发挥了决定性的作用，它巨大的制造能力为同盟国提供了无可争议的物质优势。

尽管如此，前进的道路依然艰难。1942 年上半年对联合国家来说是一个非常黯淡的阶段。依靠四场不同的重大战役，反法西斯战争迎来了转折。在 6 月，攻击中途岛的日本舰队受到美国作战飞机的重创。日本航空母舰和机组人员损失严重以致日本舰队从此失去了战略主动。而美国在太平洋的长期反击开始了。随后，11 月初，在埃及的英国军队决定性地击败了德国和意大利，开始向西挺进力图最终将所有敌人驱逐出北非。在英美军队于法属非洲殖民地登陆的同时，阿拉曼战役打响了。随后他们向东进军，到 1943 年 5 月，德国和意大利在非洲大陆的抵抗停止了。在此六个月前，即 1942 年底，苏联在伏尔加河流域的斯大林格勒遏制住了希特勒贸然部署的德国军队。1943 年 2 月，进攻斯大林格勒的残余德军投降，这是德国在苏联所遭受的最令人泄气的失败，但这只是具有重大意义的三个月冬季攻势的一部分。冬季攻势的胜利是东部战线的转折点。

还有一个盟军的伟大胜利，虽然没有具体的日期，但同样重要。这就是大西洋战役。1942 年盟军的商船损失达到高峰，在年底有近 800 万吨商船被德国的 87 艘 U 型潜艇击沉。在 1943 年这个数字分别 963
为 325 万吨和 237 艘 U 型潜艇。在春季几个月的战斗中盟军取得了胜利。仅 5 月份，就有 47 艘 U 型潜艇被击沉了。对联合国家而言，这是所有战斗中最重要的战斗，因为联合国家可以顺利得到美国的援助。

拥有制海权使盟军重新进入欧洲成为可能。罗斯福同意优先击败德国，但在法国登陆开辟第二战场以减轻苏军压力的准备工作不可能在 1944 年前完成，这令斯大林很生气。1944 年 6 月，英美军队在法国北部的登陆是历史上最大的海上远征。那时墨索里尼政权被意大利人推翻，盟军已经从南部攻入意大利。当时，德国要在三个战线上作战。在英美诺曼底登陆后不久，苏联进入波兰。苏联推进的速度比他们的盟友快，但要到明年 4 月苏军才能到达柏林。在西线，盟军打败了意大利进入到中欧，从低地国家进入德国北部。顺便说一下，大规模的空中进攻给德国城市造成了可怕的破坏。它一直持续到战争的最后几个月，但并没有产生决定性的战略作用。当 4 月 30 日希特勒在柏林废墟中的一个掩体里点燃了大火自杀时，历史悠久的欧洲，无论是实际上还是比喻意义上，处在一片废墟中。

在远东的战争持续时间稍长些。1945 年 8 月初，日本政府知道它必定被打败。许多被日本占领的地方被收复，日本城市被美军的轰炸所摧毁；从入侵以来，日本联络和安全所依赖的海上力量也被摧毁了。同时，美国投下了两枚破坏力至今还未消除的核武器，给两个日本城市造成了可怕的影响。在两次核武器爆炸之间，苏联对日宣战。9 月 2 日，日本政府放弃了最后一搏的自杀式计划，并签署了一份命运被控制的投降书。第二次世界大战走向尾声。

二战巨大的影响带来的直接后果是难以衡量的。只有一个明确和毫不含糊的好处是显而易见的，即推翻了纳粹政权。当盟军进入到欧洲，随着集中营的打开和对集中营中暴行的持续揭露，纳粹政权的恐怖和酷刑制度的最深罪恶被揭露出来。这时人们才突然清楚地发现丘吉尔讲了一个基本的事实。丘吉尔曾告诉他的同胞：“如果我们失败了，那么全世界，包括美国在内，包括我们知道的和关心的国家，将
964 陷入一个更加阴险，也许更加漫长的新的黑暗时代的深渊。”这种威胁的现实，可首先在贝尔森（Belsen）和布痕瓦尔德（Buchenwald）

集中营看到。区分政治犯、来自其他国家的干苦役的劳动者及战俘所受暴行的程度，这几乎没有意义。德国人系统地消灭欧洲犹太人的尝试，即所谓的“最终解决方案”，极大地改变了欧洲人口版图：波兰的犹太人几乎被消灭，荷兰的犹太人也大大减少。这远远超出了人们的想象。虽然永远不可能得到完整的确切数字，但大约有 500 万到 600 万的犹太人被杀害，他们在东欧和东南欧的毒气室以及屠杀营的火葬场被枪杀和灭绝，或因过度劳累和饥饿而死。

众多人口和国家投入到这场战争，不是因为他们将这次战争看成反对邪恶的斗争。但是毋庸置疑的是，当这场战争被赋予了道德意义时，他们中许多人感到了振奋。这要归因于战争的宣传。当英国是欧洲唯一坚持为生存而战的国家时，英国社会曾试图这样看待这场战争：斗争的积极意义超越了生存和纳粹主义的破坏。对新世界大国间的合作以及经济社会重建的愿望，体现在大西洋宪章和联合国家中。人们为盟国间的美好愿望以及短暂出现的利益和社会观念差异的模糊感到鼓舞。随着和平的到来，许多战时的虚华辞藻带来了自食其果的严重后果；美好理想也幻灭了。然而，这是因为 1939 至 1945 年的欧洲战争在一定形式上仍然是一场道德斗争，或许，这种形式是其他大国之间的战争中不曾有过的。记住这点很重要，因为关于盟军胜利的令人遗憾的结果，人们听的太多；人们常常很容易遗忘这场战争曾粉碎了对自由文明最严重的挑战。

一些有远见的人，在此可以看出一个深刻的讽刺。在许多方面，德国曾是欧洲最先进的国家之一；许多体现在其文明的精华部分。德国集体紊乱产生的恶劣影响，表明德国文明的根源存在错误。纳粹主义的罪行不在于进行了忘乎所以的野蛮的征服，而在于其以系统的、科学的、有控制的、官僚系统（虽然往往效率不高）的方式进行征服；这种方式除了令人震惊的结果外没有什么是不合理的。在这方

965 面，亚洲的战争明显的不同。一段时间里，日本帝国主义取代旧的西方帝国主义，但是许多被统治民族对这种变化并不十分后悔。战争期间的宣传力图使“日本法西斯”这个概念得到认同，但这个概念是对极其传统的日本社会特性的曲解。德国统治下欧洲国所面临的可怕后果不会发生在日本统治的地区。

战争的第二个明显结果是其无与伦比的破坏性。这在德国和日本被摧毁的城市中体现得最为明显。在这些地方，大规模的空中轰炸（第二次世界大战的重大创新之一），比西班牙内战中对城市的轰炸，更能证实战争带来了更加惨重的生命和建筑物损失。然而，即使是那些早期论文也足以让许多观察家相信单纯的空中轰炸可以使一个国家瘫痪。事实上，虽然战略轰炸往往与其他战斗形式的联合是非常有价值的，但是英国皇家空军从 1940 年开始对德国进行战略轰炸，起初规模很小，从 1942 年得到美国的稳步配合后，规模逐渐扩大，其在联合作战部队的指引下对目标进行了昼夜不停的轰炸。直到战争的最后几个月，这种战略轰炸所取得成果还非常微小。对日本城市的猛烈轰炸在战略上并不像消灭其海上力量那样重要。

不仅城市被摧毁，中欧的经济生活和通讯也遭到了极其严重的破坏。1945 年，数以百万计的难民徘徊在中欧，试图返回家园。由于食品供应困难，这里存在着严重饥荒和流行病的危险。1918 年的巨大问题再次降临欧洲，但这次面临问题的国家由于被打败和占领而士气低落；只有中立国和大不列颠逃脱了这些灾难。大量的武器掌握在私人手中，有些人害怕会发生革命。在亚洲也可以发现这些情况，但这里的物资破坏不太严重，复苏的前景更好。

战争带来的巨大政治影响十分明显。欧洲的权力结构直到 1914 年才形成，并在两次世界大战间得以勉强地延续，在 1941 年就瓦解了。两个外围的大国在政治上主导了欧洲，并在军事上于欧洲中心地区确立了大国地位。在1945年2月盟国领导人雅尔塔会议上，罗斯福秘密与斯大林就苏联参加对日战争的条款达成一致，这是最明显的表现。雅尔塔会议还为三个大国达成一项共识奠定了基础。它是欧洲几十年来所取得的最接近正式和平协议的共识。其结果是旧的中欧消失了。欧洲将被分为东西两半。的里雅斯特-波罗的海分界线再次变 966
成了现实，但这时在旧的分界线上又添加了新的差异。在1945年年底，除希腊外，欧洲东部国家都建立了共产党政府或者共产党与其他派别共同执政的政府。苏联军队在这些国家的行进，证明他们本身相比革命，是更加有力的国际共产主义的输出工具。战前就存在的波罗的海共和国未能从苏联分离出来，当然，这时苏联也占有了战前波兰和罗马尼亚的部分领土。

德国作为老欧洲权力结构的中心，确确实实不复存在了。它主导欧洲历史的阶段结束了，俾斯麦缔造的德国被苏联人、美国人、英国人和法国分区占领了。西欧其他主要政治力量在占领和失败后进行了重组，但十分软弱；在墨索里尼被推翻后，意大利加入了盟国，像法国一样，意大利国内存在一个力量大大加强和规模扩大的共产党，仍然致力于推翻资本主义的革命。只有英国保持了1939年时在世界的声望，甚至在1940和1941年暂时提高了，并且她在一段时间里获得了公认的和苏联及美国平等地位（形式上，中国和法国也是大国，但被人们忽视了）。然而，英国的时代已经过去。通过巨大努力动员超常的国家资源和社会力量，英国才能够保留其地位。但它留下了一个战略僵局，只有德国能攻击苏联，并且只有依靠美国的租借，才能维持下去。这种援助不是没有代价的：美国人坚持英国通过出售海外资产，以满足即将通过的租借法案。此外，英镑区已经无法正常运转了。美国现在大规模地将资本投向英国的自治领。从自身新的战时实力和依靠母国保卫自己防卫的弱点中，这些自治领学到了新的经验教训。从 1945 年开始，它们越来越多并正式地独立行事。

只用了几年时间，最大的老牌帝国主义的位置所发生的巨大变化就清晰起来。具有象征意义的是，当 1944 年英国在欧洲进行最后一次重大的军事行动时，这次行动是由一位美国将军指挥的。虽然英国军队在此后的几个月里在欧洲可以和美国人匹敌，但到战争结束时，
967 他们在数量上已被美军超过了。在远东也是一样，尽管英国重新征服缅甸，但打败日本的是美国海军和空军。尽管丘吉尔作出种种努力，罗斯福在战争谈判结束前，还是越过丘吉尔与斯大林商谈，除此之外，他还建议拆散大英帝国。尽管它独自胜利地抵抗了德国攻击并且赢得了崇高的道德威信，但英国没有逃脱战争对欧洲政治结构造成的惊天动地的影响。事实上，在某些方面，德国的情况最好地说明了这一点。

因此，欧洲霸主地位在欧洲的丧失在其周边也可见一斑。英国政府最后一次成功地短暂挫败美国政策的努力是，英国军队确保会及时将荷兰和法国在亚洲的领地交还给他们，并且防止反殖民制度的力量夺取权力。但是，与叛乱分子的战斗几乎立即开始；很明显，帝国主义国家面临着一个困难的未来。战争也给这些帝国主义国家带来了大变革。权力的万花筒已巧妙、突然地发生转移；当战争宣告结束时，它仍然在转移中。因此，1945 年不是一个令人愉快的停顿点；当时，现实仍然有些被表象所掩盖。但很多欧洲人还是痛苦地发现，欧洲的帝国时代已经结束。

第 6 章　一个新世界的形成

一战后，仍可能存在一种错觉，那就是旧秩序会被恢复。但到了 968
1945 年，没有一个权威人士还相信这种事。对本世纪重新安排国际生活秩序的两次重大努力的环境进行比较是有益的。当然，这两次重大努力没有一个是从一开始计划就不存在失误的。当时发生的事情已关闭了许多可供选择的途径，并且关于战后该如何做的重大决议已被提出，一些获得赞同，而另一些未得到认同。建立一个新国际性的组织来维持国际和平，成为二战期间最重要的事情之一。大国从不同的角度来看待这个组织，美国人将其作为通过法律来规范国际生活的开始，俄国人将其作为维持大国联盟的工具，但是这未能阻止大国推动这个国际组织的向前发展。所以，1945 年联合国组织在旧金山成立。

关于国联未能发挥应有作用，人们很自然地做了许多思考。1945 年，被避免的国联缺陷之一是：美国和苏联从一开始就属于这个新组织。除此之外，联合国的基本结构大体类似于国联。其两个主要的机构是小规模的理事会和大规模的全体大会。所有成员国常驻代表都将出席联合国大会。起初安理会只有 11 个成员，其中 5 个是永久性的，分别是美国、苏联、英国、法国（在温斯顿·丘吉尔的坚持下进入安理会）和中国。安理会被赋予了比旧的联盟理事会更大的权力，这很大程度上是苏联人努力的结果。苏联人相信他们几乎不可能在起初只有 51 个国家代表出席的联合国大会上获得多数票，因为美国不仅能获得盟国的投票支持，而且还可以获得其在美洲卫星国的赞成票。当然，不是所有小国都喜欢这样。他们对这个机构感到不安：在这个机

969 构里小国任何时候都不可能获得有最后表决权的席位，而大国在其中发挥着主要作用。然而，大国所希望的组织结构被采纳了，因为事实上只要任何组织能够起作用就必然会这样。

另外一件引起严重的宪章争议的重大事件是，否决权被给予了安理会常任理事国。如果大国要接受这个组织，这是必然的，尽管否决权最后会受到一些限制，因为常任理事国不能阻止特别是影响到自身事件的调查和讨论，除非这些事件有可能导致不利于其利益的行动。

理论上，安理会拥有非常大的权力，但是，常任理事国的行动必定是对政治现实的反映。在最初的十年里，联合国的重要性不在于依赖它的权力采取行动，而是在于它提供了讨论的公共场所。历史上第一次，世界公众通过广播、电影和后来的电视联系在一起，耳闻目睹联大讨论主权国家间的事务。这是非常新鲜的事情。联合国立刻给予国际政治新的内容；它会花更长时间为解决问题提供有效的新方案。当不可能改变人们观念的争论中日益激烈和不妥协的观点被陈述时，国际争论的新闻报道有时会给人以枯燥贫乏的感觉。但是这产生了教育意义。联大很快作出把永久性会址设在纽约的决定，这也是非常重要的。这吸引了美国人对它的关注，有助于抵消孤立主义的历史性影响。

尽管如此，1946 年在伦敦，联合国大会召开了第一次集会。更加激烈的争论立刻开始了，苏联士兵在伊朗的阿塞拜疆省持续驻扎的行为遭到谴责。但是，苏联人迅速地作了反击，攻击英国在希腊保持兵力。几天之内，苏联代表团投下了第一次否决票。此后有更多的否决票投下。否决权被美国人和英国人视为用来保护特别利益的非常手段，同时也成为苏联一种常见的外交技巧。1946 年，联合国已经成为苏联与西方国家集团争论的舞台。这个集团还处于初期阶段，它的政策有待进一步巩固。

尽管美国与苏联冲突的起源常常能追溯到很远，但是在战争的最后数年里，英国政府越来越感觉到美国人做了许多让步，并且对苏联 970
过于友好。当然，一种基本的意识形态分歧总会有的；如果苏联人不总是对资本主义社会行为根源有一种成见，他们当然也会在 1945 年后对他们的战时同盟有不同的作为。一些美国人从来不信赖苏联，并且将它看作是革命性的威胁，这也是真实的。但是这不意味着他们能对美国政策制定能起到多大的影响。在 1945 年，当战争结束的时候，美国人对苏联人意图的不信任比后来要少得多。这两个国家中苏联要更多疑和谨慎。

在那个时候，再没有其他真正的大国了。战争已促使一个世纪前的托克维尔直觉成为现实，那就是某天美国和俄国之间将有一个会统治这个世界。关于安理会构成的所有说辞只不过是一种合法的虚构，英国严重衰落了，法国几乎不能从生不如死的占领和国内分裂势力（一个巨大的、威胁它稳定的共产党势力）的困扰中崛起，而意大利的加入使得旧的纠纷更加复杂。德国成为一片废墟并被占领。日本被占领，军事上软弱无力，而中国还未成为现代强国。因此，美国人和俄国人拥有胜过所有可能对手的巨大优势。他们也是仅有的真正的胜利者，因为只有他们从战争中获得了显而易见的收获。所有其他胜利国最多赢得的是幸存或复兴。对于美国和苏联而言，战争带来了新的帝国。

尽管苏联帝国是以巨大代价取胜的，但是它现在比沙俄统治时更强大。苏联军队统治了一个巨大的欧洲区域，其中许多地方是苏联本国领土；剩下的区域在 1948 年被组成了一个个国家，实际上就是卫星国，其中之一是东德（一个重要的工业实体）。在这片区域之外，还存在前南斯拉夫和阿尔巴尼亚两个国家，它们是自战争以来仅有的没有在苏联军队帮助下获得解放的共产主义国家；在 1945 年，它们似乎是莫斯科放心的盟国。苏联的有利地位是通过红军战士浴血奋斗赢得的，同时这在很大程度上也归功于西方政府和他们在欧洲的统帅（当进入战争最后阶段，他抵制了在俄国人之前到达布拉格和柏林的压力）所实施的决定。由此产生的苏联在中欧的战略优势更具威胁性，因为俄国在 1914 年时进入中欧的传统障碍——奥匈帝国和德意
971 志帝国，现在不存在了。如果美国不参与欧洲事务，人们很难期待元气大伤的英国和缓慢复苏的法国承担起抵抗红军的任务，人们也很难想象出还有谁能与之抗衡。

1945 年，苏联军队也在共产主义正在兴起的土耳其和希腊边境驻军，并占领了伊朗北部地区。在远东，他们控制了蒙古、北朝鲜的大部分地区和中国海军基地旅顺港，还占领了中国东北剩下的地区，尽管他们实际从日本夺来的唯一领土是萨哈林岛的南半部分和千岛群岛。他们其他的收获在很大程度上是以中国为代价的。然而在中国，在战争结束时，人们已经能够看到一个新的被期望对莫斯科友好的共产主义国家的雏形。在过去，斯大林也许支持过不合适的领导人，但是中国共产党不再希望从其他任何人那里寻求道义和物质帮助。

与苏联相比，新的世界强国——美国很少依赖领土的占领。在战争结束时，它在欧洲中心也有驻军，但在 1945 年，美国选民想尽可能撤军。环绕在欧亚大陆许多地方的美国海军和空军基地是另一回事。尽管苏联已成为一个远比任何时候都强大的霸主，日本海军力量的消失，飞机场岛屿的获得和制造大型快速火车技术的革新，共同使太平洋变成美国的内湖成为可能。此外，广岛和长崎已经证实了美国独家拥有的数量稀少的新武器——原子弹的威力。但是美帝国最深的根基在于他的经济实力。美国势不可挡的工业力量以及苏联红军成为

盟国胜利的决定性因素。再者，与盟国相比，美国胜利的代价很小。美国伤亡人员比他们少，即使英联邦的人员伤亡也很惨重，苏联的伤亡人数也很庞大。美国主要基地没有受到敌军的重大攻击和破坏，它的固定资产完好无损，它的资源也比任何时候都强大。它的公民认为他们在战时的生活标准实际上提高了；军备计划使罗斯福新政都未能克服的经济大危机消失了。美国是一个信誉大国，因为其资本能在世界范围内进行海外投资，而其他国家无法做到。最后，它以前的商业和政治对手正在缓慢复苏。因为资源的缺乏，它们的经济逐渐被纳入 972
到美国的范围。结果导致美国力量在世界范围的间接崛起，这在战争结束前就已初现端倪。

在欧洲的战斗停止以前，人们依稀看到未来大国两极化的趋势。比如，很清楚地，苏联人不被允许参与意大利的占领或殖民帝国瓜分，英国人和美国人不希望出现斯大林想要的波兰解决方案。尽管他们的活动范围在他们自己的半球，但是美国人不太乐于接受限制明确的势力范围，而苏联人更愿意将它们作为活动基地。当这两个大国之间的冲突被推定是由他们当中任何一方挑起时，人们没有必要在假设中加入太多的分歧，尽管这种假设在战后很多年成为趋势。一些表象是不真实的。因为在 1945 年，美国所有的势力几乎没有利用这种分歧的政治意愿；胜利后美国军方头等重要的事就是尽可能快地裁军。就在日本投降前，美国国会 1941 年通过的与盟军的《租借法案》被取消了。这进一步降低了美国间接的国际影响力；它也削弱了很快就会需要帮助的盟友，而这些盟友现在正面临着重大的复苏问题。他们无法提供一个新的安全体系来替代美国势力。除了在不得已的情况下，原子弹是不能被使用的，因为它们的杀伤力太强大了。

人们很难确定斯大林统治的苏联正在干什么。它的人民很明显遭受到了可怕的战争苦难，可能比德国人遭受的还要严重。没有人能够提供准确数据，但是似乎有超过两千万苏联公民已经死亡。战争结束时，斯大林也许也意识到了苏联的虚弱，而不是苏联的强大。确实，他的统治方式缓解了裁撤赋予他欧洲霸权地位的庞大陆军的需要（比如面对西方国家）。但是苏联既没有原子弹，也没有一个具有重要战略意义的轰炸机部队，斯大林发展核武器的决定进一步加重了当时苏联经济的压力，那时国民经济重建是非常必要的。战后时期，如同20世纪30年代的工业化竞争时期那样残酷。然而1949年9月，一颗原子弹成功爆炸了。在第二年的3月，苏联官方宣布拥有了原子武器。到那时，很多事情改变了。

逐渐地，两个世界主要大国之间的关系在那时严重恶化。这是欧
973 洲发生事情的主要结果，1945年这片区域最需要的是进行富有想象和合作的重建。战争破坏的代价从未有过精确的测算。除去俄国人，大约有1 425万欧洲人死去。最贫困国家的那些幸存者居住在一片废墟中。有人估计，在德国和苏联大约有750万套住宅被毁坏。工厂和交通设施都被摧毁。没有什么可以用来偿付欧洲所需的进口物资并解决金融体系的崩溃；盟国占领军发现，香烟和罐头牛肉比金钱更好。文明社会不仅在纳粹战争的恐怖下让步，而且因为纳粹的占领把说谎、欺诈、欺骗和偷窃变成行为美德；它们不仅是生存的必要，同时它们可以被美化为“抵抗”行为。反对德国占领军的斗争孕育了新的分歧；随着盟军的进军，国家被解放了，随之而来的行刑队开始行动起来，被杀的人数超过了以前的记录。据说，法国解放过程中的“纯洁化”造成的死亡，比1793年大恐怖时期还要多。

欧洲经济结构的瓦解比1918年更彻底。工业德国曾经是欧洲经济生活中的飞轮。但是，即使有了交通设施和机器生产能力的恢复，盟军也会坚决第一个压制德国的工业生产，以防止它的复苏。其次，

德国被一分为二。从一开始，俄国人就已经并且将来还会剥夺德国的固定设备，将它们作为恢复遭受蹂躏国土的“赔偿”；德国仅在从俄罗斯的撤退中就摧毁了 39 000 英里的铁路轨道。苏联可能已经失去了其总固定设备的四分之一。

东欧和西欧之间的政治分歧在战争结束前日趋明显。尤其是英国对波兰所发生的事情感到震惊。这似乎表明，苏联将只能容忍屈从的东欧政府。美国人为东欧人自由选择自己的统治者所作的设想几乎是不可能的，但是直到战争结束，无论是美国政府还是美国公众都没有非常关注或者怀疑他们能与俄国人达成合理协议。从广义上讲，罗斯福一直相信美国可以与苏联友好相处；他们的共同点在于抵抗德国势力的复兴和破坏旧的殖民帝国。无论是罗斯福还是美国公众都意识到俄国政策的历史趋势。他们强烈反对英国军队打击希腊寻求在德国撤
军后推翻君主制的共产党人（斯大林并不反对：他和丘吉尔达成一 974
致，作为苏联在罗马尼亚拥有自由处置权的交换，英国在希腊应该拥有自由处置权）。

杜鲁门总统（1945 年 4 月罗斯福逝世后的继任者）以及他的顾问由于他们在德国的经历而很大程度地改变了美国的政策。俄国人一丝不苟地履行着达成的协议，允许英国和美国（以及后来的法国）的军队进入柏林，并且分享被他们征服的这个城市的管理权。种种迹象表明，他们希望德国作为一个统一国家被统治（就像 1945 年 7 月战胜国在波茨坦的设想），因为这会让他们掌控鲁尔，一个潜在的赔偿宝库。然而，德国经济很快就孕育出东西方之间的摩擦。苏联抵制德国复兴确保安全的努力，导致其占领区从其他三个占领国中逐渐地实际分离。苏联最初打算为一个统一的德国提供一个坚实可靠的核心（即共产主义），但是它最终导致了德国问题的分区解决，这是任何人都没有想象到的。首先，除了东方占领区，西方占领区因为经济原因

成为一个整体。同时苏联占领的政策引起了越来越多的不信任。共产主义在东德的牢固确立似乎重复着在其他地方看到的模式。1945 年，只有保加利亚和南斯拉夫拥有共产党多数派，在其他东欧国家的共产党只能分享联合政府的权力。然而，看上去这些政府实际上逐渐成为苏联的傀儡。1946 年一个集团已经在东欧出现。

斯大林显然很担心德国的重新统一，除非在一个他能控制的政府之下实现统一；苏联很难从太多的来至西部的攻击回忆中去相信一个统一的德国。一个卫星国是不会有侵略的潜力的。无论苏联政府意识形态的特点是什么，这是俄罗斯人的真实想法。一个统一的德国可能是资本主义的，这只能使情况变得更糟。不过，在其他地方，苏联的政策表现出更多的灵活性。当仓促间组建的东德站在了欧洲大陆上逐渐出现的苏联集团一边时，在中国，苏联仍然正式支持国民党。另一方面，在伊朗，苏军很明显不愿意履行早已达成的撤军协议。即使当他们最终离开，他们在阿塞拜疆留下了一个附属的共产主义共和国——后来被伊朗人消灭，因为 1947 年美国人给予了伊朗军事援助。
975 在安理会，苏联的投票越来越习惯于阻挠以前的盟友，很明显，西欧的共产党被苏联的利益所左右。然而，斯大林仍然在不确定地盘算着，也许他在等待、期待甚至在依靠着资本主义世界经济的瓦解。

曾经的盟友依然对苏联怀有善意。1946 年，温斯顿·丘吉尔发表了《铁幕演说》，这并不是为了他的同胞，也不是为了美国的观众，而是为了吸引日趋分裂的欧洲的注意力；一些人谴责了他。然而，尽管 1945 年当选的英国工党政府首先希望进行“左派与左派的对话”，但这很快就遭到了质疑。1946 年，英国在希腊的干预实际上使得自由选举成为可能，而美国官员对苏联政策的倾向更有经验；此时，英国和美国的政策开始趋同。杜鲁门总统在支持苏联离开方面没有任何偏见。此外，如今英国已经很明确地离开印度，这符合美国的官方观点。

1947年2月，英国政府发给杜鲁门的信息，也许比其他任何形式更加承认了一个长期以来不愿承认的事实，那就是英国不再是一个世界强国。由于战争期间巨大的消耗，英国经济已经被严重的破坏，迫切需要国内投资。非殖民化的第一阶段也是非常昂贵的。一个结果就是，到1947年，只有从希腊撤军，英国才能维持财政收支平衡。杜鲁门总统立刻决定美国必须填补这个空白。这是一个重大的决定。给予希腊和土耳其财政援助，是为了让两国能够在苏联的压力下生存下来。他特意提醒注意这样做的含义，远远超过了支持两个国家。尽管只有土耳其和希腊将接受援助，但是他有意提议美国领导世界上所有“自由人民”在美国的支持下抵制“少数武装或者外来压力所施行的征服活动”。1945年美国似乎很明显地要重走孤立于欧洲事务的老路，现在情况逆转了，这是美国外交政策历史传统的巨大突破。这个被称为“遏制”苏联力量的决定，可能是自购买路易斯安那以来美国最重要的外交。这是由此前一年半里苏联的行为和斯大林政策所带来的日益增长的恐惧所导致的，也是由于英国的虚弱导致的。最终，这将导致对美国实力有效边界的不切实际的评估，并且批评者说，当它的政策被扩大到欧洲之外时，这将导致一个新的美帝国主义，但是这 976
在当时并没有看到。

几个月以后，“杜鲁门主义”形成了，它是由另一个更加缜密的步骤完成的，那就是提议美国经济援助欧洲国家，使他们能够联合起来谋划经济的复兴。这就是马歇尔计划，以宣布这项计划的美国国务卿名字命名。它的援助是以非军事、非攻击性的方式来阻止共产主义的扩张。这让每个人都很惊讶。英国的外交大臣欧内斯特·贝文（Ernest Bevin）是第一个领会其含义的欧洲政治家。他和法国迫切要求西欧接受这个提议。当然，所有的欧洲国家都接受了。但是俄国人不会参与，也不允许它的卫星国这样做。相反，他们猛烈地攻击这个计划。当捷克斯洛伐克联合政府也婉言拒绝坚持参加这个计划时，整个国家（东欧唯一一个政府没有完全被共产主义者控制的国家，并不被认为是苏联的卫星国）显然很沮丧地不得不站在了苏联一边。1948 年 2 月共产主义者发起的政变取代了政府，这使捷克斯洛伐克独立自主的任何残留的信念都被消灭了。另一个苏联不妥协的标志是一种旧的战前宣传机构，即共产国际，其在 1947 年 9 月以共产党和工人党情报局（Cominform）的形式复活了。它随即开始谴责马歇尔计划是一个赤裸裸地掠夺和扩张的过程……这是为了美帝国主义建立世界霸权。最后，当西欧建立起一个欧洲经济合作组织来施行马歇尔计划时，苏联人通过组织东欧国家建立经济互助委员会来回应。经济互助委员会是苏联实现东欧指令性经济一体化的门面。

冷战（后来被命名的）开始了。欧洲战后历史的第一阶段已经结束。全球历史的下一个阶段将持续到 20 世纪 60 年代。在这个阶段，苏联和美国领导的两个国家集团在主要竞争者之间利用除战争外的一切办法努力度过一系列的危机来保证自己的安全。意识形态的方式被使用的最多。在一些后来加入西方集团的国家里，冷战也以内战或接近战争的形式出现，或者以关于价值道德争论的形式出现，诸如自由、社会正义、个人价值观。冷战的一些斗争是在边缘地区进行宣传或颠覆，另一些则是由两大国支持的游击活动。幸运的是，他们总会在使用核武器这个临界点上停止斗争，因为威力日益增强的核武器使得获得胜利的想法越来越不切实际。冷战也是一种通过成功国家对卫
977 星国和中间国家提供援助的方式进行的经济竞争。无法避免的是，在这个过程中许多机会主义和教条主义的僵化混在了一起。可能冷战是不可避免的，但是它是一种几乎波及全球的祸害，是罪恶和腐败渗入的源头，是持续了 30 年的苦难。

现在回想起来，尽管它产生了难以言表的暴行，但是冷战现在看上去就像发生在 16 至 17 世纪欧洲的复杂宗教斗争，当时意识形态能够引发暴力、狂热，甚至有时能够动员信念，但是永远无法完全涵盖那时复杂的局势和不同的信仰。尤其是，它无法包含关系到国家利益的东西。就像过去的宗教斗争，尽管很快每一个迹象都会表明，特定的争吵也许会逐渐平息，灾难会被避免，但是它的言论和神话在它们停止反映现实后还会长期存在。

跨越冷战的头等重要的复杂情况是越来越多新兴国家的出现，但它们并没有对冷战任何一方表示坚定的承诺。许多新兴国家诞生于 1945 年后的十年里，它们是非殖民化的结果。

在世界一些地区，这引起了许多比冷战本身更多的动荡。联合国大会作为一个平台，比起冷战宣传，它更关注反殖民宣传（尽管这两者经常被混淆）。虽然短命的欧洲帝国已成为世界历史的一种现象，但是它的消逝是一种极为复杂的现象。一般来讲，每一个殖民地和每一个殖民政权都是一个特例。在某些地方——尤其是在撒哈拉以南非洲地区——现代化的进程刚刚开始，而殖民主义留下很少能够建设的东西。在另外一些地方——法国的北非地区是一位典型的例子——殖民地政府（事实上，严格地说阿尔及利亚根本不是一个殖民地，而是作为宗主国法国的一部分被管辖）不能忽视长期定居的白人居民。相反，在印度，英国人的存在在印度争取独立的过程中没有多大重要意义。独立进程的时间在不同地区也有很大区别；到 1954 年，欧洲在亚洲任何程度上的统治都消失了，而非洲在未来十年内才刚刚摆脱殖民主义，葡萄牙的殖民统治甚至持续到 20 世纪 70 年代。但是，在南部非洲，安哥拉和莫桑比克在其他方面也是例外的，就像阿尔及利亚和印度支那，他们是殖民地政权和土著居民之间艰苦斗争的区域，而 978
在其他非洲殖民地，权力相对和平地移交给继任的精英（他们的优势在数量上各不相同，对于管理国家的任务来说他们是合格的）。在一些国家——印度和印度支那是典型的不同的例子——在帝国统治者（英国不像法国，它已经作出了重要让步）到来之前就存在真正的民族主义情绪和组织，而在非洲大部分地区，民族主义是新生事物和独立的结果，而不是起因。

尽管情况有所不同，但是1945年以前亚洲殖民地的人民取得了最终的胜利，这是很有意义的。在1939年以前，这不仅是一个让步的问题，很大程度上是战败的结果；1940至1941年欧洲帝国主义被日本夷为平地。它不仅仅是一个在特定的殖民地帝国权力替换的问题。1942年，在新加坡有六万多英国、印度和自治领士兵投降，这表明欧洲在亚洲的帝国已经瓦解了。这比约克镇不可避免的投降更糟糕。在这样的背景下，日本有时表现出他们新的征服行为，而这几乎不被关注。甚至他们这种恶劣的暴行也没有疏远占领区的人民，而是找到了许多合作者，其中包括民族主义政治家。盟军给那些他们认为可能抗日的力量投送武器，这带来的可能仅仅是这些武器被用来抵抗他们的重返。此外，与欧洲因轰炸、征兵、饥饿、战斗和疾病带来的动荡相比较，亚洲的许多村庄以及大部分农村生活继续在日本统治下，几乎不受干扰。到1945年，亚洲发生变化的潜能十分巨大。

帝国主义注定要失败，因为两个主要的世界强国都反对它，起码反对其他民族的帝国形式。由于截然不同的原因，美国和苏联均致力于破坏殖民主义。1939年以前，莫斯科为民族解放运动提供了庇护和支持。美国人以一种十分特殊的方式来理解《大西洋宪章》中宣称的各国有权利选择自己政府的意义；它被签署仅仅几个月以后，美国副国务卿宣布说“帝国主义时代结束”。苏联和美国的代表发现，共同签署《联合国宪章》以肯定殖民地独立的最终目标并不困难。然而，大国的关系没有保持不变的。虽然在1948年美、苏十分清晰地

划定了彼此的界线并保持了 40 年不变，但是远东的外交格局仍然在 979
很长的时间内受到怀疑，部分是由于出现了新的大国，部分是因为帝国统治消失导致的不确定性。

有些人一直认为，印度一旦自治后，将成为占主导地位的亚洲强国。1939 年之前，概括地说，当讨论英国统治的时间表和殖民统治被替代时，许多英国人赞成印度独立，希望一个新的印度保持与英联邦国家（这是 1926 年御前会议后给定的帝国正式的名称）的联系。那次会议还第一次提出了“自治领地”这个官方名词，它是效忠英国君主的英联邦的独立联盟，能够完全独立掌控内部和外部事务。尽管许多人认为，对于印度来说这是一个可以想象的目标，但是直到 1940 年没有一个英国政府承认这个直接目的。尽管过程很曲折，但在此之前还是取得了一些进展，这在一定程度上解释了为什么印度没有像在中国所发生的那样彻底的对西方的反感。

第一次世界大战后，印度政客们已经深感失望。他们大部分恢复了对英国君主的忠心；印度在劳力和金钱方面对帝国战争的努力作出了巨大的贡献，并且后来被看作是印度民族之父的甘地也认为这会带来应有的回报。1917 年，英国政府宣布，它赞成在帝国内对印度负责任的政府实施稳步发展的政策——即所谓的地方自治——尽管这离一些印度人一开始所寻求的目标不远。虽然 1918 年推行的改革依然令人失望，但是这使得一些温和派感到满意，即使这些有限的成功随之很快消退。作为国际贸易条件的经济越来越糟糕。在 20 世纪 20 年代，印度殖民政府已经顺从印度人的要求，终止有利于英国的商业和财务安排，并坚持帝国政府对印度在帝国国防中的恰当贡献支付费用。很明显，一旦进入世界不景气，伦敦不可能再被允许使印度的关税政策以适应英国工业发展。在 1914 年，印度纺织制造只满足了全国四分之一的需求，而这一数字在 1930 年已成为一半。

那时依然阻碍事态发展的一个因素是在印度的英国团体的持续的隔离状态。坚信印度的民族主义是少数雄心勃勃知识分子的问题，这
980 迫使殖民当局对阴谋采取强硬措施。这对面临布尔什维克革命影响的统治者是有吸引力的（虽然直到 1923 年印度共产党才成立）。结果是对嫌疑犯的正常法律保障被暂停，这违背了印度立法会所有成员的愿望。这激起了甘地领导的第一次罢工与非暴力和平反抗运动。尽管他努力避免暴力，但还是有暴动发生。1919 年在阿姆利则，一些英国人被杀、被袭击后，一个将军愚蠢地决定以武力驱散人群，将此作为英国人决心的例子。射击停止后，近四百印度人死亡，逾千人受伤。当居住在印度的英国人和一些议员对这件事大声叫好之时，英国的信誉愈加受到不可弥补的打击。

随后印度经历了一段联合抵制和内乱的时期，期间甘地的计划被国会通过。虽然甘地本人强调，他倡导的运动是非暴力的，不过仍然有很多骚乱，1922 年他第一次被捕并关押（因为他可能会有在监狱中死亡的危险，所以很快就被释放）。接下来几年里印度未再发生重大动荡。1927 年，英国的政策又开始缓缓向前推进了。一个委员会被派往印度研究修改宪法的最后系列工作（虽然这造成更多的麻烦，因为委员会中没有印度人）。维持民族主义者之间团结的大部分热情到现在已经消失，并且有分裂的危险，只是甘地的努力和威望才将那些坚持完全独立要求的人和那些致力于自治地位的人联系在一起。在任何情况下，印度国大党的国民大会并非像其言论所说的那样结构坚固。与其说它是一个有着深厚群众根基的政党，还不如说它是一个当地头面人物和利益集团的联盟。最后，印度教徒和穆斯林之间仍然存在着不断深化的严重分歧。在 20 世纪 20 年代还发生过公共骚乱和流血事件。到了 1930 年，穆斯林政治联盟的主席建议，印度未来的宪法发展应包括在西北部建立一个独立的穆斯林国家政权。

这是一个充满暴力的一年。英国总督宣布，召开会议以实现自治领地的目的，但这一承诺因为英国的反对而毫无意义。因此，甘地不会参加。当危难随着世界经济大萧条而加深时，非暴力不反抗运动得以恢复并且更激烈。在国大党党员的呼吁下，农村群众更迅速地被动员起来；由于国大党国民大会改而考虑群众利益，这使得甘地这位印 981
度头号政治家能够号召全印度范围内的追随者。

在吸取辩论和 1927 年委员会的教训之后，印度当局如今开始转变方向。1935 年出现了真正的权力和任命权的下放，只留下诸如国防和外交事务等由总督单独控制，当时政府的印度法案获得通过，进一步推动了议会责任制政府的建立。这是英国立法的结果，尽管法案中关于国家权力的转移并未完全实施。但那时它们已经为一个国家的政治搭建了框架。愈发明显的是，在所有层面上，印度人之间的决定性斗争将在国大党中展开。1935 年的法案进一步确认独立的团体代表制原则，它的实施几乎立刻挑起印度教徒和穆斯林之间更深的敌意。国大党至今追求的是建立一个印度教组织（尽管它拒绝承认穆斯林联盟是穆斯林的唯一代表）。但是，国大党也有它内部的问题。一些成员仍希望向独立迈进，而另一些人则开始对日本的侵略警觉起来，愿意与帝国政府合作使新的机构运作起来。英国下放权力的实际行动势必会造成分裂，不同的利益团体开始努力确保自身在不确定的未来里的利益。

因此，到了 1941 年，这一浪潮汹涌澎湃。如果不是从民主角度来看，印度在近二十年的地方政府中设立代表机构以及高级公务员的逐步印度化，已创建了一个必须取得其精英的实质性同意才能进行管理的国家，这个国家已做好了自治的准备。尽管战争的逼近令英国人越来越意识到他们需要印度的军队，但他们已经放弃让印度为战争买单的企图，而且直到 1941 年他们还承担着印度现代化的费用。随后，日本的进攻束缚了英国政府的手脚。英国向印度的民族主义者承诺战后实行自治以及赋予其从英联邦脱离的权利，但为时已晚；现在他们要求立刻获得独立。他们的领导人遭到逮捕，印度继续着英国的统治。1942 年的叛乱比近一个世纪以前的兵变更迅速地被镇压下去，但是如果英国想平静地离开已经没有时间了。一个新的因素便是来自美国的压力。罗斯福总统秘密地与斯大林讨论为印度的独立做准备的
982 必要（正如亚洲的其他部分一样，包括法属印度支那）；美国的介入暗示其他民族的事务会发生革命性的变化，就像 1917 年那样。

1945 年，长期将印度和缅甸的独立作为其方案一部分的工党在国会掌权。1946 年 3 月 14 日，英国政府表示愿意印度完全独立，这时印度正遭受印度教徒和穆斯林动乱的煎熬，它的政治家们则为未来争吵不休。近一年之后，英国宣布最迟将于 1948 年 6 月移交权力，以此胁迫印度人。族群对抗的纠结切断了，伴随其后的是次大陆的分裂，它曾经拥有过的高度统一的统治正走向终结。1947 年 8 月 15 日，两个新的国家在其境内出现，即巴基斯坦和印度。前者是伊斯兰国家，本身分为两块，坐落在印度次大陆北部的末端；后者是世俗政权国家，但是印度教在其组成和思想激励方面占压倒性优势。

或许分治是不可避免的。印度未曾作为一个实体被统治过，甚至在英国的统治下也如此；自大暴动之后，印度教徒和穆斯林愈发分裂。然而，它的代价是惨烈的。对民族主义者造成心灵创伤的事件是甘地被一名狂热的印度教徒刺杀。大屠杀发生在少数民族居住的地区。两百万人逃往其教友控制的地方。独立翌日几乎唯一明显的政治收获是，为不久的将来提供解决群体问题的方法，一个流血的方法。除此之外，新兴国家的财产包括大国向他们表现出的善意（出于复杂的动机），在独立之前已经大部分是本地人的继任的公务员以及机构和部门的重要的基础设施。然而，这些遗产并没有得到平等的分配，

印度分配到的多于巴基斯坦。

这些优势对解决次大陆经济社会落后的作用不大。最严峻的问题在人口方面。在英国统治之下，印度人口开始稳定增长。有时它因受马尔萨斯所说的灾难影响稍微有所缓解，如一战末期的流感大瘟疫击倒了 500 多万印度人，或者二战期间的孟加拉大饥荒夺走过百万人的生命。但是，1951 年印度再次发生大饥荒，巴基斯坦在 1953 年也发生大饥荒。这一幽灵一直徘徊到 20 世纪 70 年代。

次大陆的工业化，尽管它在 20 世纪获得长足的发展（二战期间尤为明显），也未能抵消这一危险。它无法为快速增长中的人口提供新的就业岗位和足够的收入。虽然新印度享有那儿的大部分工业，但 983
是它在这方面的问题要比巴基斯坦严重得多。在大城市之外，多数印度人是少地的农民，居住在农村，尽管新共和国的一些领导人持平等主义抱负，那里的不平等还是一如既往。为统治国家的国大党提供资金的地主在国大党的代表会中占主导地位，他们抵制任何能解决这一问题的土地改革。在许多方面，过去总是强调新国家应宣扬西方的民主思想、民族主义、世俗主义以及物质进步，这使得改革和发展的道路变得复杂。

中国长期忙于击退一个不同的帝国主义。第二次世界大战使中国战胜日本以及完成其长期的革命成为可能。这一转变的政治阶段始于 1941 年，当时抗日战争融入到整个世界的冲突当中。这给中国带来了强大的盟友和全新的国际地位。重要的是，与英国、法国及美国之间的不平等条约的最后残余被废除了。这比盟国所能提供的军事援助更重要；在很长的一段时间内，盟国忙于摆脱 1942 年初的灾难以至于无法为中国提供更多的帮助。事实上，一支中国部队反而帮助盟军阻击日本人，以保卫缅甸和通往中国的陆上交通线。尽管得到美国飞机的支援，中国人还是被困于西部地区，他们在很长的时期内尽自己最大的能耐坚持着，只能通过空中或者滇缅公路与盟国取得联系。尽管如此，决定性的变化依旧开始发生。

中国起初以长期追求的全民族团结一心的精神来对抗日本的侵略，但全民族团结一致始终难以到来，或许除了五四运动时。虽然共产党和国民党之间存在摩擦，有时甚至爆发公开的冲突，但这种团结得以幸存下来，从广义上讲，一直到1941年。随后，新的事实是美国成为日本的主要敌人，并将逐步摧毁它，这开始微妙地改变国民政府的姿态。它认为一旦最终的胜利确定无疑，那么在和平之后很可能还要与共产党人做斗争的形势下，耗尽人力和资源去抗击日本人是没有意义的。它的一些成员更进一步采取行动，很快国民党再次与共产党发生冲突。

“两个”中国正在形成。国民党中国日益表现出20世纪30年代初的懒散、自私自利和腐败，这些都在腐蚀着国民党，因为它获得支
984 持的阶层类型已发生变化。该政权压制和扼杀批评意见，疏远知识分子。有时对士兵的指挥失当且毫不纪律可言，他们和日本人一样胁迫中国的老百姓。共产党中国则不同。在大片由共产党人控制的区域（通常在日本人战线的背后），推行着温和但毫不含糊的改革以及有纪律的行为，以尽量确保获得不同利益团体的广泛支持。这是个深思熟虑的尝试。对地主的彻底攻击通常是不可避免的，但是通过实施低租金以及取消高利贷，农民的善意得以培育出来。同时，为了培养储备承担未来任务的共产党新干部，毛泽东发表了一系列理论著作。当共产党和其领导的军队的数量稳定增长时，产生了进行一场政治教育的需要；当日本在1945年战败时，中国共产党已拥有100多万人的军队。

胜利的突然到来是塑造中国革命最后阶段的第二个因素。国民政府控制的国土突然增大了。但是它们中很多地方在1945年之前就已

在共产党人的控制之下，其他地方在共产党人站稳脚跟之前，国军是无法到达的。美国人尽其所能地派遣部队占据一些港口，直到国民党能够接管它们为止。在一些地方他们勒令日本人坚持抵抗，直到国民政府重建其权力。但是当革命最后的军事阶段到来时，共产党人比过去占领更多的领土，而且主要依靠人民大众的支持来守卫它，人民发现共产党的统治绝不是他们听说的那样糟糕。

战争最终也使中国能够重新开始迈向世界强国的漫漫征程，这一进程曾先后受到欧洲人和亚洲人的干扰。中国民族主义遭受的长期挫折行将结束，而受益者将是共产党人。

共产党在国内战争中击败国民党用了三年的时间。尽管通常情况下日本人应该向国民党或者美国人投降，共产党还是要求在新领地获得权力以及日本库存的大量武器装备。俄国人在日本人投降之前的最 985
后日子里进占了中国东北地区，他们帮助共产党获得那儿的日本军火。毛泽东发表了深思熟虑的温和政策声明，继续推动土地改革。这赐予共产党在这场持续至 1949 年的内战中更为有利的条件；战争的胜利从本质上讲，是以农村为基础的政权对以城市为基础的政权的胜利。

蒋介石政府表现出来的缺陷和腐败令美国的政权大失所望。1947 年美国军队撤出中国，放弃了在“两个”中国之间调停的努力。接下来这一年，随着北方大部分地区落入共产党人之手，美国人开始削减对国民党的财政和军事援助。从这时起，国民政府在政治和军事上走下坡路了；当这一趋势尤为明显时，越来越多的政府人员以及地方当局寻求与共产党达成协议，只要其具备可行性。一个新时代正在显露的信念逐渐传开。到了 10 月初，中国大陆已没有完整的国民党军队，蒋介石本人则撤退到台湾。当此次撤退正在进行时，美国人切断了他们的援助，并且公开谴责国民党的无能导致政权的崩溃。同时，1949

年 10 月 1 日，中华人民共和国开国大典正式在北京举行，世界上人口最多的共产主义国家诞生了。

与其他地方一样，第二次世界大战对结束东南亚和印度尼西亚的殖民统治具有决定性的意义，尽管与英国相比，荷兰和法国的殖民统治终结得更快更血腥。在 1939 年之前，荷兰授权印度尼西亚创立代表机构，但未能制止其民族主义政党的成长，随后还出现了蓬勃的共产主义运动。一些民族主义领导人，当中有一位是苏加诺（Sukarno），在 1942 年日本占领这些岛屿时与其进行合作。日本投降时，他们处于夺取权力的有利位置，并且他在荷兰重返之前宣布成立一个独立的印度尼西亚共和国。斗争和谈判持续了近两年，直到最终达成协议，印尼共和国仍留在荷兰王国内；这并没有用。战斗再次打响，作为从前的殖民大国，荷兰徒劳地在最初的一场战役中实施“警察行动”，希冀借此在联合国全面发起对共产主义和反殖民主义的责难。印度和澳
986 大利亚（他们认为荷兰应明智地安抚独立的印尼，它的出现是迟早的事）将此事送交安理会处理。荷兰最终屈服了。开始于三个半世纪前的阿姆斯特丹东印度公司的故事于 1949 年随着印度尼西亚合众国的成立结束了，一亿多人组成一个混合体，分散居住在数百个岛屿上，分属不同的人种，信仰不同的宗教。在荷兰王国内保存一个印尼与荷兰的联盟，但五年之后便解散了。20 世纪 50 年代初，30 多万白肤色和棕肤色的荷兰人离开印尼抵达荷兰。

法国对印度支那的掌控似乎一度比荷兰更严密。该地区的战时历史与马来西亚和印尼的有些不同，因为尽管日本人自 1941 年起就对该地区实施全面的军事控制，但直到 1945 年 3 月法国的统治权还未正式被取代。日本人随后将安南、交趾支那和东京（Tonkin，越南北部一地区旧称）合并，组成一个在安南皇帝统治下的新的越南国。不过，日本人一投降，当地的共产党组织首领——胡志明便在河内的政

府宫就职，宣告越南共和国的成立。胡志明是一个对共产党和欧洲有深刻体验的人。他接受了美国的支持和援助，而且相信中国在其背后做靠山。当中国军队进入越南北部而英军派军至南部时，革命运动迅速蔓延。事实证明，法国企图重建自己的势力绝非易事。英国人会与他们进行合作，但中国不会，它只会令法国重建势力的行动迟缓下来。一支庞大的远征军被派往印度支那，但法国最终作出妥协，承认越南共和国是法兰西联邦的一个自治邦国。但这时产生了归还交趾的问题，交趾是一个主要的产粮区，具有独特的地位，所有企图在这一问题上达成协议的尝试均失败了。与此同时，法国士兵受到狙击，他们的车队遇袭。1946 年底，河内的居民遇袭，许多人遇难。河内遭遇轰炸（6 000 多人遇害）且重新被法军占领，胡志明出逃。

由此开始了一场持续三十年的战争，战争中共产党人致力于国家统一这一民族主义目标，而法国则竭力维持一个缩小的越南，以使它和其他印度支那国家一同留在法兰西联邦内。到了 1949 年，法国人转向合并越南的交趾支那，并且承认柬埔寨和老挝为“准国家”。但
新的局外人开始感兴趣，冷战波及印度支那地区。胡志明政府得到莫 987
斯科和北京的承认，由法国人创建的安南皇帝政府则得到英国和美国的承认。

这样，亚洲的非殖民化很快就超出了罗斯福最初的设想。当英国开始清算他们重新得手的遗产时，事情变得复杂化。1947 年缅甸和锡兰获得独立。翌年，共产党支持的游击战在马来亚爆发，尽管并没有取得成功，这也不能妨碍国家在 1957 年的独立，它是最初困扰美国政策的众多后殖民问题之一。与共产主义世界对抗的加剧很快使美国将内心深远的反殖民主义置之不顾。

只有中东地区的事务看起来明朗。1948 年 5 月，新国家以色列在巴勒斯坦地区诞生。这标志着四十年来两个大国共同协商管理该地

区的时代的结束。法国和大不列颠发现这并不太难。1939 年，法国仍然持有国联对叙利亚和黎巴嫩的委任统治权，英国则维持其对巴勒斯坦的委任统治权。在阿拉伯境内的其他地方，英国对个别国家的新领导者施以不同程度的影响或者权力。最重要的是伊拉克，那里由一小股英军把持着，主要是几支空军小分队，至于埃及，大批驻军守卫着苏伊士运河。在 20 世纪 30 年代，当意大利对英国的敌意增强时，后者变得越来越重要。

如同其他地方，1939 年的战争给中东带来了变化，不过起初并不明显。在意大利参战之后，运河周边一带成为英国最为重要的战略地区之一，埃及突然间发现自己成为西方边境地区的前线。埃及几乎保持中立至战争结束，但实际上是一个英国基地而非其他。战争也使确保从海湾地区，尤其是伊拉克获得石油供应变得不可或缺。这导致英国的干涉，当时伊拉克在 1941 的民族主义政变之后威胁将转向亲德的方向。1941 年，英国和自由法国对叙利亚的入侵使其免于落入德国人之手，也导致一个独立的叙利亚的出现。此后不久，黎巴嫩宣布独立。法国试图在战争的后期重建其势力，但没有成功，1946 年，这两国看到了外国驻军最后的撤离。法国西进也遇到困难，1945 年阿尔及利亚爆发战斗。那时候那里的民族主义者只要求在法国联盟下的自治，法国于 1947 年开始沿着此方向走，但离故事的结束还很远。

988 哪里的英国影响力至高无上，哪里的反英情绪便是一个很好的战斗口号。埃及和伊拉克在战后时期对英国占领军充满敌意。1946 年英国宣称他们准备撤离埃及，但关于签订一个新条约的谈判破裂了，以致埃及将此事提交给联合国（没有成功）。到此刻，对阿拉伯地区的未来整个问题的关注，因犹太人决定运用武力在巴勒斯坦建立一个民族国家而转移了。

巴勒斯坦问题此后一直伴随着我们。它的催化剂是德国的纳粹运动。贝尔福宣言时期，巴勒斯坦居住着 60 多万阿拉伯人和 8 万多犹太人——这一数字令阿拉伯人感受到巨大的威胁。不过，若干年之后，犹太移居外国者实际上超过迁入者，因此，在巴勒斯坦协调对犹太人建立“民族家园”的许诺以及尊重非犹太社区的民事权和宗教权这一问题有望得到解决。希特勒改变了它。

自纳粹迫害开始，希望前往巴勒斯坦的人数不断增加。当灭绝政策在战争时期实施时，他们置英国的迁入限制于不顾，一方面，英国的政策令犹太人无法接受；另一方面巴勒斯坦的分割为阿拉伯人所不容。战争一结束这一问题就戏剧化了，世界犹太复国主义协会要求立刻让 100 万犹太人进入巴勒斯坦。其他新的因素开始发挥作用。1945 年，英国以善意的目光看待一个由埃及、叙利亚、黎巴嫩、伊拉克、沙特阿拉伯、也门以及约旦组成的阿拉伯联盟的形成。英国的政策总是存在一丝幻想，即泛阿拉伯主义能够探索一条使中东地区在后奥斯曼帝国混乱之后平静下来的道路，阿拉伯国家政策的协调将为其问题的解决开辟道路。事实上，阿拉伯联盟很快就以排他性的方式重新占领了巴勒斯坦。

另一新事物是冷战。在战后初期，斯大林似乎仍持有旧的共产主义观，认为大不列颠是国际资本主义体系的主要帝国主义支柱。于是对它的地位和影响的攻击开始了，当然，中东地区还与俄罗斯的传统利益联系在一起，尽管苏联政府在 1919 至 1939 年间对该地区不感兴趣。土耳其在海峡问题上遇到压力，而且苏联开始向犹太复国主义提供引人注目的援助，这是对整个局势最具破坏性的因素。无需非凡的 989
政治洞察力便可看出俄国人恢复在奥斯曼帝国遗留地利益的含义。然而，此时美国的政策转向反英或者亲犹太复国主义。这几乎是不可避免的。1946 年美国举行国会中期选举，犹太人的选票具有相当的分量。自罗斯福的国内政治改革以来，民主党总统几乎不会持反犹太主义立场。

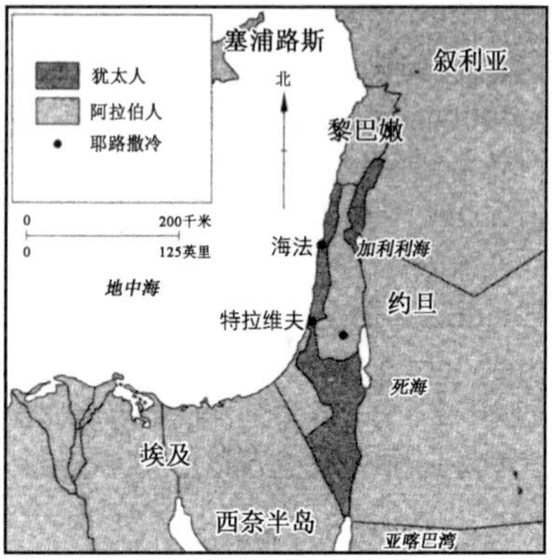

1947年联合国的巴勒斯坦领土分配方案

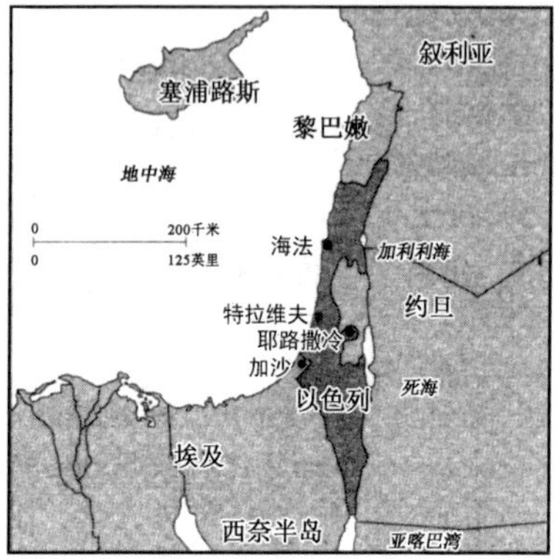

1948-1967年的以色列

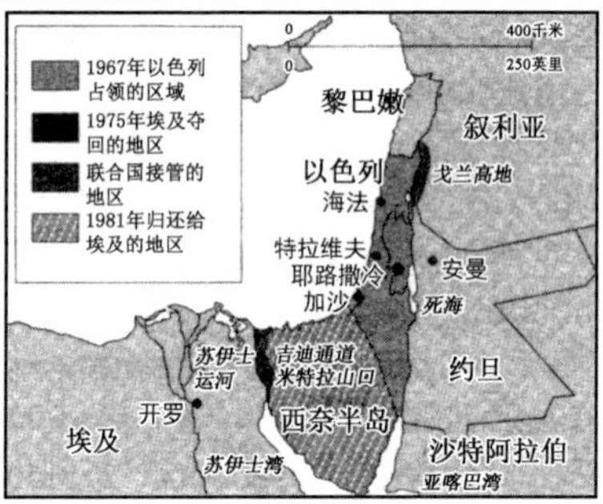

1967-1975年的以色列

既然如此烦心，英国便试图将自己从圣地解脱出来。自1945年开始，他们在巴勒斯坦就面临犹太人和阿拉伯人的恐怖主义和游击战。不愉快的阿拉伯警察、犹太警察以及英国警察正努力维持局势的稳定，英国政府则仍然试图找出一种能够被双方接受的方案以结束委任统治。英国寻求美国的帮助，但无济于事；杜鲁门想要的是一个亲犹太复国主义的解决方案。最终英国将这一问题提交给联合国。联合国建议分割巴勒斯坦，但这对阿拉伯人而言仍旧是不切实际的想法。两个族群之间的斗争越来越激烈，英国决定立刻撤离。在他们这样做的那天，即1948年5月14日，以色列国宣告诞生。它立刻得到美国（在建国16分钟之后）和苏联的承认；美苏在接下来的25年里在中

东地区其他问题上再没有达成任何共识。 990

埃及几乎即刻对以色列发动进攻，它的部队入侵了部分联合国授予犹太人的地区。约旦和伊拉克军队则支持巴勒斯坦阿拉伯人的领土要求。但以色列击退了敌人，随后在联合国的主持下签订停战协议（在此期间一个犹太复国主义恐怖分子刺杀了联合国的调停者）。1949年，以色列政府迁至耶路撒冷，它自罗马帝国时期以来第一次再度成为犹太人国家的首都。城市的一半还在约旦军队的占领之下，但这似乎已经是留给未来的最小的问题了。美国和苏联的外交支持、美国的私人资金，以及犹太人的精力和创造力使一个崭新的民族国家得以形成，25 年前那里连一点建国的基础也没有。然而，代价是需要长期支付的。失望和受辱的阿拉伯国家决定持久地敌视以色列，从而为大国将来的干预提供机会。而且，犹太复国主义极端分子的行为和以色列军队在 1948 至 1949 年的行动导致大批阿拉伯难民的迁徙。很快，他们当中的 75 万人滞留在埃及和约旦的营地里，造成经济社会问题，这是世界良知的沉重负担，也是阿拉伯民族主义者潜在的军事力量和外交武器。以色列的首任总统鼓励本国的科学家们从事核能计划研究，这是真实的（如一些学者认为的那样），并不令人感到意外。

因而，许多股潮流以一种奇特的和颇具讽刺性的方式汇聚在一起，在一个经常成为世界历史焦点地区的混乱状态中搅动着。作为多个世纪的受害者，犹太人现在反过来被阿拉伯人视为迫害者。奥斯曼帝国几个世纪以来权力的消逝、帝国主义继任者的对抗（特别是两个新的世界大国的对抗，它反过来又阻碍两国关系的发展）、19 世纪欧洲民族主义与古代宗教信仰的相互作用以及发达国家对石油新依赖带来的重要影响所产生的力量加剧了该地区人们不得不为之斗争的问题。20 世纪很少有时候像以色列建立时一样沉浸在历史中。这是历史转向 20 世纪后半部分之前的一个合适的停顿点。

卷八

新 纪 元

导　论

20 世纪即将结束，但世人皆知，从 1945 年至今，世界发生了伟大而惊人的变化，而且对今天的影响更为显著。然而，我们试图解决的那些作为世界历史一部分的问题依旧没有消失。它们可能会变得更加难以解决。仅是所要叙述的事件也似乎突然地、不明不白地、自主地增加了。由于最近新发事件总给人留下更深刻印象，我们试图获得对过去 50 多年和先前6 000多年历史之间关联的正确看法比以往任何时候的难度都增加了。 991

其中一个障碍来自我们的合理期望。当我们通过自己的生活经历去解读我们所处的时代时，我们期待能够遇到记得的事件，或回忆起在容易受影响的年龄阶段发生的事情。一旦它们未在故事中展现，我们就会有些失望。但所有的历史都是一种选择；严格意义上讲，它就是每一个时代认为此前的岁月曾展现的卓越之处，而人们的期望（无论是合法还是非法的）只是其中的一部分。这并非是近期历史所面临挑战的唯一来源。变化速度加快也带来了另一重困难。人类文化演进的概念也是几个世纪前才开始得到历史作家的青睐。此外，也就是最近，历史学家才开始想当然地认为代际因文化而不同，人们生活的社会总是在以非常深刻和确定的方式发生变革，且改变人们的基本态度。然而，任何一个活着的成年人肯定有着激进的适应经历，尽管他们比我们前辈的经历可能要更深刻、更显著，但今天看来很是正常，并融入到我们的潜意识之中，经常不为人知。其中人口增长堪称典范；早期的人从未经历过如此迅猛增加的人口数量。然而，很少有人意识到这一问题。

992 历史加速不仅体现在事件更迭加快上。由于速度与变化同在，因此其产生的变化所带来的影响往往比过去更广泛、更深入。例如，尽管仍有许多人不满意，但西方社会中妇女的机遇、自由发展的程度和规模已大大超过前几个世纪。虽则如此，它们的全部影响力仍未穷尽（或在某些地方正在显现）。同样，许多更精密的技术和新材料已经出现，但其中一些远未发挥出它们的潜在影响力。

如果由于历史导致的快速和激进的变革，而使得过去几十年的历史与早期历史完全不同，这就使它很难作为同一故事的一部分。在研究历史时，我们看来不仅要（在某种意义上）改变思路，也需要采取一种不同的看法。为了表明这样或那样的事实或事件的特殊影响，这需要更多解释方法，尤其是当涉及技术创新时。比如，在第一个真正意义上的全球经济秩序背景下，或为了明确人类干预自然导致的结果的重要性，要阐述一个崩溃与重构的世界体系需要更多细节。当然，诸如此类的问题在先前历史中也需要考虑。然而，早前事件的深刻和长远影响往往只是慢慢地显露出来，有时几乎是在不知不觉中。而目前，它们有时会产生令人惊讶的影响，甚至是爆炸性的，也就使得人们很难获得一种固定的观点。

再就是作为历史基石的年表。对 20 世纪中叶历史迈入的新的、独特的阶段进行反思，很多人在寻找那些在年表中可能会成为转折点、标志和不可缺少的里程碑的事件，我们在早期历史中认为这些事件都是理所当然的。然而，在思考这些问题时，1917 年是否是一个比 1919 年更有意义的转折点，或 1931 年发生在中国东北的事件是否就比 1939 年发生在波兰的事件更引人注目，这些疑问可能在几十年中不像我们认为的那么重要。有些日期可能并未得到应有的关注，例如，1951 年有效控制妇女生育、且能安全口服的专利药品的诞生。

十年后，它很快成为人类发展进程中家喻户晓的里程碑，而“避孕药”早已发挥了巨大作用。

接下来，我尝试着有意识地对待此类问题，并通过简明的叙述，展示在过去的五十多年中，最能体现或代表长远主题和深刻影响的总体发展事件，以使它们显得更为明确。在此之后，我才会按一段一段 993
较短的时段，试图描述那些经常出现在报纸头条中的种种事件。以这种方式，我希望“当代史”的各个主要里程碑（即这样一些时刻，此时，若历史不成其为历史，因此不会在固有规律的约束下按实际发生的方式上演的话，那一切就将大不相同）会浮现出来。

当然，也有一些普遍性的观点将会出现，对此我们可以相当肯定甚至在我们开始讨论之前就已经出现。例如，看出欧洲人统治世界事务的时代已经结束并不难；我们可以把自 1945 年后的这段时期称为后欧洲时代。但也有一些更普遍的彻底改变需要得到关照。现在的世界独一无二。在短短几年内，世界发生了迅速变革，也许这是对早期历史而言变革更为彻底的途径之一。一个共享的文明正在传播，它比迄今任何一种文明都要影响广泛。然而，当我们观察到这一事实，它却在我们眼前变成别的事情。事实上，这是一个必然要变化的文明，因此，往往会产生革命性的影响。我们可能远不及我们的前辈那样对未来的生活抱有坚定的信心。经济和技术上更强的独立性，尤其是信息的大量增加和更好地处理信息的手段的出现是其中最明显的原因。几乎在世界任何地方发生的任何事情，原则上都可能在其他地方迅速产生影响；即使尚未影响到所有地方，但政治领导人应认识到这一点，无论它们是否通过意识形态、计算、简单的恐惧造成影响。即使有时太缓慢，他们大多最终会明白，并认识到它们早已在历史上发生过。为方便起见，在世界的任何角落，涉及的过程往往被看作“现代化”及其表现，即使它们在某些地方表现并不突出。

史前时期，人类开始凭借原始技术从大自然中解放出来。千百年来，人类朝着不同的路径发展，这让人们获得不同的生活方式，创造了高度个性化和特定的文化与文明。几个世纪前，随着世界现代化进程的扩展，这些不同的文明开始走向融合。现在，我们可以感受到它们正在世界范围内进行融合，即使我们不能确定它们各自在何种层次
994 上发生着。我们必须（且幸运的是，可以很容易地）承认的是，仍然可以依照较早的历史来观察近期历史。这样的话，就让我们确保对即使是最大的变革进行公正评价的可能性又增加了一点。

第 1 章　概　　观

人口

1974 年，在罗马尼亚举办了有史以来第一次世界人口会议。少 995
数了解相关情况而感到担忧的人士首次得到一个平台，借以呼吁人类慎重考虑人口数量问题。25 年后，世界人口数量仍在加快增长，其势头已持续了几个世纪，不以人们的意志为转移，也显然无法控制。越来越多的人认为这将带来全球性的问题，即使它们之间具体的因果联系仍因信息的不完全而不明确。我们无法精确地计算出人口的数量，只能估计出大约有多少亿。尽管如此，误差的程度可能并不会严重歪曲我们对发生的一些事情的印象。以整数而论，两个半世纪前世界人口约为 7.5 亿；150 多年后即 1900 年人口数增加了一倍多，大约 16 亿人；然后，大约用了 50 多年增加了 8.5 亿；截止到 1950 年，世界上有大约 25 亿居民；下一个 8.5 亿人的数量增长仅用了 20 年；现在，世界人口超过 60 亿。这也可以用更长的时间标准来衡量。人口数量达到 10 亿（1840 年左右达到）用了 5 万年，而最后一个 10 亿仅仅用了 15 年时间。也就是说，几十年来人口总增长速度越来越快，可能在 20 世纪 60 年代末以每年高于 2%的增速达到其峰值。

这样的增长使得马尔萨斯灾难的幽灵再次显现，尽管正如马尔萨斯观察到的，“现有人口增加或减少的速率，并不能使我们对未来人口或人口的消失进行估计，这一判断是可以信赖的”。我们不能确定未来模式会怎样变化。例如，有些地方试图控制它们的规模和形式。

严格来说，这种努力并不是全新的。一些地方，谋杀和堕胎早已是减
996 少对稀缺资源需求的通常做法。在中世纪的日本，婴儿面临死亡；在19世纪的印度，溺杀女婴很是普遍。新的转变主要是指政府开始把资源和权威隐藏在更人道的人口控制方法背后，目的是积极促进社会和经济发展，而不是单纯地避免个人和家庭的窘迫。

只有少数政府作出这样的努力，经济和社会事实表明这一努力并没在各地产生同样的效果，即使是毫无异议地促进了技术和知识上的进步。20世纪60年代，一种新的避孕技术在许多西方国家迅速传播，并伴随着对人类行为和思维的颠覆式影响，此时它还未被非西方世界的妇女们同样快乐地接纳。尽管全球范围内并不是到处采取同样的形式，或引发相同的反应，但这仍是人口增长的多方面因素中的一个。虽然许多非欧洲国家都遵循了19世纪的欧洲模式（首先表现在死亡率下降，但出生率并未下降），但判断它们会简单地重复发达国家人口史下一阶段状况则是草率的。我们不能假设在一个地方或一个社会出生率下降的模式将在其他地方重演——但同样我们也不能确保这不会发生。人口增长的动力是极其复杂的，由于对具体情况的不了解，个人和社会的态度很难来衡量，更遑论操纵，但在我们等待这些动力因素更加明朗的时候，一些贫穷国家在很长一段时间内不可能期待实现人口平衡。近几个世纪，当少数欧洲国家的繁荣致使组建小家庭吸引力更大些的时候，欧洲的出生率才开始下降。今天的欧洲国家很少呈现快速的人口增长，其或多或少是基于这个原因。医疗、营养条件的改善，公共健康的提供很可能使事情变得更糟。自1900年以来，对人口控制的进步是巨大的，但在20世纪之前，相较于欧洲而言，也有许多地方还没有关注死亡率。在它们产生作用的时候和地方，人口的数量可能仍上涨较快。

婴儿死亡率是一个很有帮助的预测未来人口增长潜力的粗略指

标。1970 年之前，发达国家的婴儿死亡率从每千名约 225 人下降到每千名 20 人以下；1988 年孟加拉国和日本的这个数字分别为 118 和 5。今天，富国和穷国之间的这一差距比过去更大。任何年龄段的寿命上也有差距。在发达国家，出生率在 1870 年略超过 40 人（每千名），而一百年后却略超过 70 人（每千名）。如今显示了非凡的平衡 997
性，例如，1987 年，美国、英国和苏联的这一数字分别为 76、75 和 70。通过与埃塞俄比亚（41）和印度（58）的比较，它们之间的这种差异更显得微不足道。然而，印度婴儿的生存环境较之 1900 年时得到了极大的改善——更不用说与 1789 年在法国出生的婴儿相比了。

不久的将来，这种差距将引发新的问题。在历史上多数时期，所有社会就像金字塔，大多数人处在金字塔的底部，一些老人则处于其上部。现在，发达国家的人口状况却宛若一个尖细柱体，老年人的比例大大超过了以前。而在一些贫穷国家，情况正好相反，肯尼亚约有一半以上的人口在 15 岁以下。中国则有三分之二的人是在 33 岁以下。因此，简单探讨整体的人口增长会掩盖重要事实。世界人口可能在迅速地增加，但却有着非常不同的根源，并将具有大不相同的历史意义和效果。

其中，人口流动的方式是需要考察的。20 世纪末，人口在各大洲的分布大致如下：

洲	百　　万	占总数的百分比
欧洲（包括俄罗斯）	745	13.5
亚洲	3 424	62
非洲	701	13
南美洲和加勒比	308	5.5
北美	294	5.25
澳大利亚和大洋洲	47	0.75

19世纪中期的欧洲，其占世界人口的份额（四分之一）下降得非常快。4个世纪以后，从欧洲迁出的人遍布世界各地，直到20世纪20年代，欧洲仍向海外输出人口，尤其是向美国。在这10年中，由于美国的限制政策，欧洲输出的人口数有所降低，大萧条时期这一数字进一步减少，之后再也没有恢复到昔日的水平。另一方面，加勒比海地区、中南美洲、亚洲移民到美国的人数在20世纪最后几十年迅速飙升。此外，尽管欧洲一些国家仍然输出移民（在20世纪70年代，相较于来自国外的移民而言，每年迁出的英国人更多），它们从
998 20世纪50年代开始，也吸引北非人、土耳其人、亚洲人和西印度群岛的人到欧洲寻找工作机会，因为他们无法在本国找到工作。总体上说，欧洲现在是人口输入洲。

目前，这样的模式可能无法长期保持不变。亚洲有着世界上一半以上的人口，中国人口占世界人口的五分之一，印度排名第二，但一些导致以上人口增加的高增长率，终将开始下降。20世纪60年代初，巴西的人口增长速度是世界平均值的两倍有余，尽管巴西人口继续增多，但这一速度已经不再出现。至于在其他拉美国家，19世纪末，其中大部分国家人口的生活和寿命的标准并没有好过欧洲，但人口增长很快。罗马天主教会因此一直受到指责，因为其长期反对节育和堕胎，但这难以成为一个完美的解释。拉美国家中，男性对待女性的态度及社会规训的伦理导向都差不多，都是把家庭责任强加于许多贫困大家庭的女性身上（直到最近，这些女性依然毫无疑问地顺从于男人与社会）。同时，最惊人的增长速度在伊斯兰世界中被发现：20世纪90年代，约旦在16年内人口增加一倍，伊拉克的人口以每年3.5％的速度增加，而沙特阿拉伯虽仍然人口较少的，却以每年令人惊讶的5.6％的速度增长。

过去30多年，一些发展中国家的家庭规模缩小的证据或多或少

是有的。毫无疑问，部分是源于官方的努力。尽管不欢迎人口稳定或减少的思想，20 世纪 60 年代，中国和苏联却开始鼓励人们晚婚并组建小家庭。中国出台了颁布相应法律规制、税收优惠和对超生者施加社会压力等措施。印度政府花大笔钱用于避孕宣传，其中一部分也用于改善女性生殖健康，但成果有限。既不像日本那样在经济上取得革命性变化，也不像中国那样经历了对传统体制的政治变革，印度仍然是一个以农业为主的社会，思想和制度上都十分保守。例如，在印度的精英少数派之外，传统意义上的男女地位和就业前景不平等依旧存在。假使欧洲或北美对待妇女的通行态度能在印度得到哪怕稍稍多一点的采纳，都很可能会大幅提高妇女的结婚年龄，从而降低每户家庭平均的儿童人数。但这种变化打破了印度权力结构的传统方式、机遇和模式，这将远比 1947 年印度赢得政治独立更为激进。毫无伤害地 999
摆脱根深蒂固的传统和文化是不可能的，任何国家都不可能很容易地摆脱如此多的束缚。

也许我们不必过于悲观。随着发展中国家经济福祉的增加，生育率便会下降。即使在印度这样的国家中人民的生活仍未能得到明显改善，但拉丁美洲的证据表明，这种改进仍改善了出生率下降的方式。欧洲传统文明的影响仍在扩大，尽管它在到来时被包装起来，但仍是融化传统方式的最强大溶剂，这一点历史可以证明。人口结构以这种或那种方式发生变化，似乎宗教文化的削弱是不可避免的，如工厂建设或妇女解放——可以列举出很多类似的例子。

人口的差异及其变化影响着国家的相对实力，虽然它们不能简单地等同于权力差异。资源和文化也很重要，在一个方面具有的力量通常并不能等同于在另一方面具有的力量。尽管如此，权力和人口在很多方面是有关联的。例如，中国拥有的庞大人口，使其大到几乎不可战胜。但这种关联也并非总是如此直接和明显。20 世纪末，10 个人口最多的国家的人口估计如下表：

国　家	年　代	人口（百万）
中　国	1997	1 243
印　度	1998	970
美　国	2000	274
印　尼	1997	199
巴　西	1997	159
俄罗斯	2000	145
巴基斯坦	1997	138
日　本	1997	125
孟加拉国	1997	122
尼日利亚	1997	118

注：1997 年，德国有 8 200 万人，使其成为欧洲人口最多的国家

无论怎么计算，上表包含了世界上三个最强大的国家；当然，
1000 它们在一百年前并非如此。10 个中也有一些很弱小。中国的社会变革走在了前面，而列表上的一些国家仍被贫困包围，且看起来难以逾越，或因自然资源太少（如孟加拉），或由于人口增长太快吞噬甚至超越了现有的社会经济发展（如印度和印度尼西亚）。这种情况下，说得好听点，新生财富很大程度上被更长的预期寿命消耗掉了。印度农业产量于 1948 至 1973 年间翻了一番，被认为进入到一个自给自足的食物供应阶段，但这才勉强能够维系以每月百万速度增长的人口的需求。

世界人口也以另一种方式在不断变化。20 世纪结束时，近一半人居住在城市。城市成为人类特有的栖息地。在人类历史上，这是一个显著的变化。这表明城市已失去其传统的杀戮力。过去，城市生活

的高死亡率要求农村出生的人移民到城市以保持城市人口的数量。19世纪，一些国家的城市居民开始自我繁衍以保证城市的有机增长。结果是惊人的：现在许多城市的居民都无从统计。加尔各答早在1900年就拥有100多万人，但现在已超过原先的15倍；20世纪开始时，墨西哥城只有35万居民，但20世纪结束时，有超过2 000万居民。我们可以从更远时期获得其他数据。1700年，世界上只有5个城市的居民超过50万，1900年有43个；现在仅巴西就有7个城市的居民超过百万。在一些国家，卫生制度和公共健康措施远比别的国家改变得更缓慢从而使这种变化成为可能，且城市化的浪潮远未结束。

新的充足性

人口和城市化的动态变化均意味着世界资源巨大的增长。尽管很多人饿死但仍有很多人活着；虽有百万人死于饥荒，但迄今全球没有出现马尔萨斯灾难。如果全球不能养活他们，人口的数量将会减少。但这是否可以持续则是另一个问题。专家们得出结论，我们可以在未来很长时间内为越来越多的人提供食品，也希望人口政策
有助于稳定需求。但在这一问题上，我们进入了推测的范畴，尽管 1001
这种希望引发了历史学家的兴趣，对他们来说，当今世界的实际状态对推测将会发生的事情很重要。考虑到这一点，我们必须认识到现代史的主要经济事实，特别是过去半个世纪的经济事实：它生产出了前所未有的财富。

本书的读者可能在电视中看惯了饥荒的悲惨景象。然而，1945年以来，世界经济的持续增长第一次被认为是必然的。尽管其中曲折颇多，但增长已是“常态”。任何速度的放缓目前都是一种警示。更重要的是，人口数量表明，真正的经济增长一直发生在大多数不发达世界。这大大挑战了世界的传统看法，即使在1939年，这也是一场

革命。然而，经济高速增长并未仅仅始于二战后的几十年，这一时期世界处于前所未有的增长黄金时代。激增的财富已成功地担负起了世界人口的剧增。测量方法之一，目前人均财富是 1500 年的 9 倍。世界的国内生产总值（GDP）已从 500 年前的基数 100 上升为当今的超过 11 600——并被更多的人共享。

人均国内生产总值的变化（1988 年） （单位：美元）

国　家	1900 年	1988 年
巴　西	436	2 451
日　本	677	23 325
意大利	1 343	14 432
瑞　典	1 482	21 155
法　国	1 600	17 004
英　国	2 798	14 477
美　国	2 911	19 815

事实上，在 19 世纪以前，财富和人口的数量基本保持平行。然
后，一些经济体逐步比其他经济体增长得更快。20 世纪初，财富创
1002 造的新集约化道路已经开始，尽管两次世界大战和 20 世纪 30 年代
经济大萧条所造成的动荡严重阻碍了这一进程，但 1945 年后它又
得以恢复；尽管不同的经济体之间挑战和差异很大，但经济增长
从未停止。1960 年后，GDP 全球性地增长，同样人均 GDP 也增
加了。相对于一些国家的差距和挫折而言，经济增长比以往任何
时候都更广泛。

前文表格中所选择的数字必须谨慎解读，它们可能很快发生变化，却给了我们一个真实的印象，即，世界在不到一个世纪内已经变

得更加富有，尽管有一些人仍然很贫困。

20 世纪 90 年代的穷国：人均国内生产总值 （单位：美元）

阿富汗	1996 年	70
莫桑比克	1996 年	88
埃塞俄比亚	1998 年	101
马达加斯加	1996 年	132
柬埔寨	1996 年	143
坦桑尼亚	1996 年	167

财富创造是最重要的事实之一，这有益于大国之间的持久和平。当然，1945 年以来，世界仍有许多较小规模血腥的或初步的冲突，每一天都伴随男性和女性的死亡，数万人在军事行动中及之后死亡。大国通过代理人为它们的利益而展开诸多战争。但任何一次都没有两次世界大战对人力资源和经济资源的破坏大。相反，在这些冲突之下潜藏的国际竞争在许多国家往往会促动一定的经济活动。它提供了许多技术副产品，并导致资本投资和政治动机的转移，其中的确促进了财富的增加。

第一个此类的转移发生在 20 世纪 40 年代末，即美国的援助为欧洲经济复苏提供了可能。这一点是成功的，美国这台发动机可以用来促进恢复，而在 1918 年后尚未如此。美国庞大的战时扩张经济最终把它拉出战前的萧条，同时美国本土免于战争的破坏。美国经济实力部署会以援助的方式进行，这还需从当时的国际环境（冷战是其中的
重要组成部分）中寻找答案。当时的国际紧张局势使得援助欧洲似乎 1003
符合美国的利益；许多政治家和商人抓住了这一机遇；很长一段时间内没有如此规模的资本替代来源；最后，它帮助了不同国家的人，甚

1004

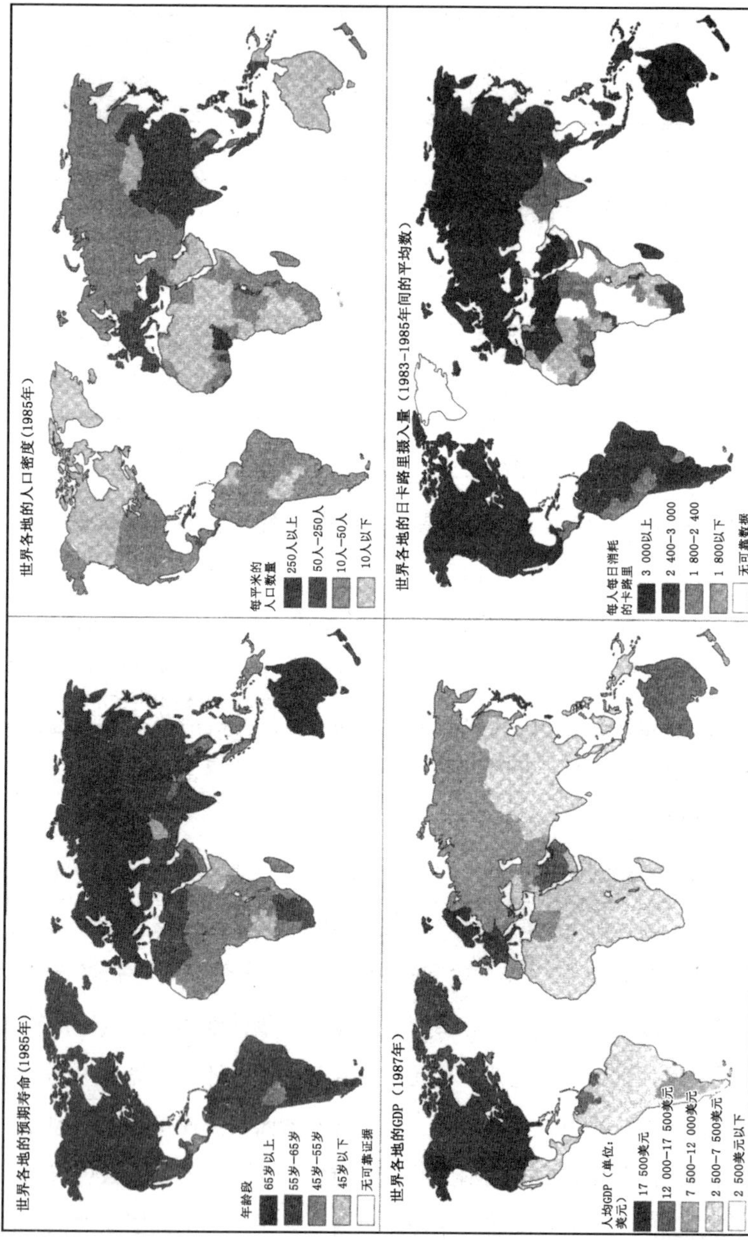
世界各地的预期寿命(1985年)
年龄段
65岁以上
55岁–65岁
45岁–55岁
45岁以下
无可靠证据
世界各地的人口密度(1985年)
每平米的人口数量
250人以上
50人–250人
10人–50人
10人以下
世界各地的GDP（1987年）
人均GDP（单位：美元）
17 500美元
12 000–17 500美元
7 500–12 000美元
2 500–7 500美元
2 500美元以下
世界各地的日卡路里摄入量（1983–1985年间的平均数）
每人每日消耗的卡路里
3 000以上
2 400–3 000
1 800–2 400
1 800以下
无可靠数据

至在战争结束前，为了避免退回到 20 世纪 30 年代那种几乎致命的经济无政府状态，美国建立了管理国际经济的制度。1945 年之前，世界就开始重塑经济生活，战时的努力产生了国际货币基金组织、世界银行和关税贸易总协定（GATT）。它们为 1945 年后非共产主义国家的经济稳定提供了支撑，并使世界贸易在 20 年间每年以近 7％的速度增长。1945 年至 20 世纪 80 年代间，制成品的平均关税水平从 40％下降至 5％，而世界贸易也增加到之前的五倍多。

在一个较长时期内，科学家和工程师往往以非正式的或是隐秘的方式为经济增长作出贡献。科学技术知识的应用，以及在探索提高效率的过程中，进程和系统的改善与合理化，在 1939 年前都是非常重要的。1945 年后它们脱颖而出，并开始发挥更大的影响力。工业化之前农业上的改善是公认的事实，且是科技效果最明显的例子。几千年来，农民几乎完全采用古老的方法来逐步提升其收入，首当其冲的是开拓新土地。但是仍然有大量的事例证明，适当的投入可以增加收成（即使是像印度这样一个人口拥挤的国家，在过去的 25 年中也采取很多增加收入的措施来使用这些土地）。然而，这并不能解释为什么世界农业产量最近增加得那么厉害。根本的解释是近代早期欧洲农业革命的发生发展，且至少从 17 世纪便已显现。250 多年后的今天，在很大程度上科学的应用使农业产量的增长加快了速度。

早在 1939 年，小麦被成功地引入迄今由于气候原因导致其未被种植的土地。植物遗传学家研究了新谷物品种，这是 20 世纪大规模针对农业的第一个科学贡献，远远超出了早期的错误评价；后来，基因改造作物品种开始引起了不利的批评。

一些地区通过使用更好的化肥（于 19 世纪第一次使用），对世界 1005
粮食的供应作出了更大的贡献。氮在先进农业国家土壤中的空前使用提高了粮食产量，这如今已经司空见惯。不过，这样做的代价是巨大的能量投入，以及从 20 世纪 60 年代开始，人们逐步表示出对其造成的生态后果的担忧。此时，除了高效肥料外，更为有效的除草剂和杀虫剂也已问世，而农业的机械化在发达国家大大增加。依据每英亩的马力，英国曾在 1939 年拥有世界上最机械化的耕作，然而英国农民当时仍主要靠马完成大部分工作，而联合收割机（在美国已经普及）是罕见的。但是，不仅是该领域开始机械化。电力的使用带来了自动挤奶、粮食干燥、脱粒，冬季可以在大棚里为动物保暖。现在，计算机和自动化已经开始减少农业对人类劳动的依赖；发达国家的农业劳动力持续下降，而亩产量却不断提高，转基因作物将能带来更高的产量。

矛盾的是，仅仅由于世界上人更多了，当今世界比 1900 年有更多的自给农民，尽管他们的耕地和生产作物的价值份额减少了。但是 2％的生活在发达国家的农民现在却提供了大约一半的世界粮食供应。欧洲的农民很快不见了，正如在两百年前的英国一样。但这种变化并不一致。俄罗斯是传统的农业大国，最近于 1947 年却遭受了如此严重的饥荒。对于那些人口不断增长、但仍维持着生存农业、生产力低下的国家而言，当地的粮食不足仍是一种威胁。第一次世界大战前，英国的小麦亩产量已是印度的 2.5 倍；1968 年则是印度的 5 倍。同期，美国人把水稻产量从每英亩 4.25 吨提高到近 12 吨，而缅甸作为“亚洲的饭碗”，仅从 3.8 吨上升至 4.2 吨。1968 年，一个在埃及的农业劳动者可提供略多于一个家庭的食物，而在新西兰，每个农场的雇员足以提供 40 人的食物。

在经济其他方面上先进的国家表现出最大的农业生产力。相较于领先的工业国家，最需要粮食的国家却无法以更经济的方式生产出大量粮食。具有讽刺意味的是：俄罗斯人、印度人和中国人，这些大的
1006 粮食和稻米生产者，发现自己正在购买美国和加拿大的小麦。发达国

家和不发达国家之间的差距却在几十年的充足供应中扩大。大约一半的人消耗约七分之六的世界产量，其余的人分享剩下的。美国是迄今为止最奢侈的消费国家。1970 年，几个美国人就使用了世界年产 100 桶油中的将近 40 桶。他们每人每年消耗大约 25 吨的纸制品；在中国，相应的数字大约是 20 磅。当时中国一年内所有的能源消耗总数（据说）仅够供给美国的空调的消耗。事实上，由于电力较少用于国际贸易且大部分是在国内消耗掉，因此，电力生产是进行比较的最佳标准之一。20 世纪 80 年代末，美国生产的电力是印度人均的 40 倍，是中国的 23 倍，但只是瑞士的 1.3 倍。

世界各地富国和穷国之间的差距自 1945 年以来已经变得更加明显，不仅是因为穷人更穷了，也因为富人更富了。唯一例外的是，相对富有（依据世界的穷国标准）的苏联和东欧国家，由于管理不善和命令经济导致了较低的增长率，或根本没有增长。除了这些例外，即使高速的生产（例如，亚洲一些国家提高了其 1952 至 1970 年之间的农业产出额，与欧洲持平以及超过了北美）也很少成功地改善贫穷国家的地位，这是因为这些国家人口不断增长及富国发展水平更高了。

尽管它们彼此的排名可能会有变化，但总体而言，1950 年生活水平最高的国家现在仍然享受着它们的辉煌（但日本已加入其列）。这些主要的工业国家是当今最富有的国家，并成为穷国谋求自身经济增长的模仿榜样，我们通常称这个发展过程为工业化进程。诚然，今天主要的工业经济体与 19 世纪的国家并不相似。而长期作为经济实力基础的传统制造业，也不再是这方面简单而又令人满意的措施。领先国家的主要工业都有所下降。1900 年的三大炼钢国家，前两个（美国和西德）八年后仍然是世界前五，但分别是第三名、第五名。 1007
英国（1900 年是第三名）排名第十——西班牙、罗马尼亚和巴西紧跟其后。如今，波兰生产的钢材比一个世纪前的美国要多。此外，相

1008

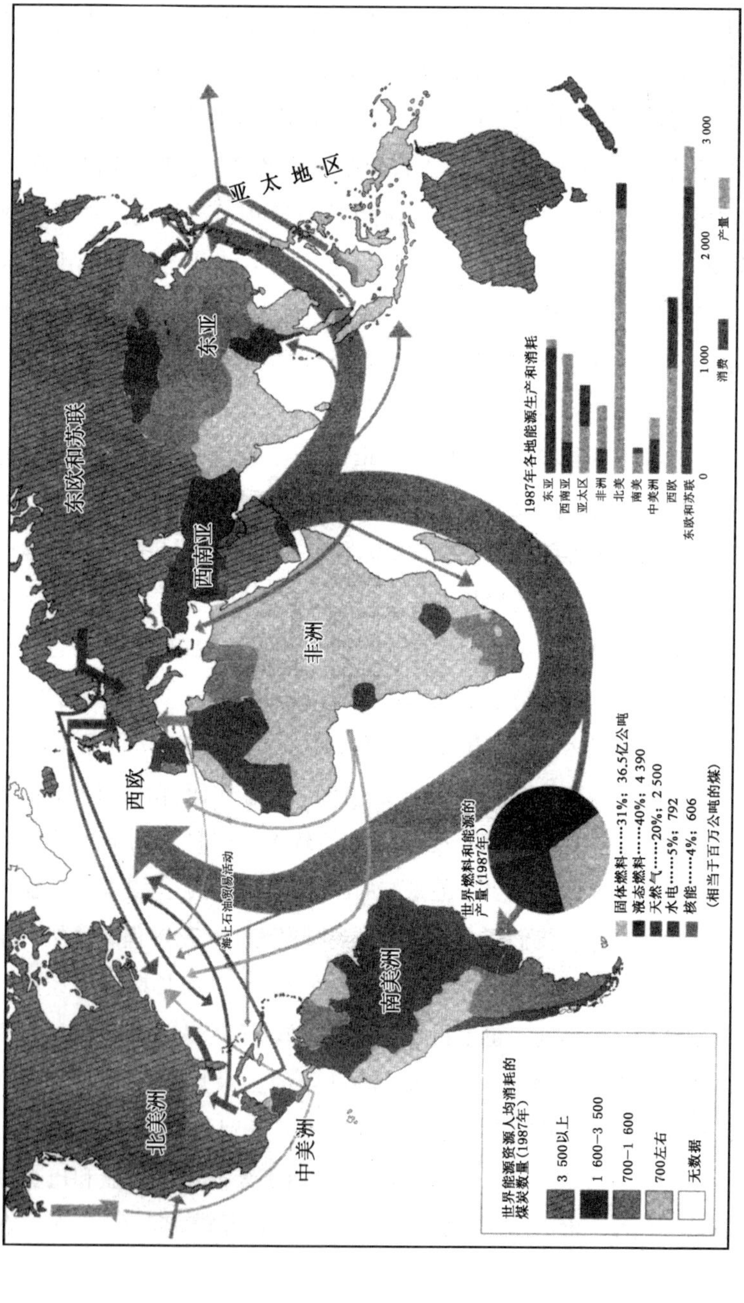
北美洲
中美洲
南美洲
西欧
非洲
西南亚
东亚
东欧和苏联
亚太地区
海上石油贸易活动
世界能源资源人均消耗的煤炭数量(1987年)
3 500以上
1 600–3 500
700–1 600
700左右
无数据
世界燃料和能源的产量(1987年)
固体燃料……31%；36.5亿公吨
液态燃料……40%；4 390
天然气……20%；2 500
水电……5%；792
核能……4%；606
(相当于百万公吨的煤)
1987年各地能源生产和消耗
东亚
西南亚
亚太区
非洲
北美
南美
中美洲
西欧
东欧和苏联
0
1 000
2 000
3 000
消费
产量

世界能源资源

较于成熟经济体，新生产业增长往往在发展中国家和地区找到更好的环境。因此，1988 年时，韩国的人均国内生产总值是印度的 15 倍。

20 世纪经济的增长来自特定的行业——如电子和塑料行业——1945 年的时候这些及新能源并不存在。19 世纪，煤炭取代活水和木材成为工业能源的主要原料，但早在 1939 年前，水力发电、石油以及天然气已是主要能源；近年来，核电也成为新能源。由于电力、运输成本有所回落，因此，工业增长便提高了人民的生活水平。其中，创新发挥了极大的重要性。1885 年，第一辆由内燃机推动的动力机车诞生，也就是说，使用热产生的能量直接驱动发动机汽缸里面的活塞，而不是通过烧锅炉产生的蒸汽进行转换。九年后，法国潘哈德公司（Panhard Company）制造了四个轮子的机器，这便是现代汽车的前身。接下来几十年中，法国与德国控制了汽车生产，但它仍是富人的玩具。这是汽车发展的前史。汽车的历史始于 1907 年，此时美国人亨利·福特已经建立了生产汽车（即之后闻名遐迩的“T 型车”）的生产线。该车价格低廉，主要针对普通百姓。到 1915 年，福特车每年生产百万辆，到 1926 年，T 型车的成本低于 300 美元（当时约 60 英镑）。一个巨大的商业成功已经起步。

这同样也带来了社会和经济变革。福特改变了世界。通过给予普通百姓以前认为是一种奢侈品的东西（即使 50 年前的百万富翁都不可能拥有的汽车），他的影响如同铁路一样伟大。这一便利设备迅速传遍世界各地，并带来多样的后果。全球汽车制造业诞生便是其中之一，它控制着国内制造业，最终使得汽车制造国际一体化。20 世纪 80 年代，世界上生产的四辆汽车中有三辆是由八个大型生产商生产。该行
业也激起对其他行业的巨大投资；几年前，一半的机器人在汽车厂做 1009
焊工，另外的四分之一则给这些产品涂上油漆。同时，汽车生产极大地刺激了石油需求。大量雇员为车主供油，并提供其他服务。公路建

设的投资成为政府的主要关注对象，这是自罗马帝国以来久未得到关注的问题。

像其他许多伟大的革命家一样，福特把他人的思想纳入自己的想法之中。在这个过程中，他也改变了工作场所。在这一榜样的带动下，装配生产线成为消费品制造的特有方式。福特设置的生产线，即汽车制造稳步地从一个工人转到另一工人，每个人在特定时间内完成必要的任务，如果可能的话，他（或，后来的她）完成熟练而简单的任务。很快人们发现这种工作方式会对工人产生心理影响，但福特看到这项工作非常单调，于是开的工资较高（从而也使他的工人能更容易买他的车）。这是对社会根本性变革作出的另一贡献，并带来了不可估量的文化后果——由日益增加的购买力和需求刺激了经济繁荣。

通讯

时下一些装配生产线完全是由机器人“操控”。1945 年以来，技术变革影响着工业社会的发展，这些新技术后来被宽泛地称为信息技术，即设计、建构、处理以及管理电子信息处理器的复杂技术。在技术变革的历史上，很少有发展如此迅速的技术。仅在二战期间运用的工作应用程序几十年后被广泛运用到服务和工业的生产过程。最明显的是，作为电子数据处理器的“计算机”被广泛使用，第一台于 1945 年诞生。能量和速度迅速增加，尺寸缩小，视觉显示能力带来了庞大的信息量，可以控制且在给定的时间内进行处理。量变带来了质变。由于所涉及的数据量非常之大，此前这类技术操作一直很难实现，但现在却成为可能。智力活动从来没有如此突然加速过。此外，在电脑的能力不断发生变革性增长的同时，其也在变得越来越具实用性、廉价性和便携性。仅仅 30 多年，一张信用卡大小的“微芯片”
1010 就能承担的工作，起初需要如英国客厅大小一样的机器来完成。据观察，1965 年，一个芯片的处理能力每 18 个月增加一倍；30 年前一个芯片上的晶体管数量大约为 2 000 个，如今却已增至数以百万计。这种影响已经强烈地被感知，人类的每项活动——从金钱、战争决策、学术到色情，都被牵涉其中。

当然，计算机只是各种通信进步和创新发展的一部分，这一进程开始于固体物体如商品和人的物理及机械运动。19 世纪的主要成就是蒸汽机运用到海陆通信，以及后来的电力和内燃机。在空中运输方面则是气球。第一个“可以驾驶”的飞艇 1900 年之前已经出现，但 1903 年一名男子驾驶着自己制作的“比空气重”（即，浮力不是来自比空气还轻的带状气体）的机器进行了第一次飞行。由此宣告了一个物质传输的新时代；80 年后，伦敦最大的机场运输的商品，其价值远大于任何一个英国海港所承运的。如今，数百万人通过飞机旅行开展业务或休闲，飞行让个人的空间掌控能力大为增长，而这在本世纪之初仍只是模糊的想象。

信息通讯早已进入到另一场革命。根本意义上来说，信息流动与信息来源和信号之间脱离了任何物理链接。19 世纪中叶，在铁路线旁的有线电报是一个熟悉的景象，而用海底电缆连接世界的进程也已开始。但线路连接仍很重要。之后，赫兹发现了无线电磁波。到了 1900 年，科学家们利用电磁理论开始用无线电报传递信息。发报机和接收器不再需要任何物理链接。相应的，1901 年即新世纪的第一年以这项发明为标志，马可尼（Marconi）发送了第一封横跨大西洋的无线电报。30 年后，数百万人拥有了无线接收器，他们已不再相信需要打开窗口以接收神秘的“电波”，同时所有主要国家都有了大型广播系统。

1936 年，英国广播公司开设了第一家定期安排的电视广播服务；
20 年后，在主要的工业国家中，这种传媒已是司空见惯，现已真正 1011

的全球化了。正如印刷业的到来一样，新媒体有着巨大的影响，但为了更全面地评价它们，必须把它们放置在整个现代通讯发展的时代背景下。尽管新的传媒与印刷业一样，保持着政治和社会的中立（也可说是一把双刃剑），但其影响仍是不可估量的。电报和无线电使得信息传播更为迅速，这可能既对各国政府也对他们的对手有利。电视具有的暧昧立场则更加迅速地得到了展现。它们可能会曝光政府想掩饰的内容从而吸引诸多目光，但也有人认为它们发布的观点服务于那些控制它们的人的利益。20 世纪末，毫无疑问，互联网构成了信息技术的重大进展，但其立场并不明确。它源自阿帕网（由美国国防部高级研究计划局于 1969 年组建），到 2000 年已有 36 亿固定用户。这些用户大部分在发达国家。那时，它所提供的便捷交流有助于革新全球市场并强烈地影响世界政治，尤其是在那些迈向更加开放制度的地区。随着诸如亚马逊和易趣这些公司在市场上成为最有价值和最有影响力的公司，电子商务（通过互联网买卖消费品和服务）成为 21 世纪早期美国商业的重要组成部分。到 2005 年，在北美、欧洲和东亚部分地区，电子邮件作为一种完美的通信方式取代了邮政服务。但与此同时，不断增加的互联网传输速度能力的大部分被用来观看色情电影或玩互动游戏。随着大部分容量被浪费，那些每天大部分时间在线的人和那些没有进入互联网的人之间的社会差异快速增多。

科学和自然

截至 1950 年，不管人们承认与否，现代工业早已直接或间接，或明或暗地依赖于科学和科学家。此外，到此时，基础科学转化为终端产品往往非常迅速，大部分地区的技术也在不断革新。得知内燃机原理之后，汽车得以大量推广，历时约半个世纪。而此时，微芯片的
1012 发明与使用，使得手提电脑在大约 10 年内有可能出现。技术进步仍

是大多数人意识到科学重要性的唯一途径。然而，技术进步也出现了重要的变化方式，并塑造了他们的生活。19 世纪，大多数的科学实践成果往往是科学好奇心的结果，有时甚至是偶然发生的。到了 1900 年，变化便开始了。一些科学家意识到有意识地、集中地进行研究是很重要的。20 年后，大型企业开始认识到研究对正确投资的重要性。即使是很小的一些工业研究部门最终也与其他如石化、塑胶、电子以及生化药物部门一样确立了自己的威信。如今，发达国家的普通公民的生活不得不依赖于应用科学。这一普遍性，再加上最壮观成就给人留下的深刻印象，是科学获得公认的原因之一。金钱只是一个尺度。例如，1914 年之前，剑桥的卡文迪什实验室（Cavendish Laboratory）进行了多次核物理实验，当时学校每年给予实验室约 300 英镑的费用——按当时的利率折算，大约为 1 500 美元左右。1939 至 1945 年战争期间，英国和美国人决定必须下大力气研制核武器，“曼哈顿计划”因此而诞生。其成本估计相当于先前人类有记录的所有试验总花费。

如此庞大的数目（战后世界因此产生的花费比这还更高）标示着另一个重大变化，显示出科学对政府的重要性。几个世纪之后，那些仅被国家偶尔关照的事情，现在却成了一个重大的政治问题。1945 年以来，只有政府才会提供资源做大量必要的事情。这么做的好处之一是，他们通常寻求研制新式武器，这便是对美国和苏联进行巨大科学投资的解释。但另一方面，参与国政府的兴趣却并不意味着科学日渐国家化，事实上，情况正好相反。科学家之间的国际交流是 17 世纪这样一个伟大科学时代的遗产。即使不是如此，科学也会因为理论、技术原因而冲破国界。

再次，历史背景是复杂和深刻的。早在 1914 年前，个别学科（其中一些自 17 世纪后就已经成为独立的研究领域）之间的界限就开

1013 始慢慢地趋于模糊直至消失。但是，这种情况的影响力近期才开始充分显现。如果说18、19世纪伟大的化学家和生物学家取得了很大成就，那么是物理学家改变了20世纪的科学地图。詹姆斯·克拉克·麦克斯韦（James Clerk Maxwell）是剑桥实验物理学的首席教授，19世纪70年代他将电磁学研究首次引入了牛顿物理学未触及的问题和领域。麦克斯韦的理论工作和实验研究深刻地影响了传统观点，即认为宇宙服从于一个自然的、普遍的和可发现的机械力，且它由不同方式和安排组合的牢不可摧的物质构成。这就是新发现的电磁场，其技术可能性迅速获得非专业人士和科学家们的一致认可。

1895至1914年间，现代物理理论诞生的关键在于伦琴（Röntgen）发现了X射线，贝克勒尔（Becquerel）发现了放射性，汤姆逊（Thomson）发现了电子，居里夫妇分离出镭，卢瑟福（Rutherford）深入研究了原子结构。他们使人们以一种新的方式观察物理世界。不再是纠缠的物质团块，宇宙更像一个原子的集合体，它们是由不同排列组合的电力黏合在一起的太阳系的微小粒子。这些粒子运动的方式模糊了物质与电磁场之间的区别。此外，颗粒的组合并非固定不变。从本质上讲，一个组合可能是另一组合的基础，因此，一种元素可能转变为其他元素。卢瑟福的工作具有决定性的意义，因为他认为原子可以"分裂"，原因在于原子结构是一个粒子系统。这意味着即使在最初阶段，物质就是可以被控制的。很快两个这样的粒子被发现：质子和电子；其他粒子直到1932年后才被发现，也就是查德威克（Chadwick）发现了中子。现在，科学世界已经通过实验证明原子结构是一个粒子系统。但迟至1935年，卢瑟福认为核物理将没有实际意义——并没有人反驳他。

具有根本重要性的是，科学家们并未立即展开实验工作以提供一个新的理论框架来取代牛顿的体系，只是从理论上进行了长期的争论。这开始于 19 世纪最后几年，并于 20 世纪 20 年代达到顶峰。它侧重于两类不同的问题，引发了相对论和量子理论指导下的研究。马 1014
克斯·普朗克（Max Planck）和阿尔伯特·爱因斯坦（Albert Einstein）是开拓者。到了 1905 年，他们提供了实验和数学证据，认为牛顿运动规律是一个对一些从未被反驳的事实解释不足的框架，即物质世界的能量转换不是发生在流动中而是在分离运动中——这在后来被称为“量子”。普朗克发现热量（例如来自太阳）并非如牛顿物理学认为的那样持续射出；他认为这是真正的能量转换。爱因斯坦认为光并非不断传播而是粒子运动导致的。虽然在接下来的 20 年里又出现了许多重要的工作，但普朗克的贡献产生了深远影响，可终极定论并未诞生。牛顿的观点已被发现是有缺憾的，但却没有产生可以取而代之的框架性理论。

同时，爱因斯坦在研究量子后，于 1905 年出版了专著，因此而受到广泛关注，这也是他庆祝相对论发表的声明。它基本上是打破空间和时间，质量和能量传统区别的宣言。它打破了牛顿的三维物理，把人们的注意力转向了“空间—时间连续性”，该理论可以理解空间、时间以及运动的相互作用。很快天文观测证实了牛顿宇宙学的不足，但在爱因斯坦理论中可以找到答案。相对论研究的一个奇怪且意料之外的结果是他关于质量和能量之间关系的论断，以此论断得出一个公式：$E=mc^2$，其中 E 代表能量，m 代表质量，c 代表恒定的光速。大量核子物理试验之后，这一理论建构的重要性和准确性才逐渐得以清晰。当原子核裂变过程中质能转换为热能时，这一关系也就更为明显，并且同这一公式也很吻合。

虽然吸收了这些成绩并试图改写物理学，但他们远没达到这个程度，直到 1926 年一个重大的理论突破终于为普朗克的观测和核物理提供了一个数学框架。薛定谔（Schrödinger）和海森堡（Heisenberg）两位数学家的成就也同样在影响力上波及全世界，他们为量子力学在科学上的无限解释力作出了重要贡献。现在可以对卢瑟福和玻尔（Bohr）发现的原子里面的粒子运动进行解释。他们工作的进一步展开导致了新核粒子存在推断的出现，即于 20 世纪 30 年代得以发现的正电子。新粒子的发现持续着。量子力学似乎已经开创了物理学的新时代。

1015　到本世纪中叶，相较于曾经被接纳的一系列一般规律而言（任何情况下，对于日常而言，牛顿物理学仍然是所有的基石，这一点儿是毫无异议的），科学上的很多内容消失了。物理学已扩展到其他学科，一般规律的概念已被统计概率概念所取代，我们可能希望这是最好的。这一有关科学的观点和内容则是不断变化的。此外，科学之间的界限在新理论和仪器产生的新知识的冲击下已经崩溃。任何一个有关科学的伟大传统分类很快就超越了一个人的观点。把物理学理论运用到神经病学、数学或生物学的综合方式，又为 19 世纪人们都希望获得综合知识梦想的道路铺设了障碍，因为获取新知识的概率（从数量上，它只能通过新近的可用的计算机来处理）比以往任何时候都更快。这种考虑并没有削弱科学家或信仰的威信，他们是人类更好地管理其未来的美好希望。他们开始怀疑起来，原因并非因为他们没有能力研究出一个像牛顿定律那样曾经可以解释一切的包罗万象的理论，而是有其他原因。同时，科学的具体进步仍在继续着。

1945 年后，接力棒从物理学传递到生物或“生命”科学。它们的成功再次影响深远。17 世纪，显微镜的发明首次让人们观测到组织机构可以被分解为具体的单元，即细胞。19 世纪，研究者早已发现细胞可以分裂，而且是单独成长的。于 1900 年被广泛接受的细胞学认为，单个细胞提供了一个研究生命的好方法，它与应用化学的结合还成为生物学研究的主要途径之一。19 世纪另一个主要进步是，生物学促生了一个新的学科——遗传学，即对后代遗传父母特征的研究。达尔文曾认为遗传是通过自然选择而获得特质繁殖的重要手段。19世纪五六十年代间，奥地利僧侣格雷戈尔·孟德尔（Gregor Mendel）使得理解这一原理成为可能。经过一系列细致的豌豆育种实验，孟德尔得出结论，存在控制从父母遗传给后代特质的遗传单元。1909年，丹麦人把它们命名为“基因”。

渐渐地，细胞化学逐步得以理解，基因的物理现实已被接受。 1016
1873年，物质的细胞核可能是所有活着物质的决定因素，这一观点已经确立。随后，实验揭示了基因在染色体上的位置，在20世纪40年代，基因被证明控制着蛋白质的化学结构，是细胞的最重要构成。1944年，科学家开始迈出研制带来某些细菌变化的特效药的第一步，因此进一步控制蛋白质的结构。20世纪50年代，它最终被确定为“DNA”，其物理结构（双螺旋）于1953年被认知。这一物质（它的全称是脱氧核糖核酸）的重要性在于，是遗传信息载体决定了作为生命基础的蛋白质分子的构成。最后，人们还认识到了在生物现象多样性背后的化学机制。这表明了自19世纪达尔文主义被传播后，人对自己生理上的，也许是心理上的看法的前所未有的转变。

DNA结构的识别和分析是迈向新的操纵自然、塑造生命形式进程的最为显著的一步。早在1947年，已经创造出“生物技术”这一词语。再次，不仅有更多的科学知识，也还有研究领域新的定义和新的应用随之出现。“分子生物学”和“基因工程”，如“生物技术”一样，迅速成为人们熟悉的术语。一些生物体的基因可以改变以便于给予这些生物体新的和可取的特点，这一点很快就变得很明显。通过控制它们的成长过程，酵母和其他微生物也可以产生出新物质，如酶、激素或其他化学品。这是新科学的早期应用之一，千百年来在制作面包、啤酒、葡萄酒以及奶酪中积累的有经验和非正式的技术和数据最终被超越。细菌的遗传变异现在可以产生新的化合物。截至 20 世纪末，美国种植的大豆四分之三是转基因种子，而像加拿大、阿根廷和巴西这样的农业国家已开始种植大量的转基因作物。

更引人注目的是，20 世纪 80 年代末，科学家们开始了一个全球范围内的协作调查，即人类基因组计划。其难以想象且雄心勃勃的目标是绘制人类基因组图谱。科学家要确定人的基因的位置、结构和功能——据说每一个细胞里的基因数目在 3 万至 5 万之间，每个基因拥有多达 3 万对四种基本组成的化学单元，形成了遗传密码。本世纪结
1017 束时，该项目宣布已经完成。（不久，科学家发现了人类拥有的基因数大约只是果蝇的两倍——实际上比预期的要少得多）人们已经打开一扇操纵伟大未来的大门——它意味着什么早已在苏格兰实验室第一次成功地“克隆”羊时初见端倪。目前，缺陷基因的筛查也是一个现实，且更换其中一些是可能的。这对社会及医疗的影响是巨大的。在日常水平，所谓的 DNA“指纹”是现在警务工作中从血液、唾液或精液样本中识别一个人的重要内容。

到 2005 年，日益清楚的是，基因工程可能会对我们的大部分未来产生重大影响，尽管在这个领域的很多研究项目引发了公开辩论。基因学者创造的“新”微生物现在可以取得专利，因此在世界大部分地区商业化成为可能。此外，转基因作物通过创造更具有抵抗力和多产的菌株来增加产量，从而使一些地区第一次在主食上获得自给自足的机会。但同时产生了明显的利益冲突。由于提供可能不安全的食品产品，以及世界性的大型跨国公司在研究与生产上日益占据统治地位，生物技术也受到了密切关注。当对人类物质的基因研究涉及诸如在胚胎干细胞方面的研究时，这些关注由于显而易见的原因，变得特别强烈。很多科学家未能意识到他们的研究引起了公众不断增加的巨大关注，这大部分源于 20 世纪历史的警告。

这些事情进展的惊人速度，大部分要归因于新的计算机能力的应用，科技进步加速的另一个实例是，既能促进新知识的快速应用，又能用新观点来挑战世界的预设判断，而这些必须考虑到普通人。然而，仍然比以往任何时候都更难看到此类挑战意味着什么或可能意味着的意思。尽管近来生命科学领域取得了长足进步，它们的重要性是否被一个极小群体之外的广大民众所感知，是值得怀疑的。

太空：人类的新环境

20 世纪中叶的一个短暂时期，科学的能量在太空探索上发挥得淋漓尽致。人类生存环境可如此延伸，这或许在某天会让其他的历史进程（本书用较多篇幅来讨论的那些）相形见绌，但目前还没有这样 1018
的迹象。然而，它表明人类文化应付前所未有的挑战的能力与以前一样重要，并为人类统治自然提供了迄今为止最壮观的例子。对于大多数人来说，太空时代始于 1957 年 10 月，即无人驾驶的苏联卫星——斯普特尼克一号（Sputnik Ⅰ）由火箭发射，很快开始绕地球旋转，并发射回无线电信号。其政治影响是巨大的：它打破了苏联技术明显落后于美国的观点。然而，这一事件的充分意义仍模糊不清，因为大多数观察家关注的是两大超级大国的对抗。事实上，它结束了质疑人类能够太空旅行的时代。因此，无意之间，它具有了像欧洲发现美洲或工业革命一样的重要性，是打破历史连续性的重要标志。

19 世纪末 20 世纪初，太空探索已经出现。它们此时已在小说中吸引了西方公众的目光，尤其是儒勒·凡尔纳（Jules Verne）和威尔斯（H. G. Wells）的小说。相关技术的出现也差不多可追溯至这段时期。1914 年之前，一位俄国科学家康斯坦丁·齐奥尔科夫斯基（K. E. Tsiolkovsky）设计了多级火箭并且制定了许多太空旅行的基本原则（且他写了部小说以使他的观点普及化）。1933 年，第一个苏联液体推进剂火箭起飞（高度达 3 英里），六年后，苏联发明了二级火箭。二战催生了一个德国火箭计划，而美国于 1955 年开始提出自己的计划方案。与苏联（它早已领先）相比，美国寻找更加轻便的硬件，美国第一个卫星重 3 磅（斯普特尼克一号重达 184 磅）。1957 年 12 月底，美国做了大量宣传，但火箭并没起飞而是葬身火海。美国人本可以做得比这次更好，但苏联发射第一颗人造卫星一个月后，又发射了斯普特尼克二号，一个惊人的成功机器，它重达半吨，并携带了太空的第一个乘客，即被称为莱卡的黑白狗。这颗卫星围绕地球旋转了近 6 个月，全人类都目睹了这一历程，但它也激怒了数千名爱狗的人，因为莱卡再也回不来了。

之后，美苏的太空计划开始分道扬镳。苏联人在战前经验的基础上，侧重于关注火箭的力量和大小，让它可以承载大负荷，因此它们的重量继续增加。与美国将注意力集中在数据搜集和仪器上相比（同样深刻，但不那么引人注目），苏联这样做的军事意涵更为明显。两
1019 国很快展开了你争我夺的竞争活动。尽管被人们称为“太空竞赛”，竞争双方实际上在奔向不同的目标。除了一个例外（希望首先把人送到太空），美苏的技术决策可能不怎么受到彼此行为的影响。显著体现这种对比的是，美国于 1957 年 12 月发射卫星失败后，于次年 3 月才成功发射。虽然它很小，但是它比任何先驱走到更深层的空间，并按它的大小比例来说提供了比其他任何卫星更有价值的科学信息。这些科学信息可能几个世纪之后才得以传播。

新成绩接踵而至。1958 年底，第一颗用于通信的卫星成功发射（美国造）。1960 年美国人又取得了另一个“第一”——发射并回收了太空舱。苏联人紧随其后，发射并回收了 4.5 吨重的人造卫星斯普特尼克五号，其上载有两只狗，它们成为第一对进入太空又活着安全返回地球的生物。次年春天的 4 月 12 日，苏联载人飞船载着一个名

为尤里·加加林（Yuri Gagarin）的人起飞了。它用了108分钟绕着地球旋转一圈后，又带着加加林安全着陆。在第一颗人造地球卫星发射四年后，人类的太空生活已经开始。

可能是为了抵消美国与古巴之间最近的公开危机的不利影响，1961年5月，肯尼迪总统提出十年内应该尝试送一个美国人到月球上（第一个人造物体早在1959年坠落在那里），并让他安全返回地球的登月计划。肯尼迪公开陈述了理由，并把它与15世纪葡萄牙和西班牙的统治者支持麦哲伦和达·伽马航海进行了对比。理由有四，首先，它提供了一个好的国家目标；其次，它将会很著名（“令人印象深刻的”这是总统的原话）；第三，太空探索是非常重要的；第四，（某种程度上奇怪的是）将遇到前所未有的困难且需要高额的费用。肯尼迪说这无关科学的进步，无关商业或军事优势——事实上，什么是他真正的动机：那就是要在苏联之前做到。令人惊讶的是，该计划并未遭到反对，且第一笔费用很快到位。

20世纪60年代初，苏联持续取得了辉煌的成绩。他们于1963年
把一名女士送到了太空，这也许是最令世界兴奋的。但飞船的大小仍
是它们技术能力的最好体现——1964年，苏联推出了载三人飞船；次 1020
年又实现了第一次“太空行走”，宇航员从船舱走出来且在外行走（尽管使用了救生索）。苏联人进一步实现其在飞船和控制他们回舱之间的对接，但1967年（太空旅行第一例死亡年，一名苏联航天员在返回时死亡）后太空成就向美国人转移。1968年，美国取得了轰动的成功，发送一个载3人的飞船进入环绕月球的轨道，并向地面发回电视画面。这就是著名的阿波罗登月计划，它的后续项目也很成功。

1969年5月，一艘飞船被该计划的第十个火箭送入轨道，与月亮只有6英里的距离以评估着陆最后阶段的技术。几个星期后，7月16日，3名宇航员搭载飞船起飞。四天后他们的登月飞船降落在月球

表面。第二天早晨，7 月 21 日，航天员阿姆斯特朗作为该次任务的指挥员，将左脚踏到月球上，成为世界上第一个踏上月球的人。肯尼迪总统的目标提前实现。其他着陆行动紧随其后。这个十年中，美国政治上在加勒比地区受辱，最终又在亚洲陷入战争泥潭，登月计划相比之下是美国重申它（某种意义上指的是资本主义）可以做它想做的事情的胜利宣言。这也是现代人拓展其生活环境的最新和最伟大的延伸，人类历史开始了新阶段，开始探索其他天体。

即使在当时，这一伟大的成就也遭到了谴责，以及到了现在仍难以摆脱这种反高潮的感觉。批评者认为，动用该计划所需的资源是不合理的，因为它无关地球的实际问题。某种程度上，太空旅行技术似乎已是我们文明的金字塔，巨大投资用在错误的事情上，世界需要金钱用于教育、营养、医学研究——太空研究徒有虚名但并非迫切需要。由此不难赞同这一观点。然而，太空探索深远的科学和经济影响是难以量化的；它需要使用小型化的知识控制系统，例如，迅速波及明显的社会和经济的应用价值。事实上，既不能说这一知识必然把投资太空放在第一位，也不能说，我们相信投向太空探索上的资源会有助于实现任何伟大的科学或社会目标，而它们的使用目的并未朝这个方向迈进。我们的社会机制并不是如此工作的。

1021 所发生的事件具有的神秘力量也必须加以考虑。不管有多令人遗憾，现代社会似乎无力唤起绝大多数人的利益和热忱来为集体目标奋斗，只有短期的例外（或在战争期间，而战争的“符合道德的等价物”——正如一位美国哲学家 1914 年之前就很好地阐释一样——却仍未寻得）。大多数人的想象力并非真正被国内生产总值或引进一个更细化的社会服务体系所点燃，不管它们从根本上多么值得追求。肯尼迪制定的国家目标是明智的，20 世纪 60 年代陷入困境的美国人面临太多煽动和分化，但他们并没有阻挠太空探索任务。

正如过去一样，太空探索也变得更加国际化。20 世纪 70 年代前，最大的两个国家即美国和苏联之间很少合作，努力大量重复且效率低下。10 年前，美国人在月球上插上了美国的国旗，苏联的任务就是要在月球上插上列宁锦旗。这似乎是不祥的，在科技比赛本身和民族主义上的国家竞争可能会挑起“空间争夺战”。但这一竞争的危险被避免了，两国在“天体不属于任何一个国家”上达成了一致。1975 年 7 月，距离地球上空约 150 英里，合作成为现实，苏、美发射飞船进行联合对接飞行，这是一个了不起的尝试，使得双方航天员进行飞船间访问。尽管存在疑虑，但在一个相对和谐的国际环境下的这种探索仍在继续。对更远的超过木星的太空的视觉探索是由无人卫星执行的。1976 年，一架无人探索飞船首次登陆火星。1977 年，作为第一架可重复使用的太空飞行器——美国航天飞机实现了首航。

这些成就是巨大的，但现在仍未引起关注，我们的想象力已经疲惫。一个新的熟悉太空旅行的观点如此迅速地成长起来，到了 2000 年，似乎只有美国人应该作为第一个付费太空旅行的乘客的论断显得滑稽。安全降落在月球上并返回，乃是对下列观点的绝佳证明，即我们生活在一个可被操控的宇宙中。这样的行为曾被认为是魔幻的，但现在都已成为科学技术。但整个自然界可被操纵，历史上人类对此的自信心不断增长。登月是这一连续历程中又一具有里程碑意义的事件，不亚于火的掌握、农业的发明或核电的发现。

它可以与发现新大陆的伟大时代相比拟，但时间跨度有所不同。 1022
葡萄牙用了 80 年左右的探险，发现了非洲和印度；而把第一个人送入太空到人类登陆月球只间隔了 8 年。1961 年设定的目标大约 18 个月便成功实现。它也证明了太空探索的安全性。尽管仍有一些意外，即使根据一名乘客一英里死亡人数的计算，它仍然是已知的最安全的运输形式，而 15 世纪的航海则是一个冒险的行为。更确切地来说，搭载“圣玛丽亚”号甚至“五月花”号旅行的风险也一定远大于“阿波罗”号上宇航员面临的风险。但两者也有一定关联。海洋探险时代很长一段时间主要由葡萄牙人主导，它为知识的缓慢积累奠定基础。渐渐地，随着数据一点一点的增加，探险的基础逐渐扩大。绕过好望角时，达·伽马不得不选择一个阿拉伯航海家。前方全是未知海洋。五百年后，“阿波罗”号在一个更广泛的但仍在积累的基础上发射，这几乎是人类的全部科学知识。1969 年，已知的到月球的距离，已具备的人们到达那里的条件，包括他们可能会遇到的危险，能量的数量以及他们返回将需要的其他支持系统的性质、供应，他们身体所能承受的压力都已经被较好掌握。尽管可能会出错，人们还是普遍感觉到不会出错。可预见的，正如量变到质变，太空探索是文明基础上的科学缩影。或许这就是太空为何不像先前的伟大发现一样，可以改变人类的思想和想象力。

七八千年间人类控制自然能力提升的背后，是数万年的史前探索史，其技术是从一把利刃可以放在石头上打磨以及火是能够掌握的向前推进的，而笼罩在人类身上的遗传编码和环境压力的重担仍大于有意识地控制。在人类的身体结构被固定为今天的这个样子之后，人类意识到他们能在有意识控制方面做得更多，这是人类进化迈出的一大步。有了这种意识，控制和利用经验已成为可能。

新关怀

1023 然而，早在 20 世纪 80 年代，由于人类干涉自然而产生的新的不安，太空探索在人们的大脑中蒙上了一层阴影。苏制人造卫星斯普特尼克一号发射的几年内，人们开始对人类与自然界之间关系这一熟悉观点的思想根源进行质疑。这种不安现在可以清楚地表达出来，基于迄今不能得到或在当时也未被考虑但可观察到的事实；是科学本身提供的仪器和数据挫败了正在进行的事情的积极性。干涉环境可能带来的破坏开始显现。

当然，这种认知是全新的而非仅是引发它的现象。人类（或许是他的前辈）总是挣扎于他居住的自然界，改变了自然的很多内容，且毁掉了其他物种。一千年后，人口南迁，以及美洲旱地作物的引入毁坏了中国西南地区的大森林，侵蚀该地区土壤，致使长江排水系统淤塞，最终使得大部分地区重复水涝。中世纪早期，伊斯兰征服带来的是在北非沿岸地区放牧山羊和砍伐树木，摧毁了曾能填补罗马粮仓的肥沃土地。尽管这种变化并非没人注意到，但却不被理解。然而，起源于 17 世纪被欧洲人向前推进的生态干涉以史无前例的速度把事情推向高潮。20 世纪后半期，未经深思熟虑的技术能力将危险强加给了人类。人们开始估算成本和收益，截至 20 世纪 70 年代中期，即使人类掌控环境的故事是一部史诗，但也很可能变成悲剧。

随着 17 世纪科学革命的权威和影响逐渐展开，虽然只限于几个幸存的原始的或反对改革的飞地，但西方社会对科学的怀疑从来未完全消失。历史可以提供大量干扰自然并试图控制它而引发人们不安的证据，但直到最近，这种不安似乎还停留在非理性的理由上，如害怕挑起神怒或遭到报应。随着时间的推移，由于成功干扰自然而带来的明显好处和进步，这种观点不断被削弱，最明显的是通过各种商品形
式创造的新财富，从更好的药品到更好的衣服和食物。然而，20 世 1024
纪 70 年代，对科学本身的一种新的怀疑在国外流行，即使只是在少数人之间和富裕国家中。一个愤世嫉俗者可能说过，科学的红利已经结束。尽管如此，怀疑主义者表示这种表现本身就存在着，20 世纪 80 年代，“绿党”致力于促进制定保护环境的政策。他们不可能取得太大的成就，但他们却壮大了；一些已成立的政党和敏感的政治家也因此把“绿色”主题当成政治玩具。环保人士利用现代通信的新进

展，从之前的沉默寡言转而迅速发布令人不安的新闻。1986 年，乌克兰核电站发生爆炸。突然间，人类之间相互依赖的关系清晰可见。威尔士羔羊吃的草，波兰人、南斯拉夫人饮用的牛奶，瑞典人呼吸的空气，全都被污染了。多年来，无数俄罗斯人死于核辐射的缓慢影响。数百万人在电视上看到美国的火箭炸毁而无生还的事件之后没多久，电视又把这一震惊的消息带到了千家万户。切尔诺贝利事故及其挑战者首次向更多人展示了先进技术的局限性和可能带来的危险。

这次事故加强了人们对环境的新关注。关注很快与其他纠缠在一起。最近出现的怀疑尽管接受我们的文明善于创造物质财富的观点，但认为要注意的是，这本身并不一定给人们带来快乐。这并非一个新观点，但它总体上是应用于社会，而不是把个人作为新重点。这便导致了这样一种广泛的认知，即社会条件的改善并不能消除所有人的不满，且实际上还更可能激起其中一些人的愤懑。污染、难以忍受的拥挤的城市、紧张的压力以及现代工作条件的压力，很容易消除物质利益带来的快乐，何况这并不是新问题：1952 年在英国，一个星期内有 4 000 人死于大气污染，但所谓的“烟雾”在此之前早已存在了近半个世纪。目前，其规模本身也成为一个大问题。一些现代城市，甚至可能已经发展到现有问题的临界点，而目前又解决不了。

有人担心如此浪费资源会使我们面临一个新的马尔萨斯危险。能
1025 源从未像今天这么奢侈地使用。一项统计表明，20 世纪人类已使用
的能源比以前的整个人类历史（换言之，就是过去一万年内）使用的
还多。然而，这个最佳估计数并未说明促进大部分增长的矿物燃料消
耗殆尽后将带来的巨大灾难。我们也没有通过任何方式达到生产粮食
能力的极限，虽然我们比过去有了更多耕地（在过去的一个世纪，耕
地的面积翻了一番），但如果整个世界以当今发达国家的水平来消费
食品之外的其他商品，这也是不可能满足的。一个人能吃的有限，但

在一个舒适的环境、良好的社会服务以及医疗保障的社会中，实际上很难知道他或她要消费什么。我们可能无法控制能源消耗给环境带来的难以避免的问题（比如，对臭氧层的污染或损坏），并进一步强化了这些问题的不可忍耐性。伴随着那些尚未把握但早已出现的变革，产生了一些社会和政治后果，没有任何事情能与知识、技术或目标的共识相比拟，如人类能够登陆月球。

由于一个新幽灵困扰着本世纪的最后十年，因此这些后果也变得更加明确——人为的可能性，及不可逆转的气候变化。1990 年还没结束，据说就已被认为是有气候记录以来最热的一年。这就是有人说的由于人类使用矿物燃料而排放的大量二氧化碳造成的“温室效应”“全球变暖”的迹象吗？据估计，与前工业化时代相比，现在大气中的二氧化碳高出 25％以上。可能这是准确的（据说每年世界释放的此类物质为 60 亿吨，但这不是门外汉该争论的问题）。二氧化碳并不是空气中阻止地球散热气体增加的唯一贡献者；甲烷、氧化亚氮和氟氯化碳都加重了这一问题。如果全球变暖还不足以担心的话，那么，酸雨、臭氧耗损导致臭氧层的“空洞”，以及以前所未有的速度砍伐森林，所有这些都为新的环境关注提供了依据。如果没有出台有效的应对措施，这些行为造成的后果将不堪设想，表现在人们对气候变化（下个世纪，地球的平均地表温度可能会上升 1 到 4 摄氏度）、农业转型、海平面上升（每年 6 厘米被认为是可能且可信的）以及大规模迁移的担忧。

联合国关于气候变化的框架公约《京都议定书》，在 2005 年生 1026
效，这是一个通过限定大气层温室气体排放量来处理这些问题的一次尝试。38 个工业国承诺到 2012 年将其排放量减少至 1990 年以下水平。但是世界最大的污染排放国美国，拒绝签署，而世界第二大污染排放国中国，由于其处于发展中国家的地位而免除了大部分义务。即使各缔约国履行他们的承诺，大部分专家认为要消除全球变暖的长期影响，还需要作出更多的努力。到21世纪初，很明显的是，如果主要国家最终实现的是合作而不是竞争的话，那么将有很多共同关心的问题需要人类合作解决——如果他们能在必须要做的事情上达成共识。

信仰与态度

历史学家不应该武断地推测大多数人心中在想些什么，因为他们并不比其他人知道得更多；哪些人留下了突出的证据，他们知道有关哪些人的事情就最多，但这些并非典型。在推测他们认为的影响时应该谨慎。显然，近来政治对环境问题的回应，表明思想观念的变化很快会影响到我们的集体生活。即使只有少数人知道臭氧层，这也会变为事实。这种思想很是普遍，一个含糊、欠定义的词语仍具有历史影响；一名维多利亚时代的英国人发明了“习惯蛋糕”（cake of custom）的表达方式以说明根深蒂固的、通常不容置疑的判断，这代表着大多数社会中有着重要分量的保守分子。对于观念如何发挥作用的教条式主张比认为思想如何被具体问题纠缠在一起（如环境变化）更危险，但人们必须作出努力。

例如，我们现在可以看到，商品日益丰富，以致最近打破了百万人期待的——不久前仍没有的——一个稳定的世界。但这种情况仍然发生着，尤其是在一些最贫穷的国家更为突出。便宜的消费品及其代言人越来越多地出现在广告中，特别是在电视上，带来了重大的社会变革。这些商品包含了地位；它们能够激发嫉妒和野心，激励人们为
1027 工资工作从而购买它们，并经常鼓励人们为工资向城镇和中心城市迁移。这隔断了与传统方式和规律的、稳定的生活之间的联系。但它只是加速现代化进程激流中的一个表现而已。

这一变化过程的部分复杂背景存在一个明显的悖论：20世纪无论从哪种角度来看都是一个史无前例的可怕的悲剧和灾难，但如今很多人比以往任何时候都相信人们的生活和世界条件都会改善，可能是永远的，因此它们应该会这样。这种乐观态度的根源可追溯到几个世纪前的欧洲，直到最近，这一观点被限定在植根于这片大陆的文化之中。它们在某些方面仍取得了很大进步。即使被问及时，很少有人能够有如此清楚、自觉的想法，却有一个共识，行为改变无处不在。

几乎可以肯定这种变化很难归咎于劝诫说教（尽管已经有很多），而是归功于物质变革，这一变革造成的心理影响有助于打破传统。在许多地方，它们有助于理解改变实际上是可能的以及事情并不总是这样。过去，大多数人类社会主要由被共同的常规、传统、季节和贫穷束缚着的农民构成。现在，人类之间（比如欧洲工厂的工人和印度或中国工人）的文化鸿沟通常是巨大的。工人和农民之间也是如此。然而，即使农民也开始感到变化是可能的。但更重要的是让他们不仅仅知道变化是可能，更是可以实现的，这是所有文化胜利中最重要、也最具有破坏性的因子——它起源于欧洲，就是我们现在所说的“西方”。

技术进步常通过破坏宽泛领域中传统行为的方式促进了这种变化。如前所述，过去的两个世纪里更好的避孕方式的出现便是一个突出的例子，“避孕药”迅速扩散，于20世纪60年代达到巅峰。尽管西方社会的妇女在这些问题上有着有效的技术和知识，避孕药——本质上是一种抑制排卵的化学手段——却暗示了性行为中的权力向妇女转移。尽管非西方世界妇女使用避孕药没有像西方国家一样如此广泛，尽管并非所有发达国家都在法律上给予了认可，并通过它潜在存在的传播开创了性别关系的新时代。但科技改变社会的能力的很多例子是可以借鉴的。例如，在交流技术上两个世纪的变化，尤其是过去 1028

的六七十年的变化，对历史文化而言的意味更为久远，换言之，它意味着印刷时代的到来，要感知这些并不困难。技术进步也常通过看似神奇的科学力量发挥功效，因为人们比以往任何时候都认识到它的重要性。有许多科学家对此予以关注；他们更加重视科学教育；科学信息通过媒体可更广泛地扩散，且更容易理解。

然而，矛盾的是，正如太空探索的成功一样，收益却递减了。当越来越多的东西被证明是可能的时候，新近的奇迹并没有令人惊讶。当一些问题顽固不化时，甚至出现了（不合理的）失望和愤怒。要努力抓住我们这个时代的主题，以及在具备足够资源的情况下，自然会发生有针对性的变化这一观念，尽管它受到强烈批评但越发显著。目前科学虽已遍及世界各地（都是以欧洲的传统实验为基础），但仍散播破坏以神为中心的、传统的人生观的思想，这是欧洲观念。与之相伴的是，人类社会进入到一个批判超自然观点的漫长过程的高级阶段。

科技从而既会削弱传统权威和习惯方式，也会接受思想观念。即使它们是为某个社会提供物质和技术支持，但它们的资源也会提供给批评家使用。科学家们的所作所为很难被广大公众所熟知，然而，即使大多数人传统意义上的虔诚和迷信并未受到干扰，也不可能停留在熟悉的轨道上，这一点是明确的。当然，不仅对于思想文化史上非常著名的知识分子来说，而且对于多数靠着遗传来的假设和偏见生活的人而言，这都是事实。科技的第二个作用在近代历史上比早期更重要，是由于通讯改善比之前更能迅速地把新思想传播给大众，尽管仍更容易把握科学思想对精英的影响。18 世纪，牛顿宇宙学与基督教以及其他有神论思想共存，并未带给与它们联系在一起的社会和道德信念麻烦。然而，随着时间的推移，科学根本上很难与任何固有信念调和。强调相对主义和环境压力以排除任何不容挑战的假设或观点，有时也会出现。

一个很明显的例子，即新的科学分支——心理学从 19 世纪开始衍生。1900 年后，普通公众开始听说更多有关心理学的知识，尤其 1029
是它的两种表达方式。其一是，最终有了“精神分析”的名称，它被认为对社会有很大的影响，开始于西格蒙德·弗洛伊德的工作，并已经开始应用到临床观察，这是一套行之有效的方法。由于其是药物外发挥的作用，他的这一理论迅速传播并家喻户晓。经过大量的临床工作后声称的它的科学性（尽管其地位受到许多科学家质疑），它否定了许多公认的假定，首先是对性、教育、责任以及惩罚的态度。弗洛伊德的工作是基于这样一种信念，即通过揭示病人潜意识的意愿、感受和想法而搜集的相关临床数据，治疗是可行的。对于艺术家、教师、伦理学者以及广告专家来说，这是一个鼓舞人心的礼物。与此同时，另一种心理方法是被实践者追捧的“行为主义”（如“弗洛伊德”和“心理分析”一样，这个词语经常被滥用）。其根源于 18 世纪的思想，其获得人体的实验数据与精神分析的临床成功试验一样令人印象深刻（可能不如）。与行为主义相关联的一个先驱是俄罗斯人伊凡·彼德罗维奇·巴甫洛夫（I. P. Pavlov），即“条件反射”的发现者。这取决于对实验中变量的控制，为了通过“条件反射”（经典实验是，先摇铃再给狗食物；一段时间后，摇铃但不给食物将刺激狗分泌唾液）得到可预见的行为结果。这一程序的改进和发展提供了很多信息，并被认为可以观察人类行为。

无论这些心理研究可能带来怎样的好处，但对于历史学家而言，最引人关注的是弗洛伊德和巴甫洛夫为不容易定义的文化变革作出了巨大贡献。与利用化学、电力以及其他物理干预方式医治精神病患者的疗法一样，两者的学说必然揭示了欧洲道德文化核心中对道德自主权和个人责任的传统尊重的缺陷。它们的重要性现在又得到了 19 世纪地质学家、生物学家以及人类学家的推崇，是这些人打破了宗教信仰。

无论如何，西方社会中神秘和莫名的事情被神奇或宗教手段控制
1030 的旧观念力量现在似乎已经减弱。可以承认的是，无论走到哪儿它很快被接纳，即使有时会停滞并处于初级阶段，科学成为管理大部分生活的途径。但谈及此类事情，人们需要非常详细的证据。当人们谈及宗教衰退的时候，他们往往只是指基督教教会的权威性和影响力；行为和信仰是完全不同的问题。450 年前，自伊丽莎白一世以来，没有一个英国君主再向占星家寻求加冕的吉祥日子。然而，到 20 世纪 80 年代，当听说美国总统的妻子喜欢占卜，全世界都被逗乐了（也许有点焦虑）。

1947 年，印度独立仪式的时间是在占星家们的磋商后确定的，尽管印度拥有一部非宗教的且从理论上说是世俗的宪法，因此这一例子显得更典型。在某些国家之外，现在全世界范围内宗教国家或成立宗教是罕见的。然而，这并不意味着宗教信仰或宗教追随者的真正实力有所下降。巴基斯坦的创始人是世俗派、西化的人，但在独立后他们在与保守派乌里玛的斗争中却失败了。巴基斯坦随后成为一个正统的伊斯兰国家，而不是一个世俗的、西化的民主国家，它把伊斯兰教作为它的子民中多数人信奉的宗教。

今天，更多人关注宗教权威的言论，这是事实：毕竟人口也更多了。20 世纪 80 年代，在英国，当伊朗神职人员宣告一个流行作家是宗教叛徒，并宣告他的死亡判决的时候，很多人都吓了一跳；对于思想正统的人及进步圈子而言，这是一个惊人的发现，正如从前一样，中世纪传统仍然在世界一些地区全面铺开，而他们没有注意到这一点。当他们的穆斯林同胞同意法学家的裁决时，他们甚至更震惊。尽管“原教旨主义”是借鉴美国宗教社会学的一个词语，在基督教内也存在，但它表达了那些感受到现代化威胁的人对现代化的抗议。然

而，一些人认为，西方社会提供了一条其他社会向它学习的路径，且传统的西方自由主义将会盛行。可能会是这样。同样，也可能不会是这样。宗教和社会的相互作用非常复杂，最好要谨慎。前往麦加的朝圣者数量的急剧上升可能表示一种新的热情，或可能仅是由于拥有了更好的航空旅游设施。

近来，很多人大声疾呼重申自己的信仰，这令人警惕。然而，伊
斯兰教似乎并不能避免欧洲传统的技术和唯物主义的文化影响。伊斯 1031
兰社会中激进分子经常与西化的伊斯兰精英发生冲突。当然，伊斯兰教仍然是伊斯兰团结的信仰和观念，而它远未在伊斯兰土地上消失。它仍可以鼓励人们行动。1947 年印度独立时，宗教与强大的社会势力一起，在印度次大陆制造了可怕的大屠杀。1971 年，宗教导致东孟加拉脱离巴基斯坦成为现在的孟加拉国。在北爱尔兰阿尔斯特和爱尔兰，爱尔兰宗派以 17 世纪欧洲宗教战争时代的语汇来表达愤恨，探讨未来，尽管没有过去那么猛烈。虽然不同宗教的阶层和领导人认为自己应当表现得友好，但不能不说，宗教仍然有可能成为分裂的力量。教义可能变得更加隐秘，但无论宗教的超自然内容是否正在失去其在世界各地的控制力，且作为一个团体成员的身份标志是否很重要，这些都是值得商榷的。

毋庸置疑，当今世界发端于基督徒们，他们塑造了这个世界，随着基督教信仰的缺失，宗教冲突随之减少，勇气也丢掉了。基督教内的普世教会运动，最突出的表现是 1948 年世界基督教堂理事会（World Council of Churches，罗马没有加入）的成立，很大程度上这归功于发达国家的基督徒们逐渐意识到他们住在恶劣的环境中，也由于对基督教及基督教的宣称有着诸多未知和不确定性。基督教唯一充满生机的标志是罗马天主教徒人数的增长（主要是自发增长）。大多数基督教徒已不是欧洲人，其教徒构成在 20 世纪 60 年代就有了转

变，当时教皇首次访问南美洲和亚洲，1962年，梵蒂冈拥有72个非洲血统的大主教和主教。1980年，世界40%的罗马天主教徒主要在拉丁美洲，大部分的主教学院坐落在欧洲之外。

教皇在罗马教会的历史地位，于20世纪60年代开始削弱，第二次梵蒂冈会议本身就提供了一些迹象。若望二十三世认为梵蒂冈应更加“与时俱进”（Aggiornamento），甚至谈及要尊重伊斯兰教义中传递的“真理”，其激进程度可见一斑。但在1978年（本年有三个教皇）约翰·保罗二世登上教皇宝座，他是450年来第一位非意大利人
1032 教皇，历史上第一位波兰籍教皇，也是第一位坎特伯雷大主教出席其加冕仪式的教皇。他的果断很快显示出他运用历史权威及其利用保守观点执政的决心；然而，他也是第一位亲自前往希腊的教皇，以寻求与东欧东正教教会的和解。

1989年东欧剧变（特别是他的祖国波兰的那些变化）很大程度上受到教皇约翰·保罗二世的道德权威和实践主义的鼓动。2005年他去世，成为历史上任职时间第三长的教皇，并留下了一份混合的遗产：作为一位坚定的教义保守主义者，波兰籍教皇对他所看到的不断渗透当代世界的唯物主义关注的与日俱增，尤其是在他帮助下发生剧变的那些国家。推动机制改革将是危险的，这一机制的历史与罗马教皇的命运一样坎坷（上至希尔德布兰德的教会改革，下至基督教大分裂及和解主义；上至特伦特，下至启蒙；直至第一次梵蒂冈会议的召开）。其他姑且不论，至少承认这一点是板上钉钉的：在百万罗马天主教徒看来，20世纪知识以及避孕技术认同上的进步，第一次对罗马的权威造成致命的伤害。

半个世界

近代，一些最有影响力的变革表明了它们的重要性和影响力；毕

竟，尽管我们通常认为它是妇女史的一部分，但避孕对全人类的影响是潜移默化的。即使从一个侧面考察主体是传统的简易方法，但男性和女性的关系应被视为一个整体。尽管如此，即使很粗糙也可以大致衡量和判断决定妇女命运的因素，并很快发现虽然这一变化很大，但仍然有很长的路要走。根本性的改变只发生在少数地方，（如果有的话）也只能从近100年的历史衡量。我们已认识到这一变化；大多数西方国家妇女的生活，已大大不同于她们的曾祖母的生活，而世界一些地区的妇女生活千百年来一直未发生变化。

我们很容易观察到妇女与男人一样具有的政治和法律平等的进
步。目前，联合国大多数成员国接受一些女性参政，且在大多数西方 1033
国家（以及其他一些国家），正式的和法律上的性别不平等已受到长期的攻击。对此的持续道德质疑必然要求满足平等主义者的意愿。试图保证公平对待妇女的立法范围一直稳步扩大（例如，意识到长期以来一直被忽略的女性就业上的弱势）。因此，甚至不顾保守派的抵制，在非西方国家也有类似具有影响力的例子。这是一个改变观念的新的推动力，当然，由于技术和经济变革，在妇女劳工已拥有越来越多机会的国家中，它已发挥了一定的影响力。她们能够获得的工作机会主要是纺织工人和打字员，后来又增加了百十个新角色，由于她们掌握了其他技术技能，使她们能够承担这些角色——事实上，教育机会的增加也用来满足她们的需要。

这种情况通常以工业化浪潮以来形成的相互联系、环环相扣的方式，逐步在发展中国家展开。甚至家也变为一个工作的地方——自来水和天然气很快紧跟着电力和家务管理更加便捷的可能性，洗涤剂、合成纤维和速食进入到人们的生活当中，而妇女能够通过广播、电影、电视以及廉价的印刷品获得信息。20世纪60年代，“避孕药”的出现带来的根本性影响迄今在一个更加复杂的社会中没有再发生过类似的变革，这种推测颇具诱惑力。多亏了它的方便性及其使用方式，与早期避孕知识和避孕技术的进步相比，在这些问题上，权力得以转移到妇女自身的生活中，避孕药发挥的作用更大。它开启了性文化史的新时代，即使三四十年后才在某些国家显著地表现出来。

随之而来的是，特别是在美国，一种新型女权主义从自由主义传统中脱离出来。传统的女权主义观点倾向于自由，认为妇女生活不受法律和习俗支配的观念并不能强加给男人，除非找到了具体原因，否则它只是自由和平等真理的逻辑扩展。新女权主义有了新的进展。包括宽泛的妇女保护领域——例如对女同性恋的保护——它特别强调妇女的性解放，以及努力发掘无法识别的对女性的各种心理的、隐式和
1034 制度化形式的男性压迫的案例。它的影响是多方面的，对社会和文化范畴的影响也不例外，而在这些社会、文化中的精英易于受到现代化和这一思想的影响。

任何女权主义者在一些传统的社会都进行了激烈的斗争。仅在一个方面有着广泛的和惊人的变化，这一变化既归因于殖民主义、共产主义和基督教，也归因于女权主义的发展。即一夫多妻制在全球退出历史舞台。现在很少有政府正式支持它。尽管如此，其他的对女性解放的特别文化态度的制度诉求也十分显著。这通常也是西方国家评论穆斯林方式的言论。但很难予以一定评价。它诱使观察者对各种事物进行主观和感性判断，最好不要放弃本能的反应。虽然具体化几乎与过度概化一样危险。很显然，伊斯兰世界仍保持着男人占主导地位的传统。试图改变这一点的尝试都夭折了。然而，并非所有的伊斯兰社会都让妇女带上面纱，伊朗伊斯兰共和国的妇女身着遮蔽身体的大黑袍，与伊斯兰学者为捍卫妇女特定权利取得的成功并不矛盾。这样是否会形成一个合理的妥协或不安的平衡，不同伊斯兰国家情况会有所差异。直到最近在欧洲社会中出现的妇女维权行为，其中暴力是有差

异的这点不能忘记。由于它们表现为信仰的一致性，致使很难得出这一悖论。

执政和权力

无论有组织的宗教和固定不变的道德法律观念是否失去了对社会监管的作用，作为管理社会秩序的第三个伟大的历史性代理机构——国家，乍一看，似乎对社会管理的效果更好一些。它已前所未有地被广泛视为是理所当然的。越来越多的国家——认识到，地理意义上界定的政治单位比以往任何时候都能拥有立法主权及在国内使用武力的权力。有越来越多的人认为政府是确保他们福祉的机构而不是他们的敌人。政治是夺取国家权力的斗争，有时可以取代宗教（有时甚至会削弱市场经济）作为信仰的核心以排除万难。

欧洲留给世界历史最显著的制度标志之一是，国际生活的问题主
要是主权（现在，至少在名称上往往表现为共和国家）国家问题。主 1035
权国家的建立始于17世纪，19世纪开始在全球展开，20世纪在全球确立。这一类似于国家机器的形式有时通过模仿，有时通过帝国统治者的强迫得以扩散。这是现代化的伴生物。目前，即使许多地方仍未建立主权国家，但主权国家被认为是人类社会必然的选择。这很大程度上是帝国崩溃的后果。新国家应运而生以取代帝国，在任何阶段都未受到质疑。其他帝国崩溃50年后，苏联解体，伴随着这一进程，有关主权的宪法概念如人民、代议机制以及分权的全球化达到了历史巅峰。

因此，国家的强化——如果我们可以这样说的话——并未遇到有效的抵抗。即使在那些政府历来不被信任或现存机制对它们进行抵制的国家，人们往往觉得较几年前它们遇到的阻力更小。对滥用权力最大的抵制是习俗和假设的保持；只要“自由国家”的选民认为政府不

会立即使用武力，他们便不会感到恐惧。但世界范围内的自由民主事业并不总是看起来非常有希望的，世界现在比起 1939 年有着更多专制政治国家（虽然，希腊、葡萄牙和西班牙在 20 世纪 70 年代发生变化，之后东欧国家也发生了变化，专制政治国家很少出现在欧洲）。这一评价曾被认为是未来事业变革原因的狭隘基础，但似乎这只发生在 19 世纪的发达国家。此外，自由主义政治的蓬勃发展曾在某种程度上得益于民主，而民族主义达到了历史的高度。然而，与那些思想结合在一起的实质性自由，往往已不存在或明显处于危险之中，即使大多数国家宣称自己是民主国家，民族主义和自由主义之间的历史性和具体联系比以往任何时候都明显缺失。

其中一个原因是，它们所处的环境并不利于这些想法的发展。正如伯克（Burke）早就指出政治原则始终从环境中汲取养分一样，对
1036 这一结论的质疑不能从历史角度考虑。在过去的半个世纪中，代议制和民主形式已被证明在缺乏与其相匹配的习惯的坚实基础的社会中是不起作用的，或者可以说强大的分裂影响了它们的效用。这种情况下，一旦殖民者强加的法纪不复存在，专制主义政府常常是抵制社会分裂的最佳途径。很明显，这并不意味着后殖民国家拥有了伟大的自由。它们是否会迎来更大的幸福值得商榷，不能被认定。

现代化在巩固国家这一形式中的作用——很早在穆罕默德·阿里（Muhammad Ali）或凯末尔时代之外的欧洲已经显现出来——成为国家日益增强其道德权威新来源的象征。不是依赖于个人对王朝的忠诚，或神权统治，它越来越依赖于民主和实用主义宣言，而这一宣言能够维护集体的利益。通常这些都是为了物质利益，但有时不是；如今，它们似乎常常着眼于追求更大的平等。

如果有一个比国家权威更具合法性的价值观，那就是民族主义，它仍是世界政治碎片化的动力，但矛盾的是，它也曾经是许多国家的

敌人。民族主义得以成功动员人们团结一致的力量，没有其他力量能够做到；将世界以其他方式融合成为一个政治体系的其他力量，发挥作用则是间接的和物质的，而不是源自相对强大的道德观念或神话力量。民族主义也是革命历史年代最强大的力量，是多民族帝国的主要威胁。现在它常与竞争性的民族主义结合在一起，暴力和破坏性斗争仍是它们的标志。

不可否认，即使从外表来看，巨大的力量集中在国家制度上，但与民族主义发生冲突时，国家常常失败。虽然具有集权的制度，但是苏联和南斯拉夫现在已经解体为单一的民族国家。魁北克人仍在试图脱离加拿大。还有许多令人不安的潜在暴力的例子。然而，民族主义也大大增强了政府的权力并扩展其掌控范围，且在那些不存在民族主义的国家，许多国家的政治家都在努力工作以培育新的民族主义，以维持其非殖民化后不牢固的政权。

民族主义通过维护集体利益的宣称，成为国家道德权威的载体。
即使仍存在有关国家在特定情况下应提供怎样利益的争论与质疑，政 1037
府的现代合法性至少依赖于其宣称它能够提供，且是为了保护国家利益。当然，国家是否发挥了这样的作用一直有争议。传统马克思主义认为在某些方面，国家仍是阶级统治的工具，因此，会随着历史的发展而消失。然而，人们目前仍未证明这一看法。至于国家是指一个王朝的私人财产或个人服务于私利的看法，即使现在在许多地方成为现实，却并未得到普遍认可。

如今，有些国家已经比它们的前任精心设计了更完美的体制、联系和组织，远超过了简单联盟和要求主权让渡。有些是分组开展共同活动，有些为它们的同伙提供新机遇，而其他的则自觉限制国家的权力。它们在结构及其对国际行为的影响上发挥的功效各异。

联合国是由主权国家组成，但它具备对个别成员国采取授权性集体行动的权力，而国际联盟或更早的组织并不具备这个权力。一个较小但重要的情况，是区域集团的纷纷涌现，它们需要遵守共同规则。如东欧证明了这些规则会消失，然而，欧盟是个例外，即使欧盟成立之初的很多愿景仍未实现且缓慢向前发展。2002 年 1 月 1 日起，欧盟 12 个成员国开始使用共同的货币，这一举动涉及 3 亿多人。正式组织也不是故事的全部。仍有一些无组织或有组织的超国家现实不时侵蚀了单个国家的自由。伊斯兰教作为类似力量时而被担心或时而受到欢迎，或许泛非主义的种族主义意识——或被称为黑人精神主义，抑制了一些国家的行为。国际事务中这一潜流的蓬勃发展，必然使得这一旧观念过时，即世界由独立自主不受限制（除了个人利益）的国家组成。奇怪的是，第一批真正意义上的国家间组织却出现在国家间相互冲突史无前例激烈的世纪。

尽管存在诸多违反国际法的例子，但是目前国际法仍然被期待较之前能够更加有效约束国家行为。这部分源于舆论环境出现了缓慢但较小变化的改变。不文明和野蛮的政权仍旧继续其不文明的野蛮行
1038 为，但文明政权也赢得了胜利。在战时的欧洲，1945 年纳粹政权现实引发的震惊意味着如今已不能以貌似合法的理由展开大屠杀。1998 年 7 月，120 个国家的代表——尽管美国不在其中——同意成立一个常设的国际法庭，用以审判那些犯下战争罪、危害人类罪的个人。次年，英国最高法院规定一个前国家元首是可被引渡到另一个国家以回答对他的犯罪指控，这是史无前例的。2001 年，塞尔维亚前总统被他的同胞移交到国际法庭，出现在被告席上。

重要的是并不能夸大它的作用。因为成千上万的坏人继续在世界各地实施暴行，而目前却不能对他们进行惩罚。国际犯罪是一个侵犯国家主权的概念，而美国也不大可能在近期内承认国际法庭对本国公民具有司法管辖权。20 世纪 90 年代，美国却出于准道德性质的目

标，明确采取了革命性的外交政策，目标在于推翻萨达姆和米洛舍维奇政府，而现在它又关注联合各国打击恐怖主义，这必然意味着对其他国家主权的进一步干涉。

然而，两三百年来，政府在本国享有越来越多的权力，去做被要求的事情。最近，20 世纪 30 年代的经济困境和战争要求庞大的资源和政府权力的新扩展。这些动力增加了对政府间接促进公民福利和履行服务职能的需求，这些需要要么迄今并未出现的，要么是过去留给个人的作为家庭和村庄的“自然”单位。英国和德国早在 1914 年之前就已经是福利国家。在过去的五十多年中，国家的 GDP 迅速提高。也一直敦促实现现代化。欧洲以外的少数几个国家实现了这一目标，甚至在欧洲的一些国家现代化也归功于政府。20 世纪的著名例子是俄罗斯和中国，两个伟大的农业社会，通过国家权力来实现现代化。最后，技术通过更好的通讯、更强大的武器和更全面的信息系统对利用它的政府来说是有用的。

不久前，即使是最伟大的欧洲君主国也不可能达成高度一致或创建一个统一的内部市场。现在，国家是一国资源控制的主要工具。即 1039
使是一百年前，未被战争动摇以及叛乱冲破的政府的警察和武装部队仍保障了他们的安全；技术只是增加了他们的确定性。虽然新的镇压技术和武器仅是故事的一小部分。通过其作为消费者、投资者或设计者的权力，以及改善大众通讯的形式达到了所有物质的高度集中，国家得以干预经济。希特勒和罗斯福充分利用广播（尽管有着非常不同的结果），试图规范经济生活的方式与政府本身一样久远。

尽管如此，如今大多数国家的政府不得不努力应对世界经济的新一体化，因此，控制本国的经济事务的自由度下降。这也超出了超国家机构如 IMF 的职能范围，它是一个可以预见的趋势，现在因其最新的表现通常被称为“全球化”。有时国际协议或者由大公司的单纯的经济增长的限定，但上升的动力无处不在，它是一种常打破政治家按照他们预设期望管理社会的期待的现象。不受管制的全球资金流动侵犯了经济和政治独立，大公司的业务也不例外，其中一些大公司拥有的资源远超过许多小国。矛盾的是，对全球化引起的对国家独立干涉的抱怨，来自那些督促更严厉地干扰主权的人，例如在侵犯人权的情况下。

随后的篇章中将会进一步展现这种力量的作用。或许它们缩小了国家权力，而在其他地方则增强了。这至少比激进势力更能破坏国家。这种势力的存在，有时它们从一些新的事业中汲取力量并似乎在其中蓬勃发展——生态、女权主义和广义的反核“和平”运动。但在40年的活动中，只有当能够影响和形塑国家政策、变革法律以及设置新机制的时候，它们才成功了。重大改良完全不通过这种占主导地位的机制来实现似乎仍是不现实的，只有19世纪的无政府主义和乌托邦运动才会推崇这一观念。

第 2 章　世界新秩序

冷战的开始

到了 1950 年，出现了这样一个时期，不管其他地方爆发了什么事件，世界政治秩序的核心特征似乎没有发生改变。此后大约 25 年，变革的速度加快，20 世纪 80 年代达到高潮。到了 1990 年，长达 30 多年的冷战及其他对峙消失了（有时几乎是在一夜之间），然而，这又引发了其他问题。不过，在经历了很长一段时间后它才发生。苏美之间长期而剧烈的对立，笼罩着整个国际社会，摧残着世界的大部分地区，构成了犯罪、腐败的根源，并持续了 30 多年。冷战远不只是塑造历史的唯一力量，它也可能不是最根本的，但却是关键的力量。 1040

最初的严重斗争发生在欧洲，其中战后第一阶段的历史是短暂的，可能以捷克斯洛伐克共产党接管政府为结束时间。在那一刻，欧洲大陆的经济复苏几乎没有开始。但也有一些理由，使我们对其他的、较老的问题抱有希望。熟悉的德国威胁已消失，现在没有来自曾经的强权的威胁。相反，它的前对手不得不应付欧洲中心的权力真空。再往东，边界的变化、种族清洗和战时的暴行，已使波兰和捷克斯洛伐克不再有它们在 1939 年前必须面对的种族混杂问题。然而，在某种程度上，欧洲前所未有地分裂了，其深层原因在于全球范围内的苏美对抗，尽管其确切的时间起点仍然是有争议的。从某种意义上说，究根问底，意识形态和外交史上的分裂发生在 1917 年，而这只是其延迟的且大规模的显现。共产党俄国从一开始就以新的和独特的

令人困扰的方式着手处理国际事务。对它而言，外交不仅是便捷的交
1041 易方式，也是推动革命的武器。尽管如此，其影响力原本可能也不会有那么大，但到 1945 年，新的世界强国，期待已久的现代化俄罗斯诞生了，它在东欧远胜过任何沙皇帝国，并在世界其他地区彰显其野心。斯大林掌权之后的苏联外交往往反映了历史的野心、由地理和历史决定的苏联国家利益，而且与意识形态的斗争密不可分。共产党人和其同情者认为他们必须保卫苏联，拥护国际工人阶级，守护整个人类的命运。当布尔什维克表示他们的目标是推翻非共产主义的社会，他们付诸实践。1945 年后其他共产党国家已经存在，这些领导人至少在口头上认为，欧洲和世界最终被划分为两大阵营。

到 1948 年，在匈牙利、罗马尼亚、波兰和捷克斯洛伐克，政府中已不再有非共产党人，而此时，共产党人在保加利亚政府中占主导地位。随后，马歇尔援助计划启动，而后来被认定为冷战第一场战斗——围绕柏林命运展开的争斗也旋即开始。这场战斗具有决定性意义，因为它显然让美国在欧洲有了一个立足点，可据此展开争夺。它并不意味着俄罗斯人已经预料到这一结果。尽管他们企图阻止一个统一和经济实力强大的、不受他国控制的德国再次出现。在未来德国政治模式确立之前，复兴占领区内德国经济，与西方国家的利益相冲突，不过，这对于西欧作为一个整体的复苏是至关重要的。

1948 年，未经苏联的同意，西方国家在自己的占领区推行了货币改革。改革有巨大的作用，加速了西德经济复苏的进程。根据马歇尔计划，仅西部占领区进行改革（由于苏联的决定）；这一改革，超过任何其他步骤，把德国一分为二。尽管东部占领区不可能与西欧连成一体，但一个独立的充满活力的西德即将出现。西方国家继续推动占领区的事务，毫无疑问具有经济意义。但此后东德一直存在于“铁幕”的另一边。货币改革分割了柏林，从而阻止共产党人在城市进行

1042

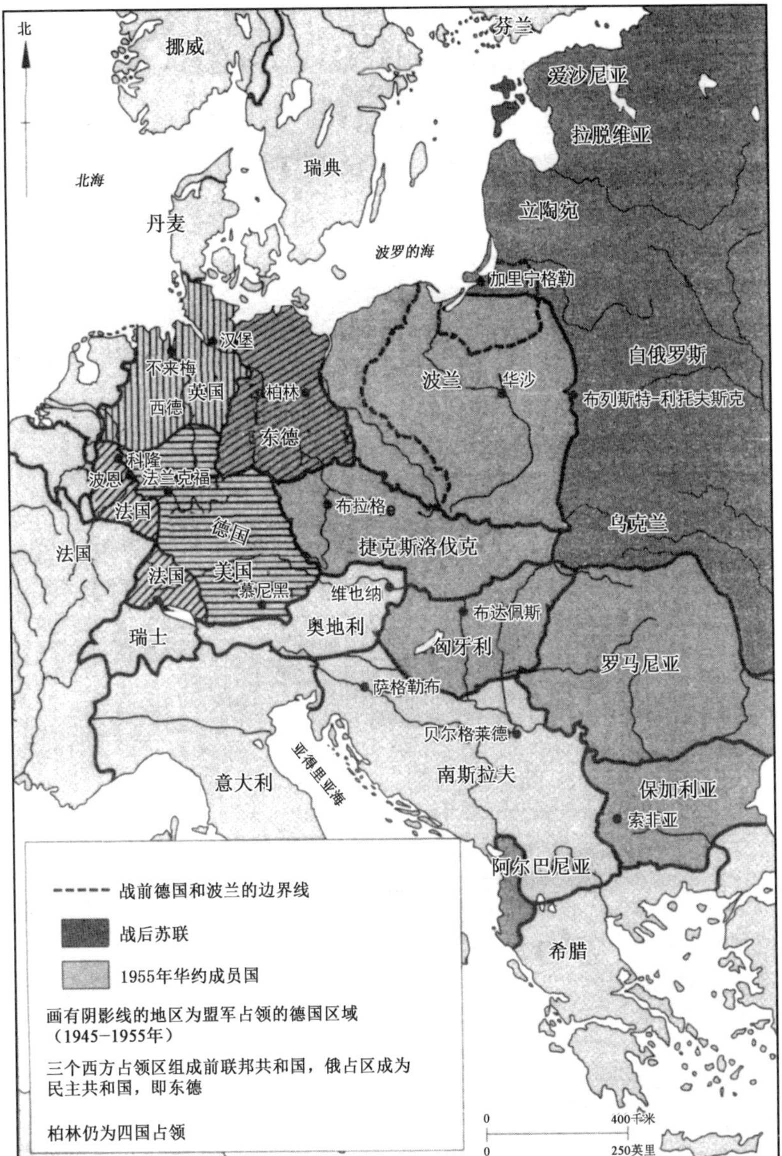

二战后的德国和中欧

暴动，尽管西部占领区与苏联占领区早已隔开了。

1043 苏联的回应是扰乱德国西部占领区和柏林之间的交通联系。无论他们的初始动机如何，这种争端逐步升级了。在西柏林三个西方占领区被隔离的危机可能发生之前，某些西方官员已经注意到了这一点；“封锁”一词已经被使用，并且当时已经在这种意义上来解释苏联的行动。苏联当局并不质疑西方盟军在其各自的柏林占领区内部获得其影响力的权利，但是他们扰乱了在这些区域内确保补给柏林市民的交通。英国人和美国人组织了一场空运来为这个城市提供补给。俄国人企图向西方大国宣示，如果他们不同意，那么西方国家就无法留在那儿；他们希望因此消除障碍，使得选举产生的非共产主义市政当局的存在被置于苏联控制的柏林之下。因此，某种力量的考验在进行之中。西方大国，尽管为了保持西柏林在食品、燃料和药品方面的持续运转付出了巨大的代价，仍然宣布他们准备无限期地坚持下去。其含意是除非通过武力他们才会停止。美国战略轰炸机返回其在二战时期的英国基地。尽管双方都不想打仗，但是以对德战时协议为基础的所有合作希望都已彻底消亡。

封锁持续了一年多，而挫败它是一场显著的后勤方面的功绩。因为许多时候，每天单单 1 000 多架次的飞机就获得了日均运输5 000吨燃煤的成绩。然而它的真正意义是政治上的。联合补给没有被中断，西柏林市民也没有被恐惧吓倒投降。苏联当局通过故意把城市分割开来以及拒绝市长接近办公室来尽一切力量刁难。其间西方大国已经签署了一项协议来建立一种新联盟，超越欧洲范围的首次“冷战”诞生了。在通过协议结束封锁几个星期之前，“北大西洋公约组织”已经在 1949 年 4 月创立。美国和加拿大是成员国，绝大多数欧洲国家也是（只有爱尔兰、瑞典、瑞士、葡萄牙和西班牙没有加入）。它显然是防御性的，为任何受到攻击的成员国提供共同防御，然而另外一个

突破也使当时美国外交政策的孤立主义传统几乎消失了。在 5 月份，
一个新德国，联邦德国，在三个西方占领区出现了，在随后的 10 月
份，民主德国在东部也成立了。从此以后存在着两个德国，这显示
出，冷战沿着“铁幕”分割了它们，却没有进而向东，就如丘吉尔在 1044
1946 年所揭示出的那样，从的里雅斯特到斯德丁。但是，在欧洲，
一个特别危险的阶段结束了。

如同有两个欧洲一样，世界被冷战分割成两个很快也显得可能了。在 1945 年，沿着北纬三八线，朝鲜已经被分割，它的北方工业区被苏联人占领，而它的南方农业区被美国人占领。统一问题最终提交给联合国处理。在未能举行全国选举以后，该组织承认了在南方建立的一个政府为朝鲜共和国唯一的合法政府。尽管在当时苏联占领区也产生了一个声称对全国都拥有主权的政府。苏联和美国军事力量都已撤出，但是 1950 年 6 月，在斯大林的预先知晓和同意之下，北朝鲜军队进攻了南方。在两天之内杜鲁门总统已经在联合国的名义下派出美国军队与他们作战。联合国安理会已经投票武力抵抗这次进攻，并且由于苏联人当时拒绝参加，他们没能否决这次联合国决议。

在朝鲜，美国人一直充当着联合国军队的主力，但是其他国家很快也派出了野战部队。前几个月他们在三八线北部进展顺利，北朝鲜似乎可能会被推翻。然而，当战争接近中国东北边界时，中国共产党军队开始干涉并且把联合国军赶了回去。当时存在着一种更大冲突的危险。中国是世界上第二大共产主义国家，并且人口最多。苏联在其背后力挺；你可以（至少在理论上）从埃尔福特步行到上海，而完全不需要离开共产主义版图。美国和中国之间直接冲突的威胁出现了，并有可能动用核武器。

杜鲁门审慎地坚持，美国在亚洲大陆不可以卷入一场更大规模的战争。这个问题解决了，进一步的战斗表明，尽管中国人可能继续守

住北朝鲜阵地，但是他们不会推翻南朝鲜。停战谈判开始了。1953年执政的新一届美国政府，是旗帜鲜明地反对共产主义的共和党人，但意识到其前任已经充分地阐明了美国建立一个独立南朝鲜的意愿和能力，并且认识到冷战真正的中心是在欧洲而不在亚洲。在1953年7月，一项停战协议签署了。随后把这项协议转变成一个正式的和平协议的努力迄今仍然没有成功；近五十年后，在两个朝鲜之间仍然高度保持着潜在的冲突。不过在远东和欧洲，美国人已经赢得了冷战的
1045 第一场斗争的胜利；在朝鲜他们面对的是真正的战斗，据评估显示，战争付出300多万人死亡的代价，尽管绝大多数是朝鲜平民。

在停战谈判开始之前不久，斯大林逝世了。很难去猜测这可能意味着什么。在特定时期内，这显得是苏联政策连续性的一个中断，但是在当时这一点并不明朗。美国新总统艾森豪威尔继续保持着对苏联意图的不信任，并且在20世纪50年代中期，冷战如同过去一样紧张。斯大林逝世不久，他的继任者透露，他们也拥有众所周知的氢弹这种改进型的核武器。这是斯大林最后的丰碑，以保证（假如这一点已被质疑）苏联在战后世界上的地位。斯大林已经继承了列宁政策的合乎逻辑的信念，但是他的作为远远超过了他的前任。他重建了俄国的绝大部分领地，并且在考验最严峻时刻给予了俄罗斯生存的力量（恰好，并且正是在其强大联盟的帮助下）。以这种代价取得的或者值得取得的东西是不清楚的，除非（如同被虑及的）可以免于失败以及控制德国具有足够的正当性。苏联是一个大国，不过在它的构成成分中，几乎可以怀疑某个时候俄罗斯至少可能再次变成一个没有共产主义的帝国。然而，1945年她的人民仅得到极少东西来补偿他们的牺牲，只是给予他们国际力量的一种保证。战后国内生活更加严酷；数年来消费一直停滞，并且苏联平民遭受宣传控制以及警察体系的控制显示，战后一切方面都被强化了。

欧洲分裂，斯大林的另一遗产，在他死后比生前更加明显。1953年，由于美国经济支持以及承担了其自身大部分的防御成本，西半区实质上已经重建起来。联邦德国和民主德国渐行渐远。随后的时期，在1954年3月，俄国人宣布东德现在拥有了完全的主权，并且西德总统签署了宪法修正案允许他的国家重新武装起来。1955年，西德加入北大西洋公约组织；苏联与之针锋相对的是华沙条约组织，它的卫星国联盟。柏林的未来仍存疑问，但是有一点是清楚的，除协议之外，北约强国将会以武力拒绝其地位的改变。在东方，民主德国同意与宿敌和好：以奥得河—尼斯河一线作为与波兰的国境线。希特勒实现19世纪民族主义者的大德国的梦想终结在了俾斯麦德国的湮没之中。历史上的普鲁士现在被革命的共产主义者所统治，而新西德在结构上是联邦制，由非军国主义者以及天主教和社会民主党政治家所主 1046
导，这些人曾被俾斯麦视为“德国的敌人”。因此，虽然没有一个和平协议，对这个通过战争两次摧毁欧洲的德国的遏制问题最终得到了妥善解决。同样在1955年，当奥地利作为一个独立国家重新出现、占领联军与最后的美英军队从的里雅斯特撤出，以及意大利—南斯拉夫边界争端解决时，欧洲两大阵营之间也进行了陆地边界线的最终划定。

中国建立共产主义体制之后，世界范围内的分裂在我们所谓的资本主义和计划（或准计划）经济之间出现。苏联和其他国家之间的商业联系，自从十月革命以来一直受到政治的拖累。1931年以后，世界经济大萧条时期，资本主义经济陷入衰退并且寻求通过保护主义摆脱困境（或者自给自足）。1945年以后，尽管世界市场所有早期裂痕都已超越；两种资源分配的组织方法首先分裂了，尤其在发展中世界和其他地区之间，最显著的是在东亚。资本主义体系基本的决定因素是市场——尽管市场区别于传统自由主义关于自由贸易思想的设想，并且在许多方面不完美，要容忍通过国际机构和条约不同程度的干预；而在共产党控制的国家集团（或者一些其他国家）中政治权威试图成为决定性的经济因素。两种体系之间的贸易继续进行，但却是在一种狭窄的基础上。

体系并非保持不变。它们之间的联系随着岁月的流逝而倍增。长久以来的历史表明，它们为世界提供了经济增长的可替代模式。它们之间的竞争由于冷战政治而激化并且扩展了相互之间的敌意。然而，这并不是一个静止的状态。与 1950 年的情形相比，在某个短时间内这种体系稍微为美国所主导，而在其他时期则略微被苏联所主导。在 20 世纪五六十年代，双方都拥有持续的经济增长，但是其后由于市场经济迅猛发展而分道扬镳。从 1945 年到 20 世纪 80 年代，这两种经济体系之间的差别仍然构成了世界经济史的一个基本特征。

亚洲革命

1047 中国实行所谓的社会主义经济体系，起初几乎完全被人们用冷战思维加以看待，并且也被作为战略平衡的一个转折点。然而到斯大林逝世时，有许多其他迹象显示，南非政治家扬·史末资在四分之一多个世纪前预言的“场景从欧洲转向远东和太平洋”就已经实现。尽管德国继续是冷战战略的中心，朝鲜作为一个显著的证据表明，世界历史的重心正在又一次转移之中，这次是从欧洲转向东方。

当新独立的亚洲国家越来越意识到它们的国家利益和主权（或者缺乏这一点）的时候，欧洲大国在亚洲的衰落注定伴随着持续的变化。殖民者给了它们国家形式和统一，但这常常不能比殖民帝国持续更久；1947 年印度次大陆抛弃了至少一个世纪的政治统一，同时马来西亚和印度支那到 1950 年为止在政府安排方面已经开始进行了重要的但一直不是满意的变化。内部压力困扰着某些新国家；印度尼西亚的华人族群拥有不成比例的地位和经济权力，并且在新中国发生的任何事情都可能影响到他们。更糟的是，无论他们的政治环境如何，所有这些国家都拥有快速增长的人口，并且在经济上是落后的。因此，对许多亚洲国家来说，欧洲统治的正式结束当时看起来比曾经设想的转折点在意义上要小得多。最重大的变化随后接踵而来。

欧洲对它们命运的控制多半很有限。尽管欧洲人改变了数百万亚洲人的命运，并且影响他们的生活好几个世纪，但欧洲文化即使对统治精英群体心灵的触动也极少。在亚洲，欧洲文明必须同比世界上其他地方更加根深蒂固的和更加强大的传统进行竞争。亚洲文化并没有（也不可能）如同前哥伦比亚美洲印第安人的一样被弃之一边。正如在中东一样，欧洲人直接的努力和欧洲文化间接的扩散遇到了难以克服的障碍。思想和行为的最深层面常常保持着未被触及的状态，即便是深信自己从过去的束缚中解放出来的那些人也是如此：当孩子出生和订婚的时候，文化本性仍然在受过教育的印度家庭中反映出来；中国马克思主义者继承了悠久的华人相对于非华人的一种坚不可摧的道德优越感。

为了理解亚洲在世界历史上最近的角色，两个亚洲文明区如同数 1048
个世纪以来那样保持了独特性和重要性。西亚地区被北印度连绵山脉、缅甸和泰国高地与主要部分是印度尼西亚的巨大群岛所界定。它的中心是印度洋，在历史上产生主要影响的文化有三种：从印度延伸到东南亚的印度文明、伊斯兰文明（也向东部横向延伸）与最初是通过商业和传教士接着是一段较短时期政治统治的欧洲文明的影响。另一个文明区是东亚，由中国主导。在很大程度上这是人口大国的地理特征的简单作用，但是它的人口数量和移民，以及更加间接和易变的中国文化对东亚边缘——尤其是日本、朝鲜和印度支那——的影响力，都构成了具有解释力的事实。在这个文明区，欧洲对亚洲直接的政治统治，在程度和持久性两方面从来没有能像它在西部那样深远。

在1945年后的混乱岁月里，正如历史的其他作用成果一样，很容易迷失对这种重要差异的查知。在这两个文明区内的国家好像采取了激烈排斥西方的同样路线，运用了西方民族主义和民主术语，并且运用了精明的语句诉诸世界舆论。印度凭借与本土传统几乎无关的极端的民族主义，在数年内就吸收了在英国统治印度时期幸存的君主制土邦以及次大陆上遗留的法国和葡萄牙飞地。很快，印度安全部队强力在新共和国内镇压了任何分裂主义或者地区自治。或许这并不值得惊讶。印度的独立，从印度方面看，是受过西方教育的精英的作品，这些精英从西方输入民族、平等和自由思想，即使最初仅仅寻求平等并且与总督合作。1947年以后一种对精英地位构成的威胁可能常常易于（并且真实地）被理解成一种对实际上还在创造之中的印度民族性的威胁。

让所有这些更加真实的是，独立印度的统治者从英国统治者那儿继承了许多诉求和制度。内阁制度、宪法条例、中央和地方之间的分权、公共秩序和安全都被贴上了共和国的标签，一直运作到1947年之前。政府居于主导的和明确的意识形态，在当代英国观念看来，这
1049 是一种温和的和官僚性的社会主义，在精神上远远没有消除英国总督统治最后时期代表制式的公共管理和开明专制。印度当局面临着来自那些有打破传统特权表决权并处于前王公控制之下的地方保守贵族的强大阻力。然而，更可怕的问题是，印度面临人口的快速增长、经济的落后、贫穷（1950年，印度平均人均年收入为55美元）、文盲、社会、种族和宗教信仰上的分裂，以及各种独立主义的滋生膨胀。很明显，必须作出重大的改变。

1950年的新宪法没有让这些问题发生任何改变，至少直到下一个十年为止，这种日趋严重的状况没有任何变化的迹象。时至今日，

印度大部分乡村的生活现状实际上依然像过去一样，战争、自然灾害和猖獗的盗匪仍然恣意横行。这意味着贫穷会持续加剧。到1960年，超过三分之一的农村贫困人口每周生活费仍然不足一美元（同一时期，有一半的城市居民至少能够挣得满足每天人体健康必须吸入卡路里的最低水平）。经济增长仍然为人口增长所吞噬。在当时的环境下，印度的统治者在宪法条款中列明享有像英国总督那样大的应急权力（像他一样可以实施预防性拘留和终止个人权利），也就不足为奇了，至于以所谓“总统统治”为名架空各州政府，将权力收归中央，就更不在话下了。

当印度与邻居巴基斯坦在克什米尔发生冲突时，那个软弱、优柔寡断的新政府所采取的对策越来越糟糕，在那里，一位印度王公统治着主体为穆斯林的臣民。早在1947年，当穆斯林试图加入巴基斯坦组成联邦，克什米尔王请求印度帮助，并加入印度共和国的时候，战斗从那里打响。克什米尔的穆斯林领导人之间也存在分歧，这让局势变得更加复杂。印度拒绝了联合国安理会举行全民公投的建议；那时，三分之二的克什米尔仍然掌握在印度人手中，成为印巴关系日趋紧张的一个硬伤。战争在1949年停止，随后又在1965至1966年和1969至1970年再次爆发。事件随着划界争执和印度西北部水源的开发利用而进一步复杂化。1971年，在印度的资助下，东巴基斯坦一个讲孟加拉语的穆斯林地区分离出来，形成一个新的国家——孟加拉国（因此，这表明单独的宗教并不足以组成一个可行的国家）；印巴两国间的争斗加剧。而这个新国家很快就面临比印度或巴基斯坦更为严重的经济问题。

在这些动荡时期，印度领导人展现出巨大的野心（大概有时竟表 1050
现出重新统一次大陆的愿望）和对其他民族利益的公然漠视（例如对那加人）。印度人的雄心激起的怨怒因冷战而变得更加复杂。印度领导人很快就表示不会加入任何一个阵营。在 20 世纪 50 年代，这意味着印度与苏联和社会主义中国的关系远比与美国的关系更加密切缓和。尼赫鲁似乎很喜欢对美国人的行动吹毛求疵，以此帮助确信印度奉行进步、和平、不结盟的民主政治制度可以赢得更多的同情。因此，当这些同情者及印度共和国自身在 1959 年发现，尼赫鲁政府与中国围绕北部边界已经争吵了三年只是没有公之于众罢了，他们感到受了巨大的打击。在 1962 年末，一场大规模的战争开始了。尼赫鲁作出了不太可能的举动，向美国人寻求军事援助，甚至更不可能的是，他还得到了！因为他同时也从苏联获取（在空军力量方面）援助。至此，他在 50 年代中期达到顶峰的威望开始严重下滑。

实际上，年轻的巴基斯坦并没有像印度一样结交同样的邦交友国。1947 年，巴基斯坦比邻国印度更加脆弱，其受过培训的公务人员很少（印度教徒加入旧印度政府机构的人数比穆斯林要多很多），在地理上又被分成两个部分，而且几乎一立国就失去了最有能力的领导人——真纳。然而，即使在这位拉杰的统治下，与国大党相比，伊斯兰教领导人在民主的形式上（或许更加现实）表现得缺乏自信；与印度相比，巴基斯坦通常被追求军事自给、经济发展、国家改革和伊斯兰教模式稳固的军人所统治。

巴基斯坦总是与邻国印度保持不同，它是一个正式的伊斯兰教国家，而印度则是一个世俗的、没有宗教忏悔的国家（表面上带有西方的模式，但又不完全与印度传统文化融合一致）。这就导致巴基斯坦沿着伊斯兰教的本质特征向前发展，不过，宗教信仰的差异对巴基斯坦对外关系的影响仍低于冷战。

万隆会议

1051 1955 年，来自亚非 29 个国家的代表在印度尼西亚万隆召开会议后，一个自称为尼赫鲁主义者和“不结盟”的国家联盟诞生了。与此同时，冷战使亚洲政治局势更加扑朔迷离，难以捉摸。除了中国之外，大多数国家都曾是殖民帝国殖民地的一部分。它们很快就与来自欧洲的南斯拉夫结为一体；南斯拉夫是一个让人回想起既有帝国主义历史又有曾受外国统治历史的国家。这些国家中的大多数都贫穷、物资匮乏，对美国的疑虑多于对苏联的怀疑，中国比其他任何国家对它们都更具吸引力。它们一起被称为“第三世界”国家，很明显这是一位法国新闻记者创造的一个专用术语，联想自1789年来自法国社会底层并拥有合法地位的“第三等级”（它曾是法国大革命的重要推动力量）。其含义就是它们反对强权政治和拒绝发达国家享有的经济特权。虽然这听起来貌似合理公平，但掩盖了该群体中各个国家间存在的重大差异。第三世界的政治联合并没有证实其适用性和持久性，自1955年以来，死于第三世界国家间战争和国内战争的人数远多于它们与外部阵营之间的冲突。

然而，在二战结束十年时，万隆会议向超级大国们表明，只要动员组织起来，弱国也能形成一支重要的国际政治力量。在冷战时期，当它们寻找盟友或在联合国中寻求选票支持时，它们总能牢记这一点。直到1960年，由于苏联和中国都寻求对不发达国家和未明确表态国家的领导地位时，两国必将分道扬镳的显而易见的信号便告出现。首先这种情况在对待南斯拉夫的不同态度上间接地出现，最后演变成一场全球性的竞争。初期的结果看似相当矛盾：随着时间的推移，巴基斯坦与中国（全然不顾与美国的协定）走得更近，而苏联与印度走得更近。1965年，当美国在巴基斯坦与印度交战期间拒绝向其提供武器时，巴基斯坦转而向中国寻求帮助。尽管造成的影响小于预期，但它仍然成为20世纪60年代国际关系出现新动向的早期证据。不论是苏联还是中国或美国都不可能忽视它的影响。实际上，正是冷战促成美国在亚洲角色产生戏剧性变化；它不再像反殖民主义的热心赞助者及其盟友殖民帝国的粉碎者，反倒有时看起来像这些帝国的继承人，虽然其势力范围与其说在印度洋（在那里，长期且没有预
1052 期回报的努力就是安抚忘恩负义的印度；在1960年以前，印度从美国获得的经济援助比其他任何国家都要多）不如说在东亚。

大国们遭遇了新困难，印度尼西亚就是一个特别具体的例子。它广阔而布局散乱的国土上包含有很多民族，民族间时常伴有多方面的利益分歧发生。尽管佛教是第一个在那里站稳脚跟的世界性宗教，印度尼西亚却是世界上穆斯林人口最多的国家，而佛教徒现在在人口数量上居于少数。从13世纪以来，阿拉伯商人就开始将伊斯兰教带入印度尼西亚，据统计，现在大约有超过五分之四的印度尼西亚人信奉伊斯兰教，尽管传统的万灵论还在很大程度上影响着人们的日常行为。在印度尼西亚还存在一个根深蒂固的华人社群，早在殖民地时期，华人就分享着压倒性优势的经济财富和行政管理工作。荷兰殖民者离去后随着后殖民时期司空见惯的人口过多、贫穷、物价飞涨等问题开始显现，以往被殖民者强加的秩序所抑制的族群间紧张气氛就开始释放出来。

在20世纪50年代，人们对新共和国中央政府的不满与日俱增。到1957年，新政府面临苏门答腊岛和其他地方的武装叛乱。以民族主义者激情来分散反对派精力的方式曾被历史证明是有效的（在西新几内亚，反对矛头持续对准荷兰殖民势力），如今却不再行得通；民众对苏加诺总统的拥戴已不可重现。他的政府已经远离国家新生伊始所采纳的自由主义形式，越来越依赖于苏联的支持。1960年，议会被解散，1963年苏加诺被任命为终身总统。然而，美国因担心他可能会转向中国寻求帮助，而一直持续支持他。

美国的支持使苏加诺有能力吞噬掉（源自对荷兰的反抗）来自新

几内亚（西伊里安）可能出现的独立政权。1957 年，他又把矛头指向新成立的马来西亚联邦——由英国在东南亚分散殖民地连成一体而产生新联邦。在英国的帮助下，马来西亚人在婆罗洲、沙捞越和马来西亚本土挡住了印度尼西亚的进攻。尽管他仍然得到美国人的资助（那时，肯尼迪总统的弟弟在伦敦现身支持他的做法），这种倒退仿佛成为苏加诺的转折点。一切到底是发生的，至今仍然不清晰，然而，当食物短缺、物价飞涨即将失去控制的时候，一场（失败的）政变爆发，据军队领导人说，其幕后策划是共产主义者。苏加诺试图用来平衡其他派别政治家们的共产党，一度宣称是世界上第三大共产党。无论共产党有无预谋夺权，经济危机被那些担心共产党接管的人利用 1053
了。流行的传统印尼皮影剧场几个月来持续上演古印度英雄事迹，其主要素材来源于大量政治典故和对未来变化的暗示。1965 年，一场政治风暴爆发，当大屠杀剔除了那些可能让苏加诺转变政治立场的共产主义者时，军队却夸张地退居幕后了。被屠杀的人数估计在 25 万到 50 万之间，他们多数是华人或者具有华人血统者。苏加诺本人在一年后被正式搁置起来。一个坚定反共产主义的政权随后上台执政，并与中国断绝外交关系（直到 1990 年才重新恢复）。1965 年的部分失败者被投入监狱，少数人作为当局坚决与共产主义作斗争的证据而被绞死，毫无疑问，这是在杀一儆百。

中国的复兴

荒谬的是（以印度尼西亚为例更是长期让人感到费解），美国对苏加诺的支持反映出其下列信念的坚定和强大：繁荣的民族国家是反共产主义的最好堡垒。东亚和东南亚过去 40 年的历史实际上需要重新解读，以便为这种信念提供佐证，但它又总是被应用于各种困难而复杂的环境。不管怎样，到 1960 年，新加坡以东地区一个重要的、决定性的事实就是，中国力量在东方的再现。韩国和日本已经成功地抵制住共产主义，但它们也从中国革命获益；这给它们提供了应对西方的手段和杠杆。正如远东总是比印度洋地区国家更成功地回绝欧洲一样，它们显示出 1947 年后有能力在共产主义和非共产主义形态之间维持自己的独立。一些人将这种独立性归结于几个世纪以来借鉴中国模式形成的深层次且表现多元的社会保守主义。在有序而复杂的社会网络、改善社会生产的能力、忽略个人利益、敬重权威和等级秩序，以及强烈意识到自身是与西方有很大不同的文明和文化中一员这些方面，东亚人不仅受到了中国革命成功的影响。实际上，这种革命只能放在这样一个背景下才能得到理解：其表达方式相当多元，且远不能由“亚洲价值观”这样的专业术语来充分概括。

1054 随着中国革命的胜利，1949 年新政府就职掌权，北平又一次成为形式上统一的（新生）中国的首都。很多人认为，这表明中国的领导人意识到来自北方陆地边界的压力又一次超过了持续一个世纪之久的海上威胁。然而，这也可能是由于苏联是第一个承认新人民共和国（其首都不久就被官方定名为北京）的国家，紧随其后的是英国、印度和缅甸。除了无处不在的冷战思维和民族主义思潮的泛滥，新中国实际上没有面临来自外部的可以明确确定的威胁。它的领导层可能关注的是长期未完成的而又困难重重的现代化任务；被限制在台湾的国民党势力几乎可以忽略，尽管当时他们处在美国的保护之下而无法消除。当 1950 年联合国军队到达东北鸭绿江边境时，一个主要的威胁出现了，中国的反应是迅速而有力的：它派出了一支大军进入朝鲜。但是中国新领导人主要关注的是国家内部的状况。贫困普遍存在，疾病和营养不良广布。物质与自然科学建设及其重建长期滞后，大陆人口压力依然严重。在前几个世纪中“古老政权”（ancient régime）崩溃留下的道德和意识形态真空需要填补。

农民问题是起点。在这方面 1949 年并不是意义非凡的日子。自 20 世纪 20 年代以来，在共产党人的领导下，土地革命一直被农民自己在各地大规模组织实施。到 1956 年时，以一种据说将控制权交给由农民组成的新组织的社会改造，中国的土地实现集体化。地主和乡村首脑被推翻的过程往往充满暴力。同时，在苏联（这是中国当时唯一能够获得外援的国家）的帮助下，工业化也在加紧进行。苏联模式也是唯一能够选择的模式：1953 年，第一个五年计划宣布实施，开创了一个斯大林主义在中国经济管理上占据统治地位的短暂时期。

新中国很快成为一支主要的国际力量。然而，其真正的独立，长期被社会主义阵营表面上的统一和被排除在美国主导的联合国之外所掩盖。1950 年的中苏条约被解释——尤其是在美国——为中国正在
进行冷战的进一步证据。无疑地，其政权是共产主义的，宣扬革命， 1055
反殖民主义，她的选择必然受到冷战因素的限制。然而，从长远来看，中国共产党的政策从一开始就明显关注着一些更传统的焦点。在非常早的观点里，显而易见，他们主要关心着重建过去数个世纪以来中国倾向于具有的在整个地区的势力和影响。

东北地区的安全本身足以解释中国军队对朝鲜的干预，但是半岛
也将长期成为中国和日本间的争议地区。但是从一开始，要求恢复中 1056
国统一的最大呼声为清除占据台湾的国民党残余（台湾 1895 年被日本占领，1945 年回归大陆控制）。直到 1955 年，美国政府也一直致力于支持盘踞那里的国民党当局，美国总统声称美国不仅仅保护台湾岛，而且保护那些临近中国海岸线的具有重大国防意义的小岛。关于这个事件，一份心理背景资料显示，美国慈善机构和教士提供的长期资助遭到来自中国令人费解的拒绝，美国人对中国问题的见解困扰长达十年，以至于国民党的追随者有时看起来好像是美国的走狗。与之相反，在 50 年代期间，印度和苏联在台湾问题上支持了北京，坚持

台湾问题是中国内部事务；这么做它们根本就不需付出什么。因此，中国最终会与这两国发生武装冲突，实在是非常令人震惊。

在 1963 年，外国观察家应该也更多地回想起久远的过去。早在中国共产党建立以前，中国革命就是一场民族复兴运动。主要目标之一就是摆脱外国人的控制，恢复主宰自己的命运。在这些外国人中，俄国人居于强势主导地位。他们侵占中国领土的记录可追溯到彼得大帝，从沙皇专制时代一直持续到苏联时代。在沙皇的支持下，1914 年一个受保护的唐努—图瓦人民共和国建立，但是该地在 1944 年被苏联吞并。1945 年苏联军队进入中国东北和中国北部，因此恢复 1900 年远东沙皇专制的状况；他们留在新疆直到 1949 年，在旅顺港口直到 1955 年。在蒙古，他们留下一个建立于 20 世纪 20 年代的卫星国蒙古人民共和国。两国这样分享近 4 000 里长的边界（如果蒙古被包括在内），沿着漫长的边界线潜在的摩擦是很多的。1960 年苏联当局抱怨5 000名中国边民越界。一个近加拿大五分之一的区域正式地处于争议中，直到 1969 年（一年里有很多的战斗和很多人被杀），中国人称莫斯科为“法西斯”专政，大张旗鼓地进行备战。导致整个社会主义阵营陷入混乱的中苏争端也由于俄国人的不智而加剧。苏联领导人看起来似乎成长为一个像对西方帝国主义者的感觉一样粗心的盟友：当在中国游览时，一位苏联领导人曾经赤裸裸地评论，他和其他俄国人“习惯于嘲笑他们原始形式的组织”。1960 年，苏
1057 联在经济、技术援助上的撤退是一个严重的侮辱，更是一种严重的伤害，因为苏联撤退时，当时中国正面临新政权第一个主要的国内危机。

毛泽东的个人经验一定曾经为这次危机的发生作过很多预测。虽然他的主要思维模式是马克思主义的，虽然他认为这些范畴论有助于解释他的国家所面临的困境，他总是用现实主义来冲淡它们。毛泽东

是一个不倦的探求者，他的政治判断力仅在成功的那些年里表现出波动。年轻时，他主张马克思主义中国化，拒绝那些消耗中国共产党亲和力的苏联教条。毛泽东世界观的基础似乎是这样一种社会和政治学视角：就像一个竞技力量的角斗场，人类的意志力和暴力可被用来产生道德上令人满意而富有创造性的改变——当然这种改变是由一位全能的领袖来界定的。他与其政党的关系并不总是和谐的，但是他依靠农民的政策提供了在城市革命失败后继续前行的道路。在 20 世纪 30 年代早期经历暂时的挫折之后，大约从 1935 年开始，他已成为党内事实上的最高领导人。农村的影响力已经占据支配地位。对毛泽东来说，一个新的方法也可适用于国际事件：长期的革命战争以及从农村包围城市的主张，在那些需要发展工业以形成一个革命无产阶层、传统马克思主义信仰没有说服力的地方，看起来很有希望。

20 世纪 50 年代早期的显著特征就是强力征收和能量释放。以此受益之后，1958 年，中国的乡村地区事实上遭受了一个新的变动。数亿村民被组织加入“公社”，目标是农业集体化。私人财产被公社接收，新目标是集中进行生产，新的农业方法被强制推行。一些新方法带来了负面的损害（例如，消灭食谷鸟类的运动导致捕食性昆虫的剧增，这些鸟儿原本以此为食），另外的一些方法也是毫无效率的。管理公社的干部变得越来越倾向于弄虚作假，以显示他们完成了目标，对于食物生产却并不关心。结果是损失惨重的，生产总量灾难性地下降。当在 1958 年，一股新的奋进浪潮——“大跃进”——得到赞扬，随即成为强加在公社身上的新压力。情况变得更加糟糕。直到 1960 年，大部分地区遭受饥荒或接近饥荒状态。事实被隐瞒，甚至 1058
大部分领导层都不了解真实情况。尽管如此，在 1961 年，一些高级官员开始收集确凿的证据。毛泽东的同伴慢慢地使经济回归到现代化道路。

在1964年，一个显著的成功象征是中国的原子弹爆炸成功。因此，中国获得了加入排他性核俱乐部的高价通行证。然而，它的国际影响力的终极基础一定是庞大的人口。即使在经受挫折后，人口总数仍然在持续上升。到1950年，5.9亿人口已经被认为是一个合理的估计；25年之后，将达到8.35亿。虽然中国人口占世界人口的份额可能在过去某个点要更高一些，在太平天国运动前夕它大概几乎占有世界人口的40%，但在20世纪20年代，它的人口比以前任何时候都要庞大。其领导人声称，即使核战争成为可能，好像也不能将他们全部消灭。中国人幸存的数字将比其他国家都要大。有迹象显示，在本国大部分人口稀疏的边界上存在着统计学上如此庞大的人口实体，这着实让苏联感到恐慌。

一些对共产主义政权极其不友善的国家也因这个数字的刺激而震惊，同样让它们吃惊的还有20世纪60年代早期这个国家发生的事件（据说蒋介石希望趁机从台湾发动反攻而受到美国人的阻止）。很快，毛泽东也再一次试图恢复他的权威。他部署的一个武器就是自斯大林死亡以来很多共产主义者对苏联的政治事件的不安。在那里专政铁柄的放松，虽然是节制的，看起来似乎对官僚制度和党内派系的腐败和妥协敞开了大门。在中国如果纪律放松同样的事情可能会发生的恐惧，促进毛泽东发动“文化大革命”，在1966至1969年间，“文革”使国家和政党遭受冲击。数百万人被拘禁、被剥夺工作或者被清除。对毛泽东的狂热崇拜和个人声望不仅被复活而且进一步得到宣扬；资
1059 深的党员、官员和知识分子受到侵扰；大学被关闭，体力劳动被作为对全体公民的要求，以改变传统的态度。年轻人充当了迫害的主要工具。国家被“红卫兵”翻转控制，他们在各行各业中成为令人恐怖事件的制造者。机会主义者在他们自己被年轻人破坏以前拼命地加入他们。最后即使毛泽东本人也开始发出信号，他认为事情走得有些过头

了。新的党务干部被安排到位，代表大会确认了他的领导地位，但是他再一次失败了。军队终究还是恢复了秩序，这次是以学生为代价的。

然而红卫兵的狂热是真实的，其中浮现的强烈道德偏见至今依然在某种程度上神奇异常，令人惊讶。毛泽东发动“文革”的动机毫无疑问是复杂的。他真的似乎感觉到革命可能会凝固而且失去原有的道德热忱的危险，这种热忱曾经推动革命走得很远。为了寻求维护这种热忱，旧的思想意识必须清除。在中国，社会、政府和经济整合为一个整体，其程度远胜于在其他地方。知识分子和学者的传统声望仍然具体表达着旧秩序，正如考试制度在本世纪开始时就已经存在了。对知识分子的“降级”和改造被视为制造新社会的必需结果。同样的，对家族权威的攻击并不仅是对告密者和不忠者的鼓励，而是要促使所有中国机构的保守派人士现代化的尝试。解放妇女不提倡早婚的宣传大大扩大了“进步的”男女平等思想或人口控制的空间；它们是一种对过去的抨击，从来没有其他革命曾经如此做，因为在中国，过去意味着妇女的地位比美国、法国甚至俄国革命前夕所发现的任何等级都还要低。对党的领导人的攻击，这主要是谴责他们固守儒家思想，而不是保持一致。他们也不可能像西方那样，因为西方并没有长达数世纪的让人们彻底拒绝的传统文化。从这方面看，“文化大革命”可能被视为在政治现代化方面的一种演练。

然而，拒绝过去只是故事的一半。如果追溯到秦朝，中国有着两千多年连续的历史，这或许进一步限定了其革命的形式。其中的一个线索就是权威的作用。就革命的全部价值和残酷性而言，革命就是一部英雄奋斗史在程度上可与伊斯兰教的传播或欧洲在近代早期对世界的扩张所引起的剧变相提并论。而中国革命与这些剧变的
不同在于它是集中指挥和控制的。其悖论之处在于它取决于大众的 1061

热情，但是若缺乏继承了传统“天命”的国家的有意识的指引，是不可想象的。中国人的传统是尊崇权威，而且给予它一种在西方长期都难以具有的道德认可。中国和其他任何大国一样都不可能脱离它的历史。没有任何大国能够驾驭其国家和人民这么长久，过于强调集体，甚至为了国家的利益，政府能够合法地不惜任何代价调动庞大资源开展大型工程。在公共利益上，政府长期所有的一切都是毫无异议的。对中国人来说，反对派的主张是灾难性的，因为反对派的观念对中国人而言是灾难性的，这意味着社会分裂；它暗示着涉及西方个人主义的那种革命行不通，虽然这里并不缺少个人主义或集体的激进主义。

毛泽东所领导的政权，在从中国历史中获益的同时又抛弃了历史，因为他的角色可以很方便地用它所界定的权威概念来理解。他既是导师又是官员（在中国人们总是很尊敬老师）；宣扬他的思想地位的红宝书无处不在，这让西方的评论家感到滑稽（但是他们忘记了很多欧洲新教徒的《圣经》崇拜）。毛泽东思想是被视为社会的核心，正如孔子思想曾经是社会道德的核心一样。在毛泽东的艺术兴趣里也有些是传统的元素；作为诗人，他被人们赞美，他的诗歌赢得了行家的尊敬。在中国，领导者为人民做好事的行为总是得到舆论力量的普遍支持，成为人们可以接受的价值观。毛泽东的行为可能以这种方式得到解读。

中国的周边及以外

历史也影响到中国的外交政策。虽然曾在全世界资助革命，但是中国主要关注的还是远东，尤其是朝鲜、印度支那这些曾经的藩属国。在后者的问题上，苏联人和中国人也是有分歧的。朝鲜战争之后，中国人开始向在越南已经发起的反殖民主义斗争中居于少数的共产主义的游击队提供补给，不论事件随后如何发展。在 1953 年，法国人放弃高棉和老挝。1954 年，在一场为了法国的威望和全体选民愿望而进行的决定性战斗中，他们丢失了被称为奠边府的战略基地。 1062
从这以后，对法国来说，维持自己在红河三角洲的统治几乎是不可能的。来自中国的代表团参加了日内瓦会议，这因此代表着中国重新进入国际外交领域。会议同意越南分成南方越南政府和共产主义者控制的北部地区，直到选举产生统一的国家。这场选举从未发生。相反，自 1945 年开始，印度支那很快出现了自 1941 年开始的亚洲反对西方战争以来的最激烈的时期。

除了美国外，西方的竞争者不再具备先前的殖民实力；法国人回家，而且英国人也在其他地方遇到很多难题。另一方面，印度支那的共产主义者、国家主义者和改革家是一个联合体，得到了为在印度支那增强影响力而开展竞争的中国人和苏联人的支援。美国的反殖民主义和美国应该支援本土化政府的信念导致它重返南越，就像它回到韩国和菲律宾一样。不幸地，既非在老挝也不是在南越或其他地方，最后在高棉，那里出现的政权，其合法性在他们眼中都存在争议。美国仅仅只赞助经过鉴别的政府，那些与西方为敌的在东亚很不受欢迎。美国的支持也容易除去基于这些政权幕后的激励民族统一的改革，最重要的就是越南，那里事实上的分割并没有产生好的结果或是稳固南越政权。佛教徒和罗马天主教痛苦的争吵，而且农民越来越与土地改革失败的政权疏离，一个公开腐败的统治阶层似乎不能够在政府更替中幸存。这使共产主义者获益。他们按自己的方式寻求统一，获得来自北方越共在南方活动的地下共产主义运动的支持。

到 1960 年，越共已经控制了南越大部分地区。这就是 1962 年美国总统约翰·肯尼迪作出那个重大决定的背景：美国不仅提供了财政和物质上的援助，而且还派出 4 000 个“顾问”来帮助南越政府建立军队。这是自杜鲁门亚洲政策被放弃后，美国第一次卷入亚洲大陆的一场主要战争。它最后导致了超过 5 万名美国人丧命。

在亚洲，华盛顿对冷战的另一回应就是把占领日本提升到长期向其提供安全保护的特殊地位。这事实上就是独占，尽管有英联邦
1063 军事力量的象征性参与。这可能是由于苏联延迟宣布对日作战，因为日本的放弃抵抗的速度使斯大林感到惊讶。美国人随后坚决拒绝了苏联分享占领的要求，苏联军事力量在对日占领中未参与任何行动。结果日本成为西方家长式的管理在亚洲最后也是最为成功的例子，也成为日本人在向他认为值得学习国家的学习上展现了惊人天赋的一个新的实证，尽管在保卫自身安全防卫上出现了令人担忧的变化。

1945 的事件迫使日本从精神上进入 20 世纪，而它的科技早就迈入了。失败使其民族面临国家认同和更为深层的令人困扰的问题。明治时代的西化播种一个“亚洲人的亚洲”的梦；这当作日本类似门罗主义政策的一种，在远东地区广为传播的反对西化的情绪支撑下，成为掩盖日本帝国主义实情的外衣。它随着日本人的失败烟消云散，1945 年之后，殖民主义的消退留给日本的是没有明显的可信的亚洲角色。实际上，当时它在很长时期内似乎不太可能拥有对付别人的力量。而且，战争证实了日本易受攻击的弱点是一个很大的打击；就像英国，它的安全来自它控制了海洋，它的失败则注定了这个国家的命运。此外，日本的失败还有就是苏联占领了库页岛和千岛群岛，以及美国对其的军事占领。最后，日本还面临着巨大的物质破坏和人员创伤需要修复。

在资产方面，1945 年日本人仍然拥有毋庸置疑的中央君主政体的机构，其声望高贵，实际上，是它让投降成为可能。在日本人看来，裕仁天皇不是授权战争的主宰者，但是这个人的决定使他们得

救，免遭湮灭。在太平洋的美国指挥官——麦克阿瑟上将，想要坚持君主政体作为和平占领的机制，而且很小心地使天皇不受 1941 年前在决策中扮演角色的危害。他谨慎地建立了日本新宪法（选民群体是原来两倍大小，现在包括女人在内），在美国的共和政体热衷者可能干预之前，这一新政体就得以认可。他主张应该给予有效的经济援助，以便使其尽快减少美国纳税人的负担。日本社会的凝聚力和纪律性产生了极大的帮助，即使美国人可能会决定强加给日本一种民主政体，一段时间使其有所削弱。一些问题必须通过主要的土地改革得到缓解，大约有三分之一的土地从地主所有转为农民所有。直到 1951 年，民主教育和非军事化被认为足以可能使日本和它以前大部分对手 1064
间保持和平条约，除了苏联和中国国民党人以外（与他们和解又花了几年）。日本恢复了它的完全主权，包括建立用于防御目的武装的权利，但是事实上放弃了它先前的全部海外所有物。因此日本人自战后时代重新崛起，开始控制他们自己的事务。与美国的协议允许在它的土地上保留美国军队。把它自己限制在其狭窄的岛屿内，面对中国的不断壮大甚至其地位比一个世纪之前更加巩固，日本的位置也不再必然地处于劣势。历史证明，在 20 年之内，这一日益弱势的地位再一次改变。

冷战甚至在 1951 年之前就改变了美国占领的含义。日本与苏联和中国之间的海上距离分别为 10 海里和 500 海里。朝鲜——其旧日帝国竞争的地域，仅 150 海里远。冷战在亚洲的传播使日本在美国人那里得到甚至更好的对待的保证，现在考虑的是让人们见到它时，信服地把它作为民主政治和资本主义的样板，以及美国给它提供核保护“伞”。朝鲜战争让日本成为一个重要基地，并刺激了日本的经济复兴。工业生产指数很快地达到 20 世纪 30 年代的水平。美国通过外交政策提升了日本的海外利益。最后，日本起先没有防卫费用，禁止有任何军队直到1951年。

日本与美国关系密切，与社会主义阵营地域上相邻，经济和社会进步、稳定，所有的这些自然使它完全应该在美国建立主导的亚洲和太平洋地区安全体系中占据一席之地。体系的基础是与澳大利亚、新西兰和菲律宾（在1946年独立）缔约。其次是和巴基斯坦及泰语地区建立紧密联系；这些是中国台湾地区之外美国人在亚洲唯一的盟友。印度尼西亚和（更加重要的）印度依然疏远。这些同盟部分地反映出自英国从印度撤退之后，太平洋和亚洲地区国际关系的新情况。对于更长一段时期来说，英国虽然仍然在东方的苏伊士地区保留军队，但是澳大利亚和新西兰在第二次世界大战期间发现英国无法给他们保护，而美国却可以。1942年，英国对新加坡援助的失败更加坚定了这一信念。尽管20世纪50年代英国军队支持马来西亚对抗印尼，60年代，保留了香港殖民地，但很显然，只是因为这符合中国
1065 人的暂时需要以至于得以维持。另一方面，毫无疑问，必须解决冷战时期国家之间的简单联合所构成的新太平洋秩序这一复杂问题。与日本的和平条约本身引起了巨大的困难，因为美国视日本为一个潜在的反共产主义的力量，而其他国家——特别是澳大利亚和新西兰仍记得1941年的遭遇，非常害怕日本军国主义的复活。

尽管美国的政策制定并不仅仅是受意识形态的影响。然而，它长期受到这样一种观念的误导，即共产主义在中国获得成功并由中国将这一革命输出到非洲和南美是一种灾难。当然，中国在国际上的地位已经发生改变，而且会更进一步。然而，这种决定性的事实是中国本身正在重新崛起。最后这并没有加强二元的冷战体系，而是使之变得毫无意义。当它与相关的力量联系时，注定会发生一个大的改变；这首先在朝鲜出现。在那里联合国军受阻，还考虑轰炸中国的必要性。中国的崛起对苏联也具有决定性的影响。在成为两极体系的一分子

后，莫斯科现在成了潜在的三角中的一角，失去了它在全球的革命运动中从未受到质疑的显赫地位。中国革命的更为广泛的影响是最容易出现的，这也是与苏联相关的。至关重要的是，中国革命是拒绝在亚洲四处传布西方民主的典型例子。当然，矛盾的是，这种拒绝在所有的亚洲国家不断地用各种形式、语言和借助于西方本身的神话来表达，无论它们是工业资本主义、民主政治、民族主义还是马克思主义。

中东

以色列要求生存下去，冷战的来临以及对石油需求的剧增使得1948年之后的中东政治革命化。以色列比英国更刺激到阿拉伯人的情感。它使泛阿拉伯主义看似真实。面对（曾被视为）阿拉伯土地被不公正地掠夺，巴勒斯坦难民的困境，大国的义务以及联合国的相关反应，阿拉伯人痛苦地沉思过，阿拉伯统治者除了接受现实之外别无选择。

然而，在1948至1949年的失败之后，阿拉伯国家在一段时间内
并未再次打算公开指派自己的军队作战。一方面，正式的战争在延 1066
续；另一方面，一系列的休战也在进行。为与以色列确立实际边界，约旦、叙利亚和埃及与它的休战持续到1967年。20世纪50年代早期，出现了很多持续的边界冲突，针对以色列的袭击由来自埃及和叙利亚难民营中招募的一群年轻游击队军人组织实施，但是，移民、勤奋的工作和来自美国的金钱有助于巩固新生的以色列。围城心理帮助稳定了以色列的政治；当犹太人建立他们的新国家时，政党的威望没有使其出现混乱。随后几年里，犹太人在开发贫瘠的土地和建立新工业上表现出巨大的进步。以色列的国民人均收入与其他人口更多的阿拉伯国家之间的差距在稳步扩大。

在这里还有对阿拉伯人另外的刺激。对他们国家的外来援助没有产生如此戏剧性的变化。埃及，是它们中人口最多的，尤其面临严重的人口增长的问题。当产油国于在20世纪50年代和60年代从增加的税收收入和较高的国内生产总值中获益时，这时常会导致相互之间的紧张和分裂。这种差别进一步加深了不同阿拉伯国家间以及国家内部不同阶层之间的裂痕。大部分的产油国家是被少数富人所统治，有时是传统的和保守派人士，偶尔也有民族主义者和西方化的精英阶层，他们并不关心那些贫农和贫民窟居民。这种差别被一次阿拉伯人新的政治运动所利用，在战争期间建立了阿拉伯民族社会复兴党。它尝试综合马克思主义和泛阿拉伯主义，但是叙利亚和伊拉克这场运动的双翼（在两个国家中，政治运动是最强烈的）几乎从一开始就彼此争吵不休。

就所有源于反以色列人和反西方情感的统一行动的冲动来说，泛阿拉伯主义是难以克服的。哈桑王国，阿拉伯联合酋长国，和这些欧化而且都市化的北非国家以及黎凡特之间，都有着强烈的分歧意愿和非常不同的历史传统。它们其中的一些，像伊拉克或约旦，其构造是根据1918年之后欧洲大国的需要和希望创建的；还有些国家则成为社会和政治化石。甚至在许多地方，阿拉伯语只有在清真寺是一种共同的语言（并不是所有讲阿拉伯语者都是穆斯林）。虽然伊斯兰教是许多阿拉伯人之间的纽带，在很长的一段时间内，它似乎看起来只占很小的比重。只有以色列为他们提供了一个共同的敌人。

1067 许多阿拉伯国家的希望被埃及革命所唤醒，在那里最终出现了一个年轻的军人，名叫加麦尔·阿卜杜勒·纳赛尔。一段时期内，他似乎打算联合阿拉伯世界一起对抗以色列，并开辟社会变化的新道路。1954年，他成为（两年前推翻埃及君主政体的）军事委员会的领袖。埃及的民族主义情绪在数十年中让英国成为攻击的焦点和替罪羊，因为英国驻军于运河区域，并参与了以色列的建立。英国政府由于担心苏联在区域内影响力日增会危及对英国的通讯和石油补给，全力与阿拉伯统治者合作。对英国人来说，从印度撤退后，中东（讽刺性地首先考虑到英国人在那里存在的动机）并没有丧失它在战略上的吸引力。

这也是阿拉伯世界到处涌现出强大的反西方浪潮的时期。1951年，约旦国王被暗杀；为了维持统治，他的继任者很清楚地表明，自己切断了与英国历史久远的特殊关系。再往西，此前已被迫承认摩洛哥和突尼斯完全独立的法国人又遇到了麻烦，到1954年，面对着阿尔及利亚国家的民族主义叛乱，而且它很快演变成一场全面的战争。没有哪届法国政府会轻易地放弃一个驻有上百万欧裔移民的国家。而

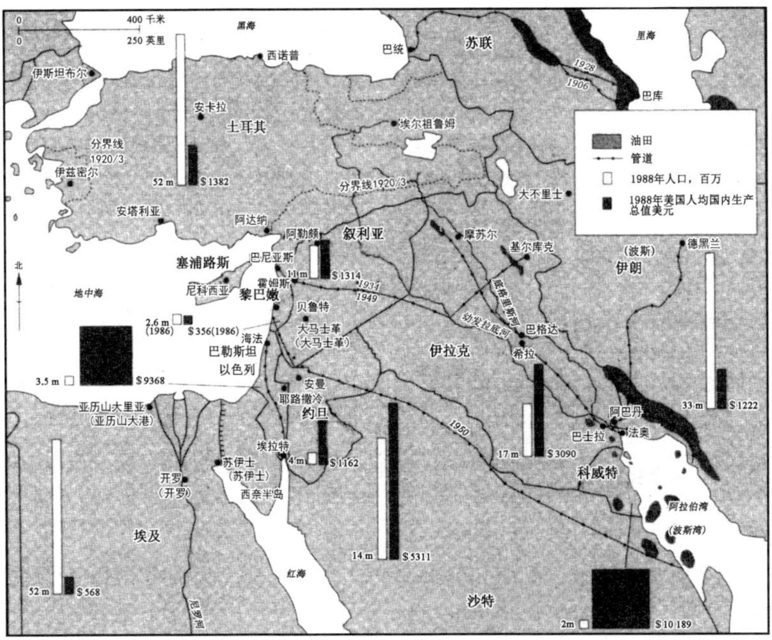

后奥斯曼时代的近东和中东

且，撒哈拉也刚好被发现藏有石油。在这个动荡不安的阿拉伯世界背景中，纳赛尔描绘的社会改革和民族主义有很大的吸引力。他反以色
1068 列的情感毋庸置疑，他很快地兑现他的承诺，成功地与英国达成从苏伊士基地撤军的协议。与此同时，美国人意识到苏联人在中东的威胁与日俱增，暂时把他看作是一个可以接纳的反殖民主义者和潜在的委托人。

他很快开始越来越少得到他们的援助。游击队从埃及的领土对以色列发动突袭，那里有一个最重要的巴勒斯坦难民营，这引发了华盛顿的不满。在1950年，英国人、法国人和美国人已经表示他们只会向中东国家提供有限制的武器支援，而且要以维持以色列和阿拉伯人之间的平衡为前提。当纳赛尔以棉花为担保与捷克斯洛伐克达成一笔军火购买交易，且埃及公开承认社会主义中国，西方对他的正式立场开始强硬起来。为了表现不满，美国和英国原先提议为其拟定的一项重大国内发展项目——在尼罗河上修一个高水坝提供经费援助，但却撤回了融资计划。作为回应，纳赛尔将私人公司财产收归国有，收回苏伊士运河，宣称它的利润会给水坝供给经费。这触碰了英国敏感的神经，仅部分受到帝国收缩态势约束的本能不快反应，它这次立刻与反共产主义和与比较传统的阿拉伯国家之间的友谊保持一致，这些国家领导人开始满怀疑虑地将纳赛尔当作是革命激进分子。英国总理安东尼·艾登，痴迷于错误的类比，这也导致他将纳赛尔视为新的希特勒，在他开始着手一个成功进攻的事业之前应该受到阻止。至于法国人，他们被纳赛尔对阿尔及利亚人叛乱的支持惹恼。两国均正式地抗议运河国有化并和以色列联手，开始计划推翻纳赛尔。

1956年10月，以色列人突然侵入埃及，他们宣布，毁坏游击队骚扰以色列定居点的基地。英国和法国政府立刻宣称运河的航行自由受到威胁。他们要求停火。当纳赛尔拒绝停火时，他们首先发动了

（在盖伊·福克斯日）空袭，然后攻击埃及的海上运输。与以色列的共谋被否认了，但是这一否认是前后矛盾的。它是一则谎言，从一开始就非常难以置信。很快美国人就彻底地警醒：担心苏联在这场帝国主义的争斗中获得优势。他们用财政压力迫使英国接受一个由联合国商议通过的停火协议。英法的冒险以耻辱的方式失败。

苏伊士事件看起来是（本身就是）西方的一个灾难，但是从长远来看，它的重要性主要体现在心理上。英国人遭受的损失最大，它使大部分英国人丧失了信心。尤其是在英联邦内部，由于帝国的撤退， 1069
使其丧失了诚挚的自信。它加剧了阿拉伯人对以色列的憎恨；由于怀疑其与西方紧紧地联系在一起，阿拉伯人于是更容易接受苏联的迎合。纳赛尔的声望大幅提升。有些苦涩的是，苏伊士事件在关键时刻影响了东欧西部（当西方国家还在争吵不休时，那里反对苏联卫星国政府的匈牙利革命已被苏联军队粉碎）。然而，这次危机所引发的区域事件比以前增多，可能会激起一场泛阿拉伯主义的新浪潮。苏伊士事件并没有改变冷战或中东的平衡。

1958 年，阿拉伯民族社会复兴党的同情者试图将叙利亚和埃及联合在一起建立统一的阿拉伯共和国。这个尝试在 1961 年短暂呈现。那年，黎巴嫩前亲西方政府被推翻，伊拉克的君主政治也被革命清扫出局。这些事实激起了泛阿拉伯主义者的信心和勇气，但是阿拉伯国家之间的差异很快被他们自己所坚持。当美国军队被派往黎巴嫩，英国军队在约旦帮助维持他们的政府镇压亲纳赛尔势力时，全世界都在好奇地关注着。与此同时，在叙利亚和以色列边境的战斗仍在零星地进行，虽然游击队一段时间内受到阻止。

然而，从苏伊士事件直到 1967 年，阿拉伯世界没有获得什么重要的发展，除了阿尔及利亚。阿尔及利亚法裔（pieds noirs）的不妥协，许多军人的痛苦（他们感觉被要求在那里做一个不可能的工作），几乎引发了法国自身的一场政变。尽管如此，戴高乐将军的政府仍与阿尔及利亚叛军进行了秘密的谈判，在 1962 年 7 月，公民投票公决后，法国正式地宣布承认新阿尔及利亚独立。100 万阿尔及利亚法裔满怀怒意地迁移到法国，扰乱了它的政局。讽刺的是，不到 20 年，法国将受益于阿尔及利亚的 100 万移民工作者，而汇款对阿尔及利亚的经济是必不可少的。在 1951 年，利比亚脱离联合国托管独立时，在位于极小的西班牙飞地外边的整个北方非洲海岸，欧洲人都很清楚地拥有至高无上的权力或地位。然而，就像数个世纪以前土耳其帝国曾经征服的那样，阿拉伯人的历史受到外部的影响仍然很小，但是现在间接地这么做，通过援助和外交手腕，当美国和苏联试图争取朋友时。

美国在不利的条件下艰难选择，但没有美国总统或国会会放弃以色列。犹太人在美国选民中的重要性非常大，虽然在选举当年，艾森
1070 豪威尔总统在苏伊士事件中足够勇敢地面对了他们。因此，尽管美国手段很透明，埃及和叙利亚的政策继续鼓动反美，表现得非常气愤。另一方面，苏联很快放弃它早期对以色列的支持，就像它停止提供有用的武器让英国人困窘一样。苏联政策现在保持了对前阿拉伯问题的稳定性，尽力煽动阿拉伯人怨恨英国帝国主义在阿拉伯世界的残余势力。很轻易地，在随后的 60 年代，在骚扰他们国内犹太人时，苏联人获得了阿拉伯人廉价支持的红利。

同时，中东问题的背景慢慢地发生改变。在 20 世纪 50 年代，关于石油有两个重要的发现。一是在一些地方发现了相当大的储量，特别是在波斯湾的南边，其规模远高于之前在当时仍然在英国影响力之下的那些小酋长国和沙特阿拉伯发现的量。其次是西方国家的能源消费在加速上升，尤其是在美国。石油繁荣的主要受益者是沙特阿拉伯、利比亚、科威特，其次是伊朗和伊拉克，这些已经成为主要的石

油生产国。有了这两个重要的结果，那些依赖于中东石油的国家——美国、英国、德国和不久的日本——不得不在其外交政策上对阿拉伯人的看法给予更大的重视。它也意味着相对的财富和阿拉伯人国家的地位发生了重大的改变。前三位的主要产油国，其人口既不过多，在以往的国际事务中也未表现出非常重要的分量。

这些变化在20世纪60年代的中东危机中表现得并不十分明显，1966年在苏联支持下一个非常极端的政府取得了掌控叙利亚的权力时，变化的影响力才开始显现。只要他不支援巴勒斯坦的游击队（1964年组建为巴勒斯坦解放组织，或PLO），约旦的国王就会受到威胁。约旦军队因此开始准备和埃及、叙利亚加入对以色列的攻击。但是在1967年，被尝试封锁其红海港口的举动激怒，以色列人首先发起反击。通过一次很漂亮的战役行动，他们摧毁了埃及的空军和西奈半岛上的军队，轰炸回击约旦，赢得了“六日战争”（在苏伊士运河上，戈兰高地和约旦新边境发生的战斗）。为了自卫，以色列将其以前的边界大幅向前推进，并宣布将保有这些领土。情况还不止这些。失败使富有魅力的纳赛尔——第一位真实的泛阿拉伯主义的领袖黯然失色。很明显，他完全依赖于苏联力量（当以色列人的进攻到达苏伊士运河时，一个苏联海军装甲连到达了亚历山大里亚防卫）和来自石油国家的援助。两者都要求他更加审慎。这也意味着阿拉伯民众的激进领袖们将遭遇困境。

然而，1967年的六日战争什么也没解决。新的巴勒斯坦难民潮 1071
又起；在1973年之前，大约140万名巴勒斯坦人据说散布在阿拉伯国家，留在以色列及其占领区的数量大体相同。当以色列人开始在他们新赢得的征服成果上修建定居点时，阿拉伯人的怨恨变得更强。即使时势、石油和出生率似乎有利于阿拉伯人，但其他各种因素的走向却并不明朗。在联合国，号称由不结盟国家组成的“77国集团”达成了中止以色列（像南非）在某些国际组织中的资格，也许更重要的是，意见一致的决议谴责以色列吞并耶路撒冷。另外一个决议呼吁以色列从阿拉伯领土上撤退以换取邻国的承认。同时，巴解组织转向在受争议的土地周边实施恐怖行动，以提升他们的影响力。像 19 世纪 90 年代的犹太复国主义者一样，他们认定，西方式的民族国家神话就是他们消除困境的答案：一个新国家应该是他们的民族地位的独立表达，而就像 20 世纪 40 年代的犹太人好战分子一样，他们选择恐怖主义——暗杀和任意谋杀——当作他们的武器。很明显，另外一场战争迟早会爆发，随之而来的一种危险就是，由于美国和苏联分别站在敌对双方两边，世界战争可能突然从本土冲突中引发，就如 1914 年那样。

当埃及和叙利亚在 1973 年 10 月犹太人的赎罪日攻击以色列的时候，危险即将来临。由于他们的对手提高很大和苏联军事力量的存在，以色列人首次面临军事失败的可能性。然而，在苏联被指出输送核武器到埃及和美国在全球保持军事戒备之后，他们再次获胜。在那个年代，这可怕的背景不能向公众完整描述，就像以色列自己可能会拥有核武器并在极端的情况下准备使用一样。

然而，这并不是危机超越区域的唯一途径。1919 年遗留的奥斯曼帝国领土的继承问题（以色列的出现只是一部分）持续在产生毒害，导致其加剧的因素首先是英国和法国在两次大战间隔期的政策，然后是冷战。但是现在很清楚的是，中东的世界角色已经发生了重要的改变。1945 年，世界最大的石油输出国是委内瑞拉；20 年之后不再是如此，经济发展在很大程度上都靠中东地区的石油。在整个 20 世纪 50 年代及 60 年代的大部分时间里，美国人和英国人都有信心从这个地区获得廉价、更为确定的石油补给。通过在 1953 年推翻不友善的伊朗政府，他们已经着手处理曾经视作对来自伊朗石油通道的潜在威胁，直到 1963 年都在伊拉克运用非正式的控制性影响力（当时阿拉伯民族社会复兴党在那里夺取了政权）并且毫无困难地获得了沙特阿拉伯的友谊。然而，赎罪日战争结束了这个时代。在沙特阿拉伯的领导下，阿拉伯国家宣布切断对欧洲、日本和美国的石油供应。以色列不得不面临那种可怕的处境，以色列不可能总是依赖于在阿拉伯地区以外的外交支持，这种支持过去总是能够找到。对一个在落后地区追求进步的国家来说，它不能持续清算大屠杀的罪行，持续获得同情和钦佩，持续维系美国犹太选民的重要影响力。对美国及其盟友来说，这不是一个好的时期。1974 年，联合国 138 个成员国一起反对西方（就以色列和南非问题），这在联合国历史上还是第一次。尽管当时联合国赞成在以色列和埃及的西奈半岛问题上施加压力，但这些地区根本性问题没有一个得到解决。 1072

无论如何，石油外交的影响远远超出了地域性。很快，20 世纪 60 年代的经济问题变得日趋严重。世界石油价格猛涨。各地对石油进口的依赖变成对支付平衡问题的破坏。挣扎于印度支那困境的美国也受到严重动摇；日本和欧洲也出现全面的衰退。看起来或许一个新 1930 年正在重现；无论如何，有保障的经济增长的黄金时期已经结束。同时，石油进口国家中最穷的国家在石油危机中遭受的损失最大。许多国家很快就面临物价飙升的通胀，他们需要拿出大量的收益来向他们的债权国支付大量的债务利息。

非洲

日益高涨的石油价格对非洲大部分地区的冲击非常大。20 世纪 50 年代和 60 年代早期，非洲大陆经历一场快速的非殖民化进程。这是令人振奋的，但是它却留下了许多虚弱的新国家，特别是在撒哈拉沙漠以南地区。法国、比利时和英国是与整个意外和平的非殖民化进程关联的主要殖民帝国。1943 年意大利失去了非洲最后的殖民地，仅在解放阿尔及利亚和葡萄牙人的殖民地进程中发生了流血冲突，在 1974 年国内革命结束后，葡萄牙人放弃了；因此开启欧洲人海外统
1073 治冒险事业的伊比利亚人几乎是最后放弃殖民事业的。事实是，当非洲人开始掌握非洲时，产生了大量的流血事件，但是对法国和英国来说，这些冲突仅在涉及白人定居社区时才值得着重关注。在其他地方，法国和英国的政治家们关心的是，他们要尽可能对他们的前臣民们显示仁慈来保留影响力。

结果就是产生了一个其现状主要归因于 19 世纪欧洲人的决定（就像中东许多国家把政治结构归因于 20 世纪欧洲人一样）的黑非洲。新非洲国家通常都是由前殖民边界定义的，这些边界表现出显著的持久性。他们经常包括了不同的语言、血统和习俗的民族，殖民当局的管理要比一个正规的整体部落产生的影响小得多。正如非洲缺乏诸如亚洲那些有一致性影响的大的本土政治文明，来弥补大陆殖民化的分裂，帝国的撤退伴随而来的就是小国割据。求助于非洲西化精英阶层（塞内加尔，一个穆斯林国家，有一位会用法语写诗的总统，他也是研究歌德的专家）的民族主义的教义证实了大陆的分裂，经常忽视一些重要的现实，诸如殖民主义的包容或操纵。新统治者偶尔尖锐的民族主义言论经常是对具有分裂倾向危险势力的一种回应。西部非洲梳理了其历史记录——诸如古老的马里和加纳，东部非洲笼罩着一种隐藏在遗迹中的过去，诸如津巴布韦的废墟，像欧洲早期民族主义者一样都是为了伪造民族神话。民族主义既是黑非洲非殖民化运动的产物也是其起因。

内部的新分裂不是非洲面临的唯一问题，也不是其最严重的问题。尽管非洲大陆有巨大的经济潜力，但是一个繁荣兴旺未来的经济社会基础却是不稳固的。帝国主义的残余再一次产生巨大的影响。殖

民统治体系在非洲留下了比亚洲更加虚弱的文化和经济基础设施。识
字率低，受过训练的管理人员和技术专家少。非洲重要经济资源（特
别是矿产）所需要的技术、资金和用于出口的销售设施，最近才从外
部引进（许多黑人政治家将南非白人控制区长期称作“外部”）。更
重要的是，由于欧洲人需求和嗜好的转向，许多非洲国家经济近期遭
受了明显的混乱。在1939至1945年战争期间，英国殖民地的农业转
向大量出口，现金收入大幅增长。无论这符不符合农民（此前种植谷
物，家畜仅用于自己消费）的长期利益是有争议的，但可以确定的是 1074
其直接后果却是意义深远的。一方面现金的流入有助于支持英国和美
国需要的生产。这在局部上产生更高额的工资，但现金经济的扩大通
常会扰乱本国货币的稳定。取而代之的是乡村的增长和区域性的发
展。许多非洲国家与在战后时期显现出脆弱性和不足之处的某些经济
模式绑在了一起。即使像英国殖民地发展和福利基金方案这样仁慈的
计划，或许多国际扶助计划，也明显促使非洲生产者被世界市场所束
缚。由于独立后的错误经济政策，当这些非洲国家被卷入的情况一再
发生时，其阻碍就更加严重。通过出口交换谋求工业化的驱动经常导
致灾难性的后果，尤其是当经济作物交易的价格人为地低于与之相关
的其他本地制造商品时。几乎总是农民为城市居民作出牺牲，低价导
致他们没有增加生产的激励。考虑到20世纪30年代人口开始增长，
在1960年后这种状况更加快速，随着对来自没落的殖民国家的“自
由”现实的失望，不满就必然会产生。 1075

尽管如此，不管有多大的困难，黑非洲的非殖民化进程不可能被打断阻碍。1945年除了埃及，非洲真正独立的国家仅有埃塞俄比亚（它本身只在1935至1943年短暂地处于外国殖民统治之下）和利比亚，虽然在事实和法律上，南非联邦是英联邦的一个自治领，但在形式上被排除在此列之外（模糊的身份掩盖了英国殖民地南罗德西亚的实质性的独

立）。到1961年（当时南非成为一个完全独立的共和国，并退出英联邦）为止，有24个新非洲国家获得独立新生。现在则超过了50个。

1957年，加纳成为非洲撒哈拉沙漠以南第一个前殖民地新国家。当非洲人摆脱殖民主义时，他们所面临的问题也随之而来。在随后的27年来，非洲发生了12次战争，有17个国家的领导人被谋杀。冲突带来两个特别严重的后果。在前比利时殖民地刚果，矿产资源丰富的加丹加省试图自行独立的举动引起了一场内战，竞争对手苏联和美国势力的快速介入使其变得更加复杂，与此同时联合国则努力恢复和平。在20世纪60年代末期，出现了一个更加令人烦恼的插曲，尼日利亚，这个迄今为止非洲最为稳定最有前途的新独立国家，发生了内战。这也促使非非洲人涉入大屠杀（一个原因是尼日利亚加入了石油生产国行列）。在其他国家，虽少有血腥屠杀，但是派系之间、地区之间和部族之间的斗争仍然很激烈，这就使少量西方化的政治精英发生了动摇，放弃了他们在殖民主义体制苟延残喘之时一度津津乐道的民主与自由。

在新独立国家中，为防止现实的或是想象中的瓦解，压制公开言论和强化中央集权是必要的，大部分国家在20世纪70年代处于一个政党、一个集权政府或是军人掌控的军政府领导（这与解放战争之后南美新独立国家的历史不一样）之下。通常，在一个特定国家独立时期出现的民族政党的对手，在独立后会蒙上叛国的污名。那些古老的独立非洲国家幸存下来的政体也无法逃脱。由于古老的政治制度好像无法提供政治上的和平并开展大规模社会变革，这就引发了1974年
1076 的埃塞俄比亚革命。“犹大的狮子”① 靠边站的过程几乎是碰巧地结束了世界上最古老的基督教君主政体（同时也终结了这里的王室世

① 在《圣经·旧约》中是犹大部落的象征，在《启示录》中还指诞生自这个部落的耶稣，此处泛指基督教。——编辑注

系，其谱系在某个版本中据说可一直上溯到所罗门和示巴女王之子)。一年后，夺权的军人看起来像其前任一样不可信。非洲别处也出现了类似的变化。有时出现的一些政治专制者让人想起欧洲早期的独裁者，但是这种比较可能会令人误解。非洲民族主义者委婉地暗示出那些新生国家的“强大人物”中，与同期西方比较，大部分都能被视作前非洲殖民国王的继任者，当然，还有一部分简直就是盗匪。

非洲人自身的麻烦并没有使来自外部世界的刺激减弱。有些刺激的根源并不久远。非洲人视为种族剥削典型事例的基于古代欧洲奴隶贸易的神话剧，其实是欧洲人和北美人的一种创造。政治自卑感在非洲大陆上那些相对比较弱小无力的国家（部分国家的人口低于一百万）普遍存在。在政治和军事方面，一个分裂的非洲不可能期望在国际事件中发挥影响，尽管它一直努力尝试克服来自分裂的弱点。一个失败的例子就是1958年创建非洲统一国家，它开创了一个结盟、偏好联合和在联合中的言论一致的时代，在1963年以非洲统一组织（OAU）的成立达致高潮。这在很大程度上归功于埃塞俄比亚皇帝海尔·塞拉西。在政治层面，尽管在1975年为保护非洲生产商的利益与欧洲达成了一项有利的贸易协定，但非洲统一组织的努力却很少成功。

对独立非洲早期大部分政治历史的极度失望使有见识的政治家在经济发展上转向于合作，首先与欧洲保持合作关系，这些前殖民国家保留了非洲最重要的资本、技术和决策资源。但是黑非洲的经济记录却变得糟糕。1960年，粮食生产仍与人口增长大致保持一致，但到1982年，撒哈拉沙漠以南39个国家中除了7个外，其他国家的人均口粮均比1970年的还要低。腐败、失信的政策和以博取卖弄声望投资案为主导的思想挥霍了来自发达国家的经济援助。即使在1965年，整个非洲大陆的国民生产总值加起来还低于伊利诺伊一个州，而在

20世纪80年代，一大半非洲国家的制造业产出额都呈下降趋势。这些虚弱的经济首先遭遇了20世纪70年代早期石油危机的打击，随后
1077 又面临贸易衰退。之后由于持续的干旱，非洲更是雪上加霜。1960年非洲的国民生产总值在以不令人兴奋的速度增长，但是年均仍有约1.6%的正增长；不过，其发展趋势不久就开始下滑，在20世纪80年代前半期以年均1.7%的速度下降。这就不难理解为什么联合国非洲经济委员会在1983年将非洲经济出现的景象和历史趋势描述为“近乎一场噩梦”。

因此毫不奇怪，政治上的愤世嫉俗盛行，独立时期的领导人中大部分好像已经迷失。在新的不满的刺激下，他们中的大部分人表现得近乎完全缺乏自我批评和挫败，这种挫败经常被表示为鼓励新怨恨（有时更加激化，在冷战时期通过外部的努力使非洲卷入）。这些都是令人失望的。马克思主义的革命很少成功，不寻常的是，仅在埃塞俄比亚——独立非洲国家中最封建落后的国家，前葡萄牙殖民地和欠发达的前殖民领地，正式的马克思主义政权才得以建立。前法国和英国殖民地几乎未受到影响。

不可避免地，替罪羔羊被找到。逐渐地，但大概可解释的，考虑到非洲的非殖民化运动之急速和彻底，及其大部分地区在地理上的偏远性，人们倾向于就在身边寻找替罪羊，在内战和大屠杀中，旧日的族群差异显现。非洲内部黑人和白人间的种族分裂引起的怨恨也逐渐成为焦点。这在南非联邦——非洲国力最强大的国家中体现得最为明显。那些被称为南非白人的布尔人，直到1945年一直主宰着这个国家，热衷于反对英国可追溯到大迁徙时期，并且因布尔战争的失败而得以增强。第一次世界大战结束后，他们对维系英联邦联系的纽带展开积极破坏，其进程由于在开普敦和纳塔尔的盎格鲁—撒克逊人法院地区的集中投票而变得更加容易。布尔人不仅在德兰士瓦省挖掘壕沟

自保，也在主要的工业区和农村偏僻地区挖掘壕沟。南非确实在1939年站在英国一边加入战争，并提供了重要的战争力量，但即使那样，不妥协的“南非白人”（Afrikaner）（这群人逐渐以此自称）却支持一场与纳粹分子顺利合作的运动。1948年，布尔人的领导人在全国大选中战胜南非资深政治家扬·史末资（Jan Smuts），成为南非总理。当布尔人在联邦内部稳步巩固力量，在工业和金融领域建立其地位，迫使黑非洲背离其深深的偏见的政策的前景已经变得不可信了。其结果就是种族分离线的重建：种族隔离。它使在布尔人观念里黑非洲的下层社会阶层的立法削减有系统地具体化和更加强化。它的 1078
目标就是保证工业化地区白人的地位，减少已经实施的市场经济的管理规则，并通过古老部落的划分来分配黑人人口的增长。

种族隔离对非洲其他地方的白人也有吸引力——而且他们秉持的理由要比原始的迷信或是所谓的南非白人的必要经济需求更不可原谅。唯一一个黑人和白人人口比例与南非大致相当、财富集中程度也相当的国家是南罗德西亚。让英国政府极为难堪的是，1965年，它正式退出英联邦。令人担忧的是，分裂者的目标就是推动社会越来越像。英国政府犹豫不决，失去了它的机会。尽管对这块前殖民地以贸易禁运的形式采取了“制裁”，但撒哈拉以南非洲国家并不能直接对罗得西亚直接做什么，联合国也所做不多，很多撒哈拉以南非洲国家忽视禁令的存在，而对于主要石油公司积极采取行动将产品运给叛逆者的行为，英国政府也是睁一只眼闭一只眼。作为一个无能内阁政府的最可耻的插曲之一，大英帝国的声望在非洲人眼里沉沦了，非洲人不理解英国政府为什么没有像1776年那样明目张胆地在军事上介入镇压殖民地的革命。而英国人的回应是，正是借鉴了这一久远的先例，他们才会认为出兵干涉一个遥远且军力薄弱的自治邦实在不可取。

虽然南非（非洲最富裕最强大的国家，而且在一直变得更加富有和强大）看起来是安全可靠的，但它与罗德西亚和葡萄牙一道，成为自 20 世纪 70 年代开始引发黑非洲愤怒的主要对象。南非对黑人的微小让步及其与一些黑非洲国家经济联系日益增强，均无法弥补种族战争的前景。还有一个危险就是外部力量很快就会卷入。1975 年，葡萄牙从安哥拉撤退之后，一个马克思主义团体在那里夺取了权力。当内战来临的时候，外国的共产主义战士从古巴到来支持这个政府，同时南非很快也考虑支持叛乱分子反对它。

南非政府很快就表明它可能采取行动。它追求使自己摆脱与一个坚强谋求独立的罗德西亚结盟的尴尬（当 1974 年葡萄牙人结束在莫桑比克的统治时，莫桑比克掀起了一场反罗德西亚的游击运动，使其前景严重恶化）。美国政府担心，万一罗德西亚陷入那些共产主义者
1079 支持的黑人民族主义者手中，后果将不堪设想。它施加了压力给南非人，相反地，南非人又施加压力给罗德西亚人。1976 年 9 月，罗德西亚总理悲伤地告诉他的国民，他们不得不接受黑人多数派的统治信念。建立一个由白人主导统治的非洲国家的努力归于失败。这是欧洲强国衰落的里程碑。然而，当黑人民族主义者追求实现无条件投降时，游击战继续，且更加激烈。最后，1980 年罗德西亚在其实现独立前暂时回归英国统治，这时，随着首位黑人总理当政，津巴布韦作为一个新的国家诞生。

这使南非单独成为非洲大陆唯一由白人主政且最富有的国家，以及全世界黑人（在这方面，其含义是非白人）怨恨的焦点。尽管非统由于安哥拉内战而分裂，非洲领导人还是时常找到反对南非的共同基础。1974 年联合国大会因种族隔离禁止南非加入其组织，1977 年联合国人权委员会灵活地避开对乌干达地区因黑人反对黑人而引发的恐怖罪的调查要求，同时谴责南非（以及以色列和智利）据称犯下的不

端行为。来自比勒陀利亚的倾向北方的观点看起来越来越威胁。在苏联的支持下，来自古巴的部队到达安哥拉后显示了一种反对南非的战略行动的新力量。前葡萄牙殖民地和莫桑比克也为南非的持不同政见者提供了基础，他们在黑人地区煽动动乱，并在 20 世纪 80 年代进行城市恐怖主义。

这些毫无疑问属于引起南非政府立场发生变化的原因。在这十年中，越来越多的种族隔离问题的可憎特征是否应当被废除看起来不再重要，重要的是，在没有武装冲突的情况下，黑人多数派的统治是否为南非白人所认可。当一位新任总理在 1978 年就职时，改变是很明显的。让南非白人失望的是，皮特・威廉・博塔（P. W. Botha）慢慢地开始展现一种妥善政策。然而，没过多久，他的积极性减弱了，联合国持续敌视南非的信号、国内恐怖主义、来自北方纳米比亚（数年前作为联合国托管殖民地分配给南非）边界不断增加的危险和军事需要的环境，以及博塔在其南非白人支持者中民心渐失（在选举中显示出来），所有这些促使他转回实行镇压政策。他最后的放松姿态就是 1983 年一部新宪法，宪法向南非非白人提供了代表权，并由于它的缺陷激怒了黑人政治领袖，而他对非白人的一点儿让步也使白人保守人士感到厌恶。

与此同时，由其他国家发起的对南非的“国际制裁”的压力正在 1080
增加。在 1985 年，即使美国也在一定程度上采取了措施；到那时为止，国际上对南非经济的信心正在不断下降，这对国内的影响逐步显现。在国内，主张变革的风向标可以在荷兰改革教会的决定里被察觉出来，对许多有欧洲血统的南非人来说，种族隔离至少是一个错误，不可能（当时是这样宣称）在宗教经文中找到合法依据。南非白人政治家中间的分裂也在加剧。尽管它日益孤立，但南非的军事行动成功控制了边界（虽然它无法击败安哥拉政府，因为古巴势力在那里保持渗透如此之久），这可能也对政策的改变有所助益。1988 年，在南非认为令人满意的条约基础上，纳米比亚获得独立，南非还与安哥拉实现了和平。

这是反对皮特·威廉·博塔（自 1984 年以来共和国的总统）的基础，1989 年博塔极不情愿地愤愤离职，由弗雷德里克·威廉·德·克勒克（F. W. de Klerk）继任。他很快就使其清楚明了，自由主义化的行动继续，并且比其他许多可能的想法走得更远，即使在各个方面这并不意味着种族隔离的结束。政治上的抗议和反对党被赋予更多的自由。集会和游行被许可；被关押的黑人民族主义领导人被释放。与此同时，在超级大国之间的关系上出现一个重要的变化，美国和苏联之间就结束在安哥拉和莫桑比克的斗争，给予纳米比亚自由达成一致协议。

突然，前方的道路戏剧性被打开。1990 年 2 月，弗雷德里克·威廉·德·克勒克宣告“一个新的南非”诞生。9 天后，象征性人物纳尔逊·曼德拉，非洲人国民大会领导人，最终从监狱获释。不久以后，他开始忙于与政府讨论南非未来的发展。由于他的言辞坚定，新的有希望的现实态度信号发出了，即在黑人多数派的统治下关于白人少数派的未来必须得到保障的任务必须得到尝试。当然，正是这些信号，激起了其他黑人政治家更大的不耐烦。

南非向民主法治的过渡不是一个简单的转变。即使德·克勒克以迅速而极具勇气的行事方式，到 1991 年底撤销了大部分种族隔离制度的立法，在白人精英阶层还有很多人以各种方式抵制变革。但不论是 1993 年非洲人国民大会杰出的左翼领导人克里斯·哈尼的遇刺，还是黑人城镇的种族冲突（种族隔离状态下无赖分子通常使其加剧），
1081 都不可能毁掉迈向多数人统治的道路。逐渐地，南非所有种族中的绝大多数将纳尔逊·曼德拉视为——人们经常尊敬地以其宗族名称

其为“马迪巴”——多种族新国家政治稳定和经济进步的捍卫者。当1994年他当选为总统时，曼德拉谈到了一个重生的国家和所有南非人重新获得的骄傲。但在第二年，当曼德拉披上全为白人球员的南非国家橄榄球队的运动衫，庆祝他们在世界杯上获得胜利时，他成为白人与黑人团结的国家象征。球队队长说：“马迪巴神奇的力量帮助了我们。”1999年，当曼德拉从总统职位卸任时，所有南非人都有理由这样说。

拉丁美洲

到1900年，一些拉丁美洲国家开始安顿下来，不仅稳定而且繁荣。阿根廷是世界上最富有的国家之一。除了最初在大陆的殖民，它们还受到19世纪欧洲的文化影响，特别是法国的影响，这些影响力在后殖民时代深深吸引了拉丁美洲的精英阶层。他们的上层已经被高度欧化，一些美洲大陆的大城市的现代化反映了这一点，同样地，它们也反映出近代欧洲移民的影响，移民逐步取代了老殖民精英。至于原美洲土著人后裔，他们几乎没有被纳入统计。在一两个国家里，他们被抑制得如此彻底以至于几近消失。

几乎所有拉丁美洲国家都是农业或矿物输出的主要生产国。一些国家相对而言城市化较高，但它们的制造业部门却是无足轻重的，在相当一段时间内，它们似乎也没受到19世纪欧洲的社会和政治问题的影响。除了仅在金融危机与幻灭的影响下短暂而偶尔中止外，资本持续大量涌入美洲大陆。1914年前拉丁美洲国家仅有的一场社会革命（与此形成对比的是，政府却更迭频繁），始于1911年墨西哥独裁者波菲里奥·迪亚斯（Porfirio Diaz）的倒台。它导致了近十年的斗争，一百万人死亡，但革命的主要角色是由被现有政治制度排除在利益之外的中产阶层扮演，而不是工农无产者，因此中产阶层是主要的

得利者。他们与政党政治家一起垄断权力直到 20 世纪 90 年代。尽管
1082 大多数拉丁美洲国家在其国家内部显示出大量的阶级冲突，但它们并没有经受欧洲工业化和城市化的社会阵痛。

这些看起来有前途的社会没受到一战太大的影响，继续繁荣发展。这给其与欧洲和北美的关系带来重要的变化。1914 年前，虽然它在加勒比海有压倒性的政治影响，美国对南美并没有更多比重的经济投入。1914 年，美国在格兰德河以南的外国投资中仅占 17%，而英国更多。在一战期间，英国股份公司停止营业改变了那种现象；到 1919 年美国一国成为南美洲最大的外资来源地，提供了南美大陆外资的约 40%。然后世界经济危机开始，对拉丁美洲国家来说，1929 年处在一个新的令人讨厌的时代的关口，它们的 19 世纪真正结束、20 世纪真正开始了。许多国家拖欠外国投资者的债务。从国外几乎不可能借到更多的资金。繁荣崩溃导致民族情绪增加，有时这指向别的拉美国家，有时指向北美人和欧洲人；在墨西哥和玻利维亚，外国石油公司被没收。传统欧化的寡头集团由于他们没能处理好国家收入下降所导致的问题，被迫作出妥协姿态。从 1930 年开始，军事政变、叛乱和流产的革命起义比独立战争以来的任何时候都要多。

1939 年由于战争需求（1950 年朝鲜战争延长了这种趋势），商品价格上涨再一次带来繁荣。尽管阿根廷统治者对纳粹德国的臭名昭著的钦佩，在一些别的共和政体上也有德国政体的影子，它们中的多数不是响应对设法向其献殷勤的同盟国，就是对美国卑屈逢迎。它们大都在战争结束前后加入美国阵营，一个显著的姿态就是巴西还向欧洲派遣了一支小远征部队。然而，战争对拉丁美洲最重要的影响是经济方面。其中最重要的一点是，早前对美国和欧洲的工业品的过度依赖，如今以物资短缺的形式暴露出来。密集的工业化驱动在几个国家

提速。在后战争时代，工业化建立产生的城市工人作为军事独裁和传统精英阶层的竞争对手成为一股新的政治力量进入政治舞台。独裁主义者、半法西斯主义者出现，但平民主义大众运动把一种新型的政治强人推上了权力舞台。阿根廷的庇隆是最著名的，但 1953 年的哥伦比亚和 1954 年的委内瑞拉产生过同样的统治者外。共产主义在人民大众中没有如此明显地成功。

美国在加勒比海利用其压倒性的力量的方式也产生了一个重要的 1083
变化（但并不是战争所致的结果）。在本世纪的头二十年，美国武装力量先后 20 次直接干预邻国的共和政体，甚至有两次走得更远，建立起受保护国。在 1920 至 1939 年间仅有两次这样的干预，即 1924 年在洪都拉斯和两年后在尼加拉瓜。到 1936 年，在拉丁美洲国家的领土范围内，任何地方都没有美国军队驻扎，除了达成协议的驻地外（在古巴关塔那摩基地）。间接施压也在减少。在很大程度上，这是环境变化的一个可感知的标识。20 世纪 30 年代的直接干预一无所获，罗斯福总统通过宣扬“好邻居”政策（他在第一次就任演说上首次使用这种表述）来确立其价值，强调在任何事件中美国都不会对美洲国家使用武力干预（罗斯福也是历史上第一位因公访问拉丁美洲国家的美国总统）。在华盛顿的鼓励下，这开创了一段美洲大陆（受到鼓励，也由于国际形势的恶化，逐步意识到德国在美洲的利益）外交和工业合作的时代。它成功地结束了玻利维亚和巴拉圭之间血腥的查科战争。这场战争从 1932 至 1935 年激烈进行，直至 1939 年以发布拉丁美洲中立宣言的方式宣布结束，宣言声称在其 300 英里水域范围内保持中立。然后，在第二年，一艘美国巡洋舰被派往蒙得维的亚加强乌拉圭比索政府对令人担忧的纳粹政变的抵抗。比以往更加明显的是，门罗主义及其“罗斯福推论”像一个共同安全体系一样悄悄地卷入更多的事务。

1084

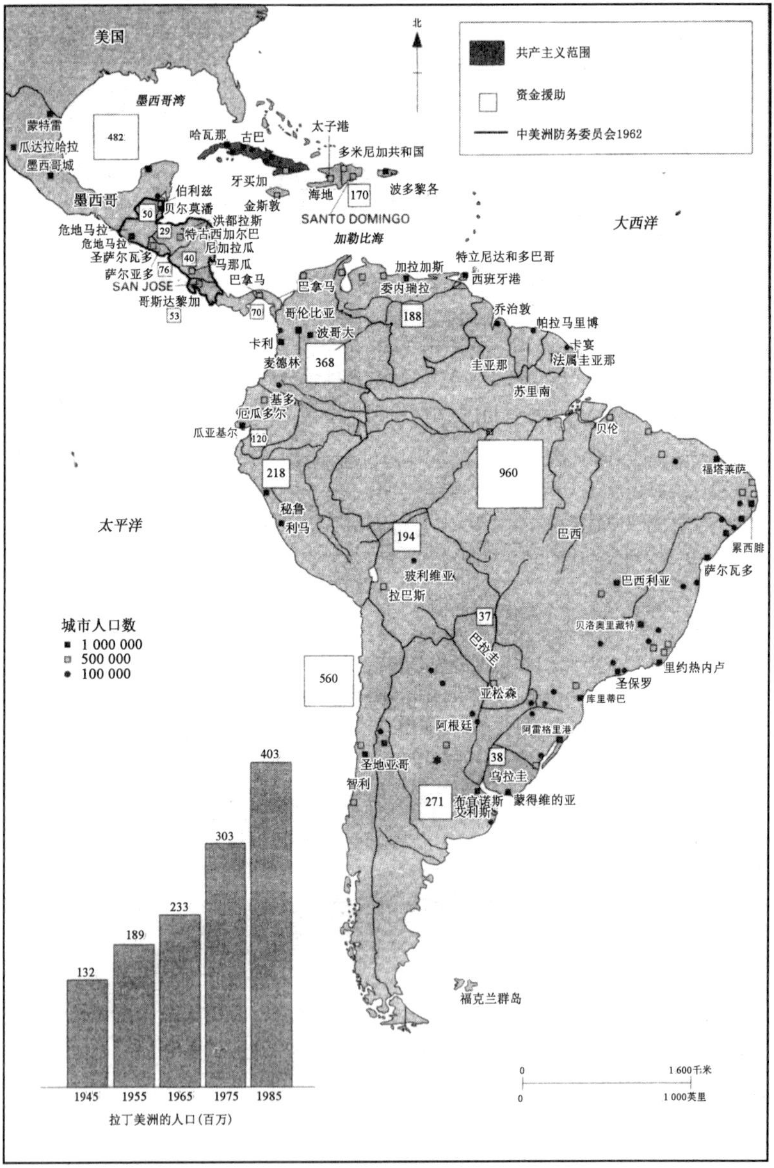
北
共产主义范围
资金援助
中美洲防务委员会1962
美国
墨西哥湾
482
蒙特雷
瓜达拉哈拉
墨西哥城
墨西哥
哈瓦那
古巴
太子港
多米尼加共和国
牙买加
海地
170
波多黎各
金斯敦
SANTO DOMINGO
伯利兹
50
贝尔莫潘
洪都拉斯
危地马拉
危地马拉
29
特古西加尔巴
尼加拉瓜
圣萨尔瓦多
40
马那瓜
萨尔亚多
76
SAN JOSE
巴拿马
哥斯达黎加
53
70
加勒比海
大西洋
加拉加斯
特立尼达和多巴哥
西班牙港
巴拿马
委内瑞拉
188
乔治敦
帕拉马里博
哥伦比亚
波哥大
卡利
麦德林
368
卡宴
圭亚那
法属圭亚那
苏里南
基多
厄瓜多尔
瓜亚基尔
120
贝伦
960
福塔莱萨
218
秘鲁
利马
太平洋
巴西
累西腓
194
玻利维亚
拉巴斯
萨尔瓦多
巴西利亚
城市人口数
1 000 000
500 000
100 000
37
巴拉圭
贝洛奥里藏特
560
里约热内卢
圣保罗
亚松森
库里蒂巴
阿根廷
阿雷格里港
圣地亚哥
38
智利
乌拉圭
271
布宜诺斯艾利斯
蒙得维的亚
福克兰群岛
132
189
233
303
403
1945
1955
1965
1975
1985
拉丁美洲的人口(百万)
0
1 600千米
0
1 000英里

战后拉丁美洲

1945年后，拉丁美洲再一次反映出国际形势的变化。在冷战的早期阶段，美国的政策集中关注欧洲，但在朝鲜战争后，它开始将关注点南移。对于拉美（所有反美味道的）民族主义的偶然表现，华盛顿不再过于惊慌，而是更为关注，以免南美洲半球为苏联的渗透提供温床。随着冷战加剧，美国对拉丁美洲国家政府的支持变得更具有选择性。在那个时代，它也导致了很多秘密行动：例如，1954年推翻共产主义者支持的危地马拉政府。

同时，美国的决策者们担忧其后院据点因贫穷为共产主义提供机会，不满应该被消除。他们提供了更多的经济援助（在20世纪50年代，拉美的援助仅为向欧洲和亚洲提供援助的一小部分，但在接下来的十年里增加很多），称赞那些声称要进行社会改革的政府。不幸的是，一旦这些政府通过国有化消除美国资本的控制，华盛顿就再一次转向改变，要求给予相应规模的补偿，因而使改革变得非常困难。从
整体上看，因此，它虽然也可能谴责个人独裁政府的不人道行为，诸 1085
如1958年的古巴那样，美国政府倾向于发现自己，像在亚洲一样，在拉丁美洲支持保守利益集团。这也不是一成不变的；一些政府运行有效，特别是玻利维亚，1952年实施了土地改革。但是真实的情况是，就像以前世纪大部分时间一样，穷困的拉美人的疾苦并没有得到平民主义或保守派统治者的聆听，因为两者都仅仅听取了来自城市的意见，但显然，最贫苦的是农民，其中大部分是美洲印第安人。

然而，令华盛顿紧张不安的是，拉丁美洲有几场小的革命行动。除了古巴革命胜利外，在当时大部分是一种主观希望或担心。这在很多方面是个非常棘手的问题。古巴离美国的距离很近使其意义重大。能进入运河区经常显示出其在美国的战略考虑上远比英国在苏伊士运河上要重要得多。其次，古巴已经被打击得异常萧条；它实际上仅仅依靠一种农作物——蔗糖，农作物仅有一个出口地——美国。而且，

这种经济纽带仅是古巴比其他拉丁美洲国家与美国保持更密切而令人讨厌的“特殊关系”之一。其历史关联可以追溯到 1898 年前古巴脱离西班牙独立之时。直到 1934 年，古巴宪法制定包含限制古巴外交自由的条款。美国仍然保留其在古巴岛屿的海军基地。在城市资产和公用事业上美国有大的投资，古巴的贫穷和低价格使它对追求赌博和女孩的美国人有很大的吸引力。总而言之，毫不惊讶，古巴正如它所做的那样，在大众的支持下制造一种强烈的反美运动。

美国长期被作为藏于战后保守的古巴政权背后的真正掌权者而受到谴责，尽管在 1952 年独裁者巴蒂斯塔夺权后这种情况实际上已经停止；美国国务院并不赞同他，在 1957 年切断对他的帮助。到那时，一个年轻的民族主义者律师——菲德尔·卡斯特罗，已经开始他的反政府的游击活动。两年后他获得了成功。1959 年，作为新的革命古巴的首位总理，他将其政权描述为“人道主义的”，并强调，并非共产主义。

卡斯特罗的最初目标仍不为人知。或许他自己也不清楚他在想什么。从一开始他是与想推翻巴蒂斯塔的人民一起活动，从自由主义者到马克思主义者。这些有助于使美国安心，短期内资助他作为古巴人
1086 的苏加诺；美国公众的观点是把他作为浪漫主义偶像崇拜，胡须在美国激进主义者中成为时髦。一旦卡斯特罗转向干预美国公司利益，开始推行农业改革和蔗糖业国有化政策，关系很快变得恶化。他也公开谴责古巴社会那些支持旧政权的美国化的元素。反美主义成为一种合理的方式（或许是唯一的），是古巴革命后卡斯特罗公开团结古巴人民的方式。不久美国中断了与古巴的外交关系，也开始施加其他各种压力。美国政府确信这个岛国可能会落入卡斯特罗日渐依赖的共产主义者之手。苏联领导人赫鲁晓夫警告说，如果美国采取针对古巴的军事行动且终止门罗主义，将招致苏联火箭的攻击；美国国务院很快宣

称对所谓终止门罗主义的报道是夸大其词。最后美国政府决定运用武力推翻卡斯特罗政权。

通过古巴流亡人士来实施获得赞成。当1961年总统换届时，约翰·肯尼迪继续贯彻这个决定。在美国的支持下，流亡人士已经在关塔那摩基地受训，美国与古巴的外交关系已经中断。肯尼迪没有发起这些行动，但他既不谨慎也不足智多谋到能阻止它们。这是很遗憾的，因为新总统对拉美的态度没有这么好。很显然一段时期内，美国需要在那里培植善意。在美国金钱和武器的支持下，古巴流亡人士组成的远征队，在1961年4月出现了一个悲惨的结局，由于著名的“猪湾行动”惨败，更积极接触的可能性几乎立刻化为泡影。卡斯特罗开始真诚地转向苏联，在1961年底宣布自己是一名马克思列宁主义者。

那时一个新的更加明显的冷战时期开始出现在西半球，开局对美国而言很糟糕。美国一开始在任何地方都招致反对，因为它的行动进攻的是一个受欢迎的有坚实基础的政权。自此以后，古巴像一块磁石一样吸引着拉丁美洲革命者。卡斯特罗的刑官取代了巴蒂斯塔的，他的政府所推行的政策，与美国的压力一道，让经济受损严重，但却带来了平均主义和社会改革（在20世纪70年代，古巴宣称在拉丁美洲其儿童死亡率最低）。

几乎附带地，作为革命的副产品，古巴很快就发生了整个冷战时 1087
期最严重的超强对峙，这或许是转变的起点。完全不知道为什么和什么时候，苏联政府决定在古巴安装覆盖美国任何地方的导弹，使美国的潜在目标城市和基地数字大约增加一倍。其动议是来自哈瓦那还是莫斯科，都无从知晓。虽然卡斯特罗向苏联寻求武器援助，但这只是第二位的。无论什么原因，美国人拍摄的勘查照片证明1962年10月苏联人在古巴修建导弹基地。肯尼迪总统一直等到其确凿无疑时才宣布美国海军将阻止任何船只向古巴继续输送导弹，已在古巴的导弹必须撤离。一艘黎巴嫩船只在随后几天受到登船搜查，苏联船只仅受到监视。美国强大的核武力量做好了战争准备。几天之后，肯尼迪和赫鲁晓夫之间通过私人信件交换意见，后者同意撤出导弹。

危机大大超出了美洲半球的历史界限，它的外部反响在其他地方被最大地议论。单就拉丁美洲的历史而言，即使美国答应不入侵古巴，它仍然继续将其与它的邻居孤立起来。毫不奇怪，古巴革命的诉求仍然没有在其他年轻的拉美国家中获得长期基础。这没有使它们的政府给予卡斯特罗更多的同情，特别是当他谈到古巴作为拉美其余地方的革命中心时。结果，在玻利维亚最为成功的一次尝试显示，革命不可能很容易得到成功。古巴的情况已经是非常的例外。别处试图包容农民叛乱的希望是虚幻的。其他国家当地的共产主义分子对卡斯特罗的努力表示遗憾。革命需要的潜在兵员和物质被证明城市比农村多，中产阶级要比农民多，游击运动仅在几年之内在大城市制造新闻。在一些国家，尽管令人惊叹和危险，不太清楚他们是否得到大众的支持，即使施加于他们身上的暴行使大众远离独裁政府。与此同时，反美主义持续高涨。肯尼迪提出了新美洲一体化的设想，基于社会改革——一个“进步联盟”正如他命名的一样，由于美国人对待古巴的态度引发的憎恶而毫无进展。他的继任者林登·约翰逊总统，没
1088 有做得更好，或许因为他对拉丁美洲的兴趣远低于国内的改革。在联盟最初提出以后，设想从来没有再提。裹足不前的恶劣后果是，1965年它被新发生的直接干预例子所取代：在多米尼加共和国，四年前，美国帮助推翻扼杀了一个腐败残暴的独裁者，并建立一个锐意改革奉行民主的政府。当这个政府被保护特权阶层的军队推翻（他们觉察到了改革的威胁），美国中断了援助。最终，表面上看起来好像进步联盟得到了有差别的应用。但援助很快得到恢复，对其他右翼政权也是

如此。1965 年反军人叛变的结果是 2 万美国军队到达将其扑灭。

到这十年末期，“联盟”实际上已经被遗忘殆尽，部分是由于对现存共产主义的害怕，这导致美国在拉丁美洲各处支持保守派，部分是因为美国面临大量的其他紧迫性问题。一个讽刺的结果是，当共产主义分子的危险看似持久的时候，那些毫不担心会失去美国支持的政府掀起了对美国资产机构攻击的一个新高潮。智利国有化了最大的美国铜业公司，玻利维亚接管了石油产业，秘鲁没收了美国人所有的种植园。1969 年，拉丁美洲国家政府召开了一个没有美国代表出席的历史性大会，美国的行为被明确而毫无保留地受到责难。那年，美国总统的代表进行的一次旅行引发了抗议和骚乱，美国资产日渐泡沫化，纷纷要求远离这些国家。当艾森豪威尔的副总统的“友好”之旅以其闹哄哄告终而受到唾弃的时候，它更像是前十年的终结。总的来说，看起来到 1970 年，好像拉丁美洲的民族主义进入了一个新的旺盛时期。如果古巴授意的游击运动曾经代表着一种危险，他们现在不再是危险了。一旦内忧之疾消失，对政府来说没有理由不去尝试利用反美情绪。

然而拉丁美洲真正的问题并未得以解决。在 20 世纪七八十年代甚至更长的时间暴露出长期存在的经济问题，直到 1985 年观察家仍会认为是似乎无法解决的危机。对于这一点有以下几个因素。尽管美洲进行了快速的工业化，大陆受到咄咄逼人的人口增长的威胁，这是显而易见的，正如拉丁美洲的经济困难再一次显示出它们的棘手。进步联盟的援助方案处理这些问题部分失利，失败滋生了大量对美国基金使用的争吵。管理不善产生了巨大的外国债务，这削弱了维持投资 1089
以获取更好的贸易平衡的努力。社会分配面临威胁，即使最发达的拉丁美洲国家仍显示出财富和教育巨大的落差。就算有些国家存在法制和民主，但似乎这些也越来越不足以处理这些问题。在 20 世纪六七十年代，秘鲁、玻利维亚、巴西、阿根廷和巴拉圭都经历了持久的军事独裁统治，大量的民众相信名义上的民主和文官政府无法带来的变化，只有靠独裁主义才能实现。

在 20 世纪 70 年代，世界开始了解到来自像阿根廷、巴西和乌拉圭这些曾经被看作是文明法治的国家的虐待和暴力镇压。智利与其邻国相比，享受成为法治国家的时间更长、历史更久，一直持续到 1970 年的选举，这一年，分裂的右派让位于少数派的社会主义联盟。当一个新政府开始采取的措施带来了经济混乱，好像进一步左倾，甚至进入一种崩溃和无法控制的境地，结果是 1973 年美国赞同并暗中支持发动了一场军事政变。然而，许多智利中产者由于担心社会形势看起来会变得更糟，并相信被推翻的政府会在共产主义的控制之下，便也赞同了政变。智利新独裁军政府很快利用最野蛮的方式对其对手和批评者进行残酷的而广泛的迫害，并没有表现任何不安。最后，它重建了经济，甚至在 20 世纪 80 年代晚期开始显示出仿佛它还能够克制约束自己。但是它带给智利社会的思想分裂比迄今为止这个国家所知道的要更深，这个国家在其他拉丁美洲国家中毫无疑问成为潜在危险的显著象征。所有这些并不是都属于同样的类型。在 20 世纪 70 年代，哥伦比亚由于争夺控制这个国家巨大的可卡因生产（直到下个世纪开始仍然在激烈进行），实际上造成了这个国家的分裂。

雪上加霜的是，20 世纪 70 年代早期，石油危机降临于这个麻烦缠身又误入歧途的大陆。它使石油进口国家（除了墨西哥和委内瑞拉）的外债问题失去控制。在接下来的二十年里，一个又一个的国家都开始实施经济补救，但所有这些都证明是无效的或不可能强制执行的。要处理无法控制的通胀，外债收取的利率，来自过去政府资源配
1090 置的扭曲以及易于滋生腐败的管理和文化上的缺失，好像都不太可能。1979 年，阿根廷政府为民众动乱所推翻，在接下来的十年里，

阿根廷人经历了200倍的通胀。拉丁美洲比以往任何时候都更像一个爆炸性的不安的大陆，国家之间变得越来越不相似，尽管它们有着共同的根源，尤其是在悲痛上有着共同的经历。对于由印第安人、奴隶、殖民和后殖民经历所导致的分层（这些分层明显地体现出经济发展的不同），随着20世纪50和60年代所设想的发达的、高科技社会的到来（这一社会有利于改善人们的生活，而不是使其更糟），新的分化进一步增加。就像在亚洲，尽管它很不明显，现代文明作用于历史悠久社会而产生的张力现在比以前任何时候都更加清晰可见，即使拉丁美洲自16世纪以来就在经历其中的部分。但在20世纪80年代，它们通过与独裁主义者一样的激进主义分子展现出来的恐怖主义额外地表达出来，继续威胁早期取得的文明和法制成就。

然而，在20世纪90年代，那里民主法制的政府大部分得到恢复，拉丁美洲主要国家的经济得到了复苏。在这些国家中，军政府被正式抛弃一边。这有助于美洲半球的关系变得越来越好。阿根廷和巴西双方一致同意关闭它们的核计划，同时在1991年，它们与巴拉圭和乌拉圭一起，同意建立一个共同市场——南方共同市场（Mercosur），并立即发起削减关税活动。1996年，智利也加入进来。这种充满前途的氛围因经济情况受阻时几次未成功的行动而陷入困境。不幸的是，这些状况在十年间一直在大陆上蹒跚而行，直到世界银行推出新的方案才将阿根廷和巴西从那些麻烦中解救出来。有预兆的是，虽然前者已经将本国货币与美元挂钩（美元本身也是导致部分困难的根源），当阿根廷的对外债务上升到失去控制的时候，巴西再一次开始显示出通胀的影响。国际社会面临空前规模的债务拒付，不得不采取行动。当2001年临近年底时，布宜诺斯艾利斯居民再次走上街头，在十天之内经历了数次流血事件和三位总统的更替之后，面临着新一轮的通货紧缩和苦难时期。

21世纪早期清楚地显示经济增长领域的赢家和输家开始在拉丁美洲大部分国家定型生根。许多国家的经济要比20世纪50年代以来
1091 他们取得的发展速度快得多，但这些发展成就的国内回报率在居民中的分配是不均衡的。例如，巴西，按照大多数标准是全球最不平等的社会。它1.7亿人口中最富有的10%达到了欧盟平均生活水平，最贫穷的50%的生活在20世纪90年代则鲜有改善。在21世纪初期，很多拉丁美洲国家是左翼政府赢得大选，反映出这种发展不平等受到关注。但是即使是激进的领导人——他们包括委内瑞拉的激进平民主义者乌戈·查韦斯，到智利温和的社会主义总统米歇尔·巴奇莱特（2006年当选）和巴西的路易斯·伊纳西奥·卢拉·达席尔瓦（2003年当选），都不愿意涉及过去以市场为导向的改革，而人们普遍认为，正是这类改革，让这些国家出现了持续时间超过一代人的第一次经济发展。因此，经济增长与赤贫之间的矛盾很可能将成为拉丁美洲未来几年发展的关键问题。

第3章 破碎的必然

超级大国的争议

在20世纪70年代，两个巨人仍然支配着全世界。自1945年来 1092
他们一直如此，他们依然经常探讨好像世界已被分成他们的追随者或敌人。但是变化一直在按照他们认可的方式发生。很多人相信美国已经失去了对苏联压倒性的军事优势，或许根本没有任何优势。这个观念是错的，但是许多人甚至连美国人也认同它。那些很容易因一切不稳定的信号而感到害怕的人总在想，如果另一场冲突发生会带来怎样的后果。另一些人认为越来越势均力敌的平衡会使危机变得不可能，别的相关性变化很难评估。两大阵营或多或少曾经都是内部团结的集团，边缘围绕着一些可能被他们吞并的小虾米，但其内部正呈现出紧张的信号。新的争吵开始超越旧的意识形态分歧。愈发有趣的是，平衡超级大国力量的新的野心家将会出现。一些人甚至开始谈论缓和时代。

再一次，变化的根源要回溯到过往岁月中，两个时期之间并没有明确的分界线。例如，斯大林的死不可能毫无影响，虽然它对苏联政局没有明显的直接影响，对其解释则更加困难。随后的人事变化在近两年之后导致赫鲁晓夫作为苏联政府的决策人上台，1956年莫洛托夫退休，他是斯大林的忠实追随者，冷战外交的老手，作为其在位时的外交部长。赫鲁晓夫在苏联共产党二十大一次秘密会议上发表了一篇轰动的演说。在演说中，他公布了斯大林时代的错误行为，宣布现

在苏联外交政策的目标是“共存”。演说很快被广泛宣传，此前共产
1093 主义者向世界展示的团结一致形象，第一次疏远了许多共产主义同情
者，到目前为止，在西方国家这些同情者始终认为苏联现实没有任何
困扰，或者，这次揭露只是让他们有机会在不受良心谴责的方式下表
达出由来已久的背离之心。

如果 1956 年的局势没有迅速恶化的话，与苏联削减军备的宣言一起，赫鲁晓夫的演说在国际社会中可能预示着一种新的情绪。苏伊士冒险让苏联对大英帝国和法国的威胁变得明显；莫斯科可不想因为不支持埃及而损害与阿拉伯世界的友好关系。但是同一年在波兰发生了反苏骚乱，在匈牙利爆发了反苏暴乱。苏联的政策总是成为病态地引发其卫星国背弃和不满的信号。1948 年，苏联顾问被从南斯拉夫召回，那时南斯拉夫已被共产党和工人党情报局开除。南斯拉夫对苏联和其他社会主义国家的威胁被四处宣传，对“铁托主义”长达五年的挖苦讽刺的攻击开始了。直到 1957 年两国政府最终达成谅解，当时苏联让步，并象征性地重新开始对铁托的援助。然而，南斯拉夫作为华沙条约外社会主义国家这样一种具有破坏性且令人尴尬的存在，是南斯拉夫被开除，不是这些顾问使莫斯科对东方阵营中的各种风吹草动变得更加敏感。像 1953 年东柏林的反苏骚乱一样，1956 年夏天波兰的骚乱显示出，因经济的不满而加剧的爱国心，仍然会在中心地区发出挑战。同样的力量有助于解释 1956 年 10 月布达佩斯的骚乱为何会演变成为一场全国性的运动，导致苏联军队从该城市撤离。新的匈牙利政府承诺自由选举，结束一党执政。当匈牙利政府也宣布退出华沙条约，宣称匈牙利中立，并请求联合国解决匈牙利问题时，苏联军队返回了，致使数千人逃离这个国家，匈牙利事件的平息。联合国大会两次干预，但都无济于事。

这一事件使两边阵营的态度更加强硬。

最后的冷战危机

1957年10月，前苏联人造地球卫星斯普特尼克一号揭开了超级 1094
大国太空竞赛的时代，给美国认为苏联技术落后于美国的自信心以极大的震动。赫鲁晓夫时代的苏联外交政策继续保持对抗，不合作，有时显得异常自信。由于担心西德有重新武装的危险，苏联领导人急于加强他们的卫星国——德意志民主共和国。被德意志民主共和国版图包围起来的西柏林显而易见的成功和繁荣令人尴尬。东西之间的城市内部边界容易被穿越，经济富裕和自由吸引越来越多的东德人——特别是技术工人——到西德去。1958年，苏联取消了柏林赖以运转了十年的体制，声称如果找不到更好的解决办法，苏联占领区将移交给德意志民主共和国。持续的争吵延续近两年。当柏林上空的危机气氛不断加深时，通过柏林的流民输出急升。东德前往西德的人口数字1959年是14万，1960年达20万。当1961年前6个月人员流出超过10万时，东德当局在这年8月突然修建了一座墙（不久通过地雷和带刺铁丝网加强），切断了柏林苏占区与西方占领区之间的通道。不久，紧张气氛急剧增加，但长期来说，柏林墙使事态平静下来。它阴暗的存在（零星地打死试图穿越的东德人）成为四分之一世纪里西方冷战宣传的口实，尽管德意志民主共和国在阻止移民方面取得成功。当美国清楚表明不准备就柏林的法律地位作出让步，即使冒着战争的危险，赫鲁晓夫悄悄放弃了更多极端的要求。

同样的事情也在随后对古巴的问题上出现，尽管所冒的风险更大。与对解决德国问题上的风吹草动相比，美国的欧洲盟友们对此并没有显示出直接的兴趣，苏联人看起来也对古巴的利益没有付出更多的关注。此外，在超级大国“纯粹的”对抗上，苏联表现出来的是被迫让步。回避性的行动或语言可能会成为危险的挑衅，通过限制其必

要的要求公开留给他的对手一种简单的退避路线，尽管如此，肯尼迪
1095 总统没有显而易见的让步，虽然过了不久美国导弹从土耳其撤走。赫鲁晓夫马上不得不对美国没有侵占古巴的许诺感到满意。

很难说这不是一个主要的转折点。作为冷战在全球扩张的终极代价，苏联必须面对核战的前景，尽管核战是不可接受的。意识到因误会引发的冲突危险通过私人联系比普通的外交渠道更加必要，两国随后在首脑之间建立起直接的电话通讯——热线。相反，很清楚的是，不管苏联如何自夸，美国在武装力量上的优势在任何时候都很大。与两个超级大国直接冲突最为相关的新式武器是洲际导弹；1962 年末，美国人在洲际导弹上优势明显，其与苏联人的比率超过 6：1。苏联开始着手缩小这方面的差距。选择就是制造更好的火箭，苏联消费者再一次承受了负担。其间，古巴对抗帮助英国、美国与苏联之间就限制在太空、大气层和水下进行核试验首次达成一致协议。裁军历经多年追求仍然没有成功，但关于核武器，这是所有协商达成的第一个积极结果。

1964 年，赫鲁晓夫下台。自 1958 年以来，作为政党和政府首脑，他个人对苏联历史的贡献似乎就是造成了一场巨大的震荡。那意味着有保留的“去斯大林化”，对农业的巨大忽视，在重点武装部门上的变化（偏向成为其精锐军种的战略火箭部门）。赫鲁晓夫在外交政策方面特有的主观臆断（除了灾难性的古巴冒险之外）成为免除他职务决定的根本原因。然而，尽管在军队的默许下他被他所冒犯和警告的同仁抛弃，但他没有被处死，或被投入监狱，甚至被流放到蒙古的一个军事驻地。很明显，苏联正在培育其政治变革的技巧。这些与过去相比，冲击巨大。

斯大林死后，苏联社会实际上很少放松。在第二十次党代会上的演说一直被提及，即使其主旨在于让批评转移，不再集中于那些曾参

与犯下斯大林受谴责的错误的那些人（像赫鲁晓夫本人）。（斯大林的遗体被象征性地从列宁的坟墓移走，那是国家圣地。）接下来的数年被一些人称为“解冻时期”。作家和艺术家被允许有少量的创作自由，同时这个政权也短暂地表现出它开始更加关注世人对其某些行为的看法，比如它对待犹太人的方式。但这是个别的和零星的。唯一清楚的 1096
也许是，斯大林死后，尤其是在赫鲁晓夫统治时期，政党再次作为俄国人生活中一种独立的因素显现出来。

“交汇”的幻觉

谈论美国和苏联发展得越来越相似，这一度成为流行，现在看似有些古怪。这意味着苏联政策变得缺少威胁。这种“交汇”理论强调了一个无可争辩的扭曲事实：苏联是一个经济发达的国家。在 20 世纪 60 年代，由于这一点，一些欧洲左翼人士认为社会主义是一条真正合理的现代化道路。但是经常被忽略的事实是，苏联经济也是无效率的和扭曲的。

虽然苏联工业在重工业方面长期有着明显的实力，但与美国相比较，苏联个人消费保持低水平，倘若没有昂贵的补助金制度体系，可能还会低更多。俄国的农业曾经养活了中欧许多城市，曾向沙皇时代的工业提供原料，如今却持续地失败；矛盾的是，苏联经常不得不购买美国的谷物。1961 年，苏联共产党计划到 1970 年，实现在工业产量上超过美国。但这没有发生，尽管肯尼迪总统同年派人登月的建议实现了。然而，苏联与不发达的国家相比，无疑是富裕的。虽然，以消费社会的角度看它们之间的不一致非常明显，但对穷人来说，美国和苏联有时看起来并无差别。许多苏联人会更有意识地将他们这个在 20 世纪 40 年代灾难重重且贫困不堪的国家与在 60 年代的情况相比，意识到两者之间的差距，而不是把本国与美国对比。两种制度的比较也并非总是一边倒。例如，苏联在教育上的投入，取得了与美国一样的高识字率，甚至比美国当时还要更好一些。这种比较，很容易让人混淆对量的判断和对质的判断，尽管如此，基本的事实不会改变，在
1097 20 世纪 70 年代苏联的人均国内生产总值仍然远远落后于美国。即使它的公民在 1956 年终于得到了养老金（在英国人之后近半个世纪），他们也不得不忍受下降得越来越厉害的健康服务，落后于西方可得到的服务。长期以来遗留下的落后和造成阻碍的东西需要剔除。直到 1952 年，苏联的实际收入才回升到 1928 年的水平。“交汇”理论总是太过乐观和过分简单化。

尽管如此，到 1970 年，苏联有一个科学的和工业的基础，其规模和比例处在最好状态下可以与美国相匹敌。它最明显的表现，激发苏联公民爱国自豪感的伟大源泉，是在太空领域。到 1980 年，在轨道上有如此多的铁制飞行物，因此，想要再次激起 20 年前第一批苏联卫星上天时引发的惊叹已非常困难。尽管美国在迅速跟进，苏联太空成就仍是最棒的。太空探测的报道提供了爱国想象力，在苏联人日常生活其他方面激发出毅力。对一些苏联人而言，他们的太空技术证明了革命的正确，这样说并不为过；这表明苏联能够做到别的国家可以做到的几乎任何事情，还可以做许多只有一个国家能做到的事情，甚至可能做一两件一段时期没有其他国家可以做到的事情。最终，苏联实现了现代化。

这是否意味着在某种意义上她正在成为一个令人满意的国家，领导人更加自信，很少质疑外部世界，不致妨碍国际环境，是一件完全不同的事情。苏联对中国复兴的反应似乎并没有显示这一点，有讨论到对中国边界进行先发制人的核攻击。到 1970 年苏联社会又开始表现出内部紧张的新信号——异议和批评，特别是对知识分子自由的约束，在 20 世纪 60 年代首次变得明显，流氓行为、腐败和酗酒等反社

会行为的征兆也是如此。但是他们很可能成功控制住了这两类因素，使其不能像在其他大国一样，产生引发重大变化的潜力。从长远来看，事实证明，其他没那么明显的事实却具有更重大的意义；在20世纪70年代，本国讲俄语的人第一次成为苏联人口中的少数派。同时，这个制度仍然是一个个人自由和基本人权的权限由行政决议和国家机器支持的机构限定的社会。苏联和美国（或者是任何一个西欧国家）之间生活的差别仍然可以通过诸如在对外国广播限制上的庞大开支等衡量标准来评估。

由于一些明显的原因，美国的变化比苏联更容易观察到，但这并 1098
不总是使其基本原则容易辨别。美国力量确实增长了，它对世界非常重要，这些都毋庸置疑。在20世纪50年代中期，美国容纳了世界人口的6%，却生产了世界工业产品的一半多；到2000年，仅加利福尼亚一州的经济总量就足可成为世界第五大经济体。1968年，美国人口达到2亿（在1900年有7 600万），每20个人中仅有1个不是本土出生（虽然在十年内有大量讲西班牙语的人口从墨西哥和加勒比海移民美国）。1960年后出生人数在增长而出生率却在下降；在这方面美国在主要的发达国家中是独一无二的。美国人越来越多地生活在城市或是郊区。自1900年以来，他们死于某些恶性肿瘤的可能性增加至三倍；这相反是公共健康改善的一个确切信息，因为它表明其他方面的疾病正在不断得到控制。

极大成功的美国工业结构在1970年被一些非常大的企业所支配，其中一些企业所掌握的资源和财富比一些国家掌握的还要多。考虑到这些大公司在经济领域的分量，经常有言论称，要监督这些公司关注保护公共机构和消费者的利益。但毫无疑问它们有着创造财富和权力的经济能力。尽管事实将表明，它可能做不到它被要求做到的任何事情，但美国的工业力量是战后世界一个非常大的恒量，所支撑的巨大的军事潜力不可避免地成为操纵美国对外政策的依赖力量。

在 20 世纪 50 年代，政治的神话仍然在进行。杜鲁门总统的第二任期和艾森豪威尔总统的任期都被打上嘈杂的辩论和许多关于美国政府干预经济的危险尝试的印记。大部分与这一点无关。自 1945 年以来，联邦政府在掌控，并且实际上增加作为美国经济第一消费者的重要性。政府开销成为主要的经济刺激，增加政府开支成为成百上千的利益集团和数千资本家的目标；平衡预算的希望和廉价的参照商业体系的行政总是搁浅于这个事实。重要的是，美国是一个民主国家；无论什么教条的反对，无论多少华丽修饰的攻击，一个福利国家仍在缓慢地进步，因为投票者希望它走那条道路。这些事实让传统的不受政府控制和干预的自由经济的理想变成了空想。他们也有助于延长民主
1099 的联合。在 1952 和 1968 年当选的共和党人总统每一次都得益于厌战情绪，但两者都不能说服美国人应该选出共和党人的国会。另一方面，即使在 1960 年前，在民主党集团当政期间可以看到紧张的信号——艾森豪威尔呼吁许多南方选民——到 1970 年在共和党人的旗帜下，事情一点也不像一个民主保守政党，因为许多南方选民被民主党关于黑人只有一半投票权的立法所冒犯。由民主党人投票被内战所造就的“坚固的南方”作为一个政治常数抵消了。

总统们有时会改变重点。艾森豪威尔时代留下一个印象：其间美国国内历史上几乎没有大事发生。这位总统丝毫不认为，作为总统，他应该积极主导国内政策。很大程度上由于这一点，1960 年肯尼迪在民众投票中以微弱优势当选——一个新人（也是一个年轻人）的出现，产生了一种将要有显著变化的感觉。在当时，太多文章做在了非常肤浅的方面，结果产生了太多的错误印象。但回顾过去，可以认同的是，在对内对外事务上，从 1961 年开始八年民主党人的复兴统治，给美国带来了很大的变化，尽管并不是以肯尼迪或是他的副总统林

登·约翰逊就职时所希望的方式。

1960年就已经存在的一个议题是“黑人问题”。解放后一个世纪，与美国白人相比，美国黑人可能更穷，接受救济更多，失业更多，居住条件和健康更差。40年后，这种状况依然真实存在。在20世纪五六十年代，所发生的变化增长了乐观主义情绪。由于三个新事实成为一个很大的政治问题，美国社会黑人的地位突然出现无法忍受的状况。一是黑人移民使之从南方问题转变成为北方难题。在1940至1960年间，北方各州的黑人人口在移民运动中几乎增加了三倍，直到1990年才改变。纽约成为联邦黑人人口最多的州。这不仅将黑人带入新的地方，接触新的生活观念，而且要适应新的生存方式。他们面临的问题不仅是一个法律权利的问题，而且是多方面的综合性问题；经济和文化的匮乏也是其中之一。第二个事实将这个问题推向了美国之外更宽泛的民族主义层面。新生的国家正在联合国中成为多数派，而它们大多是有色族群组成的国家。尴尬的是美国国内如此明目张胆地违反它在国外大肆宣扬的思想，这在美国大部分黑人处境艰难 1100
的事实中得到确证。最后，在一些受到甘地主义对待压迫消极抵抗原则激励的领导人的带领下，黑人自身的行动把许多白人争取过来了。最终，作为结果，美国黑人的法律和政治地位完全向好的方向转变。然而，在这一进程中，苦难和仇恨没有剔除，而且在很多地方实际上还在增加。

对黑人来说，争取平等地位的运动最早最成功的例子，是为“公民权利”的斗争，其中最重要的是不受限制的选举权（形式上享有，可实际上在一些南方州不可得到）和在其他方面的平等待遇，例如使用公共设施和学校教育。其成功源于1954和1955年最高法院的裁决。这个过程不是开始于立法，而是源于司法解释。这些重要的裁决宣告在公共教育体系内不同种族的隔离是违反宪法的，存在隔离的地方应在一个合理的时期内结束隔离政策。在许多南方州，这是对其社会制度体系的挑战，但到1963年，在每个州仍只有一些既接收白人儿童又接收黑人儿童的学校，其他的都是只收黑人或白人的学校。

直到1961年后立法才真正变得重要起来。由黑人领袖发起的一场成功的“静坐抗议”（它本身取得了许多局部胜利）运动开始后，肯尼迪启动了一个旨在抨击种族隔离和各种不平等事件的投票权方案。他的继任者继续推进这一方案。在破旧的城郊地区，贫困、恶劣的居住环境和糟糕的学校是美国社会混乱不堪的征兆。而随着总体富裕程度的增加，在这种背景下，不平等显得更加令人厌烦。肯尼迪政府呼吁美国人把消除这一切作为“新边疆”的挑战之一。

林登·约翰逊更加强调借助立法来根除它们。当1963年11月肯尼迪遇刺时他继任为总统。不幸的是，美国黑人问题的最深层根源在于法律无法达到的美国大城市中称为“隔都”的地方。此处，以长远的视角来看待又一次认为是大有裨益的。1965年（在美国全境解放黑奴成为法律一百年后），在洛杉矶黑人行政区爆发了一场最大规模有7.5万人参加的暴动。在其他城市麻烦相继而来，但是没有同样的规模。25年后，在瓦茨（洛杉矶暴动发生的地方）所发生的一切使
1101 得情况进一步恶化。美国的黑人问题（通常被认为）是一个经济机会问题，但即使这样看待，也并不容易解决。它不仅未解决而且出现偏离解决问题的趋势。它隐藏的危害在犯罪上突发出来，这成为一些黑人社区和一些无法监管的内陆城区健康标准的一个主要危害。在白人美国的文化和政治里，由于肤色和种族问题，这偶尔会导致产生近乎神经质的妄想。

在南方贫困家庭成长的经历使林登·约翰逊总统成为一个令人信服的有力的“伟大社会”的拥护者，他在“伟大社会”里描绘了美国的未来，或许这会使他在有生之年坚守处理黑人经济问题的承诺。虽

然具有成为美国勇于开展伟大变革总统之一的潜力，虽然满怀抱负、经验和技巧，他也不免体验了悲惨性的失败。他建设性的变革工作很快就被遗忘（而且必须说被放弃），在被一些人称为“美国的西西里远征”结束前，他的总统任期由于这场灾难性的亚洲战争逐渐变得暗淡无光。

越南

在艾森豪威尔当政期间，美国在东南亚的政策逐步建立在这样的信条上：一个非共产主义的南越对安全是必不可少的，想要这个地区的其他国家，或是更遥远的印度和澳大利亚不被颠覆，南越就必须保留在西方阵营内。因此，美国已沦为印度支那部分地区保守政府的幕后支持者。肯尼迪总统没有质疑这个观点，开始提供军事“顾问”援助。在他死时，南越已有 2.3 万名美国军事顾问，他们大部分都参与实际作战。约翰逊总统遵循这个已经确定的路线，认为对其他国家的保证必须显示其得到实施。但是西贡一届政府接一届政府被证实是容易被推翻的芦苇。1965 年初，约翰逊被警告南越可能会垮台；因此，他指示政府行动（由于国会严格的政治管理使得前一年北越攻击了美国军舰而他无法回击），对北越目标进行空袭。不久以后，第一支正规部队被派往南越。美国的参与规模很快就失去了控制。1968 年有 50 万军人在越南服役；到这年圣诞，大量的炸弹降临在北越人的身上，比整个二战期间落在德国人和日本人身上的都多。 1102

这个结果在政治上是灾难性的。约翰逊几乎很少担心美国的支付平衡会因巨额的战争开支受到破坏，但这也挤占了国内改革项目急需的资金。更糟糕的是，随着伤亡人数的上升，国内激烈的抗议在不断增多，谈判的努力毫无进展。经济境况不好的年轻人试图逃避征兵。美国人在国内沮丧地从电视上注视着一场战争所付出的代价，他们坐在家里就能前所未有地把这一切看得一清二楚。怨恨在增加，美国的惊恐随之增加。一点小安慰是，苏联人对北越的武器供给开销也很大。

美国国内关于越南的纷争远不止年轻人的抗议和怀疑政府的骚乱，也多于由对爱国主义象征的仪式性侮辱和拒绝服兵役所引起的保守派理想主义者们的怒气。越南正在改变许多美国人看待外部世界的方式。在东南亚它最终向英国人证明，即使强大如美国也不可能获得想要的每一个结果，想要仅花费一点合理的代价就得到则更不可能。在 20 世纪 60 年代晚期，美国力量无限且不可抗拒的错觉宣告终结。美国人曾用这种完美无缺的错觉来处理战后的世界。他们认为，他们国家的力量最终决定了两次世界大战的走向。除此之外，再倒退一个半世纪，则是几乎不受抑制和阻挡的大陆扩展，欧洲干预的免除和在美洲半球令人印象深刻的领导权增长。在美国历史上没有什么事是完全糟糕的和无法挽救的，几乎没有任何事情是注定失败的，没有什么事情让多数美国人感到任何内疚。基于无限可能的漫不经心的假设，这是很容易的和自然的。财富有助于把它从国内事情转向国外事情。美国人很容易忽视他们的成功长期建立的特殊条件。

当许多美国人不得不满足于朝鲜战场上远比他们希望的少得多的胜利时，这种评估在 20 世纪 50 年代开始出现。之后的 20 年，美国沮丧地和一批国家打起了交道，这些国家的国力还不及美国的十分之一，但却似乎能够阻碍它。最后，在越南灾难里，力量的限制和巨大的开支展现出来。1968 年 3 月，反对战争的力量在初期选举中清晰
1103 地表现出来。约翰逊逐步得出美国不可能赢得胜利的结论。他准备严格限制轰炸，要求北越重启谈判，富有戏剧性的是，他现在又开始宣称他不会再次参加 1968 年的竞选。正如朝鲜战争的伤亡让艾森豪威尔赢得 1952 年选举一样，在越南战场和国内的损伤有助于（随着第

三位候选人的出现）1968 年（仅在约翰逊赢得民主党绝大多数支持的四年之后）选出另一位共和党人总统，在 1972 年再次当选。越南不是唯一的因素，但它是最后扰乱老民主党联盟的最重要的因素之一。

新总统理查德·尼克松，在其就职典礼后开始从越南撤出美国的地面部队，但是创造和平耗费了三年。1970 年北越和美国之间开始秘密谈判。进一步的撤退在继续，但美国人也重新开始并加强了对北方并延伸至柬埔寨的轰炸。外交是曲折和困难的。美国不可能承认它正在放弃它的盟国，尽管它正在如此做，北越也不会接受让自己无法通过他们在南方的同情者而控制南方政权的条款。在美国规模庞大的公众抗议潮中，轰炸在 1972 年底重新开始，但这是最后一次。很快不久，在 1973 年 1 月 27 日，停火协议在巴黎签署。战争花掉了美国巨大的金钱，造成 5.8 万美国人死亡。它严重损害了美国人的声望，侵蚀了美国外交政策的影响，破坏了民主政治，使改革受挫。所得到的就是不稳固的南越暂时得以保存，所担负的内部问题使其幸存成为不可能，而可怕的破坏施加于印度支那各民族，造成了 300 多万人死亡。或许放弃美国万能的错觉是多少算是一点弥补。

使美国从困境中解脱出来是一个现实的成功，尼克松总统收获了政治利益。清除这桩风险之后，他又发出了其他承认自古巴危机以来世界已经发生变化的信号。最令人惊喜的是一项与社会主义中国实现正常直接的外交关系的新政策。这在 1978 年达到高潮，但早在越南战争和平解决之前，就发生了两件大事。1971 年 10 月，联合国大会承认中华人民共和国政府的代表为中国在联合国唯一合法的代表，驱
逐了蒋介石的代表。这不是美国预期的结果，直到决定性的投票结果 1104
出来。随后的 2 月，尼克松前往中国访问，这是美国总统历史上第一次访问亚洲主要大陆，作为一次尝试，他将其形容为抚平“1.6 万英

里的和22年的敌意”之旅。

当尼克松不仅实现了他的中国之行，也成为首位访问莫斯科（在1972年5月）的美国总统，并就限制性武器达成临时协议（在武器限制方面这还是首次），好像另一个重要的变化发生了。冷战正变得模糊，然而未来也是不确定的。解决越南问题的协议随之达成，这不可能与它不相关；要达成停火协议，莫斯科和北京两方都必须得到安抚。我们可以猜想，中国对越南战争的态度绝不简单；由于来自苏联的潜在危险，美国的力量在亚洲无处不在，特别是中国台湾地区和日本，以及由于越南爱国力量的古老记忆，使之变得复杂化；印度支那的共产主义卫星国不可能获得信任。曾经被中国看作纳贡的属国之一，越南认为其反对中国与反对法国帝国主义一样有很长的历史。作为美国撤离的直接后果，越南继续战争的实质越来越清楚地被视为一场致力于统治一个重新统一的国家的内战。

北越没有等待很长时间就解决了这个问题。一段时期内，美国政府必须假装没有看到这一点。国内对于能不再遵守对亚洲的承诺，而去蹚浑水感到如释重负，根本不想再去实际监督使撤离成为可能的和平协议的切实落实太多的释放。当一件政治丑闻迫使尼克松下台时，他的继任者面对的国会对越南行动充满质疑，将其视作为危险的外交冒险，决定阻止它们。没有任何努力来维护1972年的和平协议，使其保障南越政权不被推翻。在1975年早些时候，美国对西贡的援助逐步结束。一个实际上失去所有领土的政府没落到背水一战的地步，尝试用一支意志消沉的战败之师控制首都和湄公河下游。同时，在柬埔寨，共产主义力量正在摧毁另一个曾经被美国支持的政权。国会阻止了进一步派遣军事力量和财政援助。1947年中国的模式正在被复制；美国正在减少自身的损失，代价则让曾经依赖于它的那些人去承受（虽然有11.7万越南人与美国人一道离开），而北越军队于1975年

4 月进入西贡。

这样的一个结果具有双重讽刺性。首先这表明在亚洲政策上强硬 1105
分子总是正确的——美国最终会诉诸战斗的认识是后殖民主义政权抵抗共产主义的唯一保证。其次，美国又退回至孤立主义这一趋势没有因战败和灾难而受到抑制，反而因此而加强。那些现在反思美国人的死亡、失踪和巨额花费的人，将整个印度支那时期看作是无意义的不可原谅的浪费。但也有人认为，与中国改善关系比讨论越南的损失更为重要。

随着 1980 年日益临近，许多美国人越发困惑和担忧。民族的士气不是很好。越战留下了深深的心理创伤，也助推了国内令人恐惧的反主流文化趋势。在 20 世纪 60 年代，第一次对环境危险提出警告的声音出现；20 世纪 70 年代发生了石油危机，还出现了一种新现象，当时美国的中东盟友以色列，首次对他的敌人来说不再不堪一击。一次行政权力不体面的滥用之后，尼克松总统面临的耻辱和弹劾逐渐毁掉了人们对国家机器的信心。在国外，其他盟国（由于美国人的混乱使他们自己感到担忧和困惑）的行为可预知的比过去更少。美国人相信，他们的国家被寄予厚望，匡扶人类，但在遭到伊斯兰世界多次直率的拒绝后，他们也变得迟疑。

形势实际上变得不容易看清。然而美国的民主制度没有显示出崩溃的信号，也没有显示出无法满足国家大多数需要的迹象，即使它不能找到所有问题的全部答案。美国经济异常惊讶地能够持续多年支付巨大的战争开支，把人类送入月球的太空探险项目以及在全球性的驻军开销。确实，美国黑人的困境继续恶化，国内一些最大的城市由于郊区的衰退看起来更加受挫。然而，却很少有美国人认为这些事实令人担忧，他们更担心的是，本国似乎在导弹力量上不如苏联（它成为 1980 年总统选举的一个议题）。杰拉尔德·福特总统（1974 年在他的前任辞职时就职）已经必须面对国会不愿进一步对美国在印度支那盟国进行援助。当柬埔寨政权垮台，南越很快紧随其后时，关于美国的力量在全世界的撤退可能达到什么程度的问题在国内外被提出来。如
1106 果美国不再为印度支那而战，那么对泰国她也会这么做么？更加令人担忧的是，她会为以色列甚至柏林而战吗？有很充足的理由认为美国退却和沮丧的气氛不会永远持续，但是当它还在持续的时候，它的盟国在观察事态，感觉不安。

两个欧洲

欧洲是冷战的发源地，长期成为冷战的主要战区。然而早在1970年前，有一些信号显示，北大西洋公约组织和华沙条约组织的精简制度化不是已经成型的历史的全部。尽管能导致变化的外部刺激都被苏联力量及计划经济体制隔离，通过共同的经济，但东欧还是出现了分化的信号。20世纪60年代，中苏两国闹翻，华约中最小的国家阿尔巴尼亚激烈谴责苏联，支持中国，苏联人不得不忍下这口气，因为阿尔巴尼亚与其他华约国家没有边界相连，这就无须顾忌红军。更令人惊讶的是，罗马尼亚在中国的支持下成功地对经济互助会控制的经济目标提出异议，主张按照自己的利益发展国家的民族权利。在外交政策问题上，该国甚至采取了模糊的中立主义立场，尽管它还保留在华约内。更令人奇怪的是，它是在一个对同胞强硬统治的统治者控制下这么做的，那曾是东欧最严厉的政权之一。但是罗马尼亚与北约国家没有陆地边界，与苏联有一条800千米长的边界；因此，它的轻佻可能被容忍，因为如果需要，它很快就会被勒住。1968年，当捷克斯洛伐克的共产主义政府开始着手放宽对内部结构的限制，发展与西德的贸易关系时，转变昔日共产主义的整体一致是会受到明确限制，这一点就充分显现出来。这一举动没有被容忍。在一系列将其带

回正轨的尝试之后，捷克斯洛伐克于 1968 年 8 月遭到华约军队的入侵。为避免重复 1956 年匈牙利发生的一切，捷克政府没有抵抗，一段简短的“人道社会主义”（正如一位捷克政治家所说的）尝试就此被消灭。

尽管如此，中苏间的紧张关系，再加上东方阵营中的震动（或许还要加上美国与拉丁美洲国家别扭的关系），意味着作为整体的世界正在放弃两极性，而像一位意大利共产主义者所称的那样，走向“多中心主义”。冷战简单极化关系的放缓实际上是令人惊讶的。其他复 1107
杂化的发展同时在西欧出现。到 1980 年，很清楚的是，西欧民族所扮演的历史性角色之一已经结束，因为他们当时所统治的世界表面并不比他们的祖先在 500 年前所控制的多。巨大的转变已经发生，自那时起不可逆转的事情正在进行。尽管欧洲过去的帝国已经结束，但新发现的角色进行得很好。西欧开始第一次发出微弱的信号，表明民族主义对于人类大规模组织潜能的掌控，可能恰恰会在民族主义的起源地变得更加松散。

欧洲人共同的遗产被热衷者追溯到了加洛林王朝，但 1945 年确实可作为一个起点。从那时起，大陆未来的 40 多年一直由战争和苏联政策的结果所决定。自战败和分区占领清除了德国问题，在西方，关于德国问题会引起另一场大内战的可能性看起来很遥远，法国的担忧平静下来。当时苏联的政策给了西方国家更多紧密合作的理由；20 世纪 40 年代末东欧的事件使它们深受触动，意识到美国一旦撤回家，一切都可能发生，他们会遭受分裂。马歇尔计划和北约组织是一个新欧洲走向一体化的最先两个重要步骤。

一体化有着更重要的根源。1948 年马歇尔计划一开始就通过了建立一个欧洲经济合作组织（起先有 16 个国家，但后来扩大）的计划，但在接下来的一年里，北大西洋公约组织条约签署一个月后，在一个新的欧洲委员会领导下，代表着十个不同欧洲国家的首个政治团体建立起来。然而，是经济力量使一体化发展得更快速。1948 年在“比荷卢三国”（比利时、荷兰、卢森堡）之间以及法国和意大利之间（以不同的形式），关税同盟建立。最终朝向伟大联合的早期步骤中最重要的源于法国建立一个煤和钢铁共同体的建议。这在 1952 年逐渐形成，包含法国、意大利和比荷卢三国，最重要的是，还有西德。它使西欧核心工业区的恢复成为可能，也是使西德融入新的国际架构的主要步骤。通过经济调整，既牵制又复兴西德的手段形成。在西欧面临苏联地面武装力量威胁的情况下，很明显，复兴西德的力量非常必要。
1108 在朝鲜事件的影响下，美国官方的观点（让一些欧洲人感到惊慌失措）在 20 世纪 50 年代早期也快速转变为主张德国必须被重新武装。

另外一些事件也有助于欧洲走向超国家组织的道路变得容易。在法国和意大利，政治上的软弱得到了其国内共产主义在野党的同情，这主要归功于经济恢复。共产主义者早在 1947 年就开始在政府中停止扮演任何角色。法国和意大利的政治体制可能会遭遇到捷克斯洛伐克一样的命运，这种风险在 1950 年消失。反共产主义的观点围绕这样一些政党联合组织起来：促进团结的力量或者是罗马天主教政治人士，或是社会民主党人，他们都意识到其东欧同仁的命运。概括地讲，这些变化意味着，稳健的右翼的西欧政府在 20 世纪 50 年代都在采取务实的措施，追求经济复兴、福利服务提供和西欧融合等相似的目标。

更进一步的机构出现了。1952 年，一个西欧防卫共同体使西德的军事地位变得正式。这逐渐又被德国获得北约组织成员国资格取代，但是像以前一样，迈向一体化的主要推动力是经济。1957 年，关键性的步骤出现：法国、德国、比利时、荷兰、卢森堡和意大利共同签署《罗马条约》，欧洲经济共同体诞生。除了展望包括其成员的“共同市场”的建立外，在共同市场内，货物、服务和劳动力自由流动的障碍被逐步消除，采用共同的关税，同时，条约还提供了一个有决策权的机构、一个官僚机构，以及一个拥有咨询权的欧洲议会。一些人谈及重建查理曼的遗产。它促动了没有加入欧洲经济共同体的国家两年半后建立起更松散、更有限的欧洲自由贸易联盟（EFTA）。到 1986 年，6 个欧洲经济共同体创始国（到那时，它已简化为欧共体，“经济”一词相当引人注目地被拿掉了）发展到 12 个，同时，欧洲自由贸易联盟仅剩下 4 个成员国。5 年后，残留的欧洲自由贸易联盟与欧共体合并。

西欧缓慢但是加速朝着初步政治共同体迈进的行动，证明了那些作出这些安排的人的信心：他们的国家间的协商与合作不应再为武装冲突所取代。不幸的是，尽管认可这个事实，但是大英帝国政府没有抓住机会加入，在制度上作出表示；后来，它两次被欧洲经济共同体拒之门外。同时，共同体的利益通过一项共同的农业政策逐步被联结
在一起，尽管声称有各种意向和目的，但这是对农牧民的一笔巨大的 1109
收买款，因为他们是法国、德国选民的重要组成部分，后来，当那些穷国成为成员时也是如此。

长期坚决反对进一步政治一体化的呼声来自法国。戴高乐将军尤其强烈反对。他 1958 年重返政治舞台，成为法国总统，此时第四共和国似乎很可能陷入阿尔及利亚内战。他的第一项任务就是与这些极端人士协商，推行重要的宪政改革，建立第五共和国。他为法国作出的下一项贡献与其在战时生涯中的贡献一样伟大，即 1961 年解除了法国对阿尔及利亚所负的责任。驻扎在那里的军团回国了，虽然有些不满。这场行动使他和他的国家获得自由，可扮演更有力的国际角色，尽管多少有些消极的成分。戴高乐的欧洲统一观仅限于独立国家间的合作；他把欧共体主要看作保护法国经济利益的途径。他十分愿意准备充分利用这个新的组织推行他的道路。因而，他在英国申请加

入欧共体上两次都投了反对票。战时的经历留给他的是对“盎格鲁—撒克逊人”深深的不信任，而且他相信（绝非无凭无据），英国仍然期望与包含美国的大西洋共同体联合，而不是欧洲大陆。1964 年，他与新中国互派外交使节，这惹恼了美国。他坚持认为要发展法国自己的核武器项目，减少对美国保护的依赖。最后，在引起更大的麻烦后，他从北约组织退出。这被视作西方阵营“多中心主义”时代的来临。当 1969 年一项不利的公民投票后，戴高乐辞职，一股导致西欧走向不稳定和混乱的政治力量消失。

英国在 1973 年最终加入欧洲经济共同体，有最保守历史的民族国家也认可并融入了 20 世纪的历史事实。这个决定与帝国的收缩相辅相成，意味着英国的战略边界不再位于莱茵河，而是易北河。虽然离决定性的时刻还较远，但在一个不确定的时代，这是一个重要的转折点。在四分之一世纪的时间里，英国政府联合经济增长、增加社会服务供给和维持高水平的雇佣的努力都失败了。第二点最终依赖于第一点，但当困难增加时，第一点总是被牺牲，以成全另外两方面。毕竟，英国是一个民主国家，贪婪且易受骗的投票者必须得到抚慰。英
1110 国传统经济致力于发展国际贸易，这也造成了一定的阻碍。其他弱点在于它老式的主要产业、投资缺乏和根植于民族性格中的保守态度。虽然英国变得富裕（实际上在 1970 年还没有英国体力工人一年有四周带薪假期，而十年后他们中有三分之一的人享有了），但在财富和财富创造率上它越来越觉得落后于其他发达国家。如果说英国人已成功应对自身国际力量的衰落，并在不引起殖民地出现明显暴力和苦痛的情况下实现非殖民化成就，那么，不清楚的是，他们是否能在其他方面摆脱过去，并确保自己能作为二等强国保持哪怕适度的繁荣。

北爱尔兰出现了一个很明显的对其文明秩序的威胁。新教徒和天主教徒中的恶棍好像决心毁掉他们的国家而不是寻求与他们的对手合

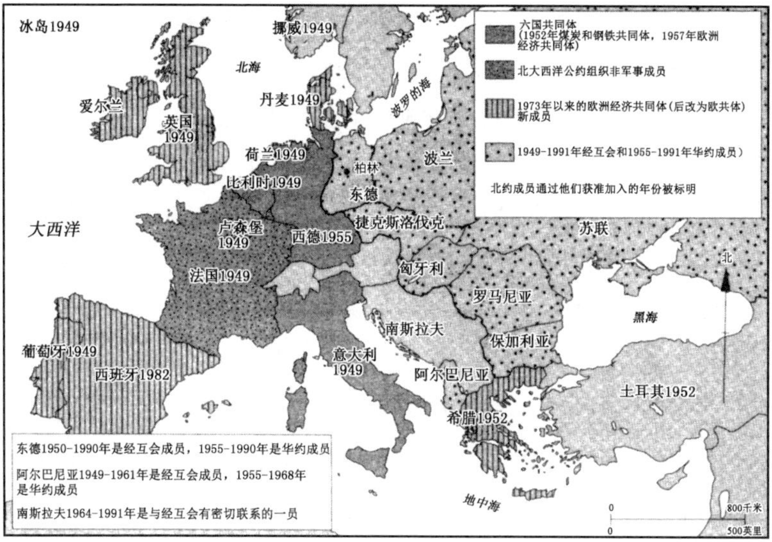

二战后欧洲的经济和军事集团

作，这在20世纪七八十年代造成了数千英国公民死亡，其中包括士兵、警察和市民、新教徒和天主教徒、爱尔兰人，以及苏格兰人还有英格兰人。幸运的是，他们没有像爱尔兰人过去所做的那样妨碍英国政党政治。英国选民仍然十分专注于那些关键性的事件。通货膨胀以前所未有的水平运行（1970—1980年按年计算的通胀率高于13%）。在20世纪70年代英国徘徊在新的工业危机边缘，特别是随着石油危机而来的。一场矿工罢工就推翻了一届政府，这不免让一些人怀疑，国家是否“难以管制”，同时，许多领导人和评论家死抱住社会分裂的主题不放。即使是联合王国是否应该留在欧洲经济共同体这个问题（1975年6月这被提交给全民投票这种革命性设计），也经常被放在这些议题之中。当投票结果清楚地赞成继续保留成员资格时，许多政治家感到更加惊讶。

尽管如此，更加艰难的时世（在经济上讲）立即降临；通货膨胀

（1975 年石油危机爆发时通胀运行在 26.9%）最后被政府认定为最主要的威胁。工会提出的工资要求预期通胀仍会来临，有些人开始理解到，在消费方面无可争议的增长时代已经结束。仅有一丝光明，几年前大型油田在北欧海岸的海底被发现。1976 年，联合王国成为一个石油输出国。那并没有立即产生很多的帮助；同年，来自国际货币基金组织的贷款需要还款。当撒切尔夫人，国家的（和欧洲的）第一位
1111 女性首相，领导主要政党（保守党）的第一位妇女，于 1979 年上任，在某种意义上，她也没什么好失去的了；她的对手已信用全无，很多人觉得，曾长期不加批评而被接受的那些决定了英国政策的观念也是如此。一个彻底的新尝试这一次真的好像成为可能。使她的很多支持者和对手感到惊喜和错愕的是，经历了一个不稳固的开始之后，作为 20 世纪执掌英国权力最长任期的首相，她所做的正是彻底的革新。

担任首相不久，1982 年，撒切尔发现自己意外地主持了可能是英国最后一次的殖民战争。在阿根廷军队短暂的占领后，福克兰群岛[①]的夺回在逻辑上既是一个伟大的军事功绩又是一个心理和外交上的主要成就。首相直觉地认为，英方应为国际法准则而战，应为岛民表达他们应该接受谁的统治的权利而战，这种判断与大众的情绪不谋而合。她也准确地判断了国际形势的可能性。一个不确定的开始（考虑到拉丁美洲传统的敏感性，这并不令人吃惊）后，美国提供了重要的实际意义的秘密帮助。智利与其不安分的邻居间关系绝算不上和谐，因此，也不打算反对英国在南美大陆的秘密行动。更重要的是，欧共体大多国家支持在联合国孤立阿根廷，决定谴责阿根廷的行为。尤其值得一提的是，英国一开始得到了法国政府的支持（这样明确的

---

① 即马尔维纳斯群岛。——译者注

支持他们并不经常提供），因为它感觉到对既定权力的威胁。

现在很清楚的是，前些年获自于英国外交的可能反应的令人误入 1112
歧途的观感鼓励了阿根廷人的行动（由于这个原因，英国的外交部长在危机开始时辞职）。令人高兴的是，这场冲突的政治结果是，阿根廷的声望受到致命的损伤，当政的军政府被推翻，1983 年末，一届民选的宪政政府取而代之。在联合王国，撒切尔夫人的声望因国家的士气上升而上升；在国外，她的地位也提高，这是很重要的。在这十年剩下的时间里，这个国家对其他国家的首脑（显著的是美国总统）产生了影响，其影响的程度，单凭英国国力的基本事实，是根本达不到的。像戴高乐将军一样，撒切尔夫人的个人信念、主观印象和偏见总是显而易见的，而且她，像他一样，都不倾向于欧洲一体化（如果这个词意味着致力于在情感上或实践中立足于欧洲整体，不惜模糊个人对国家利益的预见的话）。同时，在英国内部，她改变了英国政治的条款，或许也在文化和社会争论方面也作出了努力，消解了根深蒂固的就国家目标达成的所谓“正统”（bien-pensant）共识。这与她许多毋庸置疑的激进主义政策一起，既唤起了人们的热情，也激起了对她的憎恶。然而，她在最重要的一些目标上没有取得成就。她上任十年后，政府在很多社会领域扮演了越来越重大而不是越来越小的角色。自 1979 年以来花费在健康和社会安全维护上的公共资金增加了三分之一（但并未满足大幅增长的需求）。

尽管撒切尔夫人带领保守党连续赢得了三次彻底的选举胜利（在英国政治舞台上唯一的成就），党内很多人相信在下一轮竞争中它的得票会越来越低，这可能不会遥远。面对忠诚和支持的侵蚀，1990 年她辞职，留给继任者的是不断增加的失业和糟糕的财政形势。但带来的另一个可能是，英国政治对其加入欧洲经济共同体并参与其事务的阻碍越来越少，并且越来越务实。

20世纪70年代对所有欧共体成员来说都是一个非常困难的时期。增长衰退，在石油危机的影响下各国经济步履蹒跚。这引发了惯常的争吵和口角（特别是关于经济和财政问题），这使欧洲人想起迄今为止所取得成绩的局限性。在20世纪80年代，这种情况继续，连
1113 同对由日本主导的远东经济的成功的不舒服感觉，一个以及越来越意识到别的国家希望加入这十国的行列，推动关于“共同体”未来的进一步思想结晶。许多欧洲人更加清楚地看到，进一步统一、合作的习惯和财富增长是欧洲政治独立的必要条件，但是一些人也有一种新的感觉，认为这种独立总是显得空洞，除非欧洲也能把自己变成一个超级大国。

热衷者描绘了源自一体化进一步发展带来的安慰。1979年欧洲议会的首次直接选举已经举行。希腊于1981年，西班牙和葡萄牙于1986年，很快加入了共同体。1987年，欧洲共同的货币金融体系的基础被拟定（虽然英国没有同意），决定1992年是真正的统一市场的落成年，过境的货物、人员、资金和服务将可以自由通行。成员国甚至在原则上支持欧洲政治联盟的观点，虽然英国和法国有明显的疑虑。这并没有如期望的那样，立即促进更大的精神团结和舒适，但是它是某种发展的一个毋庸置疑的信号。

在《罗马条约》签订以来的这些年里，西欧已经历了相当大的变化，或许已超出了曾在这里出生并长大成人的男男女女们能把握的程度。在这些制度变化之下，相似性（在政治、社会结构、消费习惯和关于价值观与目标观的信仰上）也慢慢发展起来。甚至一些经济结构上传统的不一致大大地减少，这表现在法国和德国农民财富上的增长和数量上的减少。另一方面，新的问题呈现在他们面前，由于那些比较贫困、或许政治上不太稳定的国家加入欧共体。融合度是相当高的，这一点无可辩驳。但这对未来意味着什么，却依然不明朗。

冷战世界秩序的新挑战

1975 年 12 月，杰拉尔德·福特成为第二位访问中国的美国总统。随着越南的教训被缓慢接受，针对他的国家对中华人民共和国的根深蒂固的不信任和仇恨的调节开始了。在中国这边，变革是重大发展的一部分：中国正在恢复与其历史地位和潜力相符合的国际角色和区域角色。这只可能自 1949 年开始，到 20 世纪 70 年代中期，它已 1114
完成。与美国建立正常外交关系现在是可能的。对已经取得的成就予以正式承认在 1978 年呈现出来了。在一份中美协议里，美国作出关键性的承诺，从台湾撤军，与台湾当局断交。

1976 年 9 月毛泽东去世，他发起的“文化大革命”的政治运动也很快由于“四人帮”（其中一个是他的遗孀）的被捕（而且，最终在 1981 年被审判和定罪）而告结束。在经验丰富的新领导人的带领下，“文化大革命”过火的趋势很快被纠正。1977 年，先前两次被打倒的邓小平作为副总理重新进入政府，坚定地与截然相反的趋势保持一致（他的一个儿子由于受到“文化大革命”中红卫兵的迫害而瘫痪）。不过，最重要的改变，是中国期待已久的经济恢复最终实现。现在机会被给与私人企业、谋利动机，与非共产主义国家保持经济联系受到鼓励。目标是重新开始技术和工业现代化。

新路线的主要定义在 1981 年党的中央委员会全体会议上被表述出来。它也开始了一项微妙的任务，区分毛的积极成就——一个“伟大的无产阶级革命家”，以及他由于“文化大革命”和大跃进而导致的退步的“总错误”和责任。重要的是中国共产党领导层的去留，虽然邓小平和他的伙伴必须通过一个包含保守派在内的集体领导来开展工作，20 世纪 80 年代仍逐渐塑造了一种新的趋势。现代化最终成为优先目标。马克思主义仍是政府的主导思想。党内和政府里坚持清楚

1115 地把握住积极的计划经济的必要性；在追求主要经济目标、国家力量，改善生活水平和宽广的平均主义上试图更加仔细地区分什么是什么不是有效监管的范围的愿望和实践限制方面有了新的认识。

一个显著的变化是在接下来的几年里农业进行了改革。虽然农民没有被给予土地的永久业权，但仍被鼓励在市场上自由出售产品。新的标语“致富光荣”被创造出来，用于鼓励发展乡镇企业和工商业。现实主义的发展道路成为“四个现代化”的指示牌。经济特区——与资本主义世界自由贸易的飞地首先在广东（中国与西方贸易的历史中心）出现。这不是一个没有成本代价的政策。谷物生产首先下降，通货膨胀在20世纪80年代早期开始显现，外债也增加了。一些人把不断扩大的犯罪和触眼可及的堕落归咎于这一路线。

然而在经济上的成功毋庸置疑。20世纪80年代，中国大陆开始表现出（在其力所能及的范围内）像台湾地区那样的经济“奇迹”。到1986年，中国已是世界第二大煤炭生产国、第四大钢铁生产国。在1978至1986年间，GDP每年以超过10％的速度增长，而同期工业产量在价值上翻了一番。农民人均收入增加了近两倍，到1988年平均每个农民家庭估计有近6个月的收入存入银行。从长远来看，考虑到大跃进和“文化大革命”所造成的惊人损失，这一对比就更加明显。1950年到20世纪80年代中期，人均外贸总值大约是起初的25倍。伴随这种变化的社会效益也一清二楚：食品消费和预期寿命不断提高，旧制度所造成的严重后果的大部分致命灾难实质性结束，大量文盲的消除有了巨大进展。中国持续的人口增长是可怕的，激起了政府有力的干预措施介入；但是并没有像印度那吞噬经济发展的成果。

新路线特别将现代化与强大联系在一起。因此它反映了五四运动以来甚至更早时期的中国改革者们的愿望。中国的国际影响在20世纪50年代已经有很明显提升；它现在则开始以不同的方式展现自己。

1984 年，中国与英国就香港 1997 年租借期满后重新回归达成协议，与葡萄牙也随后达成为恢复澳门主权做准备的协议。在中国的邻居当中，越南（与中国的关系一度退化成公开战争，当时两个共产主义国家成为控制柬埔寨的竞争对手）怀有敌意。台湾地区的人们有些安心 1116
于大陆承诺在适当的时候把海岛重新并入共和国的领土而不会威胁到它的经济制度。同样的保证也适用于香港。像建立贸易保护特区使对外贸易繁荣之类的措施体现出了其重要性，即中国新的领导人把商业作为现代化的一个重要方面。中国的这些小规模特区的设立，对广阔的外部世界起到了一种重要的政策导向。到 1985 年，整个东亚和东南亚组成了一个空前有潜力的贸易区。

在贸易区里，在 20 世纪 80 年代新的工业和商业活动中心发展如此之快，以至于它们自己得出了旧的全球经济平衡格局已经消失的结论。韩国、中国台湾、中国香港和新加坡都已经摆脱了经济不发达的状况。到 1990 年，马来西亚、泰国、印度尼西亚看起来好像也快速提升到加入它们中去。它们的成功作为一个整体成为东亚的一部分，而日本对这一结果是必不可少的。像中国一样（并且超过它），日本作为一支力量快速恢复以前的地位，在亚洲和世界均势格局中具有明显的暗示。1959 年，日本的出口再次达到战前的水平。到 1970 年，日本的 GDP 在非社会主义国家中占据第二位。日本复兴了工业基础，在制造业新领域取得了巨大的成功。仅在 1951 年，日本建造的第一艘用于出口的船舶下水；而 20 年后，日本已拥有世界上规模最大的船舶建造工业。同时，在诸如电子器件和汽车等消费工业领域，日本也占据着领先的地位，日本制造比任何国家都多，除了美国。这引起了美国制造商的怨恨。1979 年，日本汽车被同意可以在英国生产，并开始进入欧洲经济共同体市场。但这段故事苦涩的一面在于日本人口的快速膨胀以及长期以来经济增长付出的代价——日本环境遭破坏以及城市生活令人厌烦的证据大量涌现。

不过，日本长期受惠于外部环境。像朝鲜战争一样，越战也构成一个帮助；美国人在占领期间偏好投资而非消费也有益于日本。因此人类必须行动起来利用有利的环境，日本的态度可作为关键表率。战后的日本在民众中散布强烈的自豪感和一种集体努力无与伦比的愿望；其涌现出深厚的凝聚力和个人目标从属于集体目标的能力，一直
1117 是日本社会的显著特征。奇怪的是，这种态度似乎在民主制度来临时得以幸存。民主机制在日本社会中的扎根程度究竟有多深，现在就下定论可能还为时尚早；1951 年后很快就出现了像一党统治（尽管人们对此的反感很快就以一些更极端组织涌现的形式表现出来，其中有些是反自由主义的）之类的共识。对传统价值观和制度状况逐渐增加的担忧也显示出来。经济增长的代价不仅反映在巨大的城市群和污染上，而且在使日本习俗更为扭曲的社会问题上突然出现。在通过传统观念和制度支持的团队忠诚基础上大公司仍然营运成功。并且，甚至日本家庭也似乎出现了不同程度的紧张。

经济进步也有助于改变外交政策的内容。在 20 世纪 60 年代，日本外交政策已开始摆脱前十年的单一性。经济力量使日元在国际上更加重要，将日本吸入西方的金融外交。财富也使它介入世界上很多其他地方。在太平洋流域，日本是其他国家重要产品的主要消费国；在中东它成为石油大买主。在欧洲，一些人认为日本的投资值得警惕（即使总的份额并不大），同时它的工业产品的进口也威胁到了欧洲生产商。甚至食物供给方面也引起了国际问题。在 20 世纪 60 年代，日本 90％的蛋白质需求来自捕鱼，这引起国际社会对日本在重要地方过度捕鱼的警告。

同样地，这些和别的一些事情改变了日本外交关系的内容和气氛；其他国家的行为也如此，特别是在太平洋地区。20 世纪 60 年

代，日本日益对太平洋其他国家拥有明显的经济优势，这与 1914 年前德国对中欧和东欧国家的情况不无相似。由于日本已发展成世界上最大的原材料进口商，新西兰和澳大利亚会发现其经济越来越多地与日本的利益绑在一起。两国都供应肉食，澳大利亚还供应矿产，特别是煤和铁矿石。在亚洲大陆上，苏联人和韩国人不断抱怨日本捕鱼问题。这为老的历史问题增加了新的纠纷。韩国还是日本出口的第二大市场（美国是最大的市场），1951 年后日本又开始在那里投资。这激起了传统的不信任。日本不曾料到韩国的民族主义有如此高的反日声音，以至于 1959 年韩国总统鼓励他的国民团结起来“像一个人”，不
仅用来反对北方邻居，而且反对日本。在 20 年里，日本的汽车生产 1118
商满怀疑虑地发现，他们曾经帮助扶持起来的地方已成为有力的竞争对手。像台湾一样，韩国工业增长建立在日本的技术输出之上。

虽然，当 20 世纪 70 年代石油价格猛涨时，尽管日本因依赖于能源进口而意味着一次严重的经济打击，但从长期来看，这似乎并没有影响到日本的经济进步。1971 年，日本对美国的出口价值达 60 亿美元；到 1984 年，总额又增加到十倍。到 20 世纪 80 年代末，日本在 GDP 总量上已成为世界上第二大经济体。当日本的工业家们转向信息技术和生物技术进步，并开始讨论汽车制造业的下滑时，没有理由会认为日本已经失去了训练有素的自我调适。

力量越大必然意味着责任越大。1972 年当冲绳岛被交给日本时，逻辑上美国管制的撤退已经圆满完成，即使那里仍保留了一个美军大基地。萨哈林岛问题也有重启的可能。在中国和日本的复兴开始带给亚洲格局巨大变化之时，所有这些问题的修订或至少是重新考虑，看起来都变得更加敏感。中苏争吵给日本提供了更多策略上的自由，无论是对它从前的守护神美国还是对中国和苏联都是如此。随着越南战争加剧，以及日本国内相应的反战声浪高涨，与美国保持太紧密的联

系会带来尴尬，变得更加清楚。日本的自由受限，这体现在到 1970 年，亚洲地区其他三个大国都用核武器武装了起来（所有国家中日本最有理由了解其影响）。但是毫无疑问，如果日本必须拥有的话，它能在很短的时间内就生产出来。日本的立场完全有潜力导致各种各样的方向。1978 年，中国国务院副总理访问东京。无可争议，日本再一次成为一个世界大国。

如果地位的衡量体现在一国能持续在本国地理区域之外施加决定性影响（无论是在经济、军事还是政治方面）上，那么到 20 世纪 80 年代时印度仍然不是一个世界大国。这大概是 20 世纪后半时段的一大奇事。印度独立时拥有众多优势，而这既非其他前欧洲属国能拥有
1119 的，也非战败的日本能享有的。印度于 1947 年接管了一个有效的政府，有训练有素可依赖的装备精良的军事力量，有一个受过良好教育的精英阶层，有繁荣的大学（大约 70 多所），有更多可以利用的国际善意和友好，有一个庞大的未受战争损坏的基础设施；不久，又享有可开发利用冷战激化的益处。这个国家虽然也必须面对贫困、营养不良和主要的公共健康问题，但中国也是如此。然而到 1980 年两国之间的对照比较显而易见。到 1970 年中国城市的大街上充满了衣着耐用（虽然单调）营养良好的人们，而同期印度街上仍然展现着贫困和疾病的令人毛骨悚然的例子。这使人们很容易趋向选择悲观论调来看待印度不佳的发展状况。虽有一些层面的发展客观上令人印象深刻，但这些成就却被经济增长紧紧受到人口增长追逼的事实所遮蔽。大多数印度人仅比 1947 年赢得独立时过得稍微好一点。

考虑到这个国家的分裂本质和潜在的分离可能，可以说使印度保持统一本身就是一件伟大的成就。无论如何，一种民主选举的秩序得到维持；即使有许多限制，作为民主选举投票的结果，政府的和平变革出现了。即使印度的民主状况在 1975 年后看起来不那么令人鼓

舞——当时，总理（尼赫鲁的女儿）甘地夫人宣称国家处于紧急状态，强行推行总统制统治，类似旧时代（印度两个共产主义政党中有一个支持她）的总督。但实际是，随后不久，她在1977年的选举中失利，接着在第二年被司法排除在政府和议会之外；这被认为是印度立宪主义良性运作的一种征兆。当然在天平的另一端，诸如在特殊地区利用总统权力终止正常的宪政、对警察和安全部队在少数民族采用暴行的报道等等事件也在反复出现。

对分裂危险回应的一个不祥征兆是，1971年，作为第一个能切实对国大党领导权构成威胁的力量，一个正统的非常保守的印度教政党出现在印度政治舞台上，并控制政府长达3年。不过，国大党的领导权仍然持续着。独立后40年，国大党与其说是一个欧洲意义上的政党，不如说是一个全印度利益集团、贵族名流和控制任免权者的联盟。这一点再明显不过了。这给予国大党（即使在尼赫鲁的领导下，即使有他充满社会主义的抱负和理论语言）一种固有的保守特征。自英国统治结束后，国大党的功能从不包括带来变革，反而是适应。这
在某种程度上体现在印度政府的王朝本质上。尼赫鲁的女儿接替他成 1120
为总理，甘地夫人（她已经开始背离他的愿望，通过放弃他不要宗教仪式伴随葬礼的要求）的接班人则是她儿子拉吉夫·甘地。当拉吉夫·甘地被刺客爆炸谋杀（当时他不在职）后，国大党领导人立即显示出一种几乎是机械式的反应，追求说服他的遗孀继续担任国大党的领袖。然而，在20世纪80年代，已经出现了王朝式统治不可能长期生存下去的信号。1984年，当印度军队在阿姆利则开始执行对锡克教徒信仰最重要的圣地进攻后，印度锡克教徒用暗杀甘地夫人（再次担任总理）的方式将自己生动地带到世界媒体面前。在接下来7年时间，大约有1万多名锡克教斗士、无辜遭殃者和安全部队成员被杀。在这10年的后期，与巴基斯坦争夺克什米尔的战争也再次爆发。

1990 年，官方承认该年有 890 人在印度教徒—穆斯林暴乱中死亡，是自 1947 年以来情况最糟的。

再一次，要想不恢复陈腐的印象是困难的。在印度重视过去是非常重要的，缺乏有活力的力量出现来推翻它。因而印度的现代性的到来是缓慢而补丁式的。当对印度独立前的记忆逐渐消失时，对印度传统的重申却总是可能。象征性地，当 1947 年独立时刻降临时，印度正处于漆黑的午夜。因为英国人没有征求占星家们提供一个吉利的日期，因此在两天之间的时刻必须被选择作为一个新国家的诞辰。这也是一种断言：在接下来的 40 年里，印度传统的模式将不会失去力量。印巴分治因而让印度社会主要处于印度教方式的统治下。到 1980 年，印度最后一批在英国统治下招聘的官员已经退休。印度仍然生活在舶来的西方政治制度和传统社会之间明显的不一致当中。尽管印度的许多领导人（具有献身精神的男男女女们）取得了诸多的伟大成就，但根深蒂固的过去（意味着特权、不平等、非正义）显而易见仍在妨碍印度的发展。因而，或许那些在 1947 年相信印度未来人根本没有意识到进行根本性的变革将多么艰辛，但是，那些已发觉在自己的社会中进行比这更简单的根本性变革也很难的人，也不应因此就觉得高人一等。

伊斯兰教的世界

1121 印度的邻居巴基斯坦更有意识地转向了伊斯兰传统，很快就在一场大部分伊斯兰世界都可见的“复兴运动”中找到自己的位置。这不是第一次。西方政治家再次回想起伊斯兰在大陆上的扩张，从西方的摩洛哥到东方的中国。印度尼西亚（这个东南亚最大的国家）、巴基斯坦、马来西亚以及处在它们之间的孟加拉国，几乎包含了全世界穆斯林的一半。除了这些国家和阿拉伯文化的土地外，在苏联和人口最多的非洲国家尼日利亚也有大量的穆斯林国民（早在 1906 年，俄国沙皇政府就很担忧伊朗革命的影响，因为怕它激起本国穆斯林的骚动）。但是对伊斯兰世界的新认识需要花费时间。一直到 20 世纪 70 年代，当人们想到伊斯兰教时，世界余下的部分只倾向于提到中东阿拉伯国家，特别是那些石油富国。

这种限制性的观念也因冷战而长期变得模糊和混乱。有时冲突的形式也嵌入到更古老的体系中。对一些观察家来说，俄国在这个地区体现影响力的传统愿望似乎也是苏联政策考虑的一个因素，而且此时前所未有地接近满意的结果。到 1970 年，苏联拥有了与美国相匹敌的世界性海军力量存在，甚至在印度洋也建立了活动基地。随着英国 1967 年从亚丁撤离，其基地被苏联与南也门政府达成一致协议利用。所有这一切几乎同时发生在美国人更南部的战略受挫时。冷战在非洲之角和在前葡萄牙殖民地发生，给更北部的事件增添了重要的意义。

然而，苏联的政策，从更长远的角度看，在伊斯兰世界中似乎并未得益于 20 世纪 70 年代美国中东政策明显的混乱局面。埃及当时已经与叙利亚起纠纷，希望在与以色列达成保全面子的和平基础上转向美国。当 1975 年联合国大会谴责犹太复国主义是一种种族主义，并承认巴勒斯坦解放组织为联大“观察员”时，埃及不可避免地感到了来自其他阿拉伯国家更多的孤立。到这时，巴勒斯坦解放组织在北部各地的行动不仅骚扰以色列，而且驱使黎巴嫩（曾经是一个西方价值观的堡垒，现在是巴解组织的避难所）成为废墟并趋于瓦解。1978 年以色列侵入黎巴嫩南部，希望结束巴解组织的骚扰。尽管非伊斯兰 1122
世界都鼓掌赞成埃及总统和以色列总理在华盛顿会见并于次年达成和平协议，为以色列从西奈半岛撤退做好准备，但这位埃及人在 3 年后付出了被暗杀的代价，那些人觉得他背叛了巴勒斯坦的事业。

埃及和以色列之间问题的有限解决，大部分应归功于吉米·卡特总统，他在1976年作为民主党候选人赢得了美国总统大选的胜利。与中东相比，美国人的士气那时正在遭受别的挫折。越战已经毁掉了一位总统，而他的继任者已经确立了处理美国战败和和平解决的事宜（不久就清楚解决的价值多么小）。此外，暗地里，许多美国人都在担心苏联弹道导弹力量上的提升。所有这一切都影响到美国对一件几乎完全没预料到的事件的反应——伊朗国王被推翻。这不仅对美国是一个有害的打击，而且揭示了中东和伊斯兰波动的一个极大的潜在新维度。

作为一个可靠的伙伴，以及美国长期支持的接收者，1979年1月伊朗国王被从王位上赶走，其国家则被义愤填膺的自由派人士和伊斯兰保守派人士的联盟控制。但尝试建立一个稳定的立宪政府的努力，很快由于大众群起支持伊斯兰教的努力而瓦解。伊朗的传统模式和社会结构曾由于国王追随他的父亲礼萨·汗实施的一项现代化政策（但却更不慎重）而遭到动摇。但几乎马上，出现了什叶派伊斯兰共和国，由年长的宗教领袖领导。美国很快就承认这一新政权，但是无济于事。作为前国王的赞助人、资本主义和西方实利主义的优秀化身，美国被认为罪行累累。一点小的慰藉是，苏联很快也被伊朗的宗教领导人指以类似的诽谤，视为第二个威胁到伊斯兰教纯洁性的“撒旦”。然而，当伊拉克的阿拉伯民族社会复兴党政权（之前就因无情处决和追捕伊拉克共产主义者而受到青睐）与新伊朗发生争吵——由美索不达米亚的逊尼派教徒与波斯的什叶派穆斯林间传统的怨恨激起（不顾阿拉伯民族社会复兴党人的世俗主义）的一场冲突——时，一些美国人备受鼓舞。当1979年7月萨达姆·侯赛因在巴格达接任总统时，他看起来受到了中央情报局的鼓励：曾认为他可能抵消伊朗人在波斯湾的威胁。

因为伊朗革命不仅仅暗示着美国失去了一个附属国，因此，这一切就更受欢迎了。即使这些冤情联合起来使推翻国王成为理由，但快速恢复古老传统（引人注目地表现在对妇女的态度上）则表明，被否决的不仅仅是一位统治者。一个新的伊朗伊斯兰共和国，虽然主要是什叶派，却提出了普适的主张。它是一个神权国家，在这里合法的统治源自合法的信仰，有些像加尔文的日内瓦。它也是世界各地众多穆斯林（尤其是阿拉伯地区）在世俗的西化开始和现代化失败时所共享的一种愤怒的表达。在中东，而不是别的地方，民族主义、社会主义和资本主义在解决地区问题上都失败了——或者至少在满足它们所激发的情感和欲望上失败了。“原教旨主义者”认为阿塔图尔克、礼萨·汗、纳赛尔都引导他们的人民走向了错误的道路。伊斯兰社会在抵制无神论的共产主义蔓延上非常成功，但对穆斯林来说，他们的领导人追寻了一个世纪或更长时间的西方文化熏陶，现在看起来似乎甚至威胁更大。自相矛盾的是，西方资本家剥削的革命观念有助于促成这种情感的剧变。 1123

伊斯兰教激进主义的根源各种各样而且很深。它可能汲取了几个世纪以来的反基督教斗争。它于 20 世纪 60 年代恢复精神，体现在，当考虑到冷战划分的需要，外国势力（包括苏联）在将其意愿强加于中东和波斯湾时，困难明显增加。对许多阿拉伯穆斯林来说，逐渐增加的证据表明，作为自 19 世纪 80 年代以来提倡的对土耳其衰落的一种组织性补救，西方对于民族的原则没有实施。非常明显，奥斯曼继承权战争没有结束。对西方来说，由于近来石油因素的启示，一个窘困但有用的应对仍然是作出更多的承诺。但是，自 1945 年以来，虔诚的穆斯林日益认识到，西方提供给那些拥有石油的富国的商业、通信技术和简单的诱惑物，将比已经出现过的任何早期（仅仅是纯粹的军事）威胁都对伊斯兰国家产生更多的危险。这必将走向紧张和不安。

然而，这些团体发现很难采取一致的步调。逊尼派和什叶派的敌对状态可以追溯到几个世纪前。名义上发端于伊拉克的阿拉伯民族社会复兴运动鼓舞了很多穆斯林，但在 1945 年后的这段时期，却已被穆斯林兄弟会排斥。该会甚至在巴勒斯坦争端里谴责双方的“不信神”。人民主权论是原教旨主义者拒绝的一个目标，他们追求伊斯兰教对社会的全方位控制。因此，不久以后，世界开始习惯于听到巴基
1124 斯坦禁止男女混合的曲棍球，沙特阿拉伯用投石击毙和肢解来惩罚犯罪，阿曼正在建立一所在讲课期间将男女隔离的大学等等更多的新闻报道。到 1980 年，激进穆斯林的力量足以确保他们在很多国家的目标的安全。甚至在相对“西化”的埃及，到 1978 年时学生们在他们自己的选举中投票赞成他们，同时一些医学院的学生拒绝解剖男性尸体，要求一个隔离的双重教学体系。

此外（乍一看，以西方的观点来看，学生激进分子乐意支持如此反动的事情是很奇特的），为了恰当地看待这些态度，在伊斯兰世界，必须把这一切放在类似于西方的国家或者制度理论长期缺位的背景下加以理解。甚至在正统的方面，即使它传递了令人向往的东西，就这点而论，在伊斯兰思想里国家不是不言而喻地成为一个合法的政权——而且，在那之上，自 19 世纪以来阿拉伯大陆国家组织的引进已经处于对西方的有意或无意的模仿中。年轻的激进主义，努力发现那种缺乏的未存在国家或民族里的固有价值观的社会主义政治（或者想到的一切就是那种，无论如何都是另外一种西方的舶来品）；他们在别的地方发现，而且，部分地解释了首次在利比亚出现的努力成果，然后在伊朗和阿尔及利亚，促进了合法政权的新模式形成。旧日伊斯兰对公共体制的偏见，以及对部落主义和伊斯兰教联盟的偏好会否继续保留，还有待观察。毕竟，虽然谈及兄弟关系，终究不能不承认世界上大部分穆斯林都不懂阿拉伯语。

潜在的混乱，甚至部分穆斯林世界的两败俱伤的冲突，使它太具诱惑而不能简单化。不过 20 世纪 80 年代清真寺里的大众传教士谴责神话“西方”，认为伊斯兰教能够令人信服地得到认同。像“西方”一样，它是一个抽象概念，偶尔的一个用于说明的缩写。很多穆斯林包括一些认为宗教铸造心灵的人，都寻求能立足于两个世界，尽管都不可避免地在西方和伊斯兰教的思想里有不同程度的犯错。每个世界都象征着一个历史中心，一种活力来源，不管如何定义，很显然在西方文明里这些都更为真切。

在很多阿拉伯国家令人担忧的宗教政治暴力，它通常是作为专制的权威主义一面和激进波浪另一面之间一个简单极化的结果。20 世
纪 80 年代，摩洛哥和阿尔及利亚的国内秩序因此受到困扰。由于人 1125
口问题，形势变得更加危险，更具有爆炸性。在大多数伊斯兰社会制度中，其人口的平均年龄据说在 15 到 18 岁之间，而且仍在以非常快的速度增长。他们有着太多年轻的精力，对于前景有着太多的挫折感，以至于不能承诺和平。这有助于解释为什么在伊朗革命后不久，德黑兰的学生就通过猛攻美国大使馆，抓住外交官和其他人作为人质来发泄他们的愤怒。一个备感震惊的世界突然发现，伊朗政府支持他们，代为看管人质，并赞成学生遣返国王接受裁决的要求。卡特总统可能面临着一个更加尴尬的形势，因为那时美国在伊斯兰世界的首要政策是忙于干预苏联入侵阿富汗。切断与伊朗的外交关系和强迫其接受经济处罚是第一个回应。然后是一次失败得一塌糊涂的营救行动。最终不满的人质通过谈判（实际上是一个赎回：归还在革命时期被冻结的伊朗在美国的资产）获救，但是美国人受辱并不是此次事件中唯一或者甚至最重要的意义。

除了广泛的政治反响外，人质被扣在另一个方面也具有象征意义。这对一项公约造成了冲击（在联合国记录着全票通过谴责）。该

公约首先在欧洲逐渐形成，然后历经3个多世纪的发展遍及整个文明世界，即外交使节应享有豁免权。伊朗政府的行动宣告它不再遵守这一已被接受的原则。这是对“文明”设想的一次公然拒绝，它迫使一些西方人士想知道，伊斯兰革命还会暗示些什么。

第 4 章　一个时代的终结

挫折

20 世纪 80 年代带来了惊人的变化，但中东地区很少；而当这十年开始时，那里却似乎大都很相似。一个普遍的停滞似乎已经笼罩这个地区。1980 年那里已经高度紧张，并已经存在了多年；而利益相关各方就以色列作为巴勒斯坦地区奥斯曼帝国继承者出现所带来的问题能够解决的希望也已绵延多年。除了对少数以色列人而言，其他各方的这些希望都沉重地归于破灭。一段时期内，看起来好像伊朗革命会改变迄今为止所运行的游戏规则，事实上一些人也希望如此。然而十年后，实际上在伊朗之外改变了什么，或者在伊斯兰世界所驱使的一切动荡的真实重要性究竟如何，仍然很难评说。在一段时期里看起来像伊斯兰教复兴的那些迹象，也可能仅仅是清教主义贯穿几个世纪不时激励和再生忠诚的周期性浪潮之一。很明显，紧张也归功于环境；以色列占领其第三重要的圣地耶路撒冷，突然提高了伊斯兰世界的团结意识。然而 1980 年伊拉克对伊朗的进攻导致了一场持续达 8 年的血战，100 万人丧生。无论还有什么别的隐藏因素，在那场冲突中起关键作用的是伊拉克的逊尼派、伊朗的什叶派。又一次，伊斯兰世界的人们同时被古代的界限和当代的政治主题所分割。 1126

不久伊朗也表现出，虽然它可能激怒和警告超级大国（特别是苏联，因为它有数百万穆斯林大众），但不可能阻碍它们。在 1979 年末，伊朗的统治者不得不无助地注视着一支苏联军队进入阿富汗，去那里支持一个傀儡共产主义政权反对穆斯林叛逆者。伊朗支持恐怖分子和绑架者的一个原因是，那是它尽最大努力能做到的。此外，尽管
1127 伊朗成功地扣押了美国人质，却不可能得到前国王回去接受伊斯兰教法律制裁的成果。通过在人质事件中捏住鹰的尾部羽毛，伊朗使美国蒙羞，但这似乎很快就不再像发生的那时候那么重要了。回顾过去，卡特总统在 1980 年宣布美国把波斯湾视作至关重要的利益区域，显示了未来更加重要。这是美国人缺乏把握和感到挫败等夸大情绪走向终结的一个早期信号。一个主要的国际政治现实是打算重新主张自己。尽管自古巴危机以来发生了各种剧变，但美利坚合众国在 1980 年仍然是仅有的两个超级大国之一，这会赋予其毫无质疑的地位。就像（用苏联官方的定义）是“最伟大的世界力量，没有谁的参与，就没有一个国际问题能够得到解决”。在某些情况下这种参与可能是潜在而不明确的，但是它是这个世界运转的一个主要因素。

此外，历史不会长期偏向谁。虽然一些美国人在古巴导弹危机后由于苏联的力量而害怕，但有大量的信号显示，到 20 世纪 70 年代早期苏联领导人已经陷入困境。他们必须面对马克思主义自身所宣称的自明之理：意识随着物质条件进化。除了其他影响外，苏联社会虽有限但切实放松的管控产生了两个结果。其一是明显的异议，规模虽相当小，却表明了对更大的不断增长的精神自由的追求。另一个结果没那么明显，但却真实存在，即人们纷纷认为进一步的物质收获即将来临。虽然如此，苏联却继续在军备上花费巨大（20 世纪 80 年代大约是 GDP 的四分之一）。因此这些似乎还不可能足够。为了更好地承担这个责任，西方的技术、管理技巧，（可能的话）资金都是苏联所需要的。接下来可能出现的所有变化都是有争议的，但是会产生变化则是确定无疑的。

然而，到 1980 年，两个超级大国间发展得更加强大，在大多数

方面几乎不相上下。虽然苏联尽巨大的努力以带给美国更大的核威慑力量，但它在这一水平上的优势几乎只是一个名义上的问题。美国，利用他们的才能用一个引人注目的标语，简明地总结了当时的形势为“MAD”（同归于尽）。意思是说，两个国家都有能力“确保相互摧毁”。或者更加精确地说，两个潜在的参战者每个都有足够的打击力量以确保能够相互摧毁，即使一次意外的攻击使它失去了主要的武器，其所保留下来的武器也足够确保其作出回应。而这个回应是如此令人震惊，以至于能使对手的城市变成冒烟的荒地；而虽然留下的武装力量可能很小，但却仍能试图控制住惊恐的幸存者。

这种离奇的可能性是一种伟大的保守力量。即使偶尔也会有疯子 1129
（让我们简而言之）掌握权力。据约翰逊博士的观察，这方面的不幸能够给铭记于心的知识带来集体威胁：一个错误的知识对谨慎的人来说是一个巨大的刺激。这也许构成了新的高度合作的最重要解释，这一点已经在20世纪70年代美国和苏联之间特殊的争吵中得到验证。1972年关于防御性导弹限制的条约是它的第一个成果；它把某些事情归功于关于双边关系的一个新认识，科学现在可能监督对这种协议的违反（不是所有的军事研究都促进紧张加剧）。紧随其后，这一年关于进一步武器限制的讨论开始；同时另一组开始讨论探究在欧洲实施一个全面的安全条约的可能性。

作为无保留承认欧洲战后边界的回报（首要的是两个德国之间），苏联谈判代表1975年最终在赫尔辛基同意加强东西欧洲间的经济交流，并签署了一份人权与政治自由保证书。当然，最后一点是不可能强制执行的。然而，它比象征性的边界承认更加重要，对此苏联谈判代表赋予了更多的意义。最终有助于东欧发生变革的公众批评逐渐上升。其间，两个欧洲之间的贸易和投资潮流几乎立即开始增加，尽管也非常缓慢。它是迄今为止最接近于达成终止第二次世界大战发生的总的和平条约时的立场，它给予了苏联领导人最渴望得到的东西：保障其在 1945 年胜利后取得的主要战利品之一——领土分配方案的安全有效。

虽然如此，当 1980 年来临时，美国对世界事务忧心忡忡。这一年美国要进行总统大选。18 年前，古巴危机表明，美国是世界上最有权势的国家。那时它享有超级出众的军事力量，遍布世界的盟国、代理人和卫星国的支持（通常是可靠的）；同时公众在尽力克服巨大的国内问题时，愿意去承受一个世界性的外交和军事努力。到 1980 年，许多美国公民觉得世界已经发生变化，而且对它并不满意。当新共和党人总统罗纳德·里根 1981 年就职时，他的支持者回顾了之前
1130 美国变得越来越无力的十年。他继承了庞大的预算赤字，对苏联力量在非洲和阿富汗看起来取得的新进展的沮丧情绪，以及相信美国 20 世纪 60 年代在核武器方面享有的优势已消失的失望氛围。

中东问题

在接下来的 5 年里，里根总统将让他的批评者们大吃一惊，他将通过非凡的（即使通常是表面的）领导才能来恢复国民的士气。具有象征性的是，在他就职典礼当天，伊朗人释放了美国人质，一段伤自尊的、令人沮丧的插曲到此结束（很多美国人相信释放的时机是由新政府的拥护者监督策划的）。但这绝对不是美国在中东和海湾地区所面临的麻烦的结束。两个主要的困难并没有解决。一个是当冷战还在持续时，这个地区的国际秩序所受到的威胁；另一个则是伊拉克问题。许多人认为，伊拉克和伊朗间的战争是首要的危险。不久，一些阿拉伯国家的不稳定变得更加明显。有序的政府在黎巴嫩完全消失，它坍塌成为一个受到叙利亚和伊朗资助的枪手你争我夺的无政府区域。结果这给了巴解组织中的革命派一个比过去更加有前途的发展基

地。以色列也因此在北部边境或越过北部边境采取不断升级的暴力和扩张性的军事行动。随后在20世纪80年代紧张状态升级，以色列和巴勒斯坦的冲突比以往更加剧烈。更让美国人心生警醒的是，黎巴嫩陷入无政府状态后，随着美国海军的到达，炸弹在美国大使馆和海军兵营爆炸，总共超过300人死亡。

美国没有单独陷入这些持久疾病引起的麻烦当中。当苏联派出士兵进入阿富汗时（在那里他们陷入困境长达下一个十年的大部分时间），伊朗人和其他地方穆斯林的愤怒注定会影响到苏联境内的穆斯林。一些人认为这是一个充满希望的信号，相信伊斯兰世界的混乱会引起两个超级大国的重视，或许会导致它们在这个地区的卫星国和盟国无法得到无条件的支持。当然这对以色列最为重要。同时，伊朗革命中更多的吓人的示威运动和华丽的修饰性语言，使一些人认为文明的冲突已经开始。伊朗激进的清教主义，虽然也在保守的阿拉伯国家 1131
和海湾地区富有石油的王国——尤其是沙特阿拉伯中引起了颤动，但在其他伊斯兰国家，实际上存在着为数众多看起来像对伊朗革命激进的反对派传递着同情信号的人；他们中的一些人1981年暗杀了埃及总统。巴基斯坦政府继续坚持声称（和利用）其伊斯兰教正统性，默许对阿富汗的反共产主义叛乱分子提供援助（尽管在伊斯兰国家中它独树一帜，在这十年的末期出现了一位妇女总理，并且甚至于1989年重新加入英联邦）。

当这十年继续推移，北非涌现出更多惊人的激进伊斯兰教气氛的证据。利比亚的兴奋的独裁者奇异的激情迸发和公开宣称（卡扎菲上校号召别的石油生产国停止供应美国石油，同时利比亚石油的三分之一在那里继续寻找市场。1980年他还简短地“团结”了阿拉伯社会主义复兴者叙利亚）看起来没有阿尔及利亚那么重要。那个国家在赢得独立后开创了一个有前途的开始，但到1980年时其经济呈萎靡态势，维持独立运动的共识已破碎，移民到欧洲寻找工作对很多精力充沛的年轻人来说似乎成为唯一可行的出路。在1990年阿尔及利亚的选举中，一个伊斯兰激进主义的政党赢得了多数投票，这在任何阿拉伯国家都是第一次。而一年前苏丹的军事政变，为那里带来了一个军事好战的政权的统治，随之而来的则是对当地人民少之又少的国内自由的压制。

尽管如此，虽然伊斯兰激进运动颇具吸引力，但到1990年，有大量的迹象表明，温和派和保守的阿拉伯政治家与原教旨主义者进行了充分的对抗，且常常是有效的。但我们仍然很难相信潜在的革命者能获得足够的力量，即使我们不考虑以下政治事实及其相关深层问题：当其如此多的潜在支持者仍在下意识地寻求实现一些从系统框架上就与伊斯兰教教义与习俗不相容的权力和现代化目标时，成功的伊斯兰革命是否可能出现。利比亚可以武装爱尔兰恐怖分子，也可以使其他非洲国家陷入不稳，但是很少取得别的成绩。由于专注于别处的环境改变，苏美之间由来已久的对抗也越来越利用不上了。原教旨主义者们所能指望的只剩下两个相当富有的伊斯兰国家——伊拉克和伊朗，但它们在20世纪80年代的大部分时间里相互之间正忙于进行花费巨大而致命的斗争。

也有不断增加的证据显示，得到了美国的资助，同时又身为中东地区主要的麻烦制造者，伊拉克的统治者仅战略性和务实地支持一下
1132 伊斯兰教。萨达姆·侯赛因从小作为一名穆斯林长大，但领导的却是一个正式来讲基于资助、家族和士兵利己主义的世俗的阿拉伯复兴社会主义者政权。他把追求权力和技术现代化作为其道路，没有证据显示他曾关切伊拉克人民的福利。当他发起对伊朗的战争，斗争的延续和花费的证据得到了其他阿拉伯国家的救济——特别是海湾其他石油生产国——因为它同时压住一群危险的强盗和让他们害怕的伊朗革

命。然而，使他们不太满意的是，战争转移了对巴勒斯坦问题的注意力，毫无疑问使以色列对付巴解组织变得更加容易。

海湾地区近十年的惊慌与不安，引发了对西方石油供应方面的进一步干扰。插曲性事件似乎有时会威胁到武装冲突的扩大，特别是伊朗和美国之间。在黎凡特的事件加剧了那里的僵局。以色列对戈兰高地的持续占领，在黎巴嫩发起对巴勒斯坦游击队和他们的资助人的积极行动，其政府鼓励进一步的犹太移民（特别是来自美国），都有助于支持以色列应对可能会再次面临阿拉伯联军的日子。然而，在1987年底，以色列占领区爆发了第一次巴勒斯坦人暴动，并发展成一个间接而持续的暴动——起义。巴解组织，虽然通过承认以色列本身的生存权赢得了国际社会的进一步同情，但1989年当两伊战争最终结束时它仍然处于一个不利的被动的地位。在接下来的那一年，阿亚图拉·霍梅尼逝世，出现了新的迹象显示，他的继任者在支持巴勒斯坦和原教旨主义宗教事业上可能会缺少胆量。

在两伊战争期间，美国偏袒伊拉克，部分是因为美国夸大了原教旨主义的威胁。然而，美国仍然发现自己最后在海湾地区面对面地与一个公认的敌人进行战争，但它是伊拉克，而不是伊朗。1990年，在与伊朗达成满意的和平后，萨达姆·侯赛因重启了与科威特酋长国的一项旧日的领土争端。他也与它的统治者就石油定额和价格进行争吵。要相信这些冤情是真实的不太容易。无论它们对侯赛因本人象征性地意味着什么，似乎他的动机完全在于夺取科威特巨大的石油财富。1990年夏，它的威胁升级。然后，8月2日伊拉克军队侵入科威特，几个小时内就使它屈服。

在联合国有一股异常显著的反对伊拉克的世界舆论动员潮流。侯 1133
赛因试图打出伊斯兰和阿拉伯两张牌，用阿拉伯对以色列的仇恨来混淆自己的野心追求。中东城市大街上支持他的示威游行证明了其价值非常低。仅有巴解组织和约旦官方表示了对他的支持。毫无疑问，使他感到震惊的是，沙特阿拉伯、叙利亚和埃及迅速形成不像会发生的反对他的联盟，实际上成了伙伴。几乎同样让他吃惊的是，在接下来所发生的一切都得到了苏联的默许。最令人吃惊的是，联合国安全理事会达成（以压倒性多数）了一系列决议谴责伊拉克的行动，最后授权使用武力对付它以确保解放科威特。

在美国的指挥下，巨大的军事力量都聚集在沙特阿拉伯。1991年1月16日他们投入了战斗。在一个月内遭受了相当大的损失后，伊拉克作出了让步并宣布退出（盟军的伤亡较少）。然而此耻辱显然并没有威胁到侯赛因的生存。再一次，中东地区许多人期待已久的转折点并没有出现。战争使阿拉伯革命派和西方想成为和平缔造者的人顿感失望。最大的输家是巴解组织，而以色列是最大赢家；阿拉伯要想让其付出代价来取得军事成功，在短期内是难以想象的。然而当另一场奥斯曼继承战争结束后，以色列问题仍然存在。在科威特危机前，叙利亚和伊朗已经开始显示那种信号，对他们自身而言，他们打算尝试通过谈判来达成一个解决，但这样的方案是否会出现是另一回事，即使对美国来说显然，其达成的比以往更加迫切。

也许这是一个进展——一个激进的泛伊斯兰运动的幽灵已经被驱散一段时间。但就实践目标来说，阿拉伯的团结又一次成为海市蜃楼。尽管出现了种种窘迫、动乱和许多穆斯林对西方的不满，但几乎没有迹象表明他们的怨气将得到协调一致的表达，而更不可能的是他们可以不利用西方提供的具有微妙腐蚀性的现代化方式。顺便说一句，海湾危机也似乎表明石油武器已失去了许多对发达世界损伤的威力；尽管有一次就足以令人恐惧，不过没有新的石油危机。在这种背景下，1991年美国通过外交努力终于说服阿拉伯人和以色列人又一次参加到关于中东局势的会议中去。

缓和

同时，大转变在其他地方发生，而且也影响到中东的事件。虽然 1134
它们的影响只是通过塑造美国和苏联在那里的所作所为来间接施加的。1979—1980 年，美国的总统竞选活动故意利用了国民对苏联的忧虑。毫不奇怪，这重新唤起了官方一级的敌意；保守的苏联领导人再次怀疑美国政策的走向。似乎有可能将有希望的裁军步骤抛在一边——或者甚至更糟。结果，美国政府逐渐在外交事务方面表现出新的实用主义；同时，在苏联这边，内部的变化也逐渐开辟了更宽广的灵活道路。

一个里程碑是 1982 年 11 月列昂尼德·勃列日涅夫的去世。他是赫鲁晓夫的继任者，担任苏共总书记长达 18 年。他的直接接班人（克格勃首脑）不久就去世了。这样，一位 70 多岁的老者（紧随其后，去世得更快）在最年轻的政治局成员（时年 54 岁）戈尔巴乔夫接替担任总书记（1985 年）之前接替了勃列日涅夫。实际上，戈尔巴乔夫的整个政治经历都处于后斯大林时代，他对他的国家、世界、历史的影响都将是显著的。

推动戈尔巴乔夫继承的势力组合仍不清楚。克格勃大概不反对他的晋升，而且他最初的行为和言论是正统的（虽然他已经在前一年给英国首相留下了一个可以共同谋事的印象）。但他很快就阐明了一种新的政治基调。“共产主义”这个词很少在他的演讲中听到，“社会主义”被重新解释为要排除平均主义（尽管他不时提醒他的同事们他是共产党员）。因缺少更好的表达词汇，许多外国人将他的目标视为自由化，这是西方对他大量使用的两个俄语词不太充分的概括尝试——公开性（glasnost）和改革（perestroika）。其过程的含义将是深刻的和戏剧性的，因为在这十年的剩余期间，戈尔巴乔夫一直在与之斗争。

当他着手进行时，实际上其间所发生的一切他不可能想象过。毫无疑问，他发现没有彻底的变革，苏联经济就不可能为苏联供给先前的军事力量，维持它对盟国的承诺，提高（不管多么缓慢和适当）国
1135 内生活标准，保证继续自主的技术进步。因此，戈尔巴乔夫似乎在设法避免崩溃，通过他自己对列宁主义的看法来开放它；最重要的是使它成为一个更加多元的制度体系，让知识分子能参与国家政治。而这种变化的可能意义似乎连他自己也不清楚。实质上这是在承认：通过社会主义实现现代化的 70 年实验失败了，自由和物质状况的恶化已经降临，现在成本已变得过于沉重而难以负担。

罗纳德·里根很快就从戈尔巴乔夫的上台中获利。在他们之间的会谈中，苏联的政策反映出了一种新的基调，裁减军备的讨论被重新修订。其他问题也达成协议（而且这在实施过程中变得更加容易。1989 年苏联领导人决定从阿富汗撤军）。在美国的国内政治中，一个庞大且仍在不断增加的预算赤字和一个萎靡不振的经济，如果是在大多数总统的统治下，这必将会产生政治舆论哗然。但是在国际舞台转型带来的兴奋中，它实际上被掩盖了多年。很多美国人对苏联这个“邪恶帝国”（作为里根曾称呼的）的恐惧逐渐在减弱。

当苏联表现出不断分裂并且改革出现困难时，美国的乐观情绪和信心得到了极大的增长。同时，由美国政府主导在天空形成新的防卫措施，有望成为奇迹。尽管数以千计的科学家说这个方案不切实际，苏联政府无法面对与其竞争的成本。1986 年，当美国轰炸机从英国起飞执行了对利比亚的惩罚性使命后，美国人感到振奋。利比亚不安分的统治者一直在支持反对美国的恐怖分子（重要的是，苏联对此表示的关注比许多西方欧洲人更少）。可在说服他的很多同胞相信，更有力地捍卫美国在中美洲的利益确实对他们有利方面，里根总统并不

成功。但是他仍然非常受欢迎，这一事实仅在他离职后才开始浮现：这一时期，美国一直存在的贫富差距进一步拉大。

1987 年，军备控制谈判的成果聚集在中程核导弹的协议上。尽管新权力焦点的出现带来侵蚀和大量冲击，但核均势长期保持足以使超级大国首次作出让步。无论其他国家是否追求获得核武器，至少美
苏逐渐认识到了核战争来临会造成的人类实质性毁灭的前景，并开始 1136
着手为此做一些事情。在 1991 年当美国和苏联同意大幅削减现存武器储备时，进一步取得了重大进展。

一个毁灭性的场景

在国际关系中这种巨大的变化与其对其他国家产生的后果是分不开的。虽然它们不得不被人为地分开讲述，但是它们却是相互影响着的。在 1980 年结束时，没有理由相信东欧和苏联人民将会看到自 20 世纪 40 年代以来无与伦比的变化。已经清楚的是，欧洲共产主义国家发现，要保持他们曾达到的甚至最适度的增长率越来越困难。虽然并没有出现对 1953 年、1956 年、1958 年的裁决或者是苏联在东欧力量的任何挑战，但与非共产主义世界市场经济的比较已经对它们越来越不利。华沙条约所提供的外壳，似乎仍然能够容纳社会和政治变化长达大约 30 年（或许更多，如果考虑到二战及其余波带来的非自愿的大变化）。

乍一看，东欧有一种显著的一致性。在每一个国家党都是至高的；追求名利的人都围绕它来建设他们的生活，就如在前几个世纪人们集聚在法院、赞助人或者教堂周围一样。每个国家（首先是苏联本身）都有一个难以言明和无法查证的过去，这些过去无法被哀悼或谴责，谁重要谁就主宰着精神生活和政治决策——迄今为止任何存在——正在使它们变得恶化。在东欧经济领域，重工业投资和资本货

物产生了一股早期价值（在某种意义上比其他国家更有活力）；那时与其他社会主义国家达成贸易协定的国际体系受控于苏联，并且通过中央计划调控方向使其僵化。这也造成了可怕的环境和公共健康问题上升，埋下了诸多国家安全问题。越来越明显且不断加剧，不断增长的生活消费品需求不能得到满足；当它们被从国际经济分工的优势条件切断时，在西欧被认为是司空见惯的日用品在东欧国家成了奢侈品。土地私有制到 20 世纪 50 年代中期已经大幅减少，通常被一种混
1137 合的合作社——国家农场所取代，尽管在这幅大体一致的图画里后来也出现了不同的模式。例如，在波兰大约有五分之四的农田甚至在共产主义政府的主导下最后返还给私人开发。然而，其产量较低；大部分东欧国家能获得的农业产量仅有欧洲经济共同体产量的一半到四分之三。到 20 世纪 80 年代，东欧国家几乎全部不同程度地出现经济贫弱，仅有德意志民主共和国可能例外。即使在那里，人均国内生产总值在 1988 年也只有 9 300 美元，相比之下，联邦德国达到了 19 500 美元。其他问题也上升了。基础设施投资下降，因此其世界贸易份额也在下降。在硬通货上的债务累积起来。在 20 世纪 80 年代，仅波兰一国的实际工资水平就降低了五分之一。

所有的一切逐渐被称为“勃列日涅夫主义”，（1968 年有官员在华沙发表了一次演讲后）宣称在东方阵营国家内部的发展会要求——像捷克斯洛伐克那年一样——直接的苏联干预来捍卫苏联及其盟国的利益，反对企图将社会主义经济转向资本主义的任何尝试。然而勃列日涅夫也对追求缓和感兴趣，他的主义反映了他对共产主义欧洲分离发展可能引发国际稳定危险的现实主义态度。这些危险可以通过更加清晰的线条来加以限制。自那时起，伴随着 20 世纪 40 年代的记忆和看似远远地落在身后的可能的破坏，西欧内部的变化伴随着稳步的增长更加繁荣，为东西间的紧张关系消除了部分根基。到 1980 年，在

西班牙和葡萄牙发生革命性的变化后，没有一个专制政权在的里雅斯特—斯德丁一线以西幸存。30 年来，产业工人反对他们的政治领导人的斗争只在东德、匈牙利、波兰和捷克斯洛伐克有上升趋势。

1970 年后，更重要的是 1975 年《赫尔辛基协定》签署后，随着东方阵营与西欧进行对照比较的意识增长，持不同政见集团开始出现；尽管压制严厉，却也加强了他们的地位。渐渐地，也有少数官员或经济专家，甚至一些政党成员，对于详细的计划经济的效率开始表露出怀疑的迹象，越来越多地开始讨论市场机制的优势。但是促成根本性改变的关键在别处。如果勃列日涅夫主义仍然盛行，且背后有苏联驻军支持的话，没有理由相信在任何华约成员国有这种可能。

表明情况不会永远如此的首个清晰信号，20 世纪 80 年代早期出现在波兰。在相当大的程度上，波兰民族通过追随神父而非统治者保
留着集体的完整性。作为国家的化身，罗马天主教会对大多数波兰人 1138
的思想和情感有着持久的控制力，而且能为他们代言——一旦一位波兰人当上教皇，一切将更加令人信服。它曾为那些在 20 世纪 70 年代反对经济政策的工人的利益这么做，谴责他们受到的虐待。这与日益恶化的经济状况一起，成为 1980 年波兰危机年的背景。一系列的罢工逐渐在格但斯克造船厂的斗争中掀起一个高潮。从他们开始，出现了一个新的自发组织起来的团结工会联合会；罢工工人的经济目标开始添加了政治要求，其中包括一个独立的行业工会。团结工会的领导人莱赫·瓦文萨，是一位非凡卓越、经常被监禁的电气联盟的领袖，虔诚的天主教徒；他与波兰的统治集团保持密切接触。造船厂的闸门装饰着教皇的图像，罢工工人举行了露天群众集会。

随着罢工的扩散，一个受惊吓的波兰政府很快作出历史性的妥协。至关重要的是，政府承认了团结工会作为一个独立自治的行业工会。而具有象征意义的是，也认可了天主教弥撒在星期天定期广播。

但是混乱没有停止，随着冬天的来临，危机的气氛变浓。威胁听说将来自波兰邻居可能的干预，40 个苏联师据说已经在东德和苏联边境做好准备。然而晚上没有狗叫声；苏联军队没有移动，也没有接到勃列日涅夫要求这么做的命令，或者他的继任者在这接连动荡的岁月里没有这么做。这是莫斯科第一次出现变化的信号，也是东欧接下来十年中所发生的一切的必要前提。

1981 年，紧张继续上升，经济形势持续恶化，但是瓦文萨力图避免挑衅。华约部队的苏联指挥官 5 次来到华沙。最后，激进分子摆脱了瓦文萨的控制并呼吁总罢工，如果政府行使紧急权力的话。12 月 13 日，戒严令被强加。接着是激烈的压制和可能数百人的死亡。但波兰军队的行动也使苏联入侵不必要。团结工会转入地下，开始了长达 7 年的斗争。在这期间，情况变得越来越明显：政府既不能阻止经济持续恶化，也得不到“真正”的波兰的支持。一场道德的革命正在进行。如一位西方观察员描述的那样，波兰人开始表现出“好像他们生活在一个自由的国家”的行为。秘密组织和出版物、罢工和示威
1139 游行，以及基督教会持续地谴责政权，有时候表现出一种内战的气氛。

虽然几个月后政府谨慎地放弃了戒严，但仍然继续部署各式各样公开和秘密的压制措施。与此同时，经济进一步变弱，西方国家未提供任何帮助和一点同情。然而 1985 年后，莫斯科的变化开始产生影响。这一切在 1989 年达到高潮。对波兰来说这一年是自 1945 年以来最重要一年；对其他国家也是一样，受到波兰的示例的影响。在政府接受的情况下，开启了其他政党和组织，包括团结工会在内都必须分享其政治的进程。作为真正波兰政治多元化的第一步，在 6 月举行的选举中，一些议席第一次“自由”竞选。团结工会在议席选举中大获全胜。很快新议会通告废除了 1939 年 8 月签署的苏德协议，谴责苏

联 1968 年入侵捷克斯洛伐克，并开启了自 1981 年起政治谋杀事件的调查工作。

在 1989 年 8 月，瓦文萨宣布团结工会支持联合政府；共产党的强硬人士被戈尔巴乔夫劝告进行了这个方面的尝试（并且一些苏联的军事单位已经离开了这个国家）。在 9 月，团结工会主导了一个联盟，处于自 1945 年波兰政府上台之后第一个非共产主义的总理领导下。西方的经济援助很快就答应了。1989 年圣诞节，波兰人民共和国已被历史所遗忘；再一次，历史性的波兰共和国已从坟墓里崛起。更重要的是，很快就证明，波兰引导了东欧走向改变。在其他共产主义的国家那里，波兰发生的重要事件很快被知悉，它们的领导人都很震惊。不同程度上，所有的东欧都面临着一个新的因素：不断增加的有关非共产主义国家的信息。这首先是通过西方电视（在东德特别容易收到）获得的。更多的“自由”运动、更多地接触外国书籍和报纸，就像在波兰一样，这逐步加速了其他地方批评主义的进程。尽管这些国家采取了一些尝试去控制信息（罗马尼亚仍要求打字机要在国家当局登记），但意识上的变动正在进行。

在莫斯科似乎也出现了同样的事情。在这些事态发展的早期阶
段，戈尔巴乔夫逐渐掌权。5 年后，很明显在苏联他的政府设想也产
生了革命性的制度变迁。首先政党的权力减少。然后，这些被提供的
机遇为新近出现的反对力量所抓住：首先是加盟共和国开始宣称不同 1140
程度的自治。不久，事态的发展似乎表明，戈尔巴乔夫破坏了自己的
权威。矛盾也令人震惊的是，经济境况看起来越来越糟。很明显，无
论缓慢或快速，向市场经济过渡，有可能在很多（也许大多数）苏联
公民（其数量超过了预想）身上施加更大的困难。到 1989 年，苏联
经济显然已经失去控制，变得精疲力竭。一如俄罗斯历史上的情形，
从中央发起的现代化通过集中制结构流向边缘。但那恰恰是不能再依

赖的模式。首先是由于党的要职人员（nomenklatura）的阻力和行政命令的经济；然后是因为，在这十年里中央高层权力明显快速地摇摇欲坠。

1990 年，比以往任何时候，世界其他地方都可以得到关于苏联及其人民态度的真实状态的更多信息。现在不仅能知晓公众的情绪，而且“公开性”政策也带来了苏联第一份通过投票得到的民意测验。一些潦草的判断可以得出：党和党内权贵丧失名誉是意义深远的，即使截至 1990 年，其程度还不像在其他华约国家那么厉害。更令人惊讶的是，与旧政权相比，长期被认为残酷的东正教会却似乎保留了更多的尊重和权威。

但是，很明显就像一团乌云，经济失败笼罩在任何开放的政治进程之上。苏联公民和外国观察员一样开始谈起 1989 年内战的可能性。过去的铁腕控制的融化，揭示了由经济崩溃和机会所激发的民族主义和地方主义情绪的力量。在经过 70 多年打造团结一致的苏联人民的努力后，情况的发展表明，苏联仍是彼此间具有空前差异性的多个族群的聚合体。15 个加盟共和国中有几个（最重要的是拉脱维亚、爱沙尼亚和立陶宛）很快表达了不满，它们将逐渐走向政治变革的道路。在伊斯兰动荡的阴影下，苏联亚美尼亚和阿塞拜疆的问题在整个地区都变得更为复杂。更糟的是，一些人认为存在军事政变的危险。和那些在越南战争中失败的美国士兵一样，有些人认为，对苏联在阿富汗失败不满的指挥员很可能成为发动政变的波拿巴。

分裂的迹象成倍增加。虽然戈尔巴乔夫成功地继续掌权，且以正式的手段增强了自己名义上可拥有的权力；但此举的不利之处在于，
1141 一旦失败，他也将担负更多的责任。经过复杂的谈判后，立陶宛议会一份宣称 1939 年的兼并无效的声明，导致拉脱维亚和爱沙尼亚也声称自己的独立，尽管术语略有不同。戈尔巴乔夫没有寻求撤销分裂国

家的事实，而是与波罗的海各共和国协定了其保证向苏联持续提供某些已经存在的实用服务。对他来说这意味着结局已开始。有一段时期他在改革派和保守派之间调整来调整去，一会儿与一派结盟，后来为了保持平衡，又倒向另一派。这么做的结果是，到1990年底，各种妥协方案似乎越来越不可行。在新年初，对士兵和克格勃在维尔纽斯和里加的镇压行动的纵容，未能遏制这种潮流。届时，有9个苏联共和国也声明自己是有主权或有相当多独立性的联盟政府。它们中一些已将当地语言定为官方语言，另一些则将苏联的政务部门和经济机构转移为本地控制。俄罗斯共和国——最重要——开始着手脱离联盟单独运行自己的经济。乌克兰共和国建议建立自己的军队。3月，选举导致戈尔巴乔夫再一次回转向改革道路和为苏联国家探求新的联盟条约，从而使其能保留一些中央的作用。全世界都在关注，充满了迷茫。

波兰事例在其他国家的威望不断增加，它们意识到日益分裂甚至瘫痪的苏维埃社会主义共和国不会（也许不能）进行干预，以维护在华沙条约组织其他国家的共产党官僚去控制各自的国民。这使1986年后它们那里所发生的一切都定形了。甚至在公开的政治变化之前，匈牙利人在经济自由化方面已经几乎像波兰一样迅速改变了，虽然他们对欧洲共产主义的最重要影响在1989年8月才来临。那时来自东德的德国人获准作为游客自由进入匈牙利，虽然谁都知道他们的目的是为了向联邦德国大使馆和领事馆申请作为难民避难。9月，匈牙利的边境完全开放（捷克斯洛伐克也步其后尘）时，人流汇聚成了洪流。在三天内，有1.2万东德人穿过这些国家进入西德。苏联当局说这“不同寻常”。对东德来说，这是结束的开始。在东德精心策划的大肆吹嘘庆祝40年“成功”的前夕，在戈尔巴乔夫（使德国共产主义者感到绝望，他促请东德人抓住机会）访问期间，防暴警察不得不

在东柏林的街道上与反政府示威者战斗。党与政府抛开了他们的领
1142 袖，但这还不够。11 月开始，许多城市爆发了反对日益明显腐败的政权的大规模游行示威。11 月 9 日，所有示威中最显著的象征性行动来临了：柏林墙被破坏。东德政治局屈服了，随后拆除了柏林墙的其余部分。

发生在东德的事件比其他任何地方都多，这表明公众与这一政权大规模疏远的情感也有很多年了。1989 年，这种异化达到顶峰，最终导致了他们的失败。这些制度上的异化在任何地方都表现为反对党要求可以自由地参加竞选。波兰遵循了自己的部分自由选举，一些议席仍然保留给现政权的支持者，新宪法也在筹备当中。1990 年，莱赫·瓦文萨成为总统。而几个月前，匈牙利选举产生了一个议会，从中选举出一个非共产主义政府，很快就商定苏联部队在 1991 年 5 月前撤出该国。不过保加利亚的投票不那么具有决定性：在这里，此次竞选的获胜者是转向改革派和自称为社会主义者的共产党员。

在有两个国家，事件的发展不太一样。1989 年 12 月的一场暴动之后，罗马尼亚经历了一场暴力变革（以齐奥塞斯库被杀而告终），这预示了对于前进的道路和内部分歧存在不祥纷争的不确定性。1990 年 6 月，被一些人认为仍深受前共产党人影响的政府，开始攻击部分前支持者（如今的批评者），在矿工治安小队以生命为代价且得不到外部赞成的援助下粉碎了学生的抗议。东德是事件发生特殊转向的另一个国家。它必然是一种特殊情况，因为政治改革的问题必然要绑定德国统一的问题。柏林墙的倒塌透露出，这里不只是没有支持原体制的政治意愿，也没有支持东德的意愿。1990 年 3 月，在那里举行的换届选举中，基督教民主党——西德执政党主导的联盟——得到了大多数席位（48％的选票）。统一不再受到怀疑，尚有待解决的只剩下程序和时间表。

7月，两德加入了货币、经济和社会的联盟。10月，实现了政治上的统一，前东德的版图变成了联邦共和国的省。变化是重大的，但并没有公开表示出高度警惕，即使是在莫斯科，而戈尔巴乔夫的默许是他对德国国家的第二大“贡献”。然而，苏联必然会因此产生警惕。新德国将会成为苏联以西欧洲最强大的力量。苏联的力量现在处于没落状态，是自1918年来从没有出现过的。对戈尔巴乔夫而言，得到的回报是与新的德国签署了一份条约，承诺对苏联的现代化给予经济援助。新德国通过使那些想起1939至1945年的人确信的方式，表明了自己不仅仅是一个古老的复兴的帝国。德国现在已被剥夺了东普鲁士的土地（事实上，已经正式声明放弃），也没有像俾斯麦时期的帝国和魏玛共和国那样被普鲁士控制。更加令人确信的是（对那些感到疑虑的西欧人会更加重要），联邦共和国是一个看似确保了经济成功的联邦和宪政国家，建立了近40年民主的经验，并已嵌入到欧盟和北约的结构之中。它给那些处于长期怀疑中的西欧人带来利益，至少当时是这样。 1143

冷战格局的终结

1990年底，曾经看似一个整体的东欧阵营已经发展到很多元的状态，完全不适合概化或笼统的描述。当一些前共产主义国家（波兰、捷克、匈牙利）申请加入欧共体，或准备申请加入（保加利亚）时，观察人士开始考虑到一个比以前任何时候都更加广阔的潜在的欧洲统一体。那些注意到新的或者旧的民族和地区分裂态势出现的人士，作出了更加谨慎的判断。东欧国家普遍存在着经济失败的暴风雨，必然会带来动荡。放开可能就要来临了，但对复杂性和发展水平不同的民族和社会来说，却有着不同的历史渊源。提前预言是不明智的，而且在1991年这种不明智变得更加清晰。在那一年，当南斯拉夫的两个加盟共和国宣布分离的决定时，对和平变革前景的乐观受到了动摇。

1918年，“塞尔维亚、克罗地亚和斯洛文尼亚王国”作为塞尔维
1144 亚和黑山的继任者登上了历史舞台。伴随着王室独裁政权的建立和为了消除旧的分歧，于1929年更名为“南斯拉夫”。但它的大多数臣民，包括塞族人和非塞族人，都认为新王国寻求的目标实质上是“大塞尔维亚”历史旧梦的表现。当第二个国王亚历山大于，1934年在法国被暗杀时——这是一个马其顿人在克罗地亚人的援助下实施的——行动也得到了匈牙利和意大利政府的支持。国家分歧的辛酸很快就吸引了外人涉足其事务，当地的政客也开始寻求外界的支持。1941年，当德国部队到达时，克罗地亚随后宣布自己作为一个国家独立。

除了人口和族群的多样性（1931年南斯拉夫人口普查中区分出塞尔维亚—克罗地亚人、斯洛文尼亚人、德国人、马札尔人、罗马尼亚人、瓦拉几族、阿尔巴尼亚人、土耳其人，以及其他斯拉夫人、犹太人、吉卜赛人和意大利人），南斯拉夫也显示出在风俗、财富和经济发展上的不一致。在1950年，南斯拉夫一部分地区刚刚褪掉中世纪的色彩，而其他地区实现了现代化、城市化，其中包含有重要产业。总体而言，随着人口的快速增长，以农业经济体为主的地区变得更加贫穷。然而南斯拉夫政权在与德国战争期间转变为克罗地亚—塞族间的对抗。1941年后，克罗地亚人、以塞族为主体的共产党人（他们自己的领袖却是克罗地亚人铁托）和塞族保皇党人之间的三边内战所导致的战时暴行和斗争，又加深了这种对抗。这场斗争始于一场对200万新克罗地亚（其中包括波斯尼亚和黑塞哥维那）塞族人发起的恐怖的种族清洗运动。1945年，它在共产党人的胜利中结束，在联邦结构内通过铁托的强硬统治有效地遏制了民族分裂；这看起来

似乎可以解决旧的波斯尼亚和马其顿问题，并很可能能够抵挡外界的领土野心。但是，45 年后，也即铁托死亡十年后，旧的问题突然显著表明其本身仍然充满生机地存在着。

1990 年，南斯拉夫联邦政府企图处理经济困境，却加快了政治分裂。当不同的民族开始想方设法填补联邦政权崩溃后所留下的政治真空时，民主自决终于消除了铁托的成就。代表塞族、克族、马其顿人、斯洛文尼亚人利益以及赞成南斯拉夫理念和联邦本身的党派纷纷形成。不久，除了马其顿，所有共和国政府都以多数当选，个别共和国内新少数民族党派甚至已经开始发出自己的声音。克罗地亚塞族人
宣布自治，于是在塞尔维亚人省份科索沃出现了流血冲突，其中有五 1145
分之四的居民是阿尔巴尼亚人。在这里，一个独立共和国的宣言对塞尔维亚人是一种主要象征性的侮辱——而且与希腊和保加利亚政府关系重大，自巴尔干战争时代以来，它们的祖先就未停止拥有马其顿的野心。在 8 月，塞族人和克罗地亚人之间零星的空中和地面战斗开始了。对外界干预的先例似乎并不永远充满希望——尽管不同的欧共体国家持不同的观点——当苏联在 7 月对当地冲突蔓延至国际水平的危险发出警告时，它的前景变得更加没有吸引力。同年底，像克罗地亚一样，马其顿、波斯尼亚—黑塞哥维那、斯洛文尼亚都自行宣布独立。

苏联的警告是这个政权最后的外交方针。很快，它被更重大的事件所吞噬。8 月 19 日，一场悄无声息的秘密政变企图废止米哈伊尔·戈尔巴乔夫。政变失败了，三天后他又重新掌权。不过，他的地位不是一成不变的；不断追求妥协已经毁了他的政治信誉。他对党和联盟固守得太久；苏联政治已经在蹒跚前进，在很多人眼中已经走向解体。这给苏联最大加盟共和国——俄罗斯共和国的领导人鲍里斯·叶利钦提供了机会，而他也抓住了机会。军队，作为唯一能对其支持

者有威胁的力量，并没有反对他。现在他作为一个强力人物出现在苏联政治舞台上，没有他的同意任何事情都不能做；并且，作为俄罗斯沙文主义的扛鼎人物，他可能会威胁到其他共和国。当外国观察员还处于观望时，清除那些曾支持或默许政变的人的行动已发展成对联盟各级官长果断的更替洗牌；重新定位在克格勃的角色，在联盟和共和国之间重新分配对它的控制权。最显著的变化是对苏联共产党的破坏，这几乎立即开始显现出来。几乎从暴力流血发生开始，发端于1917年布尔什维克革命的巨大创造即将走向终结。虽然并不清楚接下来是坏还是好。

当这一年走向年底时，形势仍不明朗。在不久的将来，随着俄罗斯共和国放弃价格管制的决定出台，不仅导致苏联体制最早时期以来空前的通货膨胀可能出现，而且意味着几百万俄国人濒临饿死的危
1146 险。在另一个共和国格鲁吉亚，第一次自由选举后，不满的反对派和当选总统的支持者之间就已经爆发战斗。然而，所有这些变化的共同事实就是，在布尔什维克革命流血经历中诞生的超级大国瓦解了。近70年来，几乎直到最后，它始终是世界各地革命者的希望和赢得了历史上最伟大陆地战役的军事力量的发动机。现在它突然无能为力地瓦解为一系列继任国家。当俄罗斯、乌克兰和白俄罗斯领导人12月8日在明斯克会晤并宣布结束苏联、建立新“独联体”时，欧洲最后的多民族大帝国消失了。1991年12月21日，11个前苏联共和国的代表聚集在阿拉木图短暂会晤，证实了这一点。他们同意在当年的最后一天正式解散联盟。随即，戈尔巴乔夫辞职。

这是一个现代历史上最令人吃惊和有重要变化的高潮。没有人能确知前路究竟为何，对许多前苏联公民来说，只知道这是一个危险、困难和痛苦的时期。在其他国家，政治家们在此重大事件发生期间，除了表现谨慎外，也无甚多言。因为前面有太多的不确定性。例如，

对苏联先前的朋友来说，它们保持沉默。它们中甚少有哪一个对这年早期发生的事件给予更多的谴责，以至于它们对 8 月发生的未遂政变表达了赞许或鼓励。利比亚和巴解组织会这样做是因为，任何回归到像冷战之类的事情注定能激起其重新进行国际操纵可能性的希望；这种操纵曾因美国和苏联之间的缓和，然后因后者的衰落而受到压缩。

中国

苏联的事件必定会在中国引发特别的关注。中国的领导人有自己的理由，对有最长陆地边界的另一边解体后出现的事件走向表示不安。随着苏联的消失，他们仍然是唯一一个完好无缺的多民族国家的领导者。此外，自 1978 年以来，中国一直持续进行着谨慎而有控制的现代化进程。

在这方面，邓小平被认为有着主要的影响，但他坚持集体领导。机会被给予地方和集体企业，包括利润动机。与非共产主义国家的 1147
商业联系开始受到鼓励。结果似乎是一场实质性的经济自由化，同时实际上也没有显示出现政权的权力弱化。中国领导人仍牢牢地控制着政权。他们受益于对中国社会传统规则的坚持，受益于“文化大革命”的结束从而由数百万人所体验到的那种放松感受，受益于对革命益处的信仰（虽然可能有所限制），进而受益于经济收益应经由这一体系流向农民的政策（这与直到 1980 年在莫斯科仍作为马克思主义进行详细阐述的政策不同）。这提高了农村的购买力，使农村走向富足。动力的主要源泉是脱离农村公社；在很多地方几乎都不再与其有关。到 1985 年时，家庭农业作为大部分中国农村生产的主要形式回归。

尽管批评家抱怨中国正在恢复“资本主义道路”，但通过讨论“有中国特色的社会主义”和对待局部利益与区域差异的审慎的现实主义，敏感的顾忌得以减轻。乡村工业和商业企业从大跃进时代的“公社”和“生产队”中脱胎而出。到 20 世纪 80 年代中期，农村收入的一半来自工业就业。

在某些地区，与资本主义世界开展自由贸易的飞地——经济特区建立起来；第一个特区设在广东——历史上中国与西方保持接触联系的一贯地点。到 1986 年，中国已是世界最大的煤炭生产国和第四大钢铁生产国。有调查称，在 1978—1986 年间中国 GDP 每年以高于 10％的速度增长，工业产量在那段时期翻了一番，农民人均收入几乎增长至原来的 3 倍（到 1988 年，据说平均每个农民家庭有 6 个月的收入储蓄在银行里）。在一个更长的远景里，在 1950 年至 20 世纪 80 年代中期，人均对外贸易价值大约增加到最初的 25 倍。这个政权的成功在精神上受到了香港和澳门的回归协议的支撑。

然而，新政策不是没有代价的。不断增长的城市市场激励了农民并给他们以利润回报，但城市居民开始受到物价上涨的影响。随着这十年的推进，国内的困难在不断增加，外债猛升，在这十年中通胀以年均约 30％的速度发展。对贪污现象的愤怒以及领导分歧广泛存在。
1148 一些人认为有必要重申政治控制的主张开始抬头。

加强政治基本原则的有力尝试随即进行。中国很快就表明它不可能走东欧国家或苏联的道路。但向哪里去呢？也许这一阶段得出的最安全结论是，它将再一次探索自己的规律，利用一切力量完善所有的制度。即使最近的 1987 年，一项民意调查报告也表明，即使在中国城区，最受强烈谴责的道德缺陷还是“子女的不听话”。中国政府的传统角色之一一直是其价值观的捍卫者。如果世界上有任何地方最终可能会证明其现代化不意味着“西化”，那它可能就是在中国。两千年的历史并不容易消失。

第 5 章　开始与终结

民族和种族

在苏联解体之前很久，很明显，在欧洲所发生的一切，世界很少 1150
能完全不受影响。冷战结束再度凸显了贯穿欧洲大陆的老问题——认同，而新问题也在出现。在对某些人而言是一个寒冬的黎明所带来的微光中，人们开始重新审视自己和别人。有些噩梦已被风吹走，但新浮现的也不过是令人不安的风景。一些重要的问题再次被提上议事日程，包括认同、种族和宗教等方面；有些问题实在令人困扰。新的塑形时期在世界历史上又一次出现了。

近乎偶然，不仅欧洲安全问题的一半随着华沙条约组织消失，而且另一半的北约也被巧妙地更改。主要的潜在对手苏联的解体，不仅剥夺了联盟的主要角色，而且也消除了已经形成的压力。像温暖的房间里的一个牛奶冻，它开始有点消融。即使有些人已经认为，一个复活的俄罗斯在将来某个日期将作为一个新威胁出现，但意识形态斗争的消失将意味着潜在对手需要以新的方式来考虑这件事。很快就有前共产主义国家谋求加入北约。波兰、匈牙利和捷克共和国在 1999 年加入，而斯洛文尼亚、斯洛伐克、保加利亚、罗马尼亚和波罗的海国家在随后的 5 年中加入。与美国总统乔治·赫伯特·沃克·布什 1990 年给予米哈伊尔·戈尔巴乔夫的承诺完全相反，北约不仅扩张到了苏联的边境地区，而且还越过了边境。联盟成为一个联系美国和大部分欧洲国家（除去俄罗斯）的工具。但即使在 20 世纪 90 年代中期，美国政府开始关注北约，将其作为处理新欧洲问题的一个工具，特别是在前南斯拉夫；进而在欧洲地区之外加以运用。在军事力量上的目的并不明朗。

1151 冷战结束后，在东欧和东南欧，人民的命运似乎是20世纪第一次显然完全掌握在自己的手中。像旧王朝帝国或在第二次世界大战中的德国和意大利独裁者的即兴之作一样，现在这个地区搭建的框架已经倒塌。随着许多埋葬的历史重现，还有更多的被记起或捏造出来，而出现的一切往往有点令人沮丧。斯洛伐克人对归入捷克斯洛伐克感到焦躁不安，但是斯洛伐克自身在人口构成上也像罗马尼亚一样有大量的匈牙利人。对于处于其北部和东部边境以外的马札尔人所受的待遇，匈牙利人现在可以更公然地表达他们的怒气。最重要的是，前南斯拉夫老问题迅速升级为新的暴力事件和危机。1991年，当前南斯拉夫联邦国家全部宣布独立时，战争在本地塞族人与克罗地亚和波斯尼亚—黑塞哥维那新政府之间打响。塞族少数派得到了贝尔格莱德政府（在激进分子塞族民族主义者米洛舍维奇的领导下）的支持，还得到了南斯拉夫联邦军队残余分子的援助。

波斯尼亚—黑塞哥维那的内战导致了自二战结束以来对欧洲公民最残酷的暴行。由于——塞尔维亚人、克罗地亚人和波斯尼亚穆斯林三个主要的族群都尽可能控制更多的版图，当他们进占时通常将别的人口群体驱赶出境。在斯雷布雷尼察，塞族军队1995年屠杀了数千名波斯尼亚公民，并且塞族人从1992—1995年包围了波斯尼亚首都萨拉热窝。欧盟和美国不情愿进行干预；对塞族人来说，只有军事上的失利才导致了1995年12月在俄亥俄州的代顿达成协议。从原来不同种族群体组成的和平大聚落中，波斯尼亚—黑塞哥维那引起了“种族清洗”——借助人民的力量来驱逐被定义的敌人。克罗地亚利用塞族军事衰落的机会收回了克拉伊纳整个地区，将那里大部分塞族多数派人口驱逐出境。在米洛舍维奇的所谓塞族“自卫”战中灾难一个接着一个发生了，他最后在2000年被推翻；他在阿尔巴尼亚人占主导地位的科索沃地区实施高压政策之后，导致了北约干预打击他的军队。而出于对波斯尼亚人暴行的反复担忧，西方联盟最后就干预达成协议。

1989至1991年之间，数百万计的东欧人面临着严重的问题和困难。协议缺乏合法性原则和理念。对于拥有现代化精英的地区，他们能否发挥作用，取决于旧的领导群体结构。其中，有效与否，通常要在旧的治理层次结构中找到。不可避免地，一些国家专业人员、管理人员和在原机构内取得其职业生涯的专家继续主宰着国家，仅仅是因为当时没有人可以替换他们。另一个问题是，随着政治革命的即时幸 1152
福感的消退，当时参与自由投票选举的人口变化无常。对明显安全的时光充满了怀旧。当人们为这个国家的合法性到处寻找新的基础时，唯一可行的候选人往往似乎就是民族主义；这曾经常困扰过去的政治，有时长达几个世纪。过去的部落制度很快就重新露面，虚构的历史很快就成为比过去实际发生的事件更重要的事件。

悲剧地是，一些古代的对抗性事件随着第二次世界大战而结束。在最可怕、最伟大的事例中，大屠杀——就如人们号召“纳粹”清除犹太人的尝试，结束了东欧作为世界犹太人中心的历史。1901年约有世界四分之三的犹太人生活在这里，大都住在俄罗斯帝国。而现在在那些曾经讲意第绪语的地区，仅有略高于10%的犹太人居住。近一半的世界犹太人现在都在讲英语的国家中找到，其中另有30%在以色列。在东欧，政府急于利用传统流行的反犹太主义（尤其是苏联），通过骚扰和司法迫害来鼓励移民。作为一个重要的人口因素，在这里少数几个国家几乎消除了1945年的犹太人口所留下的一切。1945年幸存的20万波兰犹太人很快发现，自己再次沦为传统暴虐和骚扰的受害者；到1990年，没有移民者的数量仅为6 000，过去东部欧洲犹太人的中心消失了。

在一些西欧国家，少数民族也显示出新的抵制。巴斯克分离主义分子在恐吓西班牙。在比利时，瓦龙人和弗莱明人相互谴责。北爱尔兰也许是最引人注目的实例，在那里，贯穿于20世纪90年代的工会主义和民族主义情绪持续阻塞着解决之路。1985年的英爱协定承认爱尔兰共和国在讨论解决乌尔斯特的未来中的权利和作用，并成立了新的机构为它服务。但不超过18个月后，停火协议悲剧性地结束。但工党政府于1997年控制威斯敏斯特时，它表明了愿意采取重要的象征性步骤——直接公开与爱尔兰的新芬党谈判，掩盖了爱尔兰共和军恐怖分子的政治运动。在这年年底前，新芬党代表在伦敦受到英国
1153 首相的接见。1998年，与爱尔兰政府合作，英国倡议成功，排除阻力，在全爱尔兰全民公决的建议上赢得了新芬党和北爱尔兰统一党官方领导人的默许，比以往在保卫北部民族主义少数派和北方与英国的历史纽带制度化的做法更进一步。当然，这暗示着在未来官方主权的内涵上发生了根本性的变化（顺便说一句，比英国政府在苏格兰和威尔士同时引进的权力下放措施更加进步得多）。虽然细节上仍可能有潜在的巨大分歧，但对双方边境新安排的原则得到公众的赞同。与此同时，英国和爱尔兰政府第一次将所有代表党派合成一个北爱尔兰行政部门的努力失败——因此必须重回到伦敦的直接控制——直到1998年这个省都被占据主导地位的恐怖主义分子的暴行所分隔。

欧洲联盟越来越紧密?

从1986年起，与发行国家的名称一样，向欧洲共同体成员国公民发出的护照印上了“欧洲共同体”一词。然而，在实践中，共同体面临着越来越多的困难。虽然主要的中央机构成员国部长理事会、委

员会和法院开始运转，但并非毫无阻碍；其政策，特别是渔业和运输方面，激起了广泛宣传的差异。特别是在1971年美元结束可兑换黄金的历史、布雷顿森林体系终结和石油危机后，汇率的波动率成为尴尬和惯常争吵的另一个根源。然而，20世纪80年代有鼓励经济成功的确凿证据。20世纪70年代美国作为外来投资的主要接受国恢复到1914年前的水平，它吸引投资的三分之二是欧洲的。西欧占了世界贸易的最大份额。外界变得热衷于加入一个向穷的成员国提供有吸引力贿赂的组织。1981年希腊加入该组织，而西班牙和葡萄牙于1986年加入。

后者被认为是一个具有决定性意义的年份；当时欧共体同意在1992年采取超越单纯的关税同盟的进一步措施，进而形成一个单一、综合、无国界的内部市场。在艰难的磋商后，1991年12月的《马斯特里赫特条约》就欧洲单一市场作出了适当安排并提出完全经济与货币联盟的完成时间表不得迟于1999年生效。资本、货物、服务和人员最终可以无障碍或妨碍地自由跨越国界。又一次，谨慎的英国提出 1154
了保留和特别的安排。作为首相撒切尔夫人的继任者，约翰·梅杰是一个未知数，但他几乎马上发现自己在马斯特里赫特谈判首脑峰会上，在对于统一市场的划分中维护了英国最后达成的立场。该条约打开了单一货币的道路，并设立自治的中央银行进行管理。《马斯特里赫特条约》也给了所有成员国的国民以新“欧洲联盟”公民的身份，以取代欧洲共同体；并规定其有义务在劳动实践和一些社会福利上对其成员施加某些共同的标准。最后，该条约扩展了欧盟可能通过多数票赞成的方式作出决策的领域。这看起来像一个权力集中的重大发展。虽然为了尽力安抚质疑，条约也针对主从性原则（subsidiarity）——一个根植于天主教社会教义的词汇，达成了共识；它表明，在干预国家行政管理的细节上应限制在布鲁塞尔的委员会的管辖权。关于欧洲防务和安全政策的协议，由于波斯尼亚事件，很快就陷入无望的混乱。

在一些国家，《马斯特里赫特条约》的实施遇到了困难。第二年，丹麦人在全民公决中否决了它。在法国的类似测试仅产生了微弱的多数赞成票。英国政府（尽管它谈判达成了特殊的安全保护）历经重重困难，在议会上在这一问题的投票中胜出，但当它下一步面对选民时，执政的保守党内部出现的分裂将使这个政党瘫痪。欧洲的选民仍通常考虑保护或破坏性的传统区域和国家利益；20 世纪 90 年代初经济条件出现恶化的时候，这些更加隐约可见。但是《马斯特里赫特条约》最终被 15 个会员国批准。对各会员国独立受到布鲁塞尔委员会侵蚀指称的争论，以及个别国家较公平或不公平地使用或滥用联盟规则的争论，一直都有发生。

然而，《马斯特里赫特条约》的进程由于很多成员国的需要部分被创设出来——特别是法国——因为强大统一的新德国融入欧洲是一个更深一步的联合，它很快产生更广泛的意义。随着共产主义在东欧的消失，需要一个真正的欧洲联盟脱颖而出——《马斯特里赫特条约》之后称为共同体。它是欧洲联合半个世纪以来所创建制度力量的证据。欧盟设法引入一种共同的货币（欧元，从 2002 年开始）。在欧盟中央银行之外，将在刑事司法、外交政策和军事事务方面开展更深
1155 层次的合作。其间，中欧和东欧快速向成员国资格靠拢。1995 年冷战中立国奥地利、芬兰和瑞典加入。然而东扩一个大的步骤出现在 2004 年，伴随着四个国家的加入，分别是波兰、捷克共和国、斯洛伐克、匈牙利。而最惊讶的是前波罗的海苏维埃共和国爱沙尼亚、拉脱维亚和立陶宛的加入。尽管不断否决其宪法、预算和进一步扩张的计划，拥有 4.6 亿人口的欧盟，向着成为一个其创建者所设想的全欧联盟迈出了巨大的步伐。

经济环境也已经改变了。最重要的是，共同农业政策（CAP）没有了 20 世纪 60 年代的含义。在一些国家，它正经历从向大量小农选举贿赂向人数较少但更富有的农学家们的福利制度的演变。在新联盟的内部，国家的反应与它们在 20 世纪 60 年代和更晚时期的含义不同。德国现在是联盟的驱动力量和联盟大部分财政的支持者。总理赫尔穆特·科尔最伟大的成就是实现祖国统一，巩固了德国作为欧洲大国的地位。但这是非常昂贵的。德国在贸易项目上陷入赤字，对统一条款的不满开始出现。随着时间的推移，德国人旧的噩梦——通胀的危险也更多被传出。当前东德人迁移到西德时，德国纳税承担的负担和失业上升。经济衰退，事实上，在 20 世纪 90 年代欧盟大多数成员国中都蒙上了持久的阴影，让人想起它们之间人民的差距及其经济实力的差异。20 世纪 90 年代到处出现的财政、预算和交换问题逐渐削弱了政府的信心。

因此，有许多政治家们开始考察评估。世界各地的观念正在发生改变。对法国来说，例如，欧洲冲击最深的根源总是在于对德国的恐惧。法国政治家曾设法让德国首先实现共同市场，然后与共同体牢牢地系在一起；但随着德国经济不断增长壮大，他们被迫承认它在绘制欧洲未来的版图上享有优势。在法国人心中，戴高乐的欧洲国家理想已经让位于一个多国联邦。也就是说，矛盾的是，更加集中——一个被有意识建构起来的欧洲观给了法国的非正式和文化重量最多——获得通过，例如，在布鲁塞尔的职位。如果有一个欧洲的超级政府，法国至少可以尝试主宰它。不过，1995 年法国重新加入北约的决定与戴高乐路线是一个明显的决裂。

1990 年之后，德国政府很快就设法通过与前共产主义邻国的邦
交来寻求施加其新的影响。德国商人和投资在这些国家获得工程项目 1156
的迅捷，德国在 1991 年年底承认新独立的克罗地亚和斯洛文尼亚的

速度和渴望（它是第一个这样做的国家），一点也不让其他欧盟成员安心。欧盟如何扩张，对世界历史来说注定是决定性的。一个拥有近7亿人口的民主多元的欧盟，从北极圈延伸到爱琴海，从葡萄牙到普鲁特河，将会成为一个可想象的结果。但另一个结果是现存联盟的崩裂（不一定为其国家的组件）。最后，出现的问题是，是否尝试联合俄罗斯。尽管它非常庞大且有专制传统，但不可辩驳的是，它是一个有很多资源——人口和原料——的欧洲国家，而这是欧盟持续满足其公民福利需求的资源。

在30多年的时间里，在欧盟内部和共同市场内，理所当然地产生了文化融合。不过，消费日益规范化与其归功于欧洲的政策，不如归功于在大众层面上更精明的市场推广和日益增长的国际交流（结果通常情况下，像在过去一样，被谴责为“美国化”）。这种缓慢的交汇有时被自觉地推进，例如，农业已经非常昂贵，钢铁农业政策必然地激怒非农选民。联盟在处理对外事务上看起来也似乎虚弱无力；它在南斯拉夫问题解体上展现出来的几次检验都公然失败。因此，在20世纪即将结束之际，许多不确定因素仍然笼罩着欧洲的未来。单一的欧洲货币项目就是其中之一。虽然围绕货币而产生的论点总是带有压倒性的政治色彩，它断言巨大的经济效益来自它的引进，较低的价格和较低的利率也会有可能随之而来。它指出，随着平等的承诺，参与国可能会失去对其经济生活重要方面的控制。事实上，一种共同的货币，暗示着主权进一步的丧失。

政客冥思苦想的是，当必须作出的选择会带给他们一个货币联盟的后果时，选民会怎么想。虽然不难想见，一旦货币联盟失败或扩张不成功，欧盟还可以退回到仅仅安心于一个简单的关税联盟。

赫尔穆特·科尔在1998年11月德国的选举中被击败，德国统一后第一个社民党总理格哈特·施罗德上任。但这对德国政府的货币联

盟目标没有任何影响。法国政府也紧随其后。丹麦和瑞典坚定地宣布 1157
不想参与。在英国，托尼·布莱尔的新工党政府 1997 年以绝对优势当选，其间他们对进一步的联合持谨慎地肯定，拒绝加入“直到时机成熟”时为止，而在他们执政的第一个十年，成熟的时机并没有出现。但在 2002 年 1 月 1 日，大多数成员国引入了自查理曼时期以来第一种共享的货币。为了刻意回避冒犯国家情感，采取伟大历史名称如克朗、弗罗林、法郎、马克、泰勒等的可能性被搁置在一边，新的货币单位被称为“欧元”。到 21 世纪头十年的中期，其纸币及硬币在 12 个会员国 3 亿公民中成为唯一合法货币；它甚至也被欧盟以外的国家和领土诸如黑山和科索沃采用。

扩大联盟的困难在当时变得更加清楚。最长时间坚持加入的候选者是土耳其。一些成员国质疑它是否完全是一个“欧洲”国家，因为其领土的大部分处于亚洲，大部分人口是穆斯林。更糟的是，在长达 60 年的高举高扬之后，凯末尔的现代化遗产面临挑战。伊斯兰教徒总是不满政权的传统世俗主义。然而，如果所谓欧洲性的测试标准在于机制的现代化（例如代议制政府和妇女的权力）和一定程度的经济发展，那么很显然地，土耳其将与欧洲人站在一起，而不是与余下的伊斯兰近东地区。可是，土耳其对政治反对派和少数民族（尤其是库尔德人）的处理仍然遭到很多国外的反对；土耳其政府作为人权卫士的记录受到质疑。因此就有关什么是真的欧洲，土耳其又一次造成了一个旧的无法回答的问题。但值得一提的是，对安卡拉来说，土耳其的旧敌希腊已经成为其成为成员国的关键支持者之一，从经济和政治路线两方面为其游说；尽管两国在塞浦路斯（现在独立成为欧盟的一个成员）的争端尚未解决。

2000 年末，在尼斯的谈判，为就进一步扩大的原则达成一致时，它也同意了改变投票资格。法国像德国一样，成功地掌握了相同“分量”的投票权，而德国现在无可争议地成为规模最大、最富有的成员国家。《尼斯条约》的批准仍然不得不获得各国议会的许可。当然，爱尔兰政府很快就不得不面对其提案的全民投票的失控问题；这引发了对于这个制度体系的另一场危机。2001 年底达成协议，应订立一个特别的公约考虑欧盟机构的运转，及其可能出现的变化，但这仅稍
1158 微抵消了之前的冲击。2005 年法国和荷兰的公民投票拒绝了那个公约（稍微有些过度地称为“欧洲宪法”）的产生，这个进一步深化联合进程的方案似乎再一次深陷困境。虽然，该宪法到处遭否决再次表明，欧洲联盟仍然只是政治精英的事业，仅得到他们的力挺，宪法的大部分内容还是（或许正因为这个原因）渗入到欧盟的条例和规章中，即使一个被提议的宪法修正版没有在那些拒绝它的国家实现重新公投。

在一定程度上，冷战的结束似乎终于揭示出，欧洲不仅仅只是它在很长一段时间内表现的那样，是一种单纯的地理表达概念。不过，同样的，在寻求一种先天的欧洲本质或精神上，似乎比以往任何时候更加缺少方向；更遑论一种欧洲文明，尽管它曾是世界文明的主要来源。它如以往一样，是一个对它自己内部的动态产生强大共鸣的民族文化的集合。因为在 21 世纪开始时，鲜有迹象表明存在一种爱欧洲主义，能像旧时代的国家忠诚思想一样煽动群众的情绪；尽管自《罗马条约》以来也确实取得了一些成功。欧洲议会选举投票的参与到处都在下降，除了在投票是强制性的国家之外。语言沙文主义成为联盟机构内部一种新的不易操作的威胁——其巨大、无序的复杂性已经阻碍了那些在其中寻求政治逻辑的国家，这无疑有助于公众更加意识到谈论“欧洲”这个概念很无聊。但也经取得了很多成就。最重要的是，欧盟是各宪政民主政体组成的共同体，是在欧洲同化上不基于单一国家霸权的一次成功的尝试。当 20 世纪结束时，欧盟，即使处于

不断上升的经济风暴中，从长远来说显然在经济上是成功的。包括瑞士（当然，不是欧盟成员），西欧国家已占世界贸易（多数是其自己的成员国之间）的约75％和世界GDP的40％。其自身的本地生产总值在那一年大于美国，是日本的两倍多。欧洲是过去50年间出现的世界经济三个主要推动者之一。尽管欧洲人似乎仍然对自己走向哪里感到担心，他们却显然是一个许多旁观者希望加入的团队。

中国和东亚

1989年给中国未来的走向留下了很多疑问。邓小平，十年前设 1159
计经济改革的人，在85岁高龄，于1989年重返政治决策中心。1992年南行，邓批评了那些削弱经济的人。改革必须加强，邓说，应当给予私有企业更大的发展空间。到那时，1989年的停滞已经成为过去；从1992年开始中国进入了飞速发展阶段，GDP年均增长速度连续14年超过10％。

中国经济的飞速增长成为20世纪90年代全球最重要的事件。它不仅创造了一个多达200万的中产阶层，其购买力达到了欧盟的平均水平，也使中国成为全球第四大国家经济体。这种增长的大部分是在私有领域；但是，大量的重建后，到2000年初，国有或集体所有板块也出现了一定程度的增长。中国经济模式中，似乎国家甚至是共产党在融合市场经济中发挥了重要作用。它将对来自农村大量进入工厂的男女青年劳动力的开发利用与强调对所有公司的政治领导结合起来，包括那些由中国人或外国人拥有的私人企业。同时逐步向北和西部扩张推广。增长仍然主要集中在南方和东部地区，沿着海岸线和大河两岸，重复着自最早时期以来那种显而易见的模式。中国共产党似乎已经找到了一种可行的发展模式。

冷战结束也改变了中国的对外关系。与苏联共有的4 000多英里

边界，现在被新独立的、更弱小的国家哈萨克斯坦、吉尔吉斯斯坦和
1160 塔吉克斯坦替换掉了一半左右的界线。与此同时，在 20 世纪 90 年代晚期，台湾问题仍然像以前那样至关重要。事实上，台湾国民党当局与美国的关系正式结束及其从联合国被逐出后，问题已经稍微变得模糊。然而在 20 世纪 90 年代，当北京依旧坚持台湾（如香港和澳门）与大陆统一的政策为一项长期目标时，岛上出现了独立分子。北京显然感到不安；在 1995 年李登辉访问美国期间，警告达到了顶峰。中华人民共和国撤回驻华盛顿大使，政府报纸宣称台湾问题为“爆炸的火药桶”。很明显，如果台湾当局正式宣布独立，大陆武力统一台湾将可能随之而来。

此外，台湾仅是导致东亚不确定性和情绪紧张的根源之一。冷战结束后，不断增加的不稳定和波动性在这个地区尤为明显，即使这些趋势没有达到当时欧洲相同的水平。在第一时间内界定相对明确和越来越清楚的斗争的真正意义，是难以判断出来的。例如，在朝鲜半岛，改变很少；由于其统治者决定孤立地维持计划经济模式，朝鲜顽固地与美国和韩国进行对抗。由于经济管理不善，1991 年苏联的援助终止，以及在强硬统治下部分直接的集权，1998 年初朝鲜走到了饥荒的边缘。朝鲜的问题仍然不同寻常地独特，多少有些游离于地区趋势之外，而韩国不可能存在这样的情况。到 20 世纪 90 年代中期，韩国都是一个保持数字高增长、稳定的民主政权，在国际贸易领域更是一个令人印象深刻的参与者。

然而，所有的东亚和东南亚国家（中国除外）在 1997 至 1998 年陷入了一场严重但（对大多数国家来说）短暂的金融危机，日本则进入冷战结束后持续十多年的经济不景气。在 20 世纪 80 年代，日本经济经常被称赞为生产效率领域的世界引领者；到 20 世纪末，其状态
1161 却虚弱不少。房产投机，在非生产性活动或产生回报很小的部门的巨

额投资，因不能使用的债务，妨害了银行和金融机构。货币大幅下挫；相关投机行为迅速打击到了比以往任何时候都更快捷的金融交易领域。日本盛行的企业文化牢牢地嵌入官方和金融网络，而这些网络现已证明不能被授予绝对领导权力；当条件恶化时，这一切将导致难以取得解决办法。日本经济在国际术语中意味着落后者，并伴随着通货紧缩和失业的后果。频繁更迭的政府似乎无力阻止这一进程，一些政府人员开始迎合民族主义者的观点以强化其权威。日本的不景气意味着它不能被指望在 20 世纪 90 年代晚期帮助其他经济克服经济困难。尽管作为一个整体这个地区在 2000 年早期再一次开始增长，一些国家，像印度尼西亚和菲律宾，并没有继续保持早期的增长率。在这一过程中，从北海道到巴厘岛，数以百万计的人失去了他们的积蓄和营生。

在东南亚伴随着危机的政治更替也意味深长。一些国家的专制政府利用公共资源来维持在权力和他们的家庭上保持密切关系的人的利益。1998 年 5 月，印度尼西亚经济自年初以来萎缩了大约 8%多一点，货币对美元的汇率降了五分之四后，暴乱将总统赶下台。一个长达 32 年的控制紧密、腐败，但形式上“民主”的制度走向了终结。继任政府使印度尼西亚成为一个更加开放的社会，但缺少重建经济的运气。结果是，种族和宗教冲突增加了，印度尼西亚被分隔为庞大的伊斯兰多数派、有重要地位的印度教徒、基督教徒，以及华人社区。东南亚地区的第二人口大国越南，则以相反的方向运行，进一步集中它的政策同时强化中国模式的经济改革。这在越南被称为革新开放(doi moi)。到 2000 年早期，越南经济增速为世界第二，但这个国家的大部分地区仍然是非常贫困。总之，东亚经济在 21 世纪头十年表现出的极端高低起伏表明，世界经济已经融合到了何种程度。北京或雅加达的经济转型可能会对世界有直接的影响，而反过来也是一样。

印度次大陆

1162 印度，像中国一样，没有立即遭遇许多东亚国家那样的金融和经济混乱。在这方面，无可否认，过去的政策有利于印度。国大党政府，虽然有些逐渐远离了独立早期的社会主义道路，但其长期受到贸易保护论者、计划管理、国家自给自足，甚至是经济主权独立思想的强烈影响。其因此付出的代价是低增长率和社会的保守，但与此同时则让其受国际资本流动影响的程度比其他国家更低。

1996年，印度教的民族主义政党印度人民党（Bharatiya Janata Party，BJP）挫败了国大党，成为议会下院最大的单一政党。不过，它并不能够维持自己的政府，组建的联合政府在1998年另一场大选（非常暴力）中没有幸存。这场失败也并非决定性的，因为议会中的多数派没有明确出现，人民党及其盟友组成了议会中最大的单一组织。另一个联合政府很快出现，其来自人民党的支持者很快就发布了一份不祥的民族主义议程表，宣称“印度应由印度人来建设”。一些人发现这种趋势出现在这个国家令人震惊，因为虽然民族主义已受到国大党长达一个世纪左右的鼓励，但其通常被对次大陆实际的分裂生殖和潜在的暴力的谨慎识别所抵消。不过，最终，新政府通过避免国内印度教民族主义的过激行为和加快经济自由化使很多人感到惊讶，并导致部分地区的经济持续增长。这种增长在新国大党主导的政府（2004年奇迹般地当选）领导下继续——印度实行民主体制的另一个示例。新总理曼莫汉·辛格，一位锡克教出身的经济学家，努力加快印度经济开放，使其在国际上更具竞争力。到21世纪前10年的中期，印度似乎出现了经济快速扩张的势头。

尽管打着民族主义的旗帜似乎与赢得国内赞誉的定位保持一致，但要以与巴基斯坦旧日宿怨的持续发展为背景，世界才能努力理解人民党政府在1998年5月和6月继续进行一系列核试爆的决定。他们激起巴基斯坦政府效仿进行自己类似的核试验。两国政府现在被公认为具有可装备核武器国家俱乐部的成员。但这个事实更大的背景，（印度总理指出）印度担心的是，中国已经成型的核力量，以及巴基 1163
斯坦政府对其他国家的伊斯兰激进主义的鼓动所展示出来的越来越多的同情——特别是阿富汗，在一个名为“塔利班”的小派别领导下，1996年设想在喀布尔建立一个激进反动政府。一些人士沮丧地思考这个观念：一颗巴基斯坦的炸弹也可能是一颗伊斯兰炸弹。无论如何，在制止核武器扩散取得的成绩方面曾遭受巨大的挫折，有证据表明进行核武器扩散试验的测试将会受到警告。几位大使撤出了德里，一些国家跟随美国切断了对印度的援助。不过，这种行动，并没有阻止巴基斯坦追随印度的先例。很明显，直到冷战结束，世界没有使自己摆脱核战争的危险。现在来理解世界上的那种危险，一些人认为比20世纪60年代更加缺少安全感。由于克什米尔问题，印度和巴基斯坦的关系仍然糟糕。

一个新的俄罗斯

俄罗斯，最大和最重要的独联体国家，1991年6月鲍里斯·叶利钦在自1917年以来第一次自由选举中以57%的得票率当选为共和国总统。11月俄罗斯联邦共产党被总统令解散。1992年1月发起了一个激进的经济改革方案，这导致经济从以前的管制转向几乎完全自由。这种自由化的经济后果，几乎对所有的俄罗斯人来说都是一场十足的灾难。少数局内人变得非常富有，而大多数人失去了他们的积蓄、退休金，或是他们的工作。能耗下降了三分之一，伴随着快速上升的失业率，国民收入和实际工资下降，工业产量下降一半，政府机关严重腐败，犯罪滋生蔓延。对很多俄罗斯人来说，这些抽象事物在个人苦难的原始细节中得到证明。大众健康和男性的预期寿命在 21 世纪初期下降到 60 岁以下；在不到十年的时间里下降了 5 岁。

1993 年，一个新的包含他很多敌人的议会当选，增加了叶利钦的困难。其他困难源自与独联体里非俄罗斯人的共和国（那里居住着 2 700万俄罗斯人）的关系，政治利益集团已围绕着新俄罗斯的官僚
1164 和工业精英产生，以及源自失望的前改革派（他已清洗掉他们中的很多人）。没过多久，人们开始认识到，俄罗斯的麻烦不完全由苏联的遗产引起，而是大部分归因于俄罗斯历史文化和文明的总体状况。1992 年俄罗斯本身已经成为一个联邦；在下一年，一个总统制的、甚至独裁的组织完成了国家的宪法框架。但鲍里斯·叶利钦很快就不得不面对来自左和右反对派的挑战，最后，演变成为暴乱。他中止议会职能并下令“渐进式的宪法改革”后，100 多人丧生于自 1917 年以来莫斯科最严重的流血事件中。像他早些时候解散共产党一样，这被视为总统的专横表现。无疑，总统的个性和办事风格总是使他比耐心的外交努力更有可能采取有力的行动。不过，考虑到他给俄国人的物质享受如此之少，同时经济被腐败的官场和追求名利的企业家所利用，因而，是他主导的政府的信誉，以及俄罗斯人对他们新获得的自由的热爱，才让他成功地击退共产党新人新的挑战，并于 1996 年成功连任总统。

在这之前两年，一个新问题出现在内陆车臣地区。一个以穆斯林人口为主的多民族的俄罗斯联邦自治共和国，出现了一场国家叛乱。一些车臣人感到遗憾，并要报仇；他们说，叶卡捷琳娜大帝在 18 世纪对他们的征服和镇压行动是不道德行为。他们的愤怒和反抗由于俄罗斯人的暴行而变得更强：俄方为免他们为其他穆斯林树立危险的榜样，采取了严酷的行动，让车臣首都沦为废墟，乡间陷入饥荒，数千人丧生。但俄罗斯的人员伤亡再一次唤醒当年在阿富汗的记忆。很明

显，许多战斗有蔓延到邻近共和国的危险。毕竟，俄罗斯的驻军自1992年不断支持塔吉克斯坦政府消除被巴基斯坦支持的伊斯兰激进势力颠覆的危险。相比这令人怀疑的背景，1996年的改革和开放所激起的希望没有留下多少。很明显，当叶利钦总统的健康很差时（可能由于过度饮酒使其更加糟糕），形势变得格外黑暗。当时俄罗斯外部的事件，尤其是在前南斯拉夫，以言行让西方再次觉得，这个国家仍渴望扮演一个它认为它理所当然的大国角色，同时俄罗斯卷入一个独立的主权国家事务的干预的暗示日益受到关注。

然而，直到1998年，俄罗斯政府几乎很难征收税款并支付其雇 1165
员薪水。1997年是自1991年以来（即使很小）第一年GDP显示出真实增加，但显然，当国家经常在腐败和受优惠的基础上卖掉越来越多的国家投资给私人企业时，经济取决于特殊利益集团的恩惠。部分人迅速积累了巨大的财富，但数以百万计的俄罗斯人遭遇拖欠工资，市场上的日用品消失，价格继续上涨。当一些人由于消费水平高而遭遇贫困在街道上乞讨时，刺激和敌对行动不可避免地发生了。接着，1998年，金融危机和外债违约冲击着俄国。叶利钦不得不更换掉因致力发展市场经济而当选的总理，接受对手强加给他的另一人。然而下届议会选举回报给他一个不太可能与他争吵的议会。1999年新年除夕，他觉得能够宣布辞职。

他的继任者那一刻已经在担任他的总理。鲍里斯·叶利钦正式宣布下届总统应该是弗拉基米尔·普京，因此他在2000年3月选举后上任。作为一位前克格勃成员，当时普京在很多俄罗斯人眼中成功地平定了车臣叛乱（尽管事实证明这是短暂的），降低了其动荡可能超越其原始的边界的危险。国外对于车臣人权问题威胁的抗议有可能进一步帮助弗拉基米尔·普京重新激发起爱国者的支持，而且他也在西方国家的首都留下良好的印象。尽管他作为总统的第一个月遇到一系列的意外灾害灾祸，这反映了俄罗斯的基本概况，有一种严重问题终于要克服的新感觉。用一种更狭隘的个人情感来说，对叶利钦，那无疑是真的；他与他的家人都得到了他的继任者的保证，对他担任总统期间犯下的罪行免予起诉。

在叶利钦最后几年的无精打采之后，普京的总统任期给俄罗斯政府注入了新活力。新总统，当他任职时仅有 48 岁，行事简朴，在他性格外向但经常无能的前任之后，其形象得到了多数俄罗斯人的喜爱。普京渴望被称为实干家。他立即开始在俄罗斯重新集中权力，严厉打击超级富豪——所谓的石油寡头——当他们不愿执行克里姆林宫的命令时。在 2004 年重新当选后，对于他的政府操纵俄罗斯媒体对其总统政策的批评，舆论表达出压力。然而 2001 年的“9・11”事件
1166 给了普京一个受欢迎的机会来展现其好斗的品行，他将在车臣的战争描绘成一场反对恐怖主义分子的战争，从而避免了西方太过直言不讳的反应，虽然他在结束冲突方面很少成功。在促使对俄罗斯有影响的前苏联邻国对新俄罗斯采取更加有好的态度上，他的努力也大多适得其反。普京最重要的贡献是创建了某种形式的经济稳定；到 2005 年，通货膨胀得到遏制，俄罗斯 GDP 逐步增长。在引领俄罗斯在世界权力中心重新占据一席之地，走向新俄罗斯社会的道路上，弗拉基米尔・普京仍然可能会被看作是一个带来转变的人。

20 世纪 90 年代的泛美和平

从 21 世纪初极目回溯，与 1945 年相比更加清晰，美国是世界上最大的强国。尽管 20 世纪七八十年代遭遇了一系列困境，又是一个因财政赤字而公共债务不断增加的骑士，但长期来看，其巨大的经济继续呈现出一种从挫折中恢复过来的巨大的活力，以及看似源源不断的动力。当 20 世纪 90 年代即将接近尾声时，其经济的放缓并未改变

这一点。尽管其政治保守主义常常让外人感到吃惊，美国仍然是世界最自适应及瞬息万变的社会之一。

当20世纪最后十年开始时，仍有许多老问题悬而未决。对那些
无须亲自面对这些问题的美国人来说，繁荣使其更容易容忍它们；但
实际上，它也为美国黑人的愿望、恐惧和怨恨提供了刺激因素。这反
映了自约翰逊总统以来他们推动了社会和经济的进步，至少可以看出
他们立法使美国黑人摆脱麻烦的努力。虽然在这个国家的历史上第一
位黑人州长就职于1990年，仅在2年后，瓦茨的居民（四分之一个
世纪之前，他们的暴乱臭名昭著）就再一次显示出他们只不过将洛杉
矶警察部队看作是占领军成员。将整个国家作为一个整体来看，一个
年轻黑人男子被谋杀的可能性要比同期的白人多出7倍；对一个黑人
小伙来说，更有可能去坐牢而不是上大学。如果当时近四分之一的美
国婴儿为未婚母亲所生，那么黑人婴儿就占了其中的三分之二——一
个美国黑人社区家庭生活破裂的缩影。犯罪、一些地区出现严重卫生 1167
健康状况恶化，以及实际上毫无监管的中心市区，仍然使许多负责任
的美国人相信很多美国的问题正在争相远离解决。

但事实上，一些统计数据开始看起来有所好转。如果比尔·克林顿（1992年担任总统）因其通过的立法的实际内容让许多支持者深感失望，那在国会的共和党人其实应负主要责任。虽然出现“拉美裔美国人”数量迅速增长的新兴现象，来自墨西哥和加勒比地区国家的合法与非法移民涌入倍增让很多人担心，克林顿总统却搁置了进一步限制移民的建议。拉美裔人口在30年里翻了一番，现在占总人口的11%。在最富有的州加州，这些人口占总人口的四分之一，是主要的低工资劳动力资源。即使在得克萨斯州，拉美裔已开始利用政治活动来确保自己的利益不被忽视。与此同时，用一个时髦的比喻，克林顿可以冲浪经济浪潮。他在国内政策的失误，其支持者倾向于认为是由

于他的对手，而不是他自己失败的领导和过度选举考量造成的。虽然在 1994 年民主党失去了对立法机关的控制，但在 1996 年的选举中他大获全胜，他的政党也在随后的中期选举中获得成功。

不过，克林顿的第二个总统任期是令人失望的。若为他辩护的话，可以说他一开始就继承了一个自约翰逊时代和尼克松的最初数年以来逐渐降低威望和权力的职位。在伍德罗·威尔逊、富兰克林·罗斯福当政期间总统的权力已经积累下来，冷战初期以及尼克松之后迅速而显著地消退。但克林顿没有采取任何措施来阻止这种败坏。事实上，对许多美国人来说，是他使其变得更糟。他个人的失误导致了对其展开的长期金融调查和性指控。这一切又得到大肆公开报道，还导致了 1999 年一件前所未有的事件：参议院对当选总统的聆讯指控，目的是引发他的弹劾案（巧合的是，在那一年弹劾鲍里斯·叶利钦的企图也失败了）。但克林顿的公众民意支持率在聆讯开始时比他们启动弹劾早些时候更高，弹劾失败。那些投票支持他的人是满意的，似乎，他被认为可以处理一切想要做的，即使他们注意到他性格上的缺点。

正如克林顿总统任期所暴露的，美国自冷战结束以来形成的主导世界的可能性开始出现被削弱。不管美国的报纸和电视媒体通常报道什么，似乎那时总有一会儿某些传统的本位主义和孤立主义可能永久
1168 没落的希望。美国在全球的每个部分所要持续和积极努力关注的事项几乎不可能被忽略。他们实际上在未来十年仍然有更大的笼罩，但这很快就被美国政策的含糊之处遮住。克林顿最重要的目标是帮助全球化的市场经济体，让其他国家来学习美国的成功经验。而克林顿本质上是一个多边主义者，是一位过于小心的政治家，他不会冒险反对美国公众已经厌倦的冷战时期的国际运动。许多美国可能已经起带头作用的问题，例如世界贫困和全球生态问题，因此为了回报将其视为

“感觉良好的总统”的选民而被一带而过——他让他们感觉良好，除了使他们变得更加富有外，回报其实很少。

然而，不久，联合国维持和平活动使美国政策陷入困境。1995年联合国成立50周年年会促使克林顿告诉他的同胞，不与这个组织合作就是在忽略历史的经验教训；而他的言论是由美国国会众议院当年早些时候的行动引发的，其提出削减美国对联合国维持和平经费的贡献。此外，美国拖欠联合国正常预算会费累计超过2.7亿美元（占所有拖欠联合国国家总欠款的十分之九）。随着联合国1993年在索马里干预的崩溃，这导致了参与联合国部队的伤亡，愤怒和欣喜的索马里人虐待美国军人尸体的情景出现在电视画面。美国的政策似乎到达一个转折点。不久，美国拒绝参与或支持联合国对非洲布隆迪和卢旺达的干预表明，美国人拒绝参与或允许用地面部队进行强制干预会在维持和平行动中带来怎样的灾难性，更遑论缔造和平。这两个小国家每个都从族群上无奈地被分化成执政的少数和从属的大多数；1995—1996年，种族灭绝大屠杀发生，超过60万人被杀，数以百万计（这两个国家的总人口一共只有约1 300万）难民被迫流亡。

美国总统克林顿授权对波斯尼亚塞族军队进行有限空袭，最终带来了1995年在代顿签署的和平协议。之后，在学者、记者和政治家中，对美国的世界角色应该是什么有很多争议。这种争议大部分集中 1169
于美国力量的正确使用和它应当运用到哪里为止，甚至对于潜在的文明冲突。与此同时，克林顿的外交政策处在了进退两难的境地：夹在创造一个服从于美国意识形态目标的世界的愿望和避免军事伤亡（最主要和重要的是美国人）的希望之间。

在所要面对的新国际问题中，新的潜在核危险的来源是其表现之一。1993—1994年朝鲜初步的核计划表明（1998年印度与巴基斯坦的核试验被确认），无论其运载系统和潜在的攻击能量仍具有多大巨大优势，美国现在是几个缓慢发展的核国家团体之一（七个公开承认，另外两个没有）。美国已经没有理由再相信（因为在过去有时很可能）所有这些国家会合理计算各自的利益所在。但这仅是冷战结束后众多新决策考虑的因素之一。

在中东地区，20 世纪 90 年代早期，由于美国对西岸犹太人定居点扩散施加的财政压力，在一段时间内似乎表明，它有可能说服受到起义及其随附的恐怖主义骚扰的以色列政府，武力解决巴勒斯坦问题将是无效的。当时，付出巨大努力后，在挪威政府友好的帮助下，1993 年以色列和巴勒斯坦代表在奥斯陆的秘密谈判终于导致了令人鼓舞的新尝试。双方当时宣布是时候“结束几十年的对抗和冲突，认识到……相互的合法和政治上的权利，努力实现和平共处”。以色列同意成立自主的巴勒斯坦权力机构（坚定地定义为“临时”）管理西岸和加沙地带，最终和平解决应在 5 年之内结束。这似乎使中东地区作为一个整体更加稳定；巴勒斯坦人也第一次收获了他们的重大外交成果。但是，新的以色列定居点在被以色列军队占领的地区持续植入，很快再次摧毁了良好的气氛。当恐怖袭击再次开始或向他们报复时，乐观情绪开始消退。阿拉伯炸弹在以色列城市的街道杀害和致残许多购物者和路人；同时一名犹太人枪手在希伯伦清真寺杀死 30 名巴勒斯坦人，事后赢得很多同胞的掌声。即便如此，希望继续徘徊。
1170 叙利亚、约旦和黎巴嫩都恢复了与以色列的和平谈判，事实上是在以色列军队撤出指定的巴勒斯坦自治地区时进行。

然后，在 1995 年 11 月，以色列总理被其狂热的同胞暗杀。次年，一个保守的总理依赖犹太极端主义党派控制的议会支持上台。他受欢迎的多数是很小，但很明显，在不久的将来，至少，除了以色列进一步坚持领土定居点的侵略政策外，任何事情都不可能来到，而且奥斯陆协定受到质疑。即使 1999 年新当选的工党政府也没有导致继续遵守奥斯陆协定。新的谈判，由克林顿在他总统任期即将结束的日子主导，在达成任何实质性的解决上令人吃惊地归于失败。2000 年，一场新的巴勒斯坦起义爆发后，巴勒斯坦领导人亚西尔·阿拉法特在被以色列军队包围的拉马拉寓所里度过了余年（他死于 2004 年）。2006 年，伊斯兰组织哈马斯——一个致力于灭亡以色列的政党——赢得了对巴勒斯坦议会的控制。在应对一个世纪以前犹太复国主义创建及 1917 年贝尔福宣言的影响上，美国并没有比这个地区其他局外人做得更好。

美国在波斯湾的政策也没有给那里提供持久的解决办法。联合国授权制裁对伊朗或伊拉克并没有益处，到 20 世纪 90 年代中期经过伊拉克所有有意图和有目的的耐心和刻苦努力，保持 1991 年建立的有广泛基础的反伊拉克联盟的任何机会都破灭了。萨达姆的政府看起来似乎没有因制裁陷入困境：他们使其臣民负荷沉重，但政权所需商品可能因走私得到缓和。伊拉克还是一个大的石油出口国，来自石油的收入使其可能恢复部分军事潜力；虽然联合国已经下令，但该国并没有对生产大规模毁灭性武器开展有效的检查。美国的政策前所未有地远离了其革命性的、明确推翻这个政权的目标，即使（仅英国支持）它在 1998 年 12 月诉诸公开的空战长达四个晚上。它无助于增强美国的威望。当轰炸进攻的时间可能会与想要分散被弹劾的注意力联系在一起时，怀疑产生了。

1998 年伊始，美国总统克林顿在他的国情咨文中强调国内情况表明美国人有了“好时光”，但这并不反映外交事务方面的真实状况。8 月，在肯尼亚和坦桑尼亚，美国大使馆遭到恐怖分子袭击，人员受
到重大损失。在几个星期内，美国的答复是用导弹袭击了在阿富汗和 1171
苏丹的所谓恐怖分子基地（被攻击的工厂据说在准备细菌战武器，但这一指控的公信力迅速消退）。比尔·克林顿将大使馆爆炸案与沙特

的极端分子神秘人物本·拉登联系起来，在发言中还称有进一步针对美国公民攻击计划的“令人注目”的证据。这些断言的影响受到削弱，由于导弹袭击的明显失败，以及引发总统很高兴能够起某些方面找到一个转移注意力的议题的怀疑，当时他自己的行为在华盛顿遭受起诉。11 月，一个曼哈顿联邦大陪审团起诉了本·拉登和他一名同伙，原因是其策划了超过 200 项的大使馆袭击以及 1993 年纽约世界贸易中心的一次流产的轰炸。毫不意外，他未能出庭应诉。据说，本·拉登正躲在阿富汗，处于塔利班政权的保护之下；塔利班在 20 世纪 90 年代中期控制了这个因对苏战争变为废墟的国家。

1999 年开始，科索沃成为前南斯拉夫纷争的中心。在春夏之交的 3 月份，北约部队（但主要由美国和英国进行）对塞尔维亚最后发起一场纯粹的空袭战役；其战略承诺似乎实现很小，除了增强其人民的抵抗意志和增加科索沃难民的流动之外。俄国人对北约的行动感到震惊，因为它没有得到联合国的授权支持，并认为它忽略了自己在这个地区的传统利益。伤亡强加于塞尔维亚人和科索沃人平民很快就在 19 个北约国家国内舆论中引起疑虑，同时由于克林顿保证北约不会进行地面入侵，塞尔维亚总统米洛舍维奇显然已经增加了信心。即将发生的一切确实不寻常：一个欧洲主权国家由于其对待本国公民的行为而受到外国武装胁迫。

与此同时，超过 100 万科索沃难民中有四分之三越过边境在马其顿和阿尔巴尼亚寻求安全避难，带来了塞族人制造暴行和恐怖的故事。现在看来，贝尔格莱德政府蓄意打算清空清除处于人口多数地位的非塞族人口中的多数。接着是灾难性事故。按照过时的信息突袭——因此这是可以避免的错误——美国飞机直接命中中国驻贝尔格莱德大使馆，杀害了其工作人员。北京甚至拒绝听克林顿试图作出的
1172 道歉。

中国关注美国世界角色的深度几乎毋庸置疑，而中国的参与，像俄罗斯一样，当然不会在科索沃危机中增加北约要实现其目标的难度。在安全理事会的否决权制度上中国人有强烈的信念，把它视作对个别国家主权的保护。他们也无意于给科索沃分裂分子想要的同情，因为他们对自己广大的国家的任何分裂版图的危险总是很敏感。在这深远的背景中，也必须存在主张自己历史性的世界角色以及近年来具体棘手事件的思想。鸦片战争后的一个世纪，毕竟，中国在确保几个城市的“秩序”时从来没有逃脱过欧洲和美国的军队的污辱。

由于美国总统希望不惜一切代价避免暴露的地面部队遭受危险，正如波斯尼亚事件破坏了联合国作为保证国际秩序的一个工具的公信力，现在看来科索沃可能会破坏北约的公信力。不过，早在6月，看来轰炸造成的损失，加上俄罗斯及时努力调解斡旋，英国通过北约部队开展地面入侵的压力，最终削弱了塞尔维亚政府的意志。同月，俄罗斯政府参加调解后，商定北约地面部队应该以“维持和平”的角色进入科索沃。塞尔维亚部队然后撤出科索沃，该省被北约占领。这不是前南斯拉夫联邦烦恼的结束。两年后，北约士兵们还在那里，科索沃的长远未来仍然不确定；即使塞族少数派变得越来越弱，同时阿尔巴尼亚多数派用强有力的方式控制着这个省。但那时贝尔格莱德政府的情绪有了明显的变化，塞尔维亚前总统已被逮捕，并被移交给海外一个新的国际法院，开始审判其违反国际法的战争罪行和其他指控。

当克林顿的总统任期走向结束时，他在不同的时间主张需要扭转国防开支下降的趋势；指出对气候造成损害的工业气体排放是不能接
受的，建议加以限制；并致力于安抚中国，确保与其保持正常贸易关 1173
系。事实上，在2001年，中国获得了争取加入世贸组织的认可。在2000年总统大选期间，共和党候选人乔治·布什在成功竞选活动中强调，他渴望避免使用美国部队承担海外维和职责；他将授权建立核

导弹防御系统，以保护美国对抗装备有这种导弹的“无赖”国家。空气中正好有种暗示，促进美式和平可能让位给堡垒美国的建设。在本书前一版的尾声我写道，我们将总是发现发生的一切有些令人惊讶。因为一方面事情往往会改变得更慢，另一方面又更快，皆超出我们可把握的范围。这一点似乎前所未有地准确——2001 年 9 月 11 日的悲惨事件使事情重新发生变化。

“9 · 11”之后的世界

在那个美丽秋天的上午，美国境内的四架定期航班在飞行中被有伊斯兰或中东背景和出身的人劫持。没有尝试（类似的空中劫机行动经常发生）要求赎金或对他们的目标发表公开声明，恐怖分子更改飞机航向，结成自杀和谋杀的组合，其中两架飞机撞击曼哈顿世界贸易中心的巨塔，另一架袭击了华盛顿的五角大楼，美国的军事计划和管理的核心。第四架坠毁在空旷的乡村，显然是一些乘客的英勇努力战胜了劫机的恐怖分子迫使其下降，这架飞机里无人幸存下来。两座城市（最重要的是纽约）的损失是巨大的，3 000 人丧生，他们中有许多人不是美国人。

很明显，需要花时间来发现这些悲剧的完整真相，但美国政府的直接反应是把责任笼统地归咎于宗教极端恐怖分子，布什总统宣布开展一场毫无保留的全球战争来对抗抽象的“恐怖主义”。更具体的是，要追捕本 · 拉登，并将其绳之以法。在某种意义上，“9 · 11”事件中的个人责任并不是眼前最重要的考虑。更重要的是，全球普遍爆发激情，追究宗教激进主义——也许是特定宗教本身——与这种暴行的总体联系。为此，所发生的一切的潜在影响甚至比他们带给数千人的苦
1174 难和恐惧，造成的物质和经济损失更加重要。这几种影响在几个国家直接表现为独立发生的反穆斯林的行为。

一切都因“9·11”事件发生了改变，这迅速成为一种陈词滥调。这当然是一种夸张。尽管接下来产生了种种反响，但在世界许多地方很多历史进程继续无法改变。但是袭击的影响是，毫无疑问，使人震惊，使先前隐藏的东西变得明显。很明显，美国人的意识立即受到巨大的冲击。这是无法估量的，不能仅仅用公众舆论不同寻常地群起支持总统将此事件列为一场“战争”爆发（虽然敌人并未精确识别）的言论，以及新任总统乔治·布什处境的转变来衡量——在年初，一场有争议的选举后，他还受到很多人质疑。很明显，现在他的同胞再次感到国家的愤怒和团结之类的东西，这在近六十年前的偷袭珍珠港事件出现过。美国国内外遭受恐怖袭击长达二十年。但“9·11”事件的悲剧，完全是规模空前的，不幸的是，也意味着其他暴行可能即将到来。因此布什觉得他可以用强有力的语言回应民主的愤怒并不令人感到惊讶，而全国上下也压倒性地表示支持他。

很快就似乎有可能的是，在逮捕和审判幕后人物本·拉登之外，将增加以武力清除协助恐怖主义的“无赖国家”的目标，其被认为对恐怖活动提供了必要的帮助。这种实际影响远远超出了传统的军事努力，并立即开始充满活力和展开世界各地的外交攻势，获得精神上的支持和实际的援助。这是非常成功的。并不是所有的政府都以平等的热情响应，但几乎所有都反应积极，包括一些伊斯兰国家，更重要的则是，俄罗斯和中国。安全理事会没有遇到任何困难，一致表示赞同；北约各国则承认他们的责任在于协助盟友进行攻击。

正如拿破仑战争后神圣同盟时代中那样欧洲保守国家饱受阴谋与革命的噩梦。劫机事件后数年，有令人震惊的线索显示，出现了类似的对宗教恐怖主义夸张的恐惧。毫无疑问，发生的一切都曾仔细和巧妙地计划。但实际上对真正的有组织的力量是什么，以及它们的分支 1175
和范围是什么，知之甚少。只一个人的作用就可以解释这些行为，这一看就似乎不合理。但也不可能振振有词地说世界正进入文明的冲突，虽然有些人这样说。

美国的对外政策——最重要的是，支持以色列——极大鼓舞了阿拉伯国家反美情绪的增长，这不容置疑，即使对许多美国人而言那是一个新的看法。进攻的鼓噪也产生了广泛的不满，随着美国通信技术将麻木不仁的资本主义文化表现形式推入到非常贫穷的国家。在一些地方，被视为美国军队占领的一些干涉形式（都会被视为不速之客不受欢迎），可能会被描述为腐败政权的支持者。但这并不能真正地合计成讨伐伊斯兰文明的十字军，正如巨大的多样化的伊斯兰文明无法被视为一个单一西方文明的一个单体对手。在其当地和长期的敌人及美国轰炸、技术和特别部队联合努力下，很快所取得的一切是推翻了在阿富汗喀布尔敌对的塔利班政权。到 2001 年年底，一个新的阿富汗国家正式形成，尽管它看似毫无资源，危险地分裂为各个军阀领地和部落飞地，虽然看来，它依靠美国和其他北约力量来打击敌人。在其他地方，界定不明的反恐战争的后果使巴勒斯坦事件复杂化。当以色列以反对国际恐怖主义为名攻击他们，阿拉伯国家并不愿意停止支持巴勒斯坦人。

2001 年 9 月 11 日的暴行最大的灾难性影响就是由布什总统和其主要的国际盟友，英国首相托尼·布莱尔作出的在 2003 年入侵伊拉克的决定。入侵的主要原因是对萨达姆·侯赛因政权拥有或很快可能掌握大规模杀伤性化学、生物或核武器的担忧不断增加，特别是美国。2001 年 9 月前很难想象对一个基于（无事实根据的，结果证明）武器拥有的怀疑进行先发制人的打击，而不论这个国家的政权是多么的不得人心。但是，对许多美国人来说，“9·11”事件改变了一切。他们现在已经准备好——至少一段时间——跟随想利用后“9·11”紧急事件意识的总统来应对别的潜在威胁。即使布什和布莱尔认识到

萨达姆——他所有的反西方的虚张声势和恫吓——都无力对纽约和华
盛顿发起攻击，他们认为他的政权是一个必须清除的邪恶势力。尽管 1176
遭受到安理会其他成员国和全球绝大多数舆论的坚决抵制，美国和英国开始推动形成联合国授权他们进攻伊拉克的决议。在 2003 年 3 月初，当它很清楚这种决议不会达成时，两个国家及其部分盟国决定入侵伊拉克，消灭萨达姆政权，即使没有联合国的支持。

第二次海湾战争在 2003 年 3 至 4 月仅持续了 21 天，但却在 21 世纪伊始逐渐主导了国际事务。可预料的，它以推翻萨达姆政权及随后对他的审判和处决告终。但它也在政治上滋生出新的无法弥合的新分歧，在伊拉克很多地区出现了对一切被视为外国占领行为的抵抗。在欧洲，法国、德国和俄罗斯反对入侵，大声疾呼反对它。中国谴责其违反国际法。北约面临着后冷战时代最大的危机，当它不能就支持入侵事件达成一致，美国只有东欧新成员作为其最坚定的支持者。但最大的损害则是对在大国中间磋商的后冷战时代世界新秩序的概念，多边行动应当替换世界范围性的对抗。联合国秘书长加纳人科菲·安南——一位美国努力促使其当选的人——告诉世界美国和英国在伊拉克的行动是违法的。对他，对其他很多人而言，真正关心的不是布什清除萨达姆的决定，而是其他别的地方将会发生什么，当其他国家决定清除他们敌人的时候，地球上最强大的国家通过单边行动做了一个示范。

布什和布莱尔可能会回避入侵伊拉克后出现的一些批评，如果对这个国家的占领得到更好规划的话。相反，政权垮台后这个国家部分地区陷入无政府状态，同时基础服务停止，经济裹足不前。长达数月的抢劫和目无法纪到处存在，之后伊拉克人——很多人得到了美国坦克的帮助——推翻了巴格达市中心的萨达姆雕像。即使伊拉克主要民族和宗教团体之间的关系对任何后萨达姆时代的政府来说都将很难处理，安全缺乏和经济混乱无异于火上浇油。大多数什叶派穆斯林——长期受到前复兴党政权的主要逊尼派领导人的压制——蜂拥而至追求他们的宗教信仰，他们许多人渴望建立一个类似于伊朗那样的伊斯兰政权。其间，基于萨达姆追随者和不断增加的来自伊拉克和其他阿拉伯国家的逊尼派伊斯兰分子之间大量的反叛在这个国家逊尼派控制区
1177 展开。新伊拉克政府——一个由什叶派控制的脆弱的联合政府——不要依赖于美国的军事支持来维持，同时北部库尔德人地区建立了他们自己的与巴格达政府机关分开的机构。

冷战结束之际，美国明显地在操练历史上的第一个全球霸权。再怎么往好里说美国在行使这种霸权方面的第一组尝试非常磕磕绊绊。2011 年 9 月 11 日对无辜生命的屠杀事件给美国确立了一个方向，这导致美国疏远大部分朋友，以及一场看似无法全部打赢的或撤退的战争。结果，2004 年重新赢得大选后不久，布什总统是在人们记忆中比其他任何总统更不受年轻人欢迎的总统，除了当时面对迫在眉睫弹劾的尼克松总统外。但是，尽管入侵伊拉克没有动摇布什的总统地位和布莱尔的首相地位，在后冷战世界很少有人能拿出解决美国劳动力就业问题的更好的方案。一方面，美国人自己就认为伊拉克的教训是需要更多孤立主义还是更多多边主义产生分歧；另一方面，更重要的是，世界其他国家，经常抱怨美国单方面行动的后果，当面临主要危机的时候很少摆正它的位置。在后冷战时代末期，文明发源地区已经开始分娩出历史漫长传奇中又一道起伏。美索不达米亚入侵者和侵略者凄凉的命运毫无新意，一个国家的全球优势是明显的。美国有力量改变国际事务。但它会凭此做些什么，仍有待观察。

整体世界历史

在这本书中讲的故事没有明确的结束。无论多么充满戏剧性和干

扰性，世界历史都不能被缩短或者在完整的按时间编年顺序的边界处停止。在作者选择不再写下去的那一年结尾完全出于形式的要求；关于当时正在进行的历史进程的未来，它什么都没说，因此在中期切断。因而，历史是一个时代认为值得注意另一个时代却认为没有价值的东西，最近发生的事件将会获得新的意义，当人们一次又一次反思是什么创造了他们生活的世界时，当前的模式将失去其清晰的轮廓。即使几个月，目前判断什么是重要的可能显得反常，现在的事件可以变化得如此之快。透视越来越难以维持。

这并不意味着记录仅仅是一个事实的集合体或正如一连串的事件 1178
不断改组如万花筒的形象。明显的趋势和力量，均在时间的长度和空间的宽度上运行。在这所有三种互联趋势的最长运行中脱颖而出：日益加速的变化、日趋一致的人类经验和人类控制环境能力的发展。在我们的日程里，他们第一次创造了可见的真正统一的世界历史。公然表达“一个世界”只不过是一个黑话术语，对所有第一次使用它的理想主义者来说。有太大的冲突和争论，以前从来没有早期世纪像二十世纪这样见过这么多的暴力。其政治是昂贵的和危险的，即使他们没有爆发公开战斗，并像冷战那样非常清楚地展示出来。而现在，正进入新世纪，新的分裂仍在出现。讽刺的是（即使比五十年前稍少一些坚定），联合国仍然基于对整个地球的表面分为属于近 200 个主权国家的领土的理论。前南斯拉夫殊死斗争可能重新开启，许多人也想坚持伊斯兰与西方文明冲突的简单性，与阿富汗那样如此伊斯兰化的一个国家按照部落分歧被划为好几部分相反。

沿同样的思路可以说很多。但这并不意味着人类现在共享不比过去它所分享的更多。蹒跚前行的统一拴紧了人类。最初源于基督教的日历（现在在“基督教国家”，多以 BC 和 AD 代替了 BP 和 CE，以消减其意识形态色彩）现在是周围世界上大多数的政府活动的基础。现代化意味着日益增长的共同的目标。文化冲突频繁，但过去显然冲突更多。现在共享的是数以百万计平凡个人的经验；如果社会是共享的参照物，我们的世界分享比以往任何时候都多，即使，自相矛盾地，人们也在日常经验中敏锐地感到他们之间的区别。然而当那些住在邻近村庄的人说着显著不同的方言，当大多数人终其一生最多只能到离他们的家园十英里远的地方，甚至他们的衣服和工具可能提供很大的差异，技术、样式和自定义其形状和工艺证据时，这种经验显示了比现在更重要的区分方式。过去巨大的物理、种族和语言区分要比今天的更难克服。这是因为通讯的改进、英语作为全球通用语言在受过教育的人当中的普及、大众教育、日常所需物的批量生产。在一些国家
1179 旅行者仍然可以看到具异国情调或不熟悉的衣服，但更多的人在全球大部分地区现在穿衣服都比以往更相近。苏格兰方格呢短裙、土耳其长袍、和服正在成为游客的旅游纪念品，或小心地保存流于情感的过去的文物，而传统的服装越来越成为贫穷和落后的标志。几个自觉保守和民族主义的政权努力坚持他们过去的符号只能证实这一点。伊朗革命者要求妇女回归披巾，因为他们觉得从外面的世界喷涌的经验对道德和传统具有腐蚀性。彼得大帝命令他的臣子穿西欧的衣服，阿塔图尔克禁止土耳其人穿菲斯，宣布在教育追求进步、先进文化和象征意义的一步面向新的未来。

不过，现在可用的共享经验的基础仅仅是任何有意识的承诺的辅助性后果。也许这就是它为什么被历史学家如此忽视的原因之一，他们对此不感兴趣。然而，在较短的时间，数以百万计的不同文化的男子和妇女在某种程度上已经获得解放，例如，因电力、空调和医学对气候差异产生的影响有了反抗力。现在世界各地的城市视为理所当然的路灯和交通信号，有警察当值，在超市和银行以相似的方式办理业务。很多相同的货物可在大多数其他国家购买到（在当季时，日本也

卖圣诞蛋糕）。不了解彼此语言的人们在不同的国家使用相同的机器服务。汽车到处都是有害的东西。在一些地方农村地区仍然逃避这些现代生活物品，但大的城市，现在居住着比以往任何时期都更多的人口，却没有这样做。然而数以百万计的居民分享的经验却是肮脏、经济不稳定和相对的剥夺。无论他们伊斯兰教、印度教和基督教的起源有什么不同，无论他们拥有的是清真寺、寺庙或教堂，开罗、加尔各答和里约提供同样多的痛苦（而对少数人，类似的富裕）。其他的不幸，现在也更轻松地共享。现代运输工具为人民的融合提供了可能，包括疾病的相互传播，而这些都是由于旧的免疫力的消失。每一个大洲（或许南极洲除外），现在都出现了艾滋病，这每天夺去 6 000 多人的生命。

甚至在几个世纪前，从罗马帝国到洛阳——东汉首都，旅客就会比现代的继任者发现很多更大的反差。富人和穷人会穿戴以不同的方
式裁剪的款式，由不同材料制成，这些都是他过去所不知道的，他吃 1180
到的食物将是不寻常的，在大街上他就会看到不熟悉品种的动物，士兵的武器和铠甲看上去相当不同。连小车也有不同的形状。而一个现代化的美国或欧洲人在北京或上海看到的却不怎么令人惊讶，即使这个国家还在很多方面比较保守；如果他选择的中国菜（也不一定要选这种菜），这可能不太一样，但中国客机看起来像任何其他国家的一样，中国的女孩穿网眼连裤袜。这仅仅是一小部分，在过去舢板船是中国的远洋船只，且看上去完全不同于同时代欧洲的柯克船或轻型帆船。

物质共享的现实使精神共享和共同承担责任提前成为可能。现在生产出来的信息和大众娱乐可供全球消费。流行音乐家环游世界，像（虽然更容易也更赚钱）吟诗人闯荡中世纪的欧洲，在不同的国家演唱和表演。现在有成千上万的这样的年轻人，他们放弃了其独特的本

地的生活方式，转而追逐那些遥远地方的可以自由支配口袋里闲钱的年轻人的生活方式。相同的电影，配音和配上字幕，面向全世界的观众播放，让他们从中获得类似的幻想和梦想。在一个不同的更加自觉的预期的水平上，民主和人权的语言比以前更广泛地，至少在口头列明了西方对公共生活的概念。无论政府和媒体实际意愿怎样，他们认为他们必须宣扬他们相信某种民主、法治、人权、性别平等和其他一些东西。有时候也会出现一些令人厌恶的震惊事件，诸如一些在实践中暴露的虚伪本性，不确定的道德争论或者是迟钝的文化摒弃，仍污染着他们的传统和人民的感情。

确实，数以百万计的人仍然居住在村庄，在高度保守的社会内依靠传统的工具和方法苦苦挣扎谋生，而富国和穷国之间一目了然的不平等使过去曾存在的分歧变得渺小。有钱人现在比以往任何时候更富裕，并且有钱人越来越多，同时按照现代标准一千年前所有社会都是贫穷的。因此，至少在这种方式下，他们在日常生活中的彼此联系比今天更加紧密。获取个人每日面包的困难，在视人命如草芥的神秘无情力量面前人类生命的脆弱性，是所有男子和妇女都共同拥有的东西，无论他们说何种语言或遵奉何种信仰。现在，有一小半人都生活
1181 在人均年收入超过 3 000 美元的国家，另有一些国家数以百万计的人的对应数字不到这个数字的十分之一，甚至在这些穷人中又有巨大的差别。这种差异是相对近期一个短暂历史时期的产物，我们不应假定它们持续的时间会比其轻易或迅速消失的时间更长。

领导阶级和精英，即使在最贫穷的国家，也有至少一个世纪依靠某种现代化的路径作为摆脱他们的麻烦的一条出路。他们的愿望似乎证实了源于早期欧洲的文明的普遍影响。有些人说现代化只是技术问题，更为根本的信仰、机制和态度仍然是更强的社会行为的决定因素，但这避开了有关物质经验塑造文化的方式问题。证据在不断增

加，某些主要的理念和制度，也和物质艺术品和技术一样，已经在人类中间普遍传播和扩散。无论诸如联合国人权宣言这些档案文件的实际影响是什么，在拟定它们和签署它们时表现出的兴趣都曾有征兆地激烈深刻，即使当一些签署国很少尊重他们的意图时。这些原则总是从西欧传统派生出来，无论我们是否将这个传统看作贪婪、暴虐、残酷、传统和剥削，或视作客观地改善，仁慈和人性化是无关紧要的。阿兹特克和印加文明面对西班牙不能站得住脚，印度和中国的文明对抗以后的“法兰克人”只是稍微成功。这种声明不能辨别真假：但事实是，既没有令人敬佩，也没有令人深恶痛绝。他们记录了这个事实，欧洲重塑旧世界，创造了现代世界。

一些最终源于欧洲的“西方”思想和制度，常常遭受深深的反感和抵制。妇女仍没有得到同等的待遇——无论好坏都与这里无关——在伊斯兰教和基督教的社会中，而且他们在当今显现的所有伊斯兰社会中或是在所有我们称之为“西方”社会里都没有得到同等待遇。印度人仍然用占星术来选定一天的婚礼，而英国人可能会寻找火车时间表（如果他们能获得关于它们的准确信息）或不完美的天气信息，他们认为这是更加有关的“科学”。不同的传统，甚至对共享技术和想法的使用也不同。日本资本主义的运作方式与英国不同，其任何可能的解释都深深根植于这两个国家不同的历史根基之上（如无入侵的岛民等）。然而其他传统没有像欧洲人那样在相异的设置里表现出相同的活力和吸引力：作为世界的塑造者，它没有竞争对手。

甚至其最粗暴的表现形式——其实质性的贪婪和掠夺——也显示 1182
出这一点。原先以原样接受一切的态度为基础的各个社会，如今也已接受了这一信念：物质生活水平的无限改善是一个适当的目标。意志可能导致变化，这个看法本身就有深刻的颠覆性，这种变化可能是通往幸福的道路——这一观念也是如此。多数人现在都知道在自己的有生之年事情都在变化，并觉得或许一切将会进一步变得更美好。人类面临的问题是可以操控或至少可挽回的，对此不假思索和不加反思地接受，是一个主要的心理转型。这也是几乎无法想象的，更不用说确立，即便是几个世纪前的欧洲人当中。虽然在他们一生中大部分时间里，数以百万计的人仍然很少考虑未来，除了非常不幸和忧虑外——在正常的事件过程中，超过数以百万计的人与以往任何时候相比都没有饿着肚子，这样做，他们也似乎没有任何明显的危险。与以往相比，现在更多的人理所当然地认为他们永远不会知道真正的需求。一些规模较小，但数字仍庞大的人很容易相信他们的生活会改善，很多人更是觉得他们应该得以改善。

这种观念上的变化当然在富裕的社会中最明显，他们现在消耗的地球资源比几十年前的富国所消耗的还要多。在西方世界，尽管还存在相对被剥削的少数民族和下层阶级，但大多数人现在正处于这种富有的状态。只在约 200 年前，一个典型的英国人一生当中除非徒步出外旅行，否则不会走出离他的出生地几英里之外的地方。仅 150 年前，他将无法保证供得到清洁的水源。一百年前，他仍面临一个因意外事故或疾病而致残甚至被杀的机会，因为补救办法未知或不存在，无法给他提供护理，同时很多像他及其家人的人吃着微薄的缺乏平衡和营养（更不要说是枯燥乏味的）的膳食，在这个国家，这些食物如今只有最贫穷的人才吃；他们可以想见，在五六十岁（如果他们能活这么长时间的话）时，一个痛苦贫乏的老年时代将来临。其他欧洲人和北美人、南美、日本和其他许多人一样可以说大致如此。现在即使全球最贫穷的数百万人，也可以瞥见他们的生活有变好的可能性。

更重要的是那些逐渐相信可以去追求、去提倡这种变化也实际带来这种变化的人。政客如此告诉他们：现在很显然，人民和政府毫不
1183 保留地相信这将成为事实，他们的社会生活中的许多具体问题是可以

解决的。因此，很多人走得更远，觉得他们将会如此。当然，这不可能在逻辑上视为理所当然。我们很可能正面临耗尽便宜的石油燃料和充足的水供应。我们也可能会对重新安排世界来增加人类幸福的指数感到怀疑，当我们想当20世纪在社会工程方面的一些有益尝试，或者迷信和宗派主义、顽固的道德准则和部落忠诚仍耗费太多的痛苦和鲜血时。然而，与以往相比，更多的人现在表现得好像他们的问题大多在原则上都是可以解决的或是可以补救的。这在人们的态度上是一场革命。毫无疑问其最深的根源很遥远，远至这些史前数千年缓慢增长的征服自然的能力，当前人已会很方便地用火，这来自古老的燧石取火。但这种控是可能的——这一抽象观念只是最近才形成，起初，在某些关键的时代和文化区只有几个人有这种洞察力。但这个想法现在却司空见惯，它在世界范围内取得胜利。我们现在理所当然认为，每个地方的人都应该和即将开始问自己，为什么事情还一成不变，它们明明可能变得更好。这是最伟大的历史变迁之一。

驾驭自然

这种变化最可见的基础是过去几个世纪人类驾驭这个物质世界能力的不断增长。科学为此提供了工具。现在看来，它提供的比以往任何时候都多。我们站在时代的前沿，带着人类驾驭自然的能力比过去更加重要深刻所带来的美好前景和威胁（例如，转基因工程）。也许摆在面前的世界，人们将能够委托，好像它是，可以订购的私人期货。现在，可以想象的是，当信息技术可用来创建比现状更完美的虚拟现实时，他们可能计划基因塑造尚未出生的后代，为自己买到“现成商品”。如果他们想要的话，可能人们将能够过着更接近他们设想的生活，生活在他们自己构筑的世界而非普通感官经验体验到的世界中。

这种猜测可能有些令人生畏。毕竟，它们很可能预示着巨大的混乱和不稳定。与其想了解什么会或不会发生，最好是扎实地反思历史，反思人类过去生活中已经出现的改变。例如，物质生活水平的变
1184 化，不仅通过改变预期继承的遗产而且通过更改政客们要作出决定的环境、制度运行的方式和社会力量的分布来改变政治。现在只有几个社会团体仍坚持先前对待或实践宗教的方式。科学不仅大幅扩大了人类可用于征服自然的知识工具包，而且也改变了数以百万计日常生活层面中曾被认为是理所当然的东西。这个世纪，它造成了人口数量的大幅增长，国家间的关系出现的根本性变化，世界经济整个行业的兴衰，近乎即时通讯让世界日趋结成一起，以及其他很多最令人吃惊的变化。而且，无论过去的一个多世纪到底在政治民主制方面达成或错失了什么，由于科学，它将带来实际自由的伟大扩张。绝大多数源于西方（尽管亚洲文明在早期多有突破），表达在先进技术领域里的科学知识很快就影响到了全球。

直到20世纪60年代左右，在人类通过科学和技术驾驭世界的能力（而不是，比方说，通过魔法或宗教），并因此满足人类的需要方面，只有富裕社会在知识产权的领导权上有一些明显的自信和资格，且几乎没遇到挑战。这样的资格会延续很长时间。我们现在对我们的自然环境的脆弱性及其应对恶化的敏感性知道得更多。一种新的认识是，并不是所有来源于自然开发的明显利益都不需付出代价，有的甚至可能会有令人恐惧的影响，而且，更根本的是，我们还不具备确保人类将很好地利用知识的社会与政治的技巧和结构。公共政策的讨论是最近才开始，对因此引起的许多问题给予应有的重视，其中那些最受关注的可以概括为“环境”——污染、土壤侵蚀、水供应减少、物种灭绝、森林枯竭是它们当中最先被注意到的部分。

这种认识在近几年来对“全球变暖”问题给予的关注中体现得很

明显。地球表面平均气温的上升，据信源于大气层和大气平流层中的变化，这些变化影响到热量分散和速率失去。事实本身直到最近仍有争议，但 1990 年在日内瓦的联合国会议承认，全球变暖事实上是一个不断增长的危险，这在很大程度上是人造气体在大气层中累积的问
题。人们同意，这在一个世纪里已经让平均温度明显上升；气候变化 1185
事实上比上次冰河时代以来的任何时候更快。目前，权威的共识是人类是造成这一现象的主因。

关于进一步增加的可能速率及其可能后果的讨论还在继续（其中，例如海平面上升），同时有关人为的气候变化的框架公约的筹备工作已经开始，到 1992 年已经准备到位。其主要目标是稳定排放水平，以便在 2000 年他们应该仍是维持在 1990 年的水平。1997 年在京都，这被变成一项涵盖所有主要的排放“温室”气体的监管协议（如他们所称）；它强制实行减少排放量和时间表，主要负担放在发达国家。在公约签署之前，这一年早些时候，克林顿总统发出警告，美国不会接受这种减少，乔治·布什总统在 2001 年证实了这一点。同时，全球变暖的不利影响的迹象增加，寻求法律补救办法来减少由气候变化造成的损失的最初尝试已经开始。

十年左右的时间几乎不足以期望或找到政治上可接受的解决如此大规模的问题的办法。在它们可能更好的转变之前，似乎没有理由认为事情不会更糟，但更重要的是，没人认为解决办法不可能被找到。毕竟，人类对科学的信心基于真正的成功，而不是错觉。即使这种信心现在是合格的，它是因为科学使其成为可能，通过给我们更多加以考虑的知识来这样做。合理地说，虽然自人类成功地从其史前栖息地取代大型哺乳动物以来可能正在制作很多不可逆的变化，因此，现在所造成的一些严重问题，人类的工具包显示并未被耗尽。人类曾经面临这种挑战，资源匮乏的冰河期以及知识和技术，而今天它面临气候

变化的挑战。如果对自然的干扰已导致新的外观，在我们所创建的已经更改的环境中耐药细菌通过自然选择突变，掌握它们的研究就仍将继续。更有甚者，进一步证据和考虑迫使人类应当放弃假说，全球变暖主要是一个人为现象——如果说，它变得似是而非，超越人类控制或操作的自然力量，例如那些产生巨大史前冰河期，是工作的决定性力量——那时科学本身将会适用于处理那种后果。

长远来说，即使不可逆变化本身，也不会直接导致必然放戏对人
1186 类终究能让自身脱困的信心。虽然我们可能已经永远失去了一些选择，人类可以行使选择的舞台——历史本身——除非人类灭绝，将不会消失。人类因自然灾害灭绝，这独立于人的行为，也是可能发生的，但对其苦苦猜测几乎是没有用的（甚至是精算的），除非在范围有限的情况下（世界应受到怪物般的小行星的撞击）。人类仍然是一种具有反思能力、会制造工具的动物，而在穷尽这种事实的可能性上，人类仍有很长的路要走。正如一位学者一语惊人的表达，从其他生物的角度来看，人类成功的竞争力从一开始就类似于一种流行病。不过，不管它对其他物种做了什么，其数量和寿命的证据似乎仍显示，人类的操纵力量迄今为全人类带来的好处比伤害要多。这仍然属实，即使科学和技术在找到答案之前迅速创造出一些新问题。

人类的力量几乎已经潜移默化地鼓励了一些假设和神话的良性传播，这些神话源自欧洲自由主义的历史经验，又传播到其他文化中，且具有对待政治的乐观态度，而不顾同时代的证据。社会适应可能要付出巨大的代价，例如，在有效地应对全球变暖时，这一点不容怀疑。质疑这一切是否可以在没有大规模痛苦和胁迫的情况下实现也是恰当的。尽管如此，我们对政治文化的信心仍然很高，这可通过被广泛采用来判定。如今，共和国存在于世界各地，并且几乎所有人都谈论民主和人权。到处都在努力让政府和行政部门变得合理化和实用，

努力复制在欧洲传统的国家机构中已发现可成功运作的模型。当黑人男子大声疾呼反对他们所生活的那个由白人统治的社会时，他们希望实现自己的也是由欧洲人发展出来的人权和尊严的理想。就算有的话，能完全抵制这种有力传统的文化也极少。一些国家比其他国家更成功地进行了抵制，但几乎处处存在的其他伟大的政治文化的个性在某种程度上被削弱了。当现代化的推动者们设法在占主导地位的西方政治模式中进行挑选和选择时，他们发现这样做并不容易。若付出一定代价，有选择地实现现代化或许也有可能，但它通常都是一股脑涌进来的，总会带来一些不受欢迎的内容。

对持怀疑态度的人来说，对政治文化同一化对社会福祉可能带来 1187
的模棱两可结果的最佳证据，体现在持续活跃的民族主义上，近百年来其成功几乎在全世界达到极点。我们最全面的国际（一个词的普遍接受是重大的）组织称为联合国，其前身为国际联盟。旧的殖民帝国已经分解成不同的新国家。许多现有民族国家必须向该国少数民族证明自己存在的合法性，方式就是宣称它们是全民的，因此有摆脱和统治他们的权力。当某些少数民族希望打破统治它们的国家——例如，像很多的巴斯克、库尔德人、魁北克人做的——他们会谈到属于自己的民族国家没有建立。民族国家似乎已非常成功地满足其他思想麻醉品不能达到的欲望；它已成为现代社会的伟大创建者，扫清阶级和宗教，带给老旧纽带已腐坏的现代社会那些漂泊的人生活的意义和依靠。

再一次，无论大家对国家作为一种机制的兴衰起伏持什么看法，或对民族主义的观念持什么看法，世界的政治大部分是围绕最初源于欧洲的概念组织的，无论它们在实践中受到怎样的质疑或产生了怎样的含糊性，正如世界上智力生活越来越多地围绕原产于欧洲的科学来组织。不可否认，文化移植可以不可预知地起作用，并因此产生令人惊讶的后果。从它们最初得以酝酿的国家输出之后，诸如个人可维护自己的权利的观念已经产生的影响，将远远超出那些因自信地认为这导致了他们的成功而鼓励人们采用这些原则的人的想象。新机器的引入、铁路的建设和矿井的开采，以及银行和报纸的来临用无人愿意和想象的方式和它们固有的方法，改变了社会生活。电视现在继续着这个进程，一旦开始，将是不可逆转的。欧洲人的方法和目标一旦被接受（如他们已经或多或少，有意或无意地，通过几乎处处存在的精英们），不可控的进化就开始了。虽然继续塑造它，人类一如过去，无法长期决定历史的进程。即使在得到最严格控制的现代化尝试中，新的、意外的需要和要求也不时涌现。或许这个时期已经隐隐呈现现代化的幽灵——现代化的成功可能传达给了人类一些目标，这些目标在物质和心灵上是难以实现的，并且在不断扩大，永不满足。

1188 这几乎不可能是一个可被轻易断言的前景，但预言不是历史学家的业务，即使假装成推断。尽管猜测是允许的，如果他们阐明事实目前的规模，或起到教学辅助的作用。化石燃料也许会走上与大型史前哺乳动物在人类猎人的手中消失一样的道路——或也许它们不会。历史学家的主题仍然是过去。这是他所要谈的全部。当它是最近的过去，他可以尝试做的一切就是要看到与之前一切的一致性或不一致之处，连续性或不连续，诚实地面对通过蜂拥而来的大量的事实在我们面前所展现出来的困难，特别是在最近的历史。它们造成的这种异常混乱意味着出现了一个史无前例的革命时期，迄今为止已经说到的关于继续加速变化的一切证实了这一点。另一方面，这并不意味着这些更暴力、更彻底的变化并不源于是以一种可解释且在很大程度上可理解的方式，从过去的历程中慢慢浮现出来的。

认识到这类问题，正是导致现在观察世界方式的合理性貌似比以前更少的部分原因。许多世纪以来，中国人可能毫无困扰且确定无疑地认为，世界秩序通常以北京的普遍君主制为核心，通过神圣天命维持。穆斯林过去没有、现在仍没有在他们的思维中为国家这个抽象概念找到很多空间；对他们来说，信徒和非信徒的区别更重要。数以百万计的非洲人没有任何科学的理念，这长时间以来也没引发什么困难。与此同时，那些生活在“西方”国家的人在他们心目中可以将世界分为“文明”和“不文明”，就像英国人可以马上在板球场上区分“绅士”和“恶棍”一样。

这种明显的分歧现在受到如此重大的侵蚀，标志着我们终于走向“同一个世界”的程度。中国的知识分子现在流行讲马克思主义或自由主义。即使在吉达和德黑兰，富有思想的穆斯林也必须面对这样一种，即在传统的影响力和至少对一个相异的现代主义危险的诱惑有一些了解的需要之间的张力。在 1947 年其领导人所设想的世俗民主价值与过去的吸引力之间，印度有时似乎也会出现精神分裂症般地撕裂。但过去总是与我们所有人联系在一起的，不论其是好还是坏。我们必须承认，历史依然散乱地夹杂在现状之中，且并没有出现即将走到尽头的迹象。

译后记

人类文明史既有宏大叙事，也充满了生动细节，既见证着民族国家的兴旺与衰败，也反映了英雄个人的梦想和血泪。事实上，真正决定文明发展的基本要素，是那些恒常存在的日常生活方式、社会习俗和文化心理等，它波澜不惊却暗流涌动，彼此关联而又催生变化，并裹挟一切外部因素，使之转变成自身发展和变化的动力。因此，那些关乎全球文明发展和彼此共生性因素，无一不成为研究的对象，无一不成为公众阅读的焦点。生态、交往、和平、安全、人口、疾病、食品、能源、犯罪等等问题，凡此，既是不同信仰、不同制度和不同文化的文明发展需要直面的，又是它们之间彼此交流、进行合作乃至相互促进的基础。在这种文明史叙述中，阶段性的政治内容相对淡化，长时段文明形态发展的基础——文化和社会生活得以凸显。文明史的目的是介绍、传播人类文明、文化知识与价值观念，更重要的是读者可以通过文明史的阅读明了人类尊严获得的历史，从而塑造自己的生活理念。

全球化的当下，我国地位不断凸显，我国与世界各国往来日益密切，一方面，需要我们阅读文明史，以便更真实、更全面、更深入地了解域外历史文化、价值观念；另一方面，文明史也可以培育人们更加开阔的思维、更加完善的人格。多读文明史，不仅能让人们认识到文明的多样性、复杂性，使人们能以兼容并包的思维看待世界和人生，而且可以从历史发展的多变中汲取有益的智慧，训练理性思考的能力。

在文化多元交融的全球化时代，了解、掌握人类文明知识和理念是当代中国人应该补上的一课。因此，学术研究不能仅仅局限于象牙塔，虽然这很重要，但更重要的是要让这些知识形态转变为普通民众也能接受的公众文化。况且，精英文化也是要靠公众文化的普及才能不断出现更多的人才参与研究工作，文化也才能不断推陈出新，才能不断出现更多精英文化。这是一个相互依存、循环发展的过程，缺一不可。

投资大师罗杰斯给女儿的12条箴言，其中第六条就是“学习历史”，可见阅读历史获得的不仅仅是知识文化、经验教训，更重要的是会让民众明白人类历史实际上是一部人类尊严获得史。一书一世界，每位读者都可以在这本书中找到自己的世界。

最后要交代翻译的相关事情。本书文内所提到的页码都是原书的页码，即本书的边码，索引中的页码也是指本书的边码，便于读者查找原文。该书是大家共同协作翻译的：贾斐（序言、第3卷部分），奚昊杰（第1卷），苗倩（第2卷），黄公夏（第4、5、6卷），陈世阳、林剑贞、黎海波（第7卷），黎海波、陈华东、魏晓燕、郭秋梅（第8卷），其余部分由我负责。

要特别感谢东方出版中心的欧阳敏编辑：感谢她的耐心与细致，校出不少问题；也要感谢商务印书馆的王卫东先生，是他帮助解决了该书的版权问题。本书为上海市地方本科院校“十二五”内涵建设项目（知识服务平台）之上海市教师教育培训服务基地建设子项目世界文明通识教育与公众教育专项的成果，是上海高校都市文化E-研究院的成果，上海高校一流学科（B类）世界史成果，得到教育部新世纪优秀人才支持计划资助。虽前后反复校对几次，但由于该书涉及的知识面比较广泛，难免会存在一些问题，恳请读者不吝赐教，便于再版时修订。

陈恒

2013年6月13日